中国历代兵书精要通览

中国历代兵书精要新解丛书

薛国安 主编

新时代出版社

图书在版编目（CIP）数据

中国历代兵书精要通览 / 薛国安主编 . -- 北京 : 新时代出版社 , 2025.4. -- ISBN 978-7-5042-2658-7

Ⅰ . E892.2

中国国家版本馆 CIP 数据核字第 2025YA0913 号

※

新时代出版社 出版发行

（北京市海淀区紫竹院南路 23 号　邮政编码 100048）

雅迪云印（天津）科技有限公司印刷

新华书店经售

*

开本 710×1000　1/16　印张 32　字数 325 千字

2025 年 4 月第 1 版第 1 次印刷　定价 88.00 元

（本书如有印装错误，我社负责调换）

国防书店：（010）88540777　　书店传真：（010）88540776

发行业务：（010）88540717　　发行传真：（010）88540762

编委会

主编：薛国安

编者：赵巳阳　栗瑞义　张海华

　　　张有凤　刘　常

总　序

中国古代兵书卷帙浩繁、汗牛充栋，据统计，从先秦到清末共有3380部，23503卷，其中存世兵书2308部，18567卷。如此众多的兵书，既是中华优秀传统文化的重要组成部分，又是一座神秘又耀眼的文化宝库。这座宝库历经数千年的沉淀，是由无数兵家战将的鲜血凝成的兵家圣殿，是经过无数思想巨匠之手建筑起来的智慧殿堂。在这座宝库里，珍藏着不可胜数的制胜秘笈，也陈列着不计其数的泣血篇章。由于长期被尘封在石室金匮之中，使其更添一份神秘色彩，一般人难以窥视其貌。随着文明的进步和社会的发展，这座宝库的大门逐渐敞开，人们惊奇地发现，那些朽蚀的简牍、发黄的卷帙上的文字仍然鲜活，仍然充满生命力。如果按照现代军事科学的分类加以解读，其内容涵盖了战争性质及其基本规律、指导战争的战略谋略及战法、国防建设和军队建设、保障和辅助战争行动等各种专门知识的理论。如此广博的思想内容，经过千百年的战争实践检验，以及一代又一代兵家战将的不断补充，日臻完善。这些兵书为中国传统军事文化奠定了坚实的根基，注入了鲜活的灵魂。

在2023年6月2日召开的文化传承发展座谈会上，习近平总书记发表了重要讲话，他强调："中华文明的连续性，从根本上决定了中华民族必然走自己的路。"当今世界，随着军事技术的飞速发展,战争理论、作战方式、建军思想、国防观念、后勤保障都在发生巨大的变化。同时,东西方军事文化日益交融、渗透,互相影响,互相借鉴,大有趋同之势。在此过程中,如果我们掉以轻心,盲目地模仿或照搬西方的模式,必然失去自我,失去中国军事文化的根基和灵魂。如果剑不如人,剑法也不如人,势必每战必殆。毛泽东军事思想充分吸收了中国传统军事文化的养料,其活的灵魂就是"你打你的,我打我的",绝不按对手的思路打仗,绝不随对手的节奏起舞。在险象环生、强敌如林的当代世界战略格局中,要想在军事上形成有效的威慑力,在战场上稳操胜券,在平时确保国家安全,我们必须做到"两手都要硬"。一手是加速发展先进军事技术和武器装备,提升国家军事硬实力;另一手则是继承中国传统优秀军事文化的根与魂,结合马克思主义军事理论,以习近平强军思想为指导,创新和发展具有中国特色的军事理论,加强军事软实力。思想是行动的先导和指南,吸收前人智慧、创新军事理论十分重要和必要,正是基于这一紧迫的时代要求,我们编写了《中国历代兵书精要新解》丛书,以期为推动军事理论的创新和发展作出贡献。

《中国历代兵书精要新解》丛书,共计14本,300余万字。所谓"历代",是指所选兵书上至先秦,下至民国,纵跨历朝历代。所谓"精要",是指对精选的每本兵书择其思想精髓和要点加以评述。所谓"新解",至少包含三"新":一是作者队伍以新时代培养出来的具有军事博士学位的教研骨干为主体,思想新、观念新、文笔新;二是写作方法有所创新,突破原文加注释的传统模式,按照兵书逻辑思路,层层提炼要点,再加以理论评述,点、线、面有机结合;三是材料新,基于兵书原典,参照前人学术成果,大量吸收古今战例,甚至社会竞争、企业经营、体育竞赛的案例,以新的视角诠释兵家思想观点。

整套丛书有总有分,纵向排序。第一部《中国历代兵书精要通览》作为总览,总体上介绍了中国古代兵法的发展概况、基本特点和现实价值,并从浩如烟海的兵书宝库中精选约40部有代表性的兵书,提炼其精华,评说其要义。第二部至第十四部则是对各部兵书的细致解析,依次是《孙子兵法精要新解》《吴子精要新解》《司马法精要新解》《孙膑兵法精要新解》《尉缭子精要新解》《鬼谷子精要新解》《六韬精要新解》《三略精要新解》《将苑精要新解》《唐李问对精要新解》《纪效新书精要新解》《三十六计精要新解》《曾胡治兵语录精要新解》。这些兵书基本上涵盖了中国古代军事思想的精髓,各有千秋,颇具代表性。每位作者在深入研究、吃透精髓的基础上,以深入浅出的文笔展现其思想精华,并将古代军事智慧与现实军事斗争、社会竞争相结合,深入剖析其现实价值和借鉴意义。

任何事物都是时代的产物,不可避免地带有时代的印记。古代统治阶级不断把封建迷信、腐败落后的东西强加到社会生活的意识形态领域中,限制着人们的思想进步,阻碍着科学的发展。形成于中国古代社会的兵书,自然会留下一些时代烙印。虽然这套丛书的所有书目都是从中国古代兵书宝库中精心挑选出来的,堪称精品中的精品,作者也尽力展现其思想精要,但某些篇章或段落中难免隐含一些糟粕的内容。因此,我们建议军事领域的广大读者在品读本套丛书时,既要注重取其精华,又要注重去其糟粕,这是我们对包括古代兵书在内的一切传统文化的根本态度。惟有如此,方能从古老悠久的兵书宝库中获得创新中国特色军事理论的启示,方能继承和发展中华民族优秀军事思想的根与魂，为推进当代中国军事文化向前发展做出积极的贡献。对于非军事领域的广大读者而言，也不妨秉持这一根本态度，方可从战争之道领悟竞争之妙，从制胜秘诀寻觅智赢神方，从统军之法发现管理奇招，为追求卓越、实现人生理想提供智慧的启示和方法的指引。

经国防大学出版社原总编刘会民老师举荐，本套丛书由我们团队倾心打造，集结了众多专家和学者的智慧与心血。在选题立项过程中，我们得到了新时代出版社领导的大力支持，他们基于全面弘扬中国传统优秀军事文化的初心，紧扣时代的要求，果断立项，并与我们共同策划选题。在写作过程中，我们得到了新时代出版社诸位编辑的大力协助，他们严谨的工作态度和卓越的专业素养，为本书从构思走向现实提供了坚实的保障。同时，各位社领导和编辑也提出了许多宝贵和中肯的意见，为本书的完善提供了关键的指导。在此，我谨代表整个编写团队，向他们表达最衷心的感谢。

这套丛书的出版，是我们共同努力的成果，也是我们共同智慧的结晶。它不仅仅代表着我个人的努力，更凝聚了整个团队的心血和付出。我深信，这套丛书将会为读者带来新的思考和启示，为繁荣中国特色军事文化增光添彩。

薛国安

2023 年冬至

目录

前言
 （一）兵书的发展脉络 // 2
 （二）兵书的分类体系 // 15
 （三）兵书的重要价值 // 18

一、《孙子兵法》

【其书其人】//002
 1. 享誉古今中外的兵学圣典 //002
 2. 百世兵家之师 //002

【思想精要】//006
 1. 兵者，国之大事 //006
 2. 不战而屈人之兵，善之善者也 //008
 3. 知彼知己，百战不殆 //010
 4. 攻其无备，出其不意 //011
 5. 三军可夺气，将军可夺心 //013
 6. 智信仁勇严，为将之五德 //015
 7. 令素行者，与众相得也 //019

二、《吴子》

【其书其人】//024

1. 蕴含"无价真理"的治军教本 //024

2. 战国变法先锋 //024

【思想精要】//028

1. 内修文德,外治武备 //028

2. 禁暴救乱,师出有名 //029

3. 见可而进,知难而退 //030

4. 重文武、兼刚柔 //031

5. 简募良材,以备不虞 //032

6. 以治为胜,教戒为先 //033

7. 教之以礼,励之以义 //034

三、《司马法》

【其书其人】//038

1. 后人追述的古老军事法典 //038

2. 文武兼备的司马 //038

【思想精要】//040

1. 以仁为本,以义治之 //041

2. 忘战必危,好战必亡 //042

3. 智战巧阵,灵活制胜 //044

4. 治国尚礼,治军尚法 //045

四、《孙膑兵法》

【其书其人】//050

1. 嫡传孙武谋略的兵形势专著 //050

2. 善出奇谋的千古高手 //050

【思想精要】//053

1. 战胜而强兵,乐兵者亡 //054

2. 批亢捣虚,必攻不守 //054

3. "势备"之要——阵、势、变、权 //056

4. 复徙合军,务在治兵利气 //060

5. 间于天地间,莫贵于人 //063

6. 因地之利,用八阵之宜 //064

五、《尉缭子》

【其书其人】//068

1. 以兵法为核心的治国方略 //068

2. 扑朔迷离的尉缭 //068

【思想精要】//070

1. 以武为植,以文为种 //070

2. 先发制人,出奇制胜 //071

3. 依法治军,奖惩分明 //072

4. 用天下用,制天下制 //073

六、《六韬》

【其书其人】//078

1. 古代最早的军事百科全书 //078

2. 中国谋略学的鼻祖 //078

【思想精要】//083

1. 《文韬》之要,治国安邦 //083

2. 《武韬》之要,柔武攻敌 //085

3. 《龙韬》之要，统军之道 //085

4. 《虎韬》之要，巧妙攻守 //086

5. 《豹韬》之要，战术变化 //087

6. 《犬韬》之要，联合作战 //087

7. 百科俱全，多有创新 //088

七、《阴符经》

【其书其人】//096

1. "迷藏不传于世"的道家著作 //096

2. "离经叛道"的隐士 //096

【思想精要】//097

1. 行事之机暗合于天机 //097

2. 知自然之道不可违，因而制之 //098

3. 治国治军要以正御下，法术兼施 //099

4. 用兵打仗，"盗机"取胜 //100

八、《三略》

【其书其人】//104

1. 言简意赅的战略学专著 //104

2. "下邳神人"黄石公 //104

【思想精要】//106

1. 以义诛不义，诛暴讨乱 //106

2. 举贤任能，赏罚必信 //107

3. 因敌转化，刚柔相济 //109

九、《素书》

【其书其人】//112

1. 专论立身治国之道的奇书 //112

2. 秦末隐士黄石公 //112

【思想精要】//113

1. 道德仁义礼,立身之道 //114

2. 绝嗜禁欲,修身之道 //115

3. 积善累德,处世之道 //115

4. 人尽其才,用人之道 //117

5. 顺应民意,治国之道 //117

十、《鬼谷子》

【其书其人】//122

1. "旷世奇书"的秘笈 //122

2. 神秘莫测的鬼谷子 //122

【思想精要】//126

1. 崇尚和平,审慎使用武力 //127

2. 追求实用,反对道德绑架 //128

3. 掌握主动,制人不制于人 //129

4. 知人察物,注重随机应变 //130

5. 正不如奇,善用奇计良谋 //131

十一、《战略》

【其书其人】//134

1. 首创"战略"一词的杰作 //134

2. 文人兵学家司马彪 //134

【思想精要】//135

1. 战略乃兵家之大略 //135

2. 兵不在多，在得人也 //137

3. 先除大害，小害自己 //139

4. 凡此七者，军事之急务也 //140

十二、《将苑》

【其书其人】//144

1. 最早专论将道的军事著作 //144

2. "智慧的化身"诸葛亮 //144

【思想精要】//146

1. 简贤能而任之的用人之道 //146

2. 仁义礼智信为基准的为将之道 //147

3. 严明法令，恩威并重的治军之道 //148

4. 先计而后动，知胜而始战的用兵之道 //150

十三、《唐李问对》

【其书其人】//154

1. 密室中君臣问对的兵法名著 //154

2. 唐代"军神"李靖 //154

【思想精要】//156

1. 先正而后奇，先仁义而后权谲 //157

2. 奇正皆得国之辅也 //159

3. 攻是守之机，守是攻之策 //160

4. 爱威并用、教得其道 //161

5. 对《孙子兵法》的阐释、质疑与发展 //162

6. 归纳兵学流派，以战例谈兵 //164

十四、《握奇经》

【其书其人】 //168

1. 专论八阵布列的兵书 //168
2. "精于易数、明于天道"的隐士 //168

【思想精要】 //169

1. "八阵"阵法 //170
2. "游军"理论 //172

十五、《太白阴经》

【其书其人】 //176

1. 道家论兵的军事百科全书 //176
2. 精通道学的兵学家李筌 //176

【思想精要】 //176

1. 倡"道德仁义"之师，斥"阴谋逆德"之兵 //177
2. 胜负取决于"人事"，地理只是辅助条件 //178
3. "人主恃农战而尊"，提倡富国强兵 //180
4. "以权术用兵"，掌握战争主动权 //181

十六、《虎钤经》

【其书其人】 //188

1. 掌兵权者必备的军事经典 //188
2. 献兵书而获罪的许洞 //188

【思想精要】 //189

1. 三才之道，人用为先 //189

2. 将者，国之腹心，三军之司命 //191

3. 用兵之本，先谋先胜 //193

4. 用兵之术，知变为大 //194

5. 圣人用兵，无不用间 //196

十七、《武经总要》

【其书其人】//200

1. 中国古代首部官修军事百科全书 //200

2. 奉旨编修兵书的大臣 //200

【思想精要】//201

1. 国事在戎，设营卫以整其旅 //201

2. 将校欲其精，士卒欲其教 //203

3. 城池攻守"五败""五全" //204

4. 边地防守，"以蛮夷攻蛮夷" //205

5. 用兵欲其便，用器欲其利 //205

6. 仁义为本，权谋为用 //207

7. 以步制骑，防御为主 //208

8. 君不择将，以其国与敌也 //208

十八、《何博士备论》

【其书其人】//212

1. 中国第一部军事人物评论集 //212

2. 屡试不中的武学教授 //212

【思想精要】//213

1. 德为上，智次之，力再次之 //213

2. 集权统一，权势相辅 //215

3. 周密筹划，伐谋伐交 //216

4. 相机攻守，不拘古法 //216

5. 审机察变，立足有据 //219

6. 师不必众，要在于治 //220

7. 防患未然，巩固边防 //221

十九、《守城录》

【其书其人】//224

1. 最早介绍火器的城邑防御专著 //224

2. 陈规守城之功，汤璹记录成书 //224

【思想精要】//225

1. 守城当勇抗强敌、守中有攻 //226

2. 城防改革当利于守城、便于出击 //226

3. 守城战术当制砲用砲、固城制敌 //227

4. 守城精神重在激励官兵斗志 //228

二十、《历代兵制》

【其书其人】//232

1. 首部系统总结历代兵制的专著 //232

2. 敢于批评南宋时弊的陈傅良 //232

【思想精要】//234

1. 寓兵于农，兵农合一 //234

2. 居重驭轻，强干弱枝 //236

3. 兵无专主，将无重权 //239

4. 精兵简政，加强训练 //241

二十一、《翠微先生北征录》

【其书其人】//246

1. 被淹没数百年的强兵御敌之策 //246
2. 狱中撰写兵书的华岳 //246

【思想精要】//247

1. 军国大计,和议强兵 //247
2. 破敌长技,出奇制胜 //250
3. 善守之策,边防要务 //252
4. 实战之用,强化甲兵 //254

二十二、《百战奇法》

【其书其人】//258

1. 中国古代分条论述战法的兵书 //258
2. 无从考证的伪托之作 //258

【思想精要】//260

1. 以顺讨逆,战而无疑,安不忘危,治不忘乱 //260
2. 凡兵家之法,要在应变 //262
3. 凡欲兴师,必先教战 //268

二十三、《阵纪》

【其书其人】//272

1. 思想性与实战性兼备的练兵之法 //272
2. 高擎改革大旗的何良臣 //272

【思想精要】//274

1. 选兵用人,治军之基 //275
2. 礼法结合,相辅相成 //277

3. 防患未然，威智屈敌 //279

4. 奇正之变，互藏互变 //282

二十四、《投笔肤谈》

【其书其人】//288

1. 自成体系的军事参考书 //288

2. 西湖逸士何守法 //288

【思想精要】//289

1. 保民康国，以谋为本 //289

2. 保全自己，谋求战胜 //291

3. 通权达变，权衡利害 //293

4. 了解敌情，胜败之要 //294

5. 因形措胜，灵活机动 //296

6. 天地万物，兵之助也 //297

二十五、《广名将传》

【其书其人】//300

1. 汇辑历代名将传略的兵书 //300

2. "明末孤臣"黄道周 //300

【思想精要】//302

1. 兵凶战危，以德服人 //303

2. 出其不意，妙于有制 //304

3. 恩威并用，法令为先 //305

4. 才智兼备，以精为贵 //306

二十六、《纪效新书》《练兵实纪》

【其书其人】//310

1. 抗倭时期练兵实战的经验总结 //310

2. 抗倭名将戚继光 //311

【思想精要】//313

1. 注重胆气,敢战为能战之先 //313

2. 注重练将,将道为战道之要 //314

3. 注重营阵,训战为用战之本 //316

4. 道器并重,火器助战术之变 //318

二十七、《草庐经略》

【其书其人】//322

1. 素有"中国兵学通论"美誉的兵书 //322

2. 此草庐并非彼茅庐 //322

【思想精要】//323

1. 治军非有奇术,重在选将练兵 //323

2. 作战当知常规,遵行制胜之道 //326

3. 用兵无奇不胜,智将非奇不战 //328

4. 内外用兵,安邦定国 //333

二十八、《兵垒》

【其书其人】//336

1. 专论古代战略战术精髓的兵法 //336

2. "有隽才,喜谈兵"的白毫子 //337

【思想精要】//338

1. 恩威并重,练兵教将 //338

2. 多方用谋，出奇制胜 //340

3. 博取众长，多元思维 //342

4. 事必徵实，史论结合 //344

二十九、《武备志》

【其书其人】//348

1. 中国古代篇幅最长的军事类书 //348

2. "下帷称学者，上马即将军"的茅元仪 //348

【思想精要】//349

1. 点评历代兵学典籍 //349

2. 甄选古今奇谋妙略 //352

3. 阵法追求详实，训练务必简明 //353

4. 完善军事制度和后勤保障体系 //355

5. 占天时与地利，合三防于一体 //356

三十、《登坛必究》

【其书其人】//360

1. 分类繁多的兵学巨著 //360

2. 骠骑将军王鸣鹤 //360

【思想精要】//361

1. 慎战备战，防患未然 //361

2. 任将以权，练兵练心 //363

3. 实事求是，活用战法 //365

4. 慎用赏罚，善于赏罚 //367

5. 注重后勤，加强保障 //367

三十一、《三十六计》

【其书其人】//372

1. 以《易》演兵的平民兵书 //372

2. 隐匿民间的兵法高手 //372

【思想精要】//375

1. 以《易》演兵，辩证对待谋略问题 //376

2. 创造性阐发前人谋略思想 //377

3. 计名虽反经，内容却合义 //378

4. 深入浅出，特色鲜明 //380

三十二、《读史方舆纪要》

【其书其人】//384

1. 规模宏大的国防地理工具书 //384

2. 通晓舆地、精于史学的顾祖禹 //384

【思想精要】//385

1. 朝代与地理经纬互持，纵横交用 //386

2. 分析历史兴衰与地理形势间关系 //387

3. 既重地理形势，亦重人与地的关系 //389

4. 痛恨"空谈心性"，呼吁关注国计民生 //390

三十三、《火龙神器阵法》

【其书其人】//394

1. 火药火器技术及实战运用的专著 //394

2. "一书三撰者"之谜 //394

【思想精要】//396

1. 火攻"势莫能当""不可妄用" //396

2. 因火器之长，扬火攻之威 //398

3. 知药性之宜，得火攻之妙 //400

三十四、《兵经》

【其书其人】//404

1. 清代军事领域的"异书" //404

2. 开启研究外国军事思想先河的揭暄 //404

【思想精要】//405

1. 战争的最终目的"必度益国家" //406

2. 将领乃战争胜负之关键 //408

3. 战略战术必在"活"字上下功夫 //410

4. 治国治军要以"辑睦"为大较 //412

三十五、《洴澼百金方》

【其书其人】//416

1. 汇辑评论历代战略防御的兵书 //416

2. "幼好兵家者言"的隐士 //416

【思想精要】//418

1. 安不忘危，盛必虑衰 //418

2. 训兵六章，为练兵之首务 //420

3. 以战代守，以击解围 //421

4. 积贮为天下之大命，利兵为攻守之至要 //421

三十六、《海国图志》

【其书其人】//424

1. 中国认知海外世界的第一书 //424

2. 首倡"师夷长技以制夷"之人 //424

【思想精要】//425

1. 广征博引，囊括中外的理论构建思路 //425

2. 师夷长技，以夷制夷的战略指导思想 //426

3. 筹海为先，固内御外的海防建设思想 //427

4. 军民团结，一体战斗的全民作战思想 //428

5. 心灵胆壮，技精械利的治军训练思想 //429

三十七、《乾坤大略》

【其书其人】//432

1. 推求古今帝王得失之机的战略著作 //432

2. 专论"王霸大略"的王余佑 //432

【思想精要】//433

1. 审时度势，先知所向 //433

2. 奇正兼用，奇道制胜 //434

3. 积极攻防，蓄力俟战 //435

4. 胜敌益强，强基固本 //435

三十八、《今兵利弊》

【其书其人】//438

1. 分析当世军事利弊得失的专著 //438

2. 反对列强侵略的先驱 //438

【思想精要】//439

1. 切莫只看彼长，不见彼短 //439

2. 有弊不改，则其利尽失 //440

三十九、《曾胡治兵语录》

【其书其人】//444

1. 中国近代语录体军事著作 //444

2. 湖湘军事文化三杰 //444

【思想精要】//445

1. 从军应为救国救民，选贤任能不拘一格 //445

2. 以诚实仁爱为本，以军纪严明为要，以忍苦耐劳为先 //447

3. 谨慎出战，合力歼敌，因时制宜 //452

四十、《国防论》

【其书其人】//456

1. 中国近代国防理论的奠基之作 //456

2. 中国近代国防理论的奠基人 //456

【思想精要】//457

1. "兵民结合"的国防观 //457

2. "自力更生"的国防建设 //458

3. "文武合一"的国防教育 //459

4. "持久胜敌"的国防战略 //460

[后记] //461

前　言

中华文明五千年，有说可从黄帝炎帝之间爆发的阪泉之战算起，也有说应该从黄帝炎帝建立炎黄联盟，并击败蚩尤的涿鹿之战算起。还有学者认为，应该以大禹治水为起始标志。尽管说法不一，但有一点大致趋同，那就是中华文明几乎与战争相伴而生、同步发展。绵延五千年的历史长河之中，战争与和平此起彼伏，和平孕育战争，战争打破和平，开创新的和平。在史书记载中，夏朝以前的战争多为口头传说，鲜有文字记载，无法统计其具体数目。部落或方国之间的争斗、兼并战争应该有数百次。从夏朝到清朝末年，有记载的大大小小战争约3700次，现代战争数百次。虽然无法精确计算，不少专家学者推测我国历史上的战争应当有4000至5000次，占世界历史上战争总数的三分之一左右。

中华民族是善于思考的民族，也是善于总结的民族。先人们在频繁的战争中不断思考诱发战争的原因，总结战争胜负的经验和教训，探索战争制胜的规律和运用谋略的艺术，从而形成了丰富的军事思想。随着文字的出现，各种军事思想被陆续记录下来。春秋战国时期频繁而又长期的争霸兼并战争，一方面推动了作战方法和战争形态的发展，另一方面激发了人们对军事问题的重视和研究，兵家成为一个独立的学派走上历史舞台，在与诸子竞相研兵、互相辩难的过程中，各类兵书层出不穷。《孙子兵法》作为中国古代兵书成熟的标志，奠定了兵书在中华文化发展史上的地位，规范了兵书独有的内涵和特色。从此人们把以《孙子兵法》为代表的古代论述兵法艺术、记录战争史实的著作称之为兵书。在现代语汇中，兵书则为军事著作的通称。

兵书是中国古代军事思想和军事历史的主要载体。浩瀚的兵书海洋中，蕴藏着中国古代军事家、军事理论研究者对军事活动及其规律的理性认识，镌刻着中国战争史上一代又一代驰骋沙场的英雄形象。习近平总书记指出："只有全面深入了解中华文明的历史，才能更有效地推动中华优秀传统文化创造性转化、创新性发展，更有力地推进中国特色社会主义文化建设，建设中华民族现代文明。"文化关乎国本国运。毫无疑问，军事文化更是直接关乎国本、国运。兵书作为军事文化的重中之重，其思想价值和现实意义比以往任何时候都更为重要。因此，了解兵书发展全貌，深入研读经典兵书，无疑是我们在当代条件下弘扬中华民族优秀军事文化、研究上下五千年军事历史、探索古今战争胜负规律、汲取历代兵家战将高超战争智慧的不二法门。

（一）兵书的发展脉络

恩格斯曾经指出："一旦技术上的进步可以用于军事目的并且已经用于军事目的，它们便立刻几乎强制地，而且往往是违反指挥官的意志而引起作战方式上的改变甚至变革。"这一科学论断正确地揭示了人类战争的普遍规律。中国古代战争形态正是随着中国社会生产生活技术的进步而不断演化，由木石为兵器的战争到冷兵器战争，再到冷热兵器混合战争，最终发展到热兵器为主战兵器的战争。兵书作为战争发展史的记录者和思考者,也伴随着古代战争的步伐走过了由最初萌芽到勃然兴起、基本成熟、持续发展和逐渐衰落的过程。

1. 孕育与萌芽

早在汉代,班固就在《汉书·艺文志》中著录有《神龙氏兵法一篇》《黄帝十六篇》。虽然无法考证是否确有其书,但说明在汉代就有"兵法源于炎黄"的说法。这种说法显然是站不住脚的。神龙氏(炎帝)和黄帝都是远古时代传说中的人物,那时文字尚未出现,不可能有兵书出现,显然这是一种臆说。

相比之下,司马迁的说法更为可信。他曾总结:"后世之言兵及周之阴权皆宗太公为本谋。"(《史记·齐太公世家》)一语道破周文王周武王开创周氏王朝的关键原因在于有姜太公谋略相助,同时也明确了姜太公在中国历史上谋略始祖的地位。姜太公以谋略得天下的成功实践,引起西周时期朝野上下的高度重视,一些人开始研究太公兵法,更有一些人潜心思考军事问题,搜集整理国君将帅统军作战、治军练兵的名言警句,先后编辑出《军志》《军政》《令典》等语录体式的简牍,可惜早已在历史的长河中亡佚。从其存留在《左传》《孙子兵法》等古籍中的部分佚文看,内容涉及战争规律和作战指导原则。比如《孙子兵法》中明确说明"言不相闻,故为之金鼓;视不相见,故为之旌旗"引自《军政》名言。《左传》《通典》也记载了《军政》的"有德不攻""地制为宝""强而避之"等内容,体现了深刻的谋略思想。《左传》中保存的《军志》片段"允当则归""知难而退""有德不可敌"(《左传·僖公二十八年》),无不是后世兵家奉行不悖的用兵圭臬。这些简牍上的用兵语录反映了早期的军事思想,应视为中国古代兵书的萌芽。

2. 勃兴与成熟

春秋战国时期是天下大乱、战争不断的时期，战争已经完全发展到冷兵器战争形态，此起彼伏的战争孕育出司马穰苴、孙武、吴起、孙膑、尉缭等杰出的兵家代表人物，他们既有军事理论、战争实践，又有许多韬略、奇计和治军方法，而且大都善于思考和总结战争经验教训，形成了《孙子兵法》《吴子》《六韬》《司马法》《尉缭子》《孙膑兵法》等著名兵书。其中，成书于春秋末期的《孙子兵法》是现存最早的兵书；它以朴素的唯物论和辩证法思想，系统而深刻地论述战争观、战略战术、治军管理、为将之道等问题，揭示了一系列具有普遍性的军事规律，奠定了古代兵学的理论框架和思想基础，成为举世公认的经典性军事著作。相对于西周时期语录体式的兵书来说，《孙子兵法》的思想性、理论性、系统性、完整性已臻成熟，而且相对于古希腊、古罗马时期纪实性的《伯罗奔尼撒战争史》《高卢战记》《远征记》等军事著作来说，其思想更为深刻，谋略更为丰富，体系更为完善，语言更为精辟，标志着中国古代兵书在世界军事思想领域率先成熟。

这一时期除了大批兵学专著之外，还有大量各具特色的论兵篇章，散见于《易经》《道德经》《论语》《管子》《墨子》等各家学派的代表著作之中，这些论兵篇章与兵书交相辉映，共同构成了中国军事思想发展的第一次高潮，同时也是兵书发展的第一次高潮。

3. 发展与停滞

秦至两汉是中国封建社会发展的上升阶段。与先秦时期相比，这一阶段有一个根本性的区别，就是开创了我国历史上空前大统一的新纪元。秦王朝在全面确立郡县制和封建土地私有制的基础上，统一法律和军队，统一货币、赋税、关市和度量衡，统一文字和思想文化，实现了"车同轨，书同文，行同伦"（《礼记·中庸》），从而结束了先秦时期那种诸侯纷争、各自为政、思想混乱、莫衷一是的局面，真正建立起了中央集权的统一的多民族国家。但是，由于奉行焚书坑儒的政策，这一时期鲜有兵书问世。

西汉时期吸取秦朝教训，先后三次由朝廷牵头搜集和整理兵书。第一次是军事家张良、韩信奉命"序次兵法"。西汉初，由于秦始皇焚书和秦末战乱，天下图书散乱，兵书损佚严重，西汉朝廷命张良、韩信广泛搜集兵书，进行系统整理。他们对当时搜集到的182家兵书，"删取要用"，作序录评鉴，按一定顺序编排，"定著三十五家"（《汉书·艺文志》），供西汉朝廷和军队学习参考。第二次是军政官杨仆奉命"纪奏《兵录》"。汉武帝即位后，在全国发起了一场大规模的求书运动。公元前126年，他命令丞相公孙弘"广开献书之路""建藏书之策，置写书之官"，并且由军政官杨仆负责整理兵书。杨仆在对现有兵书进行整理的同时，多方搜集散佚兵书，最后将其整理编成我国最早的兵书书目——《兵录》，上报朝廷，以备检索。这次对兵书的系统整理编目，奠定了古代图书编目的基础，《汉书·艺文志·兵书略》所载书目，就是在吸收《兵录》整理成果的基础上形成的。第三次是步兵校尉任宏被诏令编纂《兵书略》。在汉武帝大规模整理图书之后，昭、宣、元三帝为了继续奉行以文治天下的政策，"求天下遗书"，各类图书得到进一步聚集。到了汉成帝时，他仍然感到搜集遗书工作"犹未能备"，图书"亡佚尚多"，再一次遣陈农搜集图书，同时命刘向、任宏、尹咸、李柱国等各方面的专家，对搜集到的各类图书进行整理和研究，其中步兵校尉任宏是军事方面的专家，负责整理研究兵书。任宏收兵书53家790篇，图43卷，并对每部兵书进行深入研究，写出提要，分类编排，把兵书区分为兵权谋、兵形势、兵阴阳、兵技巧四大门类，编纂成最早的兵书分类目录——《兵书略》，收入刘歆的《七略》。

遗憾的是，虽然朝廷先后三次官方搜集和整理兵书，但是并非为了发展兵书，而是为了规范兵书。汉武时期开始实行"罢黜百家，独尊儒术"的政策，禁锢了人们的思想，普通民众不敢言兵，以致兵书发展在一定程度上受到了限制。新编撰的兵书不多，主要有《黄石公三略》《淮南子·兵略训》。此外还有晁错《言兵事疏》、赵充国《屯田制羌疏》以及《盐铁论》中的一些军事专篇。

东汉一代崇儒抑武，首创文吏典军之制，严重抑制了兵书的发展，不仅没有兵书存世，就连战国时期赫赫有名的《孙膑兵法》也在东汉末年不见踪影。自此以后，人们对于孙膑只见其名，不见其书，久而久之将孙膑与孙武混为一谈，搞不清《孙子兵法》的作者究竟是孙武还是孙膑。直到1972年山东临沂银雀山汉墓出土了大批竹简，其中赫然写着《孙子兵法》《孙膑兵法》，更有竹简记载有"孙武见吴王""孙膑见齐威王"的事迹，悬疑千年的争论才迎刃而解。由此可见，这一时期兵书受到冷落，与春秋战国时期"境内皆言兵，藏孙吴之书者家有之"（《韩非子·五蠹》）的状况相去甚远。值得一提的是，为适应学习研究兵书的需要，并受到经学的影响，这一时期出现了注疏类兵书。曹操《孙子注》、贾诩《吴起兵法注》、刘昞《黄石公三略注》等均是这类兵书的代表作。

4. 缓进与创新

三国两晋南北朝处在秦汉和隋唐两个大一统的历史时期之

间。这一时期,民族关系、政治、经济、文化各方面都发生了重大变化,总的特点是战争频仍,南北对峙。崛起的各种势力之繁杂,建立的王朝之多元,此兴彼灭之迅速,各时期政治军事态势之急变,使这个时代成了中国历史上最"乱"的时代。据记载,这400年间爆发战争600余次,是战争频率极高的时期。

丰富的战争实践催生了大量新的兵书,但大都亡佚,见于后世著录者数十种。流传下来的有曹操的《魏武帝注孙子》三卷、《兵书接要》辑本一卷,晋朝司马彪《战略》辑本一卷。其中,《魏武帝注孙子》系曹操结合战争实践注释《孙子兵法》,开创注释研究《孙子兵法》的先河。司马彪的《战略》也颇具特色。作者以三国时期兵家人物的战例或言论分条项,用《孙子兵法》谋略评述其用兵思想和作战谋略,而且在中国军事思想发展史上第一个明确提出"战略"一词,并以此为书名。虽然其本意或为节略战例之义,与现代"战略"一词的含义并不完全一致,但对后世战略学的形成和发展有着筚路蓝缕之功。

此外,诸葛亮作为三国时期的传奇人物,其军事思想对后世影响很大,备受人们重视。晋以后陆续出现许多题为诸葛亮撰著的兵书,如《将苑》《武侯奇书》《武侯奇门遁甲例》《武侯兵略》《十六策》《武侯兵要七书》等,然而这些兵书究竟是不是诸葛亮的著作,有待进一步考证。

隋唐五代处于中国封建社会的中期,军事领域出现了若干新的变化。首先,在军事制度方面,府兵制得到充分完善,为了适应大规模战争的需要,还出现了募兵制;其次,武举制度作为军官的选举制在唐代也得到确立,有力地提振了人们对武学的兴趣,推动了兵书的发展;再次,轻骑兵逐渐代替重骑兵这一变化，对作战战术产生了较大影响，催生了一系列新思想、新战法。这些都成为隋唐五代兵法思想发展的重要条件。根据历史记载，此期发生的战争多达数百次，造就了杨坚、李世民、李靖、柴荣等智勇兼具的军事家，产生了上百部兵书，这些兵书尽管因战乱而大多佚失，但仍留下来20余部。其中较为重要的有问答体兵书《唐李问对》，又称《唐太宗李卫公问对》。此书以唐太宗李世民与卫国公李靖论兵的形式，汇编了一批兵法理论。全书1万余字，既有对古代兵制、战争、兵学的总结和评述，又兼论治军和用人，但主要内容是讲训练和作战。其中关于"奇正"的阵法理论尤为重要。《唐李问对》是《武经七书》之一，在中国古代军事学术史上有重要地位。此书虽未必为唐代李靖所亲著，但其成书时间应不晚于五代。

除新著的兵书之外，隋唐时期朝廷也对兵书作过搜集和整理。隋文帝时采纳秘书监牛弘关于扩充政府藏书的建议，于公元583年下诏求书，使"民间异书，往往间出"。唐代自高祖时就已开始聚书，以后太宗、高宗继续征集遗书，有力地推动了对兵书的搜集和整理。据时人所编《隋书·经籍志》载，唐代搜集整理的兵书多达133部，512卷。需要指出的是，由于时代的局限，各封建王朝对兵书的整理都是按照封建统治阶级的政治标准和政治需要而进行的，往往一边整理，一边禁毁，因而限制了兵书整理的科学性，给军事思想的发展带来一定的负面影响。

5. 复兴与渐衰

北宋至晚清是中国封建社会的衰落时期。这一时期，中国封建经济和科学文化得到高度发展，阶级矛盾进一步激化，外族入侵不断加剧，农民起义风起云涌，战争非常频繁。物质、文化条件的提高和战争方式的变革以及封建社会体制日趋腐朽等因素的叠加，促使这一时期军事思想发展经历了一个由低迷到兴盛并最终衰落的过程。

经过东汉至隋唐军事思想发展相对低迷时期，从北宋后期开始，中国古代军事思想渐趋活跃，至明清时期形成第二个发展高潮。据《中国兵书知见录》记载，明清时期的兵书为2005部，加上宋元时期的兵书，则多达2500多部，占整个封建时代兵书总数的80%以上。

宋朝是高度中央集权的专制王朝，军政大权集于中央，操于皇帝，实行以文治武的政策，这与宋太祖赵匡胤的武将出身有关。他深知兵法韬略对一个人的影响，认为唐朝之所以衰落，是因为地方藩镇势力过于强大，各地节度使拥兵自重。在赵普的建议下，赵匡胤不但"杯酒释兵权"，还留下重文轻武的祖训。一切兵书，均在禁绝之列。《孙子兵法》被列为禁书，兵学遭到禁锢，武将不受重视，使得北宋王朝在面临外敌入侵时屡战屡败。

宋朝立国60多年后，宋仁宗赵祯为遏制武备继续松懈，将帅"鲜古今之学"，不知古今战史及兵法的现象蔓延，下令天章阁待制曾公亮、工部侍郎参知政事丁度等，编纂一部内容广泛的大型综合性兵书。曾公亮、丁度等人历四载（1040年–1044年）编成《武经总要》，仁宗皇帝亲自核定后，又为此书写了序言。《武经总要》内容涉猎广泛，对于军事组织、军事制度、用兵选将、步骑训练、行军宿营、古今阵法、战略战术、武器装备的制造和使用、军事地理、历代用兵实例等各个方面都有所论述。其中营阵和武器装备两部分，还附有大量的插图。它不仅具有重要的军事价值，而且具有重要的史料价值，是中国历史上第一部官方组织编修的兵书。宋神宗赵顼于熙宁五年（1072年），继宋仁宗官修兵书之后重新开设"武学"（军事学校）。为了适应武举教学和军事训练的需要，元丰三年（1080年），宋神宗诏命国子监司业朱服等人"校订《孙子》《吴子》《六韬》《司马法》《三略》《尉缭子》《唐李问对》等书，镂版行之"。校订后的七部兵书共25卷，于元丰年间（1078年–1085年）刊行，统称《武经七书》，定为"武经"，以之考选武举和教学，从此兵书得以从禁锢中解放出来。《武经七书》集中了古代中国军事著作的精华，堪称中国古代第一部军事教科书。

　　南宋时期，抗金、抗元斗争的需要，以及社会经济、文化、科技的发展，再一次推动了兵书的发展。这一时期的兵书，不仅内容上从传统的兵法研究拓展到人物评论、军事制度、城防建设，而且形式上也从专著拓展到类书、丛书。代表作品有军事人物评论集《何博士备论》，军制专著《历代兵制》，名将传记《百将传》，大型综合性兵书《虎钤经》《武经总要》，城防专著《守城录》，集解类兵书《十一家注孙子》等。

　　宋朝虽然军事上败多胜少，但是兵书的编撰和整理数量大大超过前代，而且编撰形式多种多样。《宋史·艺文志》中所列的宋代兵书共有347部，计1956卷，约为唐代的6倍。究其原因，除了北方巨大军事压力迫使朝廷大兴武学，促使宋人对军事学术和技术产生了极大的研究热情之外，另一个重要原因在于造纸业和活字印刷术在这一时期获得突破性发展。北宋发明家毕昇发明了胶泥活字，实行排版印刷，改进雕版印刷种种缺点，使印刷更节约时间，也能把内容的出错率降到更低。这一革命性的技术发明，极大地推动了全社会印刷业的发展，也推动了兵书数量的飙升。

元朝是中国历史上第一个由少数民族建立的大一统王朝。成吉思汗凭借着十几万能征善战的骑兵，驰骋于长城内外，横扫欧亚大陆，建立了当时世界上版图最大的国家，声名远播于欧亚非。他在征战中创造了大规模远程奔袭、分路迂回包抄等适合骑兵作战的战法。客观地说，在中国古代军事史上，孙武是军事理论的巨匠，成吉思汗则是沙场征战的巨人。遗憾的是，由于民族文化、语言文字、战争频仍等原因，元朝宝贵的战争经验没有得到很好的总结，这一时期军事理论研究非常薄弱，著述兵书寥寥无几，只从有关书目中检索到十余种书名。如《神机制敌天书白猿经》（王楚材序）、《王氏素书直说》1卷、《黄帝阴符经》3卷（胥元一注）、《大元马政记》1卷，《戎事类占》21卷（李克家撰）。

明清两代是中国封建社会的后期，这一时期兵书发展出现第二次高潮，兵书占现存兵书的60%以上，数量之多，内容之丰富，品类之齐全，特点之突出是中国古代兵书所仅见的。

自孙子之后，中国古代兵家历来有重谋略轻技巧、重宏观轻微观的传统。随着宋元时期火器的广泛使用，战场空间、战斗队形、武器配备、兵种协同、弹药消耗、后勤保障等具体问题日益成为谋划战争时不可忽视的重要因素，促使习惯于"兵权谋"思维的兵家战将们继续尊奉古典兵法的同时，逐渐将目光移向"兵技巧"方面，注重探寻适应冷热兵器并用作战形态的新方法和新规律，以致明清时期，出现"兵权谋""兵技巧"兵书并盛于世的局面。一批新型兵书应运而生，如《火龙神器阵法》《火龙经》《火攻挈要》等关于火器、火药实用技术的兵书，《辽东军饷论》《军需则例》等关于军事后勤保障的兵书，《皇朝兵志考略》等关于新战法、新军制的兵书。与中国古典兵书相比，火器技术所催生的一批新型兵书，虽然大多侧重实用技术和具体问题，未能深刻地从哲理方面研究战争和军事的根本问题，理论色彩有所减弱。但是，在当时的历史条件下，这些兵书适于战争实践的需要，弥补了古典兵书重技术轻技巧、重宏观轻微观所带来的缺陷，为中国军事思想宝库增添了新内容和新活力，促进了传统兵学的更新，从而推动中国古代军事兵书的发展进入第二个高潮。

新一轮高潮中，一大特点是有关加强边海防、抵御外敌入侵的兵书开始涌现。明清以前，中国大地上进行的战争主要是国内民族战争和阶级战争，军事思想家们谈兵论战也主要着眼于内陆战场的攻防之术，尚未高度重视边防海防问题。然而，自元末明初开始，日本海盗频繁侵入中国东南沿海地区进行走私抢劫活动，葡萄牙、西班牙、荷兰、英国等一些处在资本原始积累阶段的欧洲国家也先后将魔爪伸向中国，大肆攫取中国的领土和财富，于是如何进行抵御外部侵略斗争的问题成为朝廷和兵家战将必须认真思考的重要问题。

俞大猷、戚继光等著名爱国将领在长期抗倭斗争中逐渐认识到边防海防问题的严峻性和重要性，并有意识地结合现实斗争积极思考强边御敌的对策。特别是戚继光，先后著有《纪效新书》和《练兵实纪》，分别总结东南沿海的抗倭斗争和北部边境御寇斗争的经验和教训，强调了练兵强边的思想。与此同时，郑若曾也总结抗倭御寇斗争的经验和教训，撰有《筹海图编》《海防图论》，着重论述了东南沿海的地理形势、海防设置、海防方略。魏源撰写的《海国图志》详细叙述了世界各地和各国历史政治、风土人情，主张学习西方国家的科学技术，提出"师夷长技以制夷"的中心思想。林福祥的《平海心筹》、李蕊的《兵镜类编》、徐家干的《洋防说略》等，结合抗击葡萄牙、荷兰、英国、法国等外敌入侵斗争的经验教训，从不同的角度论述了富国强兵、强边御敌、海陆兼防等方面的思想主张。

总而言之，由于长期的民族战争、军事技术特别是火器技术的蓬勃发展、抗倭御寇斗争等因素的共同影响，以及多次农民起义战争、统治集团内部战争的刺激，从明初开始，一度发展相对缓慢的中国古代军事思想逐渐复兴起来。首先，兵学研究挣脱了官方垄断的桎梏，战将、文臣、隐士等多方面人士竞相加入论兵行列，谈古论今，各陈己见，从而活跃了兵学研究的气氛。其次，兵学研究的内容突破了传统兵学"重权谋轻技巧"以及"重思辨轻实用"的传统，形成一系列适应军事技术更新、外敌入侵加剧等时代特点的新思想，极大地丰富了中国古代军事思想宝库。再次，兵学研究的方法随着雕版印刷的推广和活字印刷的发明，以及造纸术的提高而日益多样化，兵书数量日益增多，体裁日益多样，一些百万言以上的军事丛书、军事类书应运而生，一些守城、海边防、火器、编制、训练、后勤等书籍大量涌现，从而使军事思想的研究向综合化、专题化方向发展，为军事思想的繁荣提供了有利的条件。

然而，由于封建中央集权的不断强化，中国古代兵书的第二次繁荣与第一次繁荣有着明显的不同。春秋战国时期呈现百家争鸣的特点，兵学领域各家各派既互相取长补短，又独树一帜，兵书不仅数量多，而且大多为原创。明清时期，兵书数量虽比先秦时期多出上百倍，但是兵家创新的热情却远不如先秦兵家那么高，大多囿于解说、图解经典，专注于注释、考证和辑佚，但客观上在兵书的发掘和整理方面取得卓有成效，如论述战略原则的《乾坤大略》和军事地理学巨著《读史方舆纪要》

等，都是颇有价值的兵书。明清两代为适应武科考试的需要，注释和汇解《武经七书》的兵书大量涌现，其中，明代的《武经七书直解》《孙子书校解引类》，清代的《武经七书汇解》影响较大。

清末是中国封建社会走向灭亡的时期，作为封建时代战争经验和军事理论载体的兵书也随之衰落。鸦片战争中，封建阶级在西方坚船利炮面前碰得头破血流以后，激发起"师夷长技"的热情，积极购买、仿造西式火器装备军队，同时翻译西方军事著作。先是翻译兵器方面的著作，如江南制造局、天津机器局等翻译的大量火器、火药制造方面的著作；然后是翻译战法方面的著作，如《海防新论》《临阵管见》等；继而是翻译军事理论方面的著作，如两江督练公所排印的《日本陆军大学战术讲义》、保定军官学堂学生潘毅等人组织编译的《大战学理》（即《战争论》）。同时，一些学者试图从外国军事著作中寻求借鉴，按照其分类方法组织教材，撰写兵书，如徐建寅的《兵学新书》、陈澹然的《权制》等。但是，在"中体西用"的口号下，仍固守着封建军事思想体系，在战争观、军队思想教育、兵役制度、军队领导体制等根本性的方面，依然是跳不出传统的窠臼。这就严重阻碍了中国军事思想在新的战争条件下吐故纳新，使得中国传统的兵学思想失去了原有的活力，兵学家们面对西方列强的新武器、新战法一时茫然，撰写、注释和编辑兵书的热情逐渐消失。

辛亥革命推翻了中国最后一个封建王朝，打破了"中体西用"的藩篱，军事领域的有识之士通过大量吸收西方军事理论，推动了中国军事思想继续发展，从此传统兵书被新兴军事著作所取代。

（二）兵书的分类体系

中国古代兵书伴随着中华文明形成和发展的全过程，从有文字记载的西周到清朝末年，3000余年中，著述不辍，卷帙浩繁。据1932年陆达节编纂的《历代兵书目录》记载，我国古代兵书有1304部，6831卷（内有203部不知卷数），尚存288部，2106卷。但是，由于当时文化凋敝，战乱不断，陆达节仅凭个人的力量，用10个月的时间匆匆编写这本书，无论是涉猎范围，还是研究考证，是远远不够的，所著录兵书既非中国历代兵书的总数，也不能反映存世兵书的真实状况。1988年，中国人民解放军军事科学院图书馆研究员许保林吸收前人的研究成果，经过广泛搜集和整理，编纂出《中国兵书知见录》，由解放军出版社出版。全书共著录兵书，从先秦到清末共3380部，23503卷（内有959部不知卷数），其中存世兵书2308部，18567卷（内有731部不知卷数），存目者1072部，4936卷（内有228部不知卷数）。如此众多的兵书，在世界各国军事史上绝无仅有。

1. 古代分类法

这座璀璨的兵学宝库中，不仅兵书琳琅满目，而且思想异彩纷呈。按内容分，有兵法、兵略、训练、阵法阵图、兵制、兵器、城守、乡兵团练、军事地理、名将传略、军事后勤、军事天文和气象等；按载体分，有论文体、语录体、记叙体、注疏体、辑评体、笔记体等；按书籍形式分，有综合性兵书、汇编兵书、军事丛书、军事类书等；按书籍材质和制作分，有简册本、版牍本、帛书本、纸写本、纸印本、卷子本、线装本、木刻本、活字本、铅印本等。纸本兵书又分写（抄）本和印本，习惯上，唐以前称写本，唐以后称抄本。其中以稿本和影抄本最有价值。印本根据印刷方法分为木刻本、影印本、石印本、排印本。古代兵书以木刻本最为常见。除只印兵书原文的白文本外，又有注疏本、批注本、汇解本等，对于读者理解其内容，兼收并蓄诸家解说，有一定的帮助。

兵书，作为中国古代军事思想的载体，后世兵家的教科书，人们更为关注的是从不同角度、不同层次吸取其精华。因此，从西汉开始，步兵校尉任宏奉命搜集校理兵书，编纂《兵书略》时，专辟一部分兵书分类目录。任宏根据当时存世兵书的内容属性，将兵书分为兵权谋、兵形势、兵阴阳、兵技巧四类。

根据《汉书·艺文志·兵书略》所载，所谓兵权谋，就是"以正守国，以奇用兵，先计而后战，兼形势、包阴阳、用技巧者也"，大致相当于现代战略层次的兵书。所谓兵形势，就是"雷动风举，后发而先至，离合背乡，变化无常，以轻疾制敌者也"，大致相当于现代战役层次的兵书。所谓兵阴阳，就是"顺时而发，推刑德，随斗击，因五胜，假鬼神而助者也"，其中既有军事天文、军事气象等知识，也有一些荒诞迷信的内容，大致相当于现代战术层次的兵书。所谓兵技巧，就是"习手足，便器械，积机关，以立攻守之胜者也"，内容多与兵器和军事装备有关，大致相当于现代军事技术、军事装备和军事训练层次的兵书。

2. 现代分类法

近代以来，随着兵书整理和研究的深入开展，兵书分类也有了新的进展，更加贴近现代军事发展状况，更符合现代人们学习和研究兵书的习惯。《中国兵书知见录》通过对现有兵书的考察，按照图书分类学的原则，从内容和形式特征两方面进行区分，大致有如下 17 种类型。

（1）兵法，指军事理论方面的兵书，古称战略、战术为兵法，它包括兵权谋、兵形势类兵书，如《孙子兵法》《吴子》。

（2）兵略，即用兵谋略的兵书，如《六韬》《三略》《读史兵略》。

（3）训练，讲军事训练的兵书，含兵技巧类的训练部分，如《纪效新书》《练兵实纪》。

（4）阵法阵图，即各种阵法阵图的兵书，如《续五经总要》。

（5）兵制，关于历代军事制度的兵书，包括营制、饷章、军礼、军法、军纪章程等方面的兵书，如《历代兵制》。

（6）兵器，即冷热兵器的种类、性能、使用和制造技术的兵书，如《火龙经》。

（7）城守，关于城邑防御的兵书，如《救命书》。

（8）乡兵团练，即乡兵的组织训练等方面的兵书，如《乡兵管见》。

（9）军事地理，即从军事的角度研究地理的兵书，包括边防、海防、疆防方面的兵书，如《读史方舆纪要》《筹海图编》《江南经略》。

（10）名将传略，即名将军事实践的兵书，如《十七史百将传》《广名将传》。

（11）军事后勤，即关于军队后勤供应的兵书，如《军需则例》。

（12）兵阴阳，即关于阴阳、卜筮以及与之相关的医药天文、气象类兵书，如《太白阴经》。

（13）综合性兵书，内容涉及军事各个方面，类似军事百科的兵书，如《武经总要》《武备志》。

（14）军事类书，按照一定的编撰方法，分门别类集录军事资料的兵书，如《知古录》。

（15）军事丛书，将若干兵书收录在一起，并冠以总名的兵书，如《武经七书》。

（16）辑评体兵书，按照需要辑录历代军事资料加以评论的兵书，如《兵镜类编》。

（17）杂纂兵书，没有一定的编排体例和秩序，杂抄诸家之说的兵书，如《约兵指南》。

（三）兵书的重要价值

明代兵学家茅元仪曾评价说："前孙子者，孙子不遗；后孙子者，不能遗孙子。"这句话很精准地概括了《孙子兵法》在中国古代军事思想发展上承前启后的重要作用。同时，也反映出以《孙子兵法》为代表的经典兵书一经问世，便成为广为流传的军事教科书，对后世兵家有着深刻的影响。随着文明的发展，尤其是随着东西方文化的交流，中国古代兵书远播全球。中国古代兵书走出国门，最早可追溯至唐朝末年。公元734年，在中国学习17年的日本遣唐使吉备真备返回日本时，带走了大批有关兵器的图籍和诸多兵书，其中最主要的是《孙子兵法》和《吴子》。可以说，他是把中国古代兵书传到国外的第一人。到唐朝末年，中国大量兵书都传到了日本，随后又传到了朝鲜、越南等国。18世纪中叶，长期在中国传教的法国神父阿米奥，经多年努力翻译了《孙子十三篇》《吴子六篇》《司马法五篇》《六韬兵法选二篇》和附录的图片、阵图等，于 1772 年在巴黎出版，开启了中国古代兵书在西方流传的先河。

进入 21 世纪，中国古代兵书早已传遍世界，成为世界各国共享的智慧瑰宝。以《孙子兵法》为代表的中国古代兵书之所以具有跨越时空的旺盛生命，关键在于它们从各个层面揭示了古代战争的基本规律和特殊规律，凝结了中国历代兵家的优秀智慧，即使在 21 世纪的今天仍然有着巨大的价值。

1. 历史价值

兵书既是古代军事思想和军事历史的载体，又是今天研究军事学术史的不可或缺的史料。每个时代兵书的数量、质量和内容都反映了那个时代军事思想和军事历史发展的水平，是我们研究中国军事思想和军事历史的基本依据。中国兵书不仅历史悠久，卷帙浩繁，而且延绵数千年从未间断，这就为研究古代军事史提供了系统、完整的史料。

我们说中国古代军事思想发展史的繁荣，其重要标志就是拥有丰富的兵书典籍。我们通过对兵书各个侧面进行研究，便可以从不同的角度勾画出军事思想和军事历史的发展轨迹和各阶段的发展水平。如《六韬》中军队指挥机构的组成人员及其分工和职责、作战使用的战车和其他各种武器装备、阴符和阴书，《武经总要》中的指南鱼和最早的三个火药配方，《练兵实纪》中的飞枪箭、飞刀箭、飞剑箭等"三飞箭"，《神器谱》中的火绳枪，《武备志》中的《郑和航海图》、火龙出水与神火飞鸦等各种火箭。这些创造性的成果，其他典籍都没有记载。

2. 思想价值

兵书涉猎内容虽然广泛，但主要记载的是军事思想，尤其是哲学层面的军事思想。战争是最富于变化的领域,饱经战火的古代兵家很早就在战争实践中形成了朴素唯物论和辩证法的思想,以此探索战争规律,研究战争矛盾运动,把握兵法奥妙。兵书中丰富的战争经验和教训的总结,以及由此形成的一系列军事观念,即使在当代社会仍然具有很高的思想价值。

以《孙子兵法》为例,它一切都从战争的胜负为出发点,以高度清醒、冷静的理智态度来认识、判断和指导战争,"主不可以怒而兴师,将不可以愠而致战;合于利而动,不合于利而止"(《孙子兵法·火攻》),"不可取于鬼神,不可象于事,不可验于度,必取于人,知敌之情者也"(《孙子兵法·用间》),这些思想主张无不闪耀着朴素唯物主义思想光芒,至今仍有借鉴意义。再比如,它特别注重战争的变化无常,强调战争指导者要随机应变,指出:"兵无常势,水无常形,能因敌变化而取胜者,谓之神"(《孙子兵法·虚实》),"五行无常胜,四时无常位"(《孙子兵法·虚实》),都是典型的辩证法在战争中的运用。因此,哲学家冯友兰称《孙子兵法》"是古代一部优秀的兵书,也是一部出色的哲学著作。"《六韬》《三略》《吴子》等这类兵略类的经典兵书都在不同程度上具备这一特点,从不同层面反映了当时哲学思维在军事领域的运用。正因为如此,中国古代兵书,尤其是兵权谋类的兵书,也是那个年代的经典哲学著述。

中国古代兵书思想价值在当代军事领域尤为重要。虽然信息时代的战争形态、战争观念、作战方法、建军治军、武器装备等方面变化空前,与春秋战国时代不可同日而语,但是,规律性的东西往往具有相对的稳定性,尤其是根本性的规律有更强的稳定性。以《孙子兵法》为代表的优秀军事经典揭示的冷兵器早期战争规律，多为最原始、最基本的规律，它们没有随着时代的变迁而过时，而是随着不同时代的战争实践和军事思想被赋予更鲜活的内涵、更旺盛的生命力。比如《司马法·仁本》中"国虽大，好战必亡；天下虽安，忘战必危"的论述，其中所蕴含的重战、备战思想，揭示了古往今来的铁律，堪称亘古不变之理。从这一点上来说，古代经典兵书是中国军事思想的根和魂之载体，也是我们研究现代军事理论，指导现代战争重要的思想源头。

3. 教育价值

中国古代兵书具有多种功能，它不仅是军事思想和军事历史的载体，同时也是历代兵家战将、谋臣策士的教科书，对培养和造就一代又一代的军事人才，甚至是政治精英，发挥了重要作用。明代戚继光曾说："兵之有法，如医之有方，必须读习而后得。但敏智之人，自然因而推之，师其意不泥其迹，乃能百战百胜，成为名将。盖未有不习一法，不识一字，不经一事，而辄能开阖变化运用无穷者。"（《练兵实纪·练将》）

翻阅历代名将传，就会发现历史上凡是有作为的军事家，大都自幼热爱兵法，熟读兵书。如西汉第一功臣张良，原本是韩国贵族后代，曾率刺客在博浪沙（今河南原阳东南）阻击秦始皇车队，事败逃匿，其勇猛可见一斑。自从读了《太公兵法》之后，性情大变，智慧陡增，后来成为刘邦的主要谋士。与此同时期的西楚霸王项羽，其叔父项梁教其剑术，项羽认为这是"一人敌，不足学"，提出要"学万人敌"。但是学不多日，"略知其意，又不肯竟学"（《史记·项羽本纪》），于是本来一把好牌，被他打得稀烂，最终落得乌江边自刎的悲惨结局。三国时吴主孙权见吕蒙勇猛有余，智慧不足，便命其挤出时间攻读

《孙子兵法》《六韬》。吕蒙依令而行，刻苦攻读，遂成为智勇双全的名将。此外，北宋杰出将领狄青、南宋抗金名将岳飞、明朝抗倭名将戚继光等，无不饱读兵书，钻研兵法，精通韬略。

宋初之前，兵书长期被视为禁书，主要在社会上层的王公大臣之间流传，以致兵书的研学方式多为秘授和私传。宋仁宗之所以敕令曾公亮等人编纂《武经总要》，主要原因就在于当时将帅普遍"鲜古今之学"，迫切需要通过研习兵书，"识为将之体"。宋仁宗时期更进一步，朝廷先后设立武举和武学，并下诏校定《武经七书》，作为武学教学和武举考试的教材。从此，研习兵书的方式由密授和私传发展到公开化、规范化，更加充分发挥出兵书的教育价值。明清两代仍相沿不变，有力地提升了将领军事素养，推动了官兵的军事训练。明朝后期，戚继光为规范"戚家军"的训练，主要依据前人的经典兵书，亲自编写了《纪效新书》和《练兵实纪》，使"戚家军"的战斗力远在其他部队之上。清朝后期的曾国藩，在基本沿用这两部教材的基础上，编练湘军。

现代军事理论空前发展，学科专业区分细致而复杂，人们从各角度、各层次研究军事问题，兵书已非所有军人必读书目，但作为中国传统军事文化的基石，仍然是军事理论研究者和各级指挥人才不可忽视的教科书。所以，现在解放军各类指挥院校都设有研读《孙子兵法》等经典兵书的课程。甚至，美国、俄罗斯、日本、韩国等国家的军事院校或军事研究机构也都设有这方面的课程和课题。

4. 普适价值

人们往往有一种认识误区，以为兵书仅仅是适于军人阅读的书。日本现代学者会田雄次却不这么认为，他曾经评论说："《孙子兵法》是一针见血地道出了人类生存的竞争社会之本质的兵书。《孙子兵法》所阐述的战略、战术，是以从深刻洞察人类的心理而获取的智慧为基础的。人类的心理从古到今是不变的，因此《孙子兵法》的学说，在人与人、人的群体与人的群体之间所竞争的方方面面，是可以超越时代而加以应用的，这样说并非夸张过分。"客观地说，他的这番评论是颇有见地的。

战争作为你死我活的斗争，是人类社会竞争最激烈的一种活动，人们在生死之际往往能够激发出所有的智慧和潜力，以求得生存，获取胜利。古往今来，人类竞争又何止在战争领域？政治、外交、经济、体育等领域都存在着激烈的竞争。虽然这些领域的竞争不似战争那样激烈、残酷，共同特点却在于都需要"竞"和"争"，都是心理、意志和智慧的较量。正因为如此，以《孙子兵法》为代表的经典兵书所揭示的战争规律、谋略艺术就具有普适价值，历代兵书所论述的决策、谋略、为将、治军、管理、后勤等思想和指挥艺术，常被其他领域所借用。而且，随着各领域竞争日趋激烈，运用越来越广泛。

有着"日本现代经营之神"美誉的孙正义将《孙子兵法》运用于经营之中，他曾感叹说：如果没有《孙子兵法》，就没有我孙正义。1996年，哈佛大学57位学者将《孙子兵法》评选为世界10部影响最大的著作之一。

此外，成千上万古典兵书中所记载的与当时军事斗争密切相关的哲学、科学、天文学、气象学、文学、历史、技术、医药等方面的内容，不仅具有宝贵的史料价值，而且对与此对应的现代各学科专业都有着重要的借鉴价值。

明代唐万龄说："读书而不能为名将者有矣，未有名将而不读书者也。"其中所说的"书",指的便是兵书。笔者真诚地希望,一切有志于富国强军、有志于干出一番不平凡大业的人,都能像中国古代名将那样,走进兵书的殿堂,喜欢兵书、研习兵书、活用兵书。

薛国安

2023 年 11 月 5 日

一

《孙子兵法》

【其书其人】

1. 享誉古今中外的兵学圣典

孙武,中国春秋时期著名的军事家、政治家,尊称兵圣,又称"兵家至圣",被誉为"百世兵家之师""东方兵学的鼻祖"。其经典著作《孙子兵法》揭示了战争和战争指导的一般规律,是举世公认的现存最早的兵学巨著。当代世界上的几场局部战争表明,孙子饱含哲理的军事思想和充满智慧的军事谋略,仍然有着强大的生命力和广阔的用武之地。《孙子兵法》全书十三篇,六千字左右,虽然篇幅不长,却蕴含着丰富的制胜智慧、战争谋略和管理艺术,对当代战场搏杀、商场竞争、赛场较量、职场进取均有重要的现实指导意义。

2. 百世兵家之师

孙武(约公元前545年–公元前470年),春秋末期齐国乐安(今山东省北部)人。他的祖父田书,因伐莒(今山东莒县)立有战功,被齐景公赐姓孙氏,食采邑守乐安。孙武的父亲孙凭也成为了齐国的名将,官职一直做到齐国的卿(春秋时期君主以下的最高一级官员)。或许是出于子承父业的传统,孙武出生时,父亲给他取名为"武",字"长卿",意思是希望他一生尚武,继承祖辈的事业,在军事上建功立业,在齐国取得军事和政治地位。孙武出生于这样一个军事世家,从小饱读兵书,深受军事文化熏陶。然而,他一生最光彩、最有作为的时间并不是在齐国，而是在远离家乡的吴国。

齐国是濒临东海的大国，位于今山东省东北部一带。吴国则地处长江中下游一带，主要是今天的江苏地区。齐桓公"九合诸侯，一匡天下"之后，成为春秋五霸的第一位霸主，齐国人才济济，经济发达，国势强盛。而吴越地区向来被中原人称作"荒服之地"，长期处于"刀耕火种，以渔猎为业"的生产状态，无疑要比齐国落后。齐国虽然表面上强盛，但长期存在着卿大夫集团之间激烈的权势之争，到齐景公执政时愈演愈烈，四大家族，即鲍、高、国、陈四姓集团为了争夺土地、赋税、人口和财富，彼此激烈争斗，相互兼并，齐国战乱频繁，动荡不安。孙氏处于四姓争斗的夹缝之中，很容易成为牺牲品。就在孙武20岁左右时，孙氏举家迁往吴国以避战乱。从《吴越春秋》的记载来看，孙武到了吴国之后，在姑苏城外罗浮山下隐居五年，过着自耕自种、深居简出的生活。在这五年中，孙武总结以往所读兵书，博采众家之长，结合天下争霸的战争乱象，以及吴王参与争霸天下的战略企图，逐步形成系统的兵法思想，并一字一句地将自己的兵法思想写在竹简上，著就了独具特色的兵法十三篇。

公元前515年，吴国公子光在伍子胥的辅佐下夺得吴国王位，称阖闾。阖闾胸怀大志，礼贤下士，任用贤能。在发展生产、增强国力的同时，他还广泛地搜罗人才，立志要称雄天下。伍子胥便借这个机会向阖闾推荐了隐居的孙武。孙武见到吴王后，把自己撰写的兵法十三篇呈献给了吴王，深得吴王欣赏，遂拜将军。

孙武拜将之后，加强军队训练，培养官兵英勇善战的能力，调整部队编制，将吴军改编为三军，以适应战争的要求。为削弱西面强大的楚国，他和伍子胥一起采取"三师疲楚"的战术，先后指挥几支部队轮番攻击楚国不同的地方，当吴军的第一支部队袭击楚境的时候，楚国即派大军迎击。待楚军出动，吴军便往回撤。而楚军返回时，吴军的第二支部队又攻入了楚境，如此轮番袭扰楚国达6年之久，吴军先后袭击楚国的夷（今安徽省涡阳县）、潜（今安徽省霍山县东北）、六（今安徽省六安市北）等地，致使楚国连年应付吴军，人力物力都被大量耗费，国内十分空虚，楚军将士疲于奔命，斗志沮丧，吴军则逐步将自己边境地区一些附庸楚国的势力铲除或控制，国力大增。

公元前507年，位居楚国北侧的蔡、唐两国，不堪忍受楚王的欺压，主动投靠吴国，并献上联合唐、蔡以袭楚之计。蔡、唐虽是小国，但居于楚的侧背，这就为吴军避开楚军正面，从其侧背作深远战略迂回提供了有利条件。孙子抓住这一难得的机会，建议吴王以救唐蔡为名大举攻楚。

公元前506年冬，吴王阖闾亲自挂帅，以孙武、伍子胥为大将，阖闾的胞弟夫概为先锋，倾全国3万水陆之师，乘坐战船，由淮河溯水而上，蔡、唐两国军队先后加入吴军行列。于是，吴、蔡、唐三国组成联军，浩浩荡荡，溯淮水继续西进。进抵淮汭（今河南潢川，一说今安徽凤台）后，孙武突然决定舍舟登陆，由向西挺进改为向南奔袭。这一避实击虚、攻其无备的战法，完全出乎楚军意料，孙武得以率领3500名精锐士卒迅速穿过楚北部的大隧、直辕、冥阨三关险隘（均在今河南省信阳市以南，河南、湖北两省交界处），直趋汉水，深入楚腹地，不出数日，挺进到汉水东岸，达成对楚的战略奇袭。主力部队跟进之后，吴军在柏举（今湖北省麻城市境内，一说湖北汉川北）与楚军对阵，击败楚军20万主力，最终攻占了楚的国都郢城。

司马迁记载:"西破强楚,入郢,北威齐、晋,显名诸侯,孙子与有力焉。"(《史记·孙子吴起列传》)意味着孙子在柏举之战后继续领兵征战,先后参与了灭越之战和多次北伐行动,与齐国、晋国军队展开多次较量,为吴王完成争霸大业立下了汗马功劳。

孙子之所以被后人尊称为"兵家之祖""兵圣",不仅因为其赫赫战功,更主要的是他给后人留下了一部《孙子兵法》。这部军事经典不但是我国现存最古老的兵书,也是中国古代军事著作成熟的标志,其丰富而深刻的军事哲学思想堪称中华民族智慧的结晶。三国时著名的政治家、军事家曹操盛赞《孙子兵法》,亲自整理前人对《孙子兵法》的研究,作成简明的《孙子略解》,为后人学习运用《孙子兵法》提供方便。北宋时,《孙子兵法》列为《武经七书》之首,被誉为"兵学圣典"或"兵经"。军事伟人毛泽东也曾高度评价说:"孙子的规律,知彼知己,百战不殆,仍是科学的真理。"

《孙子兵法》早在唐朝末年就传入了日本,18世纪后又传入欧洲,先后译为英文、法文、德文、西班牙文等40多种文字,成为世界公认的经典军事著作。英国著名战略家利德尔·哈特在《孙子兵法》英译本序言中说:"2500多年前中国这位古代兵法家的思想、对于研究核时代的战争是很有帮助的。"1990年的海湾战争,美军地面作战中采用的"左勾拳战术",与孙子的"远而示之近"的谋略异曲同工。2003年的伊拉克战争中,美军的"震慑理论"更是直接取用了孙子"三军可夺气,将军可夺心"的思想。

21世纪的竞争空前激烈,人们不约而同地将目光投向《孙子兵法》,以寻求智慧的启迪。于是,《孙子兵法》不仅被运用于当代军事领域，还被推广运用于社会的各个竞争领域，日本将《孙子兵法》用到了商业方面，尤其在企业经营管理中得到了广泛的运用。据说，1996 年美国哈佛大学 57 位学者将《孙子兵法》评选为世界 10 部影响最大的著作之一。

【思想精要】

《孙子兵法》阐述战略决策、战略筹划、统军作战、为将之道、部队管理、后勤保障、军事地理、情报搜集等方面的谋略观点。思想内容博大精深，篇章结构层层递进，首尾呼应，通篇若有率然之势。

1. 兵者，国之大事

孙子反对盲目作战，主张首先在战争决策环节就要慎之又慎，务必遵循三条原则：

国之大事，不可不察。《孙子兵法》开宗明义地指出："兵者，国之大事，死生之地，存亡之道，不可不察也。"这句话提醒人们，战争不是儿戏，是关系到民众生死、国家存亡的大事，绝不能光靠激情，盲目决策，必须慎重考究和深入研究，从而保证理智决策，正确决策。而且，这种考察不是一时半会的考察，而是长期考察，长期备战。国不可一日无备，兵不可一日忘战，忘战必危。1990 年，科威特作为一个主权国家，面对战争灾难束手无策，竟然在短短的六天之内就被伊拉克吞并，其教训就在于富而忘战，忽略战备，对伊拉克的侵略野心缺乏应有的戒备。

兵凶战危，不得已而为之。正因为如此，战争也是最讲究效费比的事情。因此，孙子提醒人们一定要慎重进行战争决策，谋取最大效益。

非利不动，慎重决策。孙子在战争决策问题上提出了"三非"原则。一是"非利不动"，不打不符合国家根本利益的战争。二是"非得不用"，不打得不偿失的战争。三是"非危不战"，不到非战不可的关头决不动手。总之，"合于利而动，不合于利而止"。一切以是否符合国家利益，是否能够维护和赢得国家利益为准绳。

1950年，美帝国主义发动了侵朝战争。对于这场战争，打还是不打，毛泽东广泛征求意见，彻夜反复思考，从国际社会主义事业大局和新中国长远发展着眼，清楚地认识到"出兵有百利，不出兵有百害"，最后才定下了出兵朝鲜的决心。能战方能言和，这一仗打出了军威、国威，也赢得了东北全境的安宁，为新中国和平建设创造了良好的国际国内环境。毛泽东以其超人的气魄和胆识为我们树立了慎重决策的光辉典范。

先胜后战，长期备战。孙子在《形篇》中用两句经典名言阐明了同一条制胜规律。该篇的第一句话指出："昔之善战者，先为不可胜，以待敌之可胜。"凡善于用兵打仗的将领，总是把功夫下在战争打响之前，做好充分准备，立于不败之地，同时等待和捕捉敌人可以被我战胜的机会。该篇中的另一句名言是："胜兵先胜而后求战，败兵先战而后求胜。"胜兵，就是打胜仗的一方，之所以胜利，关键就在于未战之前已经立于不败之地；败兵，就是打败仗的一方，之所以失败，关键就在于开战之前没有做好充分的准备。

毛泽东说得更为深刻："优势而无准备，不是真正的优势，也没有主动。懂得这一点，劣势而有准备之军，常可对优势之敌举行不意的攻势，把优势者打败。"我军在革命战争年代正是遵循毛泽东这一思想，打败了国民党大军。当代战争爆发突然，进程短促，战争胜负在更大程度上取决于平时战争准备的程度，战场交战不过是对双方战争准备程度的一种公开检验而已。我们应当牢记孙子的忠告：先胜后战，长期备战。

2. 不战而屈人之兵，善之善者也

在历史的长河中，人们崇拜那些横刀立马、勇猛冲杀的英雄，赋予他们最显赫的功勋、最耀眼的光环。然而，孙子超越常人标准，语出惊人："百战百胜，非善之善也。不战而屈人之兵，善之善者也。"按常理来看，百战百胜的将军，堪称当之无愧的英雄，孙武为何认为"非善之善者"？

全国为上，破国次之。在孙子看来，"兵以利动"，不战则已，一旦开战就要力求利益最大化。经历百战方能胜利，那是杀敌一千，自损八百的惨胜，投入大而收益小，不足以称道。相反，无需大规模搏杀却能征服敌人，是投入小而收益大的巧胜，虽然没有智慧的名声，也没有显赫的战功，但不露声色地征服了敌人。这是最值得称道的胜利，也是战争指导者应当为之而努力的最高境界。所以，《谋攻》开篇即言：凡用兵之法，全国为上，破国次之；全军为上，破军次之；全旅为上，破旅次之；全卒为上，破卒次之；全伍为上，破伍次之。

这是对中国传统军事思想核心价值观最经典的表述。中华民族发源于农业文明，以农业生产为基本生活方式，自然形成顺应天时、和睦四方的观念。体现在军事上，便是"全胜为上"。商朝末年，兵学鼻祖姜太公提出的一条基本谋略思路就是"全胜不斗，大兵无创""上战无与战"，以一系列韬光养晦的策略逐渐削弱商王朝，最终取而代之。

随着文明的发展，人们更为清楚地认识了战争的巨大破坏作用，因而更加崇尚孙子"全胜为上"的战略思想，将之视为

和平竞争之法。

四法并用，小战而胜。孙子提出的"不战而屈人之兵"理想，确实有"以和为上"的色彩。但是，实现这一思想并非完全不用战争手段。孙子紧接着提出"故上兵伐谋，其次伐交，其次伐兵，其下攻城"。前者可谓提出命题，后者则可谓直陈方法。其中的"上兵"，即用兵作战的上策。上策是追求最理想的状态，伐谋伐交，不战而胜。中策是谋求比较理想的状态，伐谋伐交的基础上小战而胜，尽量避免杀人盈野，血流成河的大规模战争，将战争的杀伤破坏降到最低的程度。下策是立足最现实的状态，伐谋伐交伐兵多手并用，巧战而胜，以最小的代价赢得最大的胜利。这里的上下、其次，并不是割裂关系，也不是多选一的关系，强调的是主次、先后顺序。一般是先斗智，伐谋伐交，然后是斗力，伐兵攻城。伐谋、伐交、伐兵、攻城多手并用，打组合拳。

应当说，古老而美丽的北京城能够保存到今天，多亏毛泽东当年在平津战役中灵活运用了这四条谋略思路，才最终赢得和平解放。一些人以为"不战而屈人之兵"就是不用战争手段，仅仅通过伐谋、伐交便可以征服敌人。这种理解无可厚非，"不战而屈人之兵"，当然包含不用战争手段的意思，但是征服与被征服，实质上是消灭与被消灭的斗争，不到走投无路的境地，任何一方都不会轻易屈服。因此，仅仅运用伐谋、伐交等和平手段，只能削弱、孤立、瓦解敌人，而难以最终征服敌人。古往今来的事实证明，如果完全不战，并不能真正"屈人之兵"，只能暂时缓解危机，最终征服对方很可能需要以强大的军事压力，甚至残酷的军事打击，让对方清楚地预见到失败的结局，方能真正使其屈服。美苏冷战，美国不战而促使苏联崩溃，虽然彼此之间没有直接交战，但是代理人战争接连不断，中东战争、两伊战争，背后比拼的无疑是美苏双方军事实力的消长。因此，把"不战"理解为"小战"或"巧战"，不失为一种更深刻、更实际的理解。

3. 知彼知己，百战不殆

孙子在《用间篇》开头描绘了春秋时期军队出征的动荡场面："凡兴师十万，出征千里，百姓之费，公家之奉，日费千金，内外骚动，怠于道路，不得操事者，七十万家。"试想，这种大规模战争的决策和指挥如果建立在"不知敌情"的基础之上，其结果必然是全军覆灭，国破家亡。因此，孙子强调战争决策和作战指挥，务必建立在"知彼知己"的前提下。在这个问题上，孙子特别强调三条原则：

知彼知己，百战不殆。在《中国革命战争的战略问题》一文中，毛泽东精辟地指出：孙子"知彼知己，百战不殆"这句话，包括了认识战争规律并运用规律去争取胜利两个方面，是一条普遍的战争指导原则。现代战争战场更加透明，"知"与"不知"对战争行动，乃至最终胜负的影响更大。信息化战争中，战争双方依然要争夺制空权、制海权、制交通权，但是，这一切都有赖于制信息权的得失。

知天知地，胜乃可全。《三国演义》中诸葛亮巧借东风，火烧赤壁，大破曹军，虽然其中不乏虚构夸张的成分，但是艺术地反映了战争的客观规律。那就是孙子所说的："地形者，兵之助也。"战场是军人的生死场，优秀的将领不仅要力求"知彼知己"，而且必须了解与战场密切相关的天候、地形等自然条件，以便顺天之时，取地之利，争取赢得全胜。因此，孙子认为，研究和利用天时地利，乃上将之道。

彼己兼重，知彼为先。若问《孙子兵法》最广为人知的一句经典名言，许多人会脱口而出："知己知彼，百战不殆。"殊不知，这种回答并不准确。《孙子兵法》中很少重复一句话，然而就是这句话先后说过两次，一次是《谋攻篇》，一次是《地形篇》。值得注意的是，两次说到这一句话都是"知彼知己，百战不殆"。知彼为先，知己为后。这与人们的习惯说法有细微差别。然而，就是这种细微差别之中蕴含着深刻的谋略思想。彼方和己方的情况都是决策的必要基础，都很重要，不可或缺。但是，相对而言，战场上真假难辨，迷雾重重，使得知彼更为困难。但是，任何战争决策和军事行动都必须具备明确的针对性，依彼方的意图和状态而定。正因为如此，孙子始终把"知彼"放在前面，提醒国君将领一定要高度重视把敌情搞清楚。

4.攻其无备，出其不意

虚实，是战争中一对非常重要的矛盾范畴。通常来说，力量强大为实，力量虚弱为虚；防备周密为实，防备松懈为虚；战斗精神高昂为实，战斗精神低落为虚。在虚实问题上，孙子的基本主张是以我之实，击敌之虚；避敌之实，击敌之虚。具体来说，有三条原则值得我们关注：

实而备之，强而避之。战争是力量的拼搏，力量强弱是决定胜负的重要因素，切不可无视力量对比，单凭激情冲动去作战。孙子强调，当敌人力量十分强大时，不妨先取守势，尽量"备之""避之"，避免在不利情况下决战。但是，"备之""避之"，并不等于消极退让和妥协投降，而是为了曲线迂回，以退为进。

红军游击战初期，毛泽东、朱德提出的"敌进我退，敌驻我扰，敌疲我打，敌退我追"的游击战"十六字诀"，把这种战争智慧体现得更加淋漓尽致。"敌进我退",指在优势敌人的进攻面前,应避其锋芒,主动退却,盘旋打圈,敌出我前,我绕敌后,敌在山上,我退山下,敌占中间,我占两侧,以保存自己,创造战机,歼灭敌人。"敌驻我扰",指对驻止之敌以小股兵力实行游击袭扰,造成敌之精神动摇与肉体疲乏。"敌疲我打",指对士气低落、疲惫不堪之敌,应适时抓住战机,主动出击,歼敌全部或一部。"敌退我追",指对退却或溃逃之敌应乘势追击或掩击其后,予以歼灭或杀伤。"十六字诀"把避其锋芒与后发制人、保存自己与消灭敌人的辩证统一关系贯穿于游击战争之中,使弱小的红军得以在国民党大军重兵包围之中灵活运动,在反"围剿"作战中逐步壮大。

以我之实,击敌之虚。孙子提出:"兵之所加,如以碬投卵者,虚实是也。"这是提醒将领们注意,发起攻击时,一定要以石头般坚实的力量,打击鸡蛋般虚弱的敌人,方能稳操胜券。然而,虚实并不是固定不变的状态,实可以转化为虚,虚可以转化为实。正是因为存在转化的空间,所以孙子"避实击虚"的谋略实际上包含"化实为虚"的思想。打击的敌人之所以虚弱,并非天生虚弱,很可能原本力量坚实、强大。当其坚实、强大之时,不与之直接对抗,而是灵活运用小利引诱、假象欺骗、诡道迷惑等谋略措施调动、误导、削弱敌人,从而使其逐渐由实变虚,由强变弱,甚至不堪一击。

努尔哈赤的"伐大树"战略鲜明地体现了避实击虚、化实为虚的思想。努尔哈赤自25岁继承祖辈十三副遗甲起兵,当时人不过百,地不过数十里,在女真各部蜂起、竞相称王争长的情况下,生存十分困难,壮大更为艰难。针对这种险恶形势,努尔哈赤制定了利用矛盾、联小击大,远交近攻,先弱后强、逐步蚕食各部，最后达成统一的徐图渐进战略。他把这种战略形象地比喻为"伐大树"。在进攻乌拉部族的一次战斗中，努尔哈赤曾将乌拉比喻为大树，教导皇太极说："欲伐大木，岂能骤折？必以斧斤伐之，渐至微细，然后能折。"努尔哈赤正是在这种思想指导下，循序渐进地削弱并最终统一女真各部族，然后逐步蚕食大明势力，为多尔衮最终砍倒明王朝这棵大树创造了有利的态势。

虚实并用，攻其无备。战争既是力量的拼搏，更是智力的较量。有限的军事实力加上巧妙的谋略运用，往往能够成倍地提升战斗力。所以孙子反对简单地拼实力、拼消耗，主张实力与智力有机结合的巧战，体现在作战方法上则是虚与实并用，有机配合。孙子提出："凡战者，以正合，以奇胜。"即以主力部队从正面迎击敌人，同时以突击分队从其意想不到的方向攻其无备。

5. 三军可夺气，将军可夺心

古往今来，战争中往往有硬杀伤与软杀伤之分。软杀伤主要针对敌军的心理意志，打垮敌军的精神支柱。西方著名军事家克劳塞维茨认为，巨大的精神力量，有时像酵素似的渗透在战争的各个要素中，特别在双方物质损失相等的情况下，起决定性作用的更是精神力量。

因此，使敌人精神力量遭受损失也是摧毁敌人物质力量，进而获得利益的重要手段。早在2500多年前，孙子就清楚地认识到这一点，明确提出了攻心夺气的谋略思路。有关这方面的谋略思路，也值得我们重视：

三军可夺气，将军可夺心。气就是部队的士气，三军一旦失去士气，统帅举棋不定，全军就会"风声鹤唳，草木皆兵"。

在中国古代，武王伐纣的"牧野作誓"、韩信垓下的"四面楚歌"、诸葛亮的"空城计"等，都是成功夺心、夺气的经典战例。在现代战争中，心理战与信息技术结合，已成为全新的作战样式，是战斗力的"倍增器"。以美军为例，美军现编有心理战大队、心理战营、心理战连。美军每年耗资25亿美元，在近几场局部战争中，先后把心理作战部队投入到战场。科索沃战争中，美军利用现代高技术手段，在不间断的空袭中，自始至终对南联盟军队实施大规模的心理攻击，致使上千名南联盟士兵放下武器。据战后分析，南联盟士兵看过美军传单的占70%，相信传单内容的占40%。

在伊拉克战争中，美伊在舆论宣传战和心理战方面都极尽能事。美军在实施"斩首"行动当天，就展开心理战宣传，宣布萨达姆已被炸死；其后的"震慑"行动，更是企图通过高强度的精确军事打击摧垮伊拉克人民的心理防线。与此同时，美军向伊境内投撒大量传单，对伊军进行策反，通过打电话、发短信等，对伊军官劝降。伊军则针锋相对地利用传媒和其他手段，揭露美英联军的种种谎言，鼓励军民斗志。美伊双方通过媒体散布的战场消息，更是虚虚实实、真真假假。这一切都表明，在信息化高度发展的今天，宣传舆论战与心理战的较量对战争的影响不可忽视。

活用"四治"之法，激励军心斗志。美英联军的心理战攻势固然卓有成效，但尚未达到孙子心理战思想的境界。孙子不仅提出夺心、夺气问题，而且提出了一系列有效的办法，其中"治气""治心""治力""治变"的"四治"之法尤为耐人寻味。

所谓"治心"，更是直接掌握和调理军队心理状态的方法。战争中心理因素往往对胜负有很大的影响。因此，必须遵循

"以治待乱，以静待哗"的原则，运用心理战术，使自己的军队保持沉着镇定，而使敌人的军队陷入恐慌和混乱，这样就能在心理上战胜敌人。至于"治力""治变"，表面说的是巧用军事力量和活用战略战术的方法，实质上都是着眼于"夺心"和"夺气"。

在新的历史条件下，我们要紧密结合新的战争形态和作战样式，认真研究孙子的心理战理论，赋予其新的时代内涵。

一方面，现代夺心夺气，要充分发挥广播电视、互联网络、卫星通信和电子传真等现代传播方式的作用，积极开展对敌方的舆论宣传和心理震慑；另一方面，各部队要不断加大心理战教育训练的力度，提高广大官兵战场心理承受能力和灵活处置各种复杂情况的应变能力。

6. 智信仁勇严，为将之五德

将帅乃一军之魂，胜负之关键。所以，孙子主张战略决策之际，首先要关注敌对双方"主孰有道"，其次要对比双方"将孰有能"，其中的"能"字，既是衡量双方将领的标准，也是孙子对将领的一个总体要求，即要能够带兵打仗。正因为战争胜败在于命将，孙子同时认识到，治军务必先治将。

精心选将，放手用将。孙子非常重视将帅的作用以及选将用将问题。他把国家比作战车，而把将帅比作车体两边起固定和牵引作用的辅木。认为"夫将者，国之辅也。辅周则国必强；辅隙则国必弱"。辅木与车体结合越周密，整个战车越牢固。反之，如果辅木与车体之间有缝隙，整个战车就容易散架。同理，将帅对国家尽心尽力，国家必然强盛，而将帅对国家三心二意，则国家必然衰弱。"故知兵之将，生民之司命，国家安危之主也"。

正因为将帅与国家安危息息相关，孙子提出一个"择将"的问题，要求"求之于势，不责于人，择人而任势"。意思是不要强求于人。有的企业家认为，企业的技术或财务，都不能公开，就是一张纸的问题，一捅就破。所以，对技术人才、财务人才、高层管理人才，过分依赖，生怕他们"跳槽"。实际上，人才是很难私有化的。正确的办法还是建立科学的机制，选择愿意或有能力达到某项目标的人为企业服务，只要达到目标即可，至于是否忠心则无关紧要。这就要求我们，不要把企业的身家性命全部寄托在一两个人身上，而是要选择合适的人去充分营造有利的形势，各方面人才组成的人才方阵合力开创事业。

孙子认为，国君统帅不必事必躬亲，独揽大权，要相信将领，进行目标管理，指定目标、检查结果、不问过程。他指出了国君干涉将领工作的三种常见现象："君之所以患于军者三：不知军之不可以进而谓之进，不知军之不可以退而谓之退，是谓縻军。不知三军之事而同三军之政，则军士惑矣；不知三军之权而同三军之任，则军士疑矣；三军既惑且疑，则诸侯之难至矣，是谓乱军引胜。"把将帅当作木偶，一举一动都要受国君的控制，在这种情况下将帅是无法有所作为的。所以，历来善于统兵作战的将帅无不反对国君干预。

《史记·淮阴侯列传》中有言："陛下不能将兵，而善将将。"所谓将将，即驾驭将帅。善于将将，除了不御将之外，还要注重量能授职。清太祖努尔哈赤曾说："全才者有几？夫一人之身，才技有长短，处事亦有工拙。有阵中之勇者，于理国则拙而无用；有宜于国中者，于从军则无用矣。自是任用，皆随其材。"通俗地说，就是要用善于治国的人才去治理国政，用善于治军的人才去统领军队，各尽其才。中国历史上，汉高祖刘邦可谓这方面的典范。他因善用张良、萧何、韩信而取天下，确实堪称将将高手。在经营领域，企业家要想开辟一块天地，成就一番事业，最好也要有点善于将将的本领。当然，在经营领域，所谓"将将"，主要指如何领导下属或搞好人力资源管理的问题。聪明的企业家往往会对刘邦的将将艺术心领神会，并善于结合当代中外先进的管理经验，古今结合，将其化用于自己的工作之中。

培养五德，避免五危。 俗话说："千军易得，一将难求。"之所以一将难求，难就难在千军之将不是随处可得。这种人必须要有特殊的才能和杰出的综合素质。所以，孙子十三篇中多次论及将帅的才能和修养问题，其中"为将五德"和"为将五危"尤应予以重视。

所谓"为将五德"，是说一个优秀的将帅必须具备五方面的才能。孙子非常重视将帅的自身修养，认为这是能否成功治理军队的关键，也是战争胜败的重要因素之一。所以他在《计篇》中提出"将者，智、信、仁、勇、严也"，后人称之为"五德"。用今天的军事术语来说：智，即多谋善断；信，即赏罚有信；仁，即爱兵抚士；勇，即勇敢坚定；严，即明法审令。

曹操注释此句时提出："将宜五德备也。"强调一位优秀的将领，应当五德兼备，缺一不可。然而，历史上著名的军事将领，五德兼备的不多。有勇无谋，或有仁不严的人虽然可能一时显赫，但最终仍是失败者。项羽有智有勇，借助农民起义的力量推翻了秦王朝，自封西楚霸王，一时握有天下。但是，他猜忌部属，过度杀戮，最终众叛亲离，不得不在乌江边兵败自杀。如果他能够在有智有勇的基础上，加上刘邦的宽以待人、善于将将的特点，恐怕不至于败得那么惨。关羽讲信誉，勇敢善战，但自傲轻敌，大意失荆州，此智不如人也。

此外，孙子认为优秀的将领在心理素质上应当能够"静以幽，正以治"。即考虑问题冷静而幽邃，管理部队公正而严格。要注意谨思慎行，"主不可以怒而兴师，将不可以愠而致战"。在思想品格上，要"进不求名，退不避罪，唯人是保，而利合于主，国之宝也"。意思是说，如果取胜前进了，并不是为了追求个人功名，不战而退了，也不逃避自己违令的罪责，只求保全民众，符合国家利益。

所谓"为将五危"，是告诫将帅要尽量避免五个方面的弱点。孙子说"故将有五危：必死，可杀也；必生，可虏也；忿速，可侮也；廉洁，可辱也；爱民，可烦也。凡此五者，将之过也，用兵之灾也。覆军杀将，必以五危，不可不察也"。中国古典哲学认为，凡事皆有度。在这里，孙子突出强调的就是为将之"度"。"必死"的"必"，即固执一端。不怕牺牲是将帅应具备的品德，但如果超过了限度，变成轻生决死、作无谓的牺牲，那就成了拼命主义。拼命主义的勇敢固然不好，但怕死贪生也同样是不可取的。"必生，可虏"，战场上越是贪生怕死，越有被俘的危险。"忿速"指的是性格急躁、偏激，急于求成；"廉洁"指的是过于洁身清廉，看重名声；"爱民"指的是一味迁就求全，不知权衡利害。这些都是可能被敌人利用的弱点，是不懂得辩证法的庸将所具有的特点。

综合孙子的为将思想，不难看出他对将领素质的要求有两个明显的特点，一是综合性、二是辩证性。具备"五德"等综合素质的人才，恰当把握各种才能的限度，避免"五危"之类的失误，灵活发挥自己的特长，这便是建大功、成大业的良将。

7. 令素行者，与众相得也

古代有远见的军事家大都非常注重以法治军。孙子所说的"法令孰行"，显然着重讲的是以法治军问题，其重点在于如何"行"法。

有令必行，令必素行。孙子认为，治军当严格各种法律和规章制度，军令既出当严格执行，不可朝令夕改，因人而异。"令素行以教其民，则民服；令不素行以教其民，则民不服。令素行者，与众相得也。"其中的"素行"二字至关重要，突出强调了民众或将士是否服从管理的关键在于将领是否始终严格执法。西汉名将周亚夫"军细柳"的故事历来被人们传为执法如山的佳话。

文武兼施，宽严适度。军营是一个特殊而神秘的地方，造就了一代又一代特殊而又神秘的军人。但是，军营也是社会的一部分，军人也是有血有肉有情感的人。基于这种特点，聪明的将领既要善于以法治军，也要善于以情带兵。所以，孙子主张文武兼施，恩威并用。

他根据以往的经验教训指出："卒未亲附而罚之，则不服，不服则难用也。卒已亲附而罚不行，则不可用也。"所谓"亲附"，是指将领的恩惠和信义深得人心，能够凝聚广大官兵。如果不施任何恩惠或没有展现任何诚信，便大行惩罚，势必难以使部下心悦诚服，关键时刻也就难以调动起来他们拼死效力的积极性。所以，孙子告诫将领们要"视卒如爱子"。相反，如果一味讲究恩惠和信义，而不能严格执法，那么关键时刻也可能同样指挥不动娇惯了的士兵。所以，古人强调"慈不掌兵"。

一方面说"视卒如爱子"，一方面又说"慈不掌兵"，岂不是自相矛盾吗？是的，任何事物都是矛盾的。但正是因为有矛盾，而且矛盾双方有可能相互转化，才使得事物的发展千变万化，也才可能激发人们无穷的智慧。孙子的治军智慧就在于他准确地抓住了治理军队的核心矛盾，并从中探索出一条基本的原则，那就"令之以文，齐之以武"。

历史上曾经与孙子齐名的吴起应当说是深谙此道的。他一方面强调军令严明，使三军服威。另一方面，又要求将帅爱护士卒，与士卒同甘共苦。据司马迁记载，吴起行军作战时总是与士兵同衣食，卧不设席，行不乘骑，自带粮食，同甘甜共苦味。他甚至亲自为生病的士兵吸吮脓包。吴起这种文武兼施的做法深得人心，部队官兵都乐于服从他的管理和指挥，作战勇敢，所向无敌。

应当说，文武兼施的道理是简单明了的，任何领导人都知道要同时使用这两手。可是为什么有些人用起来得心应手，有些人用起来却运转不灵呢？奥妙就在于能不能把握好"度"。孙子强调"文"不可滥用，"武"不可过度。在他看来，将领固然要"视卒如爱子"，以仁带兵，但不可爱之过分，以至于"厚而不能使，爱而不能令，乱而不能治，譬若骄子，不可用也。"历史上反复出现的宦官专权，重要原因之一就在于国君对这些近臣过分依赖、宽厚、骄纵，动不动就大行赏赐，加官晋爵，使其逐渐掌握大权，以至于他们所掌握的实权超过了皇权，最终挑战皇权，酿成天下大乱。所以，对任何部下都要宽严适度，收放有节。

《孙子兵法》共13篇，讲的都是大谋略、大思路。有两句口诀便于人们记住篇名及先后顺序："计作谋形势虚争，九行地九火用孙。"一共14个字，读起来还有些韵味。其中前13个字，出自13篇每一篇篇名中的一个字。计，是《计篇》；作，是《作战篇》；谋，是《谋攻篇》；形，是《形篇》；势，是《势篇》；虚，是《虚实篇》；争，是《军争篇》；九，是《九变篇》；行，是《行军篇》；地，是《地形篇》；第二个九，是《九地篇》；火，是《火攻篇》；用，是《用间篇》。最后这个"孙"字，是指作者孙武，我们研究《孙子兵法》应当先了解他的生活年代和生平事迹。仔细分析13篇，其先后顺序有讲究。比如，第一篇讲战争决策，第二篇讲战争准备，第三篇讲战争谋划，第四篇讲作战力量，第五篇讲作战态势，第六篇讲战场变化……最后一篇讲用间谍获取情报。这样就像剥竹笋一样，一层一层把国君或将领思考战争全局问题的主要步骤，或者说战争的几个阶段逐步展开分析。这些显然都是大谋略、大思路。

《孙子兵法》早在一千多年前就已走出国门，传遍世界。当代军事、政治、外交、经济各领域斗争中，与我们较量的外国对手不乏精通《孙子兵法》的专家、善于运用孙子谋略的高手。我们作为《孙子兵法》的正宗传人，绝不能数典忘祖，坐而论道，而是要努力做到"取其精髓，学以致用"。

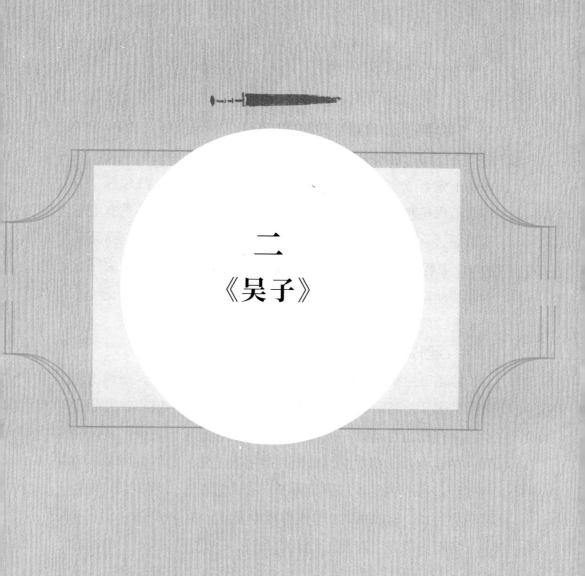

二
《吴子》

【其书其人】

1. 蕴含"无价真理"的治军教本

《吴子》，相传战国初期吴起所著，战国末年即已流传。该书基于先秦战争历史，系统阐述了治国治军理念、战争观、战略战术思想和为将之道，继承和发展了《孙子兵法》的有关军事思想，在历史上曾与《孙子兵法》齐名，并称为"孙吴兵法"，宋朝将其收列《武经七书》之中，因而为历代兵家所重视，长期享有军事教科书的声誉，堪称中国古代军事文化宝库中颇具特色的奇葩。现有日、英、法、俄等译本流传。

2. 战国变法先锋

吴起出生于战国时期卫国左氏（今山东定陶西，一说山东曹县西北），时间已不可详考，大约在公元前440年。吴起青少年时代就志存高远，为实现远大志向，遂外出游仕。游仕期间，吴起潜心研究兵法，钻研克敌制胜之法，并以他的军事才能得到鲁穆公的赏识，拜为将军。曾率领鲁军击败齐军，使鲁国转危为安，他的军事才华在作战中显露无遗。

吴起的得势引起鲁国群臣的非议，一时流言四起。鲁国有些人在鲁王面前中伤吴起，鲁君听信谗言，辞退了吴起。吴起转身投奔到魏国大臣李悝门下。李悝十分欣赏吴起的军事才能，便向魏文侯举荐吴起。魏文侯问："吴起这个人怎么样？"李悝回答："吴起贪慕功名而且好色，但军事才能出众，带兵打仗，即使司马穰苴也不如他。"于是，魏文侯就任命他为将军，率军攻打秦国，攻克五座城邑。魏文侯因吴起善于带兵打仗，又任命他为西河（今陕西合阳一带）的守将，抗拒秦国和韩国。

吴起赴任之后，随即在西河地区实施改革。他提拔重用廉洁奉公的贤能之士，裁撤庸将，打击贪官污吏，使西河吏治焕然一新；奖励开垦荒地，发展农业生产；重视加强边防建设，严格训练"武卒"，从而使西河地区兵精粮足，秦国不敢东向。

吴起治军有方，能够将以情带兵和从严治军很好地结合起来。吴起爱兵如子，在领兵作战的过程中，他坚持与最下级的士卒穿一样的衣服，吃一样的饭菜，行军时不骑马，亲自背着行装和军粮，宿营时从不铺设席子。在一次进攻中山国作战中，有个士卒生了毒疮，吴起便亲自用嘴把毒疮里的脓血吮吸出来。正是因为吴起能与士卒同甘共苦，体恤士卒疾苦，所以得到了将士爱戴，将士们都乐于随他拼死作战，从而使魏军内部关系融洽，团结一致，战斗力很强。

公元前397年魏文侯去世，第二年其子魏击即位，是为魏武侯。吴起对魏武侯也是忠心耿耿，常对武侯的不当言行直言劝谏，深得魏武侯信任，任命其为镇守西河。

公元前389年，秦军进攻魏国西河。魏军士卒群情激昂，主动要求出征的有数万人。吴起从中选拔出尚未立过战功的5万人，又配备战车500乘，骑3000匹，迎击秦军。魏军人人奋勇杀敌，秦军抵挡不住，撤军而还。魏军以一当十，以5万人击败秦50万之众，创造了以少胜多的战例。此役堪称吴起指挥作战的巅峰之作。

同在鲁国的情况一样，吴起因其功绩再次受到魏国群小的毁谤攻击。佞臣王错经常在魏武侯面前煽风点火，以阴谋诡计陷害吴起。魏武侯听信谗言，撤去吴起西河郡守之职，将其召回都城。不久之后，吴起畏惧相国公叔等大臣的陷害，便逃离魏国，来到了南方的楚国。

　　威震列国的吴起来到了楚国，楚悼王喜出望外，任命他为楚国北部战略要地苑地的军政长官。一年之后，楚悼王又任命吴起为令尹。据《韩非子》记载，楚悼王曾向吴起请教导致楚国衰弱的原因，以及如何扭转不利形势的问题。吴起分析说：楚国大臣的权力太大，楚王分封的封君（旧贵族）又太多，他们凭借自己的势力对上直接威胁到楚王，对下虐待民众，这才导致楚国长期积贫积弱。要想使楚国摆脱这种局面，就应该废除封君世袭的特权，分封的贵族只要世袭了三代的，一律剥夺其爵位俸禄，裁汰冗余官吏，把省下来的经费用于养兵练兵。吴起一语中的，切中了楚国贫弱问题的要害，楚悼王听后十分赞赏，决定按吴起的主张实施变法。

　　吴起的改革主要集中在三个方面。首先是改革楚国的分封制、世袭制，废除世卿世禄制。其次，是裁汰冗官，整理财政。吴起把无关紧要、尸位素餐的官吏一律裁减，设置精干的统治机构，任用贤能担任朝廷及地方的各级官吏。再次，是整军备战。吴起本着"厉甲兵以时争于天下"目的，把取消贵族俸禄和裁减官员后省下来的钱用来抚养士兵，扩充军备。

　　吴起的改革很快使楚国封建经济得到发展，封建政治得到巩固，军事实力得到长足进步。楚国不但初步摆脱了"贫国弱兵"的局面，而且一跃成为当时仅次于魏国的又一军事强国。吴起率领楚军南征北战，吞并了南方五岭地区的百越族部落，向北占领了陈、蔡两国，向西攻略了秦国，还相继击败了韩、赵、魏三国的进攻。公元前381年,吴起率楚军救赵攻魏,一直打到黄河两岸,"马饮大河"。楚国武功煊赫一时。

吴起变法虽然振兴了楚国,同时也极大地损害了奴隶主旧贵族的利益。公元前381年,楚悼王去世。吴起进宫料理后事。旧贵族屈宜臼、阳城君等人乘机纠合旧贵族势力发动叛乱,调集封国军队潜入都城,突然包围了王宫,决意要置吴起于死地。吴起一面高喊"群臣乱王",一面扑卧到悼王尸体之上。叛乱的贵族乱箭齐发,射死吴起,但同时也射中了悼王的尸体。按楚国法令,毁坏国君尸体是犯了夷灭三族的重罪。新王即位后,下令斩杀了参与叛乱的贵族七十余家。此次剧变,使楚国初见成效的变法遭到重大挫折,楚国转向衰落。

《吴子》是吴起留给后人的一部重要军事著作。在战国末期,《吴子》已经流行。《韩非子·五蠹》说:"境内言兵,藏孙、吴之书者家有之"。《史记·孙子吴起列传》说:"世俗所称师旅,皆道《孙子》十三篇,吴起兵法,世多有。"说明在汉代《吴子》与《孙子兵法》一样,流传也很普遍。《汉书·艺文志》说:"《吴子》四十八篇",可见它的内容很丰富。但在《隋书·经籍志》和《新唐书·艺文志》中,《吴子》仅剩一卷,证明它在流传过程中,内容多有亡佚。在《宋史·艺文志》中,有《吴子》三卷,即今本《吴子》三卷六篇。至清代,桐城派古文家姚鼐以《吴子》中有"笳笛"二字,认为这是魏晋以后才有的,从而断定《吴子》为伪作。其后,章炳麟、梁启超等学者从之。但是,这些怀疑的说法,像当年有人判断《司马法》《六韬》《尉缭子》为伪书一样,都没有实证。

唐玄宗时,吉备真备把《吴子》带回日本,从此《吴子》开始在日本传播,相继有1600年元佶《校定训点吴子》、1659

年林道春《吴子训点》、1644年山鹿高祐《吴子句读》、1973年金谷治《吴子》等达六十余部研究著作问世。1772年，法国P·阿米奥神父将《吴子》译为法文，带到欧洲，其后《吴子》在西方渐渐传播开来，现有法、英、俄等多种语言译本流传。

西方军事理论界对《吴子》评价甚高，如美国海军上校柏特逊说："在遥远的中国，有两位将军，他们所有关于战争的议论，都可以凝集在一本小册子里，不像克劳塞维茨那样写了九大册，自足地写下了数量有限的箴言。每则箴言都具体表现了他们关于战争行为的信条和重要教义。这两位军事主宰者——孙子和吴子，他们无价的真理，已经长存了两千年。"诚如其言，《吴子》虽然距离今天已经两千多年，但是其中的某些军事思想历久弥新，值得我们学习和借鉴。

【思想精要】

《吴子》的编写方式与先秦其他兵书一样，属于问答体。全书以魏武侯向吴起咨询治国治军问题，吴起——作答的方式展开思想内容。虽然仅存《图国》《料敌》《治兵》《论将》《变化》《励士》六篇，但其中也蕴含着丰富的军事思想。

1. 内修文德，外治武备

魏武侯与吴起对话开始之际，武侯首先说："寡人不好军旅之事。"吴起一针见血地指出，军旅之事不是好不好的问题，而是关系国家生死存亡的大事。他引证历史教训说：承桑氏（古代部落）只修文德，不重武备，结果灭亡了。相反，有扈氏（夏代部落）恃众好战，不修文德，也灭亡了。因此，治国之君必须高度重视军旅之事。接着，吴起提出了一套政治、军事并重，而以政治为先的战争观念。《图国》中说，要富国强兵，必须"内修文德，外治武备"。文德，指政治教化而言。武备，指军事战争而言。它强调两者必须并重，不可偏废。这种战争观是正确的。在政治、军事并重的前提下，《吴子》更重视政治教化。他说："昔之图国家者，必先教百姓而亲万民。"教化的结果要做到四和：国家和睦，军队团结，上阵统一，战斗协调，这样君才算有道之主，民才"以进死为荣，退生为辱"，国家才能够出兵出战。教化百姓的内容，主要是"道、义、礼、仁"四德。这四德关系国家兴衰，"修之则兴，废之则衰"。

2. 禁暴救乱，师出有名

《吴子》重视"武备"，但并不主张穷兵黩武，而是强调根据"禁暴救乱"的原则正确对待战争。首先，吴起通过对战争起因的分析，探索战争的实质。他说："凡兵之所起者有五：一曰争名，二曰争利，三曰积恶，四曰内乱，五曰因饥。"以今日的观点来看，这种对于战争起因的认识是肤浅的。但在战国初期，《吴子》能注意到战争因"争利"等经济原因而引起，也是难能可贵的。由战争的五种起因出发，《吴子》又探索了战争的性质，把它区分为"义兵""强兵""刚兵""暴兵""逆兵"五类，并指出"义兵"是"禁暴救乱"的，"暴兵"是"弃礼贪利"的。这表明《吴子》试图对战争的性质进行分类，以探求正义性的战争。虽然它的认识还比较模糊，但这无疑较《孙子》的认识前进了一步。《吴子》在战争观上的另一贡献是它提出了"战胜易，守胜难"的问题。因为战争是用军事手段解决问题，所以要取得胜利相对来说是容易的。而保守胜利成果，则不仅需要军事手段，还需要政治、经济、思想等各种手段，相对来说是困难的。何况胜利以消耗大量人力、物力为代价，所以他认为：战争胜利的次数越多，消耗人力、物力越大，而保守胜利的希望也就越小。由此出发，提出国家应该慎战。这种观点无疑也是进步的。

3. 见可而进，知难而退

《吴子》中《料敌》《应变》两篇主要论述战略战术问题，其他各篇也散见一些有关作战的思想。

吴起提出了一套首先加强战备，然后依据敌情，"见可而进，知难而退"，施行"审敌虚实而趋其危"的战略战术原则。他在《料敌》篇对魏武侯说："安国家之道，先戒为宝"，让武侯把加强战备放在第一位。他简要地分析了齐、秦、楚、燕、韩、赵、魏七国的地理条件、政治状况、人民习俗、经济实力、军队素质和军阵阵法等特点，要武侯依据这些特点，制定对付列国的不同军事策略。

《吴子》主张战前一定要察明敌情。依调查，如遇到以下情况，即：敌人不顾严寒酷暑，昼夜长途行军，不管士卒劳苦；或长期滞留在外，粮食、物资耗尽，薪草、饲料缺乏，气候不利，将士怨怒；或人数不多，水土不服，人马患疫病，救兵不到；或长途跋涉，疲劳饥困，解甲休息；或敌将吏德薄望轻，军心不稳，缺乏援助；或阵势没摆好，扎营没完毕等，都应立刻"击之勿疑"。相反，在察明敌情后，遇到以下几种情况，即：敌地广人富；将领爱护士卒，施恩普遍；赏罚严明，处置适当，以战功论爵秩等列，任用贤才；兵力众多，武器装备精良；有四邻的帮助，大国的支援等，就应该避开敌人，不与接战。这就是著名的"见可而进，知难而退"的战术原则。

《吴子》强调用兵之道在于"审敌虚实而趋其危",也就是乘敌人的间隙,突然攻击它的薄弱之点。如敌人远来新到,战斗队形未排定;正在吃饭而不防备;正在奔走;疲劳困苦;没得地形之利;失掉天时;旌旗紊乱;长途跋涉,未得休息;涉水过河,刚渡过一半;道路险峻狭长;阵势频繁移动;将领脱离了士卒;军心恐惧动摇等,就应选派精锐作先锋,勇敢攻击,大兵跟进,"急击勿疑"。这种构建在对敌情详尽分析上的攻击策略,无疑是正确的,在今天仍有借鉴意义。

4. 重文武、兼刚柔

《吴子》第四篇《论将》,专讲为将之道。吴起指出,将领要文武全才、刚柔兼备,具有"理、备、果、戒、约"五种才能。"理"是能"治众如治寡";"备"是能"出门如见敌";"果"是能"临敌不怀生";"戒"是能"虽克如始战";"约"是能"法令省而不烦"。

将领还要掌握用兵的四机:一是气机,能鼓舞士气;二是地机,能运用各种地形;三是事机,临事能运用计谋;四是力机,善于保持和充实军事力量。这样的将领才是合格的将领。而"良将"在此之外还要具备"威、德、仁、勇"四种品质。良将是国家的栋梁,国家得之则强盛,失去会衰亡。所以,选拔良将十分重要。另一方面,吴子提出作战时还要察明敌将的才干。利用敌将的不同特点采取不同的谋略,这是"不劳而功举"的便宜事。他把敌将分为"愚而信""贪而忽名""轻变无谋""富而骄""进退多疑"等各种类型,而分别制定了"诈而诱、货而赂、离而间、震而走、邀而取"的作战方针等。在"两军相望,不知其将"的情况下,可以选派轻兵挑战,务败不务胜,来探知敌将是"智将"还是"愚将"。如为"智将",则"勿与战";如为"愚将",则虽众可俘获。这些作战原则都是他的前辈军事家所没有提出过的。

5. 简募良材,以备不虞

《吴子》的建军思想首先关注的是兵员质量问题,认为军事人才的选拔任用是关键,必须"简募良材,以备不虞"。吴起认为"一军之中,必有虎贲之士,力能扛鼎,足轻戎马,搴旗斩将,必有能者。若此之等,选而别之,爱而贵之"。主张把"虎贲之士"选拔出来,与其他士卒区别对待,充分尊重、器重他们,并将由"虎贲之士"组成的军队称之为"军命",意即精锐部队。

吴起通过高标准的严格拣选和优厚的待遇,挑选招募了一批"虎贲之士"。吴子镇守魏国西河地区时,大力训练"武卒",建成一支"其众可合而不离"的精锐部队。吴起还主张把"工用五兵、材力健疾、志在吞敌者"选拔出来,"必加其爵列""厚其父母妻子",使之成为"坚阵之士",同时吸取管仲建军的精神,使"乡里相比,什伍相保",以利于互助和连保,并规定应募者"中试则复其户,利其田宅",即免除符合条件的入选者的赋税,给予条件便利的良田美宅,以丰厚的待遇激励百姓应募。

《吴子》主张根据士卒不同的特点分别编组,量才使用,如"短者持矛戟,长者持弓弩,强者持旌旗,勇者持金鼓,弱者给厮养,智者为谋主",又如"民有胆勇气力者,聚为一卒;乐以进战效力,以显其忠勇者,聚为一卒;能逾高超远,轻足善走者,聚为一卒;王臣失位而欲见功于上者,聚为一卒;弃城去守,欲除其丑者,聚为一卒"。吴起认为"此五者,军之练锐也"。吴起所说的"军之练锐"类似《孙子》所说的"选锋"或

《荀子·议兵》所记载的魏国"武卒"。"练锐"由五种人组成：一是有胆量、有勇气、有力量的；二是乐于进战以显示其忠勇的；三是能攀高跳远、轻捷善走的；四是被因错罢官而又想立功赎罪的；五是曾弃守城邑而又想洗刷耻辱的。这五种人，或身体素质优秀，或战斗技能突出，或战斗欲望强烈，或战斗意志顽强，或各种特点兼而有之。

《吴子》认为有"练锐"三千人，就能够达到"内出可以决围，外入可以屠城"的目的。这一做法，还被吴子移植到了楚国。《史记·范雎蔡泽列传》记载吴起在楚国主持变法，整军备战时，"禁游客之民，精耕战之士"，用取消贵族俸禄和裁减官员后省下来的钱在全国招募了一批年轻力壮的平民百姓，并选拔彪悍、勇猛、武艺高强的人做骨干，申明法令，规定赏罚制度，进行严格的训练，终于建立起一支强悍的军队，"南收杨越，北并陈、蔡，破横散纵"，取得了一系列对外战争的胜利。

6. 以治为胜，教戒为先

在先秦兵书中，《吴子》关于军事训练和部队教戒的思想不失为一大亮点，不少观点新颖而独到。例如，当魏武侯提出"兵何以为胜"的问题时，吴起回答说："以治为胜。"武王又问道："不在兵力多少吗？"吴起深知孙子"兵虽众可使无斗"的思想，回答说：如果部队无治，"法令不明，赏罚不信，金之不止，鼓之不进，虽有百万，何益于用"？接着解释道：所谓"治"，就是"居则有礼，动则有威；进不可当，退不可追；前却有节，左右应麾；虽绝成陈，虽散成行"。这样的军队才能无往而不胜，"天下莫当，名曰'父子之兵'"。然而，有治之军不可能自动形成，务必经过长期教育训练方能逐步达于"治"。因此,"用兵之法,教戒为先"。部队缺乏教练,就会"常死其所不能,败其所不便"。只有经过严格教练的军队才能无往不胜。教练的方法是"一人学战,教成十人。十人学战,教成百人。百人学战,教成千人。千人学战,教成万人。万人学战,教成三军"。教练的内容包括熟悉阵法、明确号令、掌握进退,巧用兵器,等等。

与"治"军相配合,吴起还主张"赏"军。他提出君主要在庙堂上"举有功而进飨之,无功而励之"。对于有功者,依据功劳大小,赏赐不同待遇。同时,在庙门外边以功劳等次向立功者的父母妻子颁赏。这样会造成一人立功,全家荣耀的社会风尚。对于阵亡将士的家属,每年也要派使者进行慰问和赏赐。鼓励没有立功的士卒争取立功。这样,国家"发号布令而人乐闻,兴师动众而人乐战,交兵接刃而人乐死"。吴起的这些主张,突出了精神动力的作用,切实有助于激励将士们英勇作战、争立战功。

7. 教之以礼,励之以义

《吴子》提出"教之以礼,励之以义"的军事教育思想,充分反映了在军队建设上对人的因素的重视。吴起认为,通过"礼""义"教育可以提高军人的思想觉悟、道德认识,可以形成"进死为荣,退生为辱"的荣辱观,增强其守纪观念。"教之以礼",就是用当时社会认可的等级规定及相应于各等级的行为规范和道德规范教育民众,使之形成遵守社会秩序和利益分配新关系的内在自觉。通过"礼"教,可以使百姓"有耻",就能够"在大足以战,在小足以守"。这种思想可以称之为"以礼治军"。因为礼有很强的伦理道德意味,因此"以礼治军"也包含着"以德治军"的内涵。可见,在治军问题上,《吴子》将礼治作为法治的重要补充。"礼"强调了政治上的名分秩序，下级要绝对地服从与尊敬上级，从而维护包括君主在内的各级统治者的权威与利益。以礼治军，使军队内部名分定，礼义行，可以提高军队的自觉性、主动性，可以保证下级自觉地服从上级、尊重上级、忠于上级，整支军队服从、尊重和效忠于君主，从而弥补以法治军的缺陷。

"励之以义"的一个重要内涵就是通过战争的道义性鼓舞军心，激励士气，培育军队的战斗精神。《吴子》提出了"义者，所以行事立功"的观点，指出"义"是用来建立功业，体现了兵家和法家对待战争的功利主义态度。

"励之以义"是一种精神激励，为了使"义"深入人心，产生励气的效果，还需要外在的激励形式加以引导。《吴子》没有对激励士气问题进行更多理论上的分析探讨，而是主要从实践层面铺陈展开，论述了激励部队士气、培育战斗精神的多种教育方法。

《励士》记载，吴起主张将物质激励和精神激励结合起来，用"举有功而进飨之，无功而励之"的办法，激励和培育军队士气。吴子向魏武侯建议了"举有功而进飨之"的具体操作办法，即在宫廷设宴，分前、中、后三排席位款待将士。从前至后，参与宴会的将士所享受的酒食器皿等待遇依次降低标准。对功臣家属也要进行赏赐，其标准也依战功大小而有所差别。每年还要派人对阵亡将士家属进行慰问和赏赐，表明国君没有忘记他们。这些外在的激励措施不仅给予功臣们以物质上的享受和待遇，更重要的是培育了精神上的成就感、自豪感、荣誉感。功绩不同，待遇不同，进一步强化了他们对荣誉的不懈追求，使之获得了继续为国家奋勇作战的动力。而无功人员，同样也会从中获得精神激励，战斗精神得到鼓舞。就部队来说，良好的激励体制达到了"发号布令而人乐闻，兴师动众而人乐战，交兵接刃而人乐死"的目的；就社会来说，良好的激励体制则培养了全社会的尚武风气。"行之三年，秦人兴师，临于西河"，结果"魏士闻之，不待吏令，介胄而奋击之者以万数"，武侯也收到了"破秦五十万众"的"励士之功"。

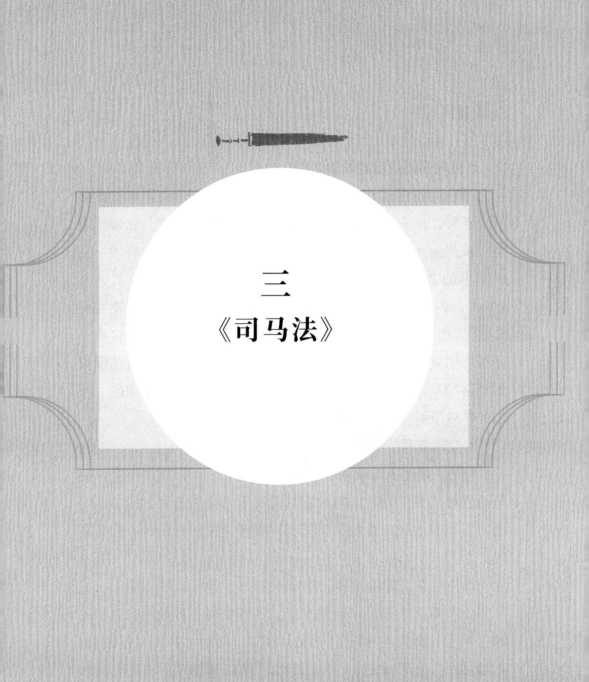

三

《司马法》

【其书其人】

1. 后人追述的古老军事法典

《司马法》是战国时期官修兵书之一,长期享有军事权威著作的声誉,是中国古代军事文化宝库中璀璨的瑰宝。北宋元丰年间被列为《武经七书》之一,作为考试武臣、选拔将领、钻研军事的必读之书。《汉书·艺文志》记载,《司马法》共有155篇,内容以军法为主,所以列入"礼类",名之为《军礼司马法》。经过两千多年流传,《司马法》几乎散失殆尽,仅残存五篇。但就在这残存的五篇中,除军法、军礼之外,也还保存着丰富的战略思想,并记载了从殷周到春秋、战国时期的一些古代作战原则和方法,弥足珍贵。

2. 文武兼备的司马

司马,是上古时职掌军事的最高官职。所谓"司马法",便是历任司马关于当时战争问题言论的汇录。作为兵书的《司马法》当与春秋时期著名军事家和军事理论家司马穰苴有着密切的关系。

司马穰苴,即田穰苴,生卒年不详,春秋末期齐国人,是田完的苗裔,齐田氏家族的支庶。齐景公时,晋伐阿、甄,而燕侵河上,大夫晏婴向景公推荐穰苴,强调"其人文能附众,武能威敌,愿君试之"。景公即委任穰苴为将军,率兵去抵御燕、晋之师。穰苴深知,统军作战重在立威,将无威则无以号

三、《司马法》

令三军。于是,他向齐景公说,自己平素卑贱,骤然间被提拔为将军,"士卒未附,百姓不信,人微权轻",希望景公派一名贵臣做监军,景公即委派了宠臣庄贾。庄贾自恃受宠于景公,无视与穰苴约定的会合时限,姗姗来迟。穰苴不畏权贵,拒绝景公求情,依照军法果断斩杀庄贾,震慑三军。行军途中,穰苴亲自过问士卒的生活、饮食、住宿条件,照顾生病者,与士卒同甘共苦,深受士卒欢迎,就连病弱的士兵也都要求一同奔赴战场,争先奋勇地为他战斗。晋、燕之军闻风退走。穰苴指挥部队追击敌兵,顺利地收复了失地。随后受到景公重用,任大司马之职,故后人称他为"司马穰苴"。

司马穰苴执法如山、斩将立威、关心士卒、英勇善战的思想和行动,深得自古以来司马法的要领,所以司马迁说:"自古王者皆有司马法,穰苴能申明之"(《史记·太史公自序》)。可见,穰苴不仅在战争实践中注重运用司马之法,而且也注重兵法思想上进一步补充和阐发以往司马关于当时战争、治军问题的思想言论,从而形成《司马穰苴兵法》,但仍然不过是穰苴关于用兵和治军的语录汇集,而非成熟的兵书。

根据多方面材料考证,《司马法》非一人一时所作,其成书大致经历了三个阶段。它的雏形,即古本《司马法》,当产生于西周之初。《史记·太史公自序》说:"《司马法》所从来尚矣,太公、孙、吴、王子能绍而明之。"这里的"太公",即西周之初的吕尚。显然,至少在西周初年古本《司马法》即已问世。但是,古本《司马法》只是一些军法条文的简单罗列,缺少理论色彩。春秋末期,齐国的兵家司马穰苴对其进行补充和阐发,充实了大量的思想内容。至战国时,《司马法》多有散佚,于是齐威王(公元前356-前320年)"使诸大夫追论古者《司马法》，而附穰苴于其中，因号曰《司马穰苴兵法》"(《史记·司马穰苴列传》)，从而使古本《司马法》与司马穰苴的思想，以及诸大夫的观点合而为一，正式形成一部内容繁富、思想精深的兵书。所以自《隋书·经籍志》之后，各种版本的《司马法》均著录为司马穰苴撰。

《司马法》是一部历时数百年逐渐形成的兵书，饱含一代又一代司马对战争及治军等问题理性认识，基于先秦战争历史，系统阐述了治国治军理念、战争观、战略战术思想和为将之道，堪称中国古代兵书宝库中的一朵奇葩，有着重要的理论价值和深远的思想影响。

《司马法》问世之后受到历代兵家的重视，汉武帝时"置尚武之官，以《司马兵法》选，位秩比博士"(荀悦《申鉴·时事篇》)。司马迁称其"闳廓深远，虽三代征伐，未能竟其义，如其文也"(《史记·司马穰苴列传》)。唐代李靖说："今世所传兵家者流，分权谋、形势、阴阳、技巧四种，皆出《司马法》也。"(《唐李问对》)宋元丰年间把《司马法》列为《武经七书》之一，颁行武学，定为将校必读之书。早在1600年日本就出现了研究《司马法》的专著《校定训点司马法》和《司马法评判》。1772年，法文本《司马法》在巴黎发行并被誉为世界上最早的"军事法典"。

《司马法》之所以能够流传久远，被中外军事家奉为圭臬，关键在于书中一系列思想观点独具特色，历久弥新。

【思想精要】

虽然《司马法》仅残存五篇，但仍然有着较为丰富的内容，除包含一部分夏、商、周三代的古典军法制度外，还涉及春秋战国时期的战争观、作战原则、治军方法等方面的问题，诸如"以战止战"的战争观、"忘战必危"的国防思想、"重法尚教"的治军思想、"智战巧阵"的作战指导思想、"固甲利兵"的军事技术论。这些新颖独到的观点蕴含着深刻的军事思想，为历代兵家所乐道，即使在今天也不失其光泽。

1. 以仁为本，以义治之

第一篇《仁本》，主要论述以仁为本的战争观。它把战争看成是政治的组成部分，是通过政治手段达不到目的时而采取的另一种权衡手段。所以它对待战争的基本态度是："以仁为本，以义治之"。这种战争观包括三方面内容：一是"杀人而安人，杀之可也"；二是"攻其国，爱其民，攻之可也"；三是"以战止战，战之可也"。这些观点它虽然没有直接提出战争的正义性问题，但强调以通过战争来匡正不正之治的情形，实质上体现出了通过正义战争制止非正义战争的思想。

从以仁为本的战争观出发，作者提出的作战原则是：战争不能违背农时；战争不能在疫病流行时进行；战争不能强加给有国丧的国家；战争不能在敌国受灾时发动，也不能在夏、秋两季兴兵，以爱护敌对双方的人民。这些观点，直到春秋时期，列国还有遵行的。这种以仁为本的战争观，实际上正是周代以王者之兵为正义之师的思想的反映。

《仁本》篇指出，在先王"圣德之治"时代，没有战争。在贤王"亲制礼乐法度"的时代，战争用来征伐不义的国家。到了王霸时代，变乱纷起，才用战争来惩罚犯有"凭弱犯寡""贼贤害民""暴内陵外""野荒民散""负固不服""贼杀其亲""放弑其君""犯令陵政"和"外内乱，禽兽行"等各种罪行的诸侯国家。显然，作者看到了战争目的、战争形态随着历史的发展而不断进步的历史趋势,这是一个进步。同时,他也意识到战争目的和战争形态的变化使得战争更加残酷,因而强调战争必须有规则,即使在两军交战之际也应遵守礼法,诸如:"逐奔不过百步""纵绥不过三舍""不穷不能而哀怜伤病""成列而鼓""争义不争利"等等。这些原则与宋襄公在宋、楚泓之战中所说:"君子不重伤,不禽二毛。古之为军也,不以阻隘也""不鼓不成列"精神是一致的。其中的基本观点,就是要以仁为本,减少杀伤和破坏。当然,这些观点强调恪守礼法,反对随着战场情况变化而灵活变化战略战术,其局限性也是相当明显的。

2. 忘战必危,好战必亡

《左传·成公十三年》言:"国之大事,在祀与戎。"这句话反映了古人对天地、祖先的敬畏和对战争的高度重视,同时也说明,战争是先秦时期两大最重要的事情之一。《司马法》对这一国之大事的认识非常辩证,其中某些重要观点至今仍是真理。

首先,要反对"好战"。春秋时期,战争频仍,战胜而强立,战败而灭亡。《司马法》认为,"国虽大,好战必亡",这是被长期的历史事实证明了的真理。无论国家实力多么强大,一旦好战就会消耗财力、物力和人力,从而不得不对内加紧剥夺,对外到处树敌,久而久之,必然导致亡国!好战者发动的战争就不会是正义的,所以必然引起人民的反抗,结果必然失败。中国历史上有许多好战而亡的例子,春秋末期,吴王夫差就是好战而亡的,隋炀帝也是好战而亡国的。第二次世界大战时期的德国和日本都是因好战而失败的。

其次,要反对"忘战"。《司马法》提醒人们:"天下虽安,忘战必危。"自古以来,战争与和平相生相伴。和平安宁的生活赐福于人们的同时,也很容易松懈人们对灾难的警惕,一旦刀枪入库、马放南山，强敌必定乘虚而入。春秋时期，鲁国的臧文仲劝说鲁僖公不要忘战时就曾说："国无小，不可易也；无备，虽众，不可恃也。"国家小不可怕，可怕的是没有战备。没有战备，人再多也无济于事。由于僖公没有接受臧文仲的意见而备战，结果在公元前638年邾人出兵攻鲁时，鲁军败绩。战争的不可避免性决定了高度重视战争的必要性，这是千古不变的真理。

再次，要长期备战。《司马法》提示人们："天下既平，天下大恺，春蒐秋狝，诸侯春振旅，秋治兵，所以不忘战也"。强调居安思危，常备不懈，每年借春秋两次大规模的围猎活动进行军事操法训练和检阅，以示全国上下不忘战并随时准备应战。《定爵》篇强调，和平建设时期要从多方面加强战争准备。政治上，必须确定军中的爵位，制定赏罚措施，颁布治军原则与教令，征求各方意见，根据人心动向制定作战方略。思想上，必须统一军中意志，使士卒的意志统一到将军的意志中去。军令不统一，军中有"不服、不信、不和"以及玩忽职守、猜疑厌战、分崩离析、推诿责任等现象，都是战争的祸患。而骄傲、畏惧、吵闹、犹豫、做事反复等则会破坏军威，要坚决制止。在军中，一切都要服从将帅指挥，这样的军队才是具有战斗力的军队。物资上，要"阜财"，即广集资财，特别是利用敌国的资财。达到"众有有，因生美"，即民众富足、国力充沛。军事上，要"右兵"，即重视兵器的运用，了解"弓矢御、殳矛守、戈戟助"的特点，充分发挥"长以卫短，短以救长"的作用。

这一系列观点揭示了古往今来国家兴衰、战争成败的重要原因，至今仍然有很强的警示作用。以经济建设为中心的同时，切不可忽略以国防建设为保障，经济越发展，越需要防范外来的安全威胁。能战方能言和，备战才能止战。此乃自古不变的真理。

《司马法》"忘战必危"的国防思想深刻揭示了战争与政治、战争与和平的关系，强调平时加强战备，对于残暴之君、不义之国，不妨以战争手段战而胜之，以战争赢得和平。当今世界并不太平，海湾战争、科索沃战争、阿富汗战争、伊拉克战争、利比亚战争，在我们眼前频繁发生，而且随着我国战略利益的发展，我们的海外经济利益、海洋权益、领土安全面临着越来越严峻的挑战。显然，《司马法》的战争观和国防观对于今天的中国人仍然具有很强的现实指导意义。

3. 智战巧阵，灵活制胜

《司马法》中的作战思想非常丰富，涉及战法、阵法、器法等方面，其基本主张是"凡战，智也。斗，勇也。陈，巧也"，即作战指挥重在于智谋，战场交战重在于勇敢，阵法变法重在于巧妙。《定爵》《严位》《用众》三篇从多方面阐述了这一思想。

战法上，《定爵》中提出，"用其所欲，行其所能，废其不欲不能。于敌反是"，"击其微静，避其强静；击其疲劳，避其闲窕；击其大惧，避其小惧"，要求以己之长，击敌之短，同时又要避敌之长，补己之短，反对简单地拼实力、拼消耗。《用众》中强调，"凡战，设而观其作，视敌而举"，主张根据敌情变化而采取行动。为掌握敌情变化，可以先用或多或少的兵力去试探，观察敌人的变化；可以采用或进或退的行动，观察敌人阵势是否稳固；可以逼近敌人，观察它是否恐惧；可以按兵不动，观察敌人是否懈怠；可以佯动，观察敌人是否疑惑；可以突然袭击，观察敌人阵容是否严整。通过这一系列真假虚实的行动，了解敌人的反应和状态，然后相机行动，灵活应变。显然，这些战法与孙子所提出的"因敌变化而取胜者谓之神"的思想具有异曲同工之妙，核心是以智取胜。

阵法上，《司马法》突出强调巧妙布阵。阵法是否巧妙，决定着整个部队是否能够协调一致，形成巨大的合力。因此，编组阵法的构成时，要依人的不同才智，授予一定职位，编制好卒伍，固定行列，调整纵横次序，做到名副其实。运用不同阵法时，要根据不同情况用其所长，立阵用于进攻，坐阵用于防守。利用军阵作战的要点是：兵力充实，阵营巩固，能持久；士气旺盛，处于危地能取胜；车兵采取密集队形，徒兵采取坐战姿式，战阵可以稳固。要用大部队攻击小部队，军阵屯驻时注意兵甲器具，行进时要注意队列严整，作战时要注意进退节奏。

器法上，《司马法》主张灵活运用各种武器装备。强调"右兵"，即重视兵器的运用，了解"弓矢御、殳矛守、戈戟助"的特点，武器配备要长、短、轻、重、锐、钝相杂，充分发挥"长以卫短，短以救长"的作用，使之各发挥其特长而相互弥补其不足。

4. 治国尚礼，治军尚法

司马，既管打仗，又管治军。这就决定了《司马法》中除了大量智战巧阵的作战思想外，还有丰富的重法尚教的治军思想。

在以法治军问题上，《司马法》认为，"治国尚礼，治军尚法"，二者有着根本的区别，"国容不入军，军容不入国"，"军容入国则民德废，国容入军则民德弱"。所以，治军重在于有法。而重法的首要问题是严明赏罚，书中列举夏、商、周三代赏罚制度的异同，并详细论述治军立法的各种要则，强调申军法、立约束、明赏罚是治理军队的关键所在。《司马法》中含有大量的军礼内容，大体可分为：出军制赋，军制（含车兵、步兵编制及兵器配备），出师（含时令、宜社、造庙、事由、目的、军中职事等），旌旗，鼓，徽章，誓师，献捷，献俘，军中礼仪，禁令，军威，赏罚，止语，等等。这些军制、军法内容的规定，体现了以法治军思想。值得注意的是，《司马法》以法治军的思想非常辩证，既反对治军过于严厉，又反对治军没有威严。凡军中法制，要使人能接受，要清楚严明，要雷厉风行执行，树立法制权威。要规定军中各等级服制，并用颜色区别，坚决禁绝百官服制混乱。在军中，执法要"专"，不服从法纪者要制裁，从将军到士卒，上下都要"畏法"。

在教育训练问题上，《司马法》强调"士不先教，不可用也"。认为教育训练重在于使官兵熟练掌握"攻战守、进退止、前后序、车徒因"的各种战法，以便临机制敌。而且，还要演练阵法、布阵，使军队行进时行列疏散，战斗时行列紧密。为确保军队行动一致，军中指挥信号系统，即金鼓旌旗等要鲜明，号令不得随便改动，使士卒的意志完全服从将军的意志。军令不统一，军中有"不服、不信、不和"以及玩忽职守、猜疑厌战、分崩离析、推诿责任等现象，都是战争的祸患。而骄傲、畏惧、吵闹、犹豫、做事反复等则会破坏军威，要坚决制止。"三军一人胜"，一切都要服从将帅指挥，将帅调动士卒应像以手调指那样自由，这样的军队才是有能力打胜仗的军队。要对全军进行作战教育，"作其气，发其政"，即鼓舞士气，颁布纪律。教育要和颜悦色，言辞恳切，利用士兵的畏惧谈戒律，利用士兵的愿望谈事功。教育他们进入敌境要控制有利地形，按分派的职分完成任务。

在奖赏惩罚问题上,治军尚法的首要问题是严明赏罚,书中列举夏、商、周三代赏罚制度的异同,并详细论述治军立法的各种要则,强调申军法、立约束、明赏罚是治理军队的关键所在。《天子之义》篇中一段话颇为精彩:"赏不逾时,欲民速得为善之利也。罚不迁列,欲民速睹为不善之害也。大捷不赏,上下皆不伐善。上苟不伐善,则不骄矣,下苟不伐善,必亡等矣。上下不伐善若此,让之至也。大败不诛,上下皆以不善在己,上苟以不善在己,必悔其过,下苟以不善在己,必远其罪。上下分恶若此,让之至也。"

其中包含两个要点:一是"赏不逾时""罚不迁列",第一时间、第一现场实施奖赏和惩罚,使官兵们立刻看到为善所得利益,为不善所受惩处,从而起到立竿见影的激励作用或警示作用;二是"大捷不赏""大败不罚",避免官兵夸耀功劳和推卸责任。大捷之时人人有功,很难突出某一个人而予以奖赏,大败之时人人有过,也很难追究某一个人的责任而罚之。因此,在这种情况下通常不赏、不罚。大胜不赏,则上下皆不能自夸功劳,大败不罚,则上下人人自危,反思自己的过失。一旦赏了不该赏者,或者罚了不该罚者,就会伤害官兵的心而造成离心离德。

在将帅修养方面,提出"仁、义、智、勇、信"五条标准。强调德才兼备,智勇双全,以身作则,身先士卒,"敬则慊,率则服"。要谦让、严明、果敢、负责、不诿过、能为人表率,这样,才能使军队做到有礼有节,勇猛善战。将帅对部下要施仁,"见危难勿忘其众","胜则与众分善","若使不胜,取过在己"。尤其在选将上,要善于选择、起用有德行、有道义、服从命令而又善良的人,要坚决排斥奸邪、残暴、武断专横以及恃勇逞强的人。

《司马法》"重法尚教"的治军思想凝聚了先秦兵家带兵打仗的实践经验和高超智慧,其中不乏一些独具特色的思想观点。这些精彩的思想观点不仅在当代军事领域仍然有着旺盛的生命力,值得军队官兵们很好地学习和借鉴,而且对于当代社会各个领域的领导者来说,学习和掌握《司马法》的这些思想观点,无疑也将有助于提高执政能力、管理能力、经营能力。

遗憾的是,由于在流传中亡佚很多,现存的《司马法》仅仅五篇,以致其军事思想缺乏一个完整的体系。又由于战国时齐威王令大夫们将古者《司马法》与《司马穰苴兵法》合编在一起,以致其军事思想又有前后互相矛盾之处。如:它一方面强调以"仁"治军,主张"攻其国,爱其民";另一方面又强调将军对士卒"小罪乃杀",军中要"政栗""位严",带有明显的过度依赖军法的色彩。同时,它在论述夏商周三代历史时,也带有一代比一代"德衰"的退化论观念,体现出明显的泥古保守思想。这些都是它的历史和阶级的局限性。

四
《孙膑兵法》

【其书其人】

1. 嫡传孙武谋略的兵形势专著

《孙膑兵法》古称《齐孙子》,作者为孙膑,战国时期著名的军事家和兵法家。他曾被齐威王任为军师,帮助齐国赢得了著名的桂陵和马陵之战,"以此名显天下,世传其兵法",即《孙膑兵法》。

《孙膑兵法》继承了《孙子兵法》的军事思想,提出"战胜而强立"和"乐兵者王"等有价值的战争观点和原则。尤其是发展了孙子的"任势"思想,明确提出"因势而利导之"的作战原则。《吕氏春秋·不二篇》说:"孙膑贵势",指出了《孙膑兵法》的独到特点。《孙膑兵法》中一系列具有创新性的作战理论对后世兵家产生了深远的影响,因而在中国古代军事思想史上占有重要地位,而且对当今国防和军队建设也具有重要的指导和借鉴意义。

2. 善出奇谋的千古高手

孙膑是战国时代的齐国人。据司马迁记载,孙膑是孙子的后世子孙,孙子之后"百余岁有孙膑"。孙膑生于"阿鄄之间",即今山东省东阳谷县东北与鄄城北之间。他年少时与庞涓一起拜鬼谷子为师学习兵法。庞涓学成下山后去了魏国,不久被魏惠王拜为将军。魏国处在四战之地,为了自身的安全,与齐、楚、秦等国冲突不断。庞涓深知孙膑的才华无人能比,一旦被其他诸侯国重用,将对魏国构成潜在的威胁。因此借同学之情,将孙膑接到魏国,美其名曰共干一番大业。然而,孙膑到达魏国后,庞涓又恐一旦孙膑被魏惠王看中对自己仕途的发展十分不利,于是以谋反之名对孙膑实施膑刑,"断其两足而黥之",企图让孙膑永远消失在诸侯的视野中。

孙膑被害,并非他智不如人,而在于轻信老同学的花言巧语。但是,一旦觉醒过来,其智谋却是庞涓无法匹敌的。针对庞涓的妒才之心,孙膑采取"假痴不癫"之计,使庞涓误以为孙膑彻底疯傻,无需防备。于是,孙膑得以趁齐国使者来访之机,以刑徒的身份暗地与齐使见面,讲述了自己悲惨的遭遇。齐使了解情况后深感孙膑不是一般的人才,便想尽办法将他带回齐国,交给了大将田忌。

田忌是一个非常爱惜人才的将领。面对身体残疾的孙膑,他不但没有嫌弃,还把他当上等客人看待。尤其是田忌与齐威王赛马之际,孙膑提出的"下马对上马,上马对中马,中马对下马"的计策,让田忌赢得千金的同时,惊异地发现孙膑确实是一个非常难得的将才。

现代运筹学的一个分支称为"对策论",它专门研究在双方竞争性的活动中是否存在自己制胜对方的最优策略,以及如何找出这些策略的问题。孙膑为田忌赛马而制定的策略所包含的原理,正是现代对策论所研究的问题。因此,学者把孙膑称为现代"对策论"的始祖。

这次赛马之后,田忌乘机把孙膑介绍给齐威王。齐威王对孙膑在赛马中的布阵深为惊讶,他通过询问孙膑的用兵之道,也深深被孙膑的军事才能所折服,并拜为军师。孙膑不负厚望,在接下来的岁月中,先后两次采用"围魏救赵"之计大败魏军,最终将庞涓射死在万箭之下。这便是著名的桂陵之战和马陵之战。毛泽东曾评价说："攻魏救赵，因败魏军，千古高手。"

桂陵之战和马陵之战均为中国古代军事史上的经典战例，充分体现了孙膑高超的军事智慧，传播广，影响大，深受历代将帅推崇。唐德宗时，孙膑与历史上六十四位武功卓著的名将并供于武成王庙内，被称为武成王庙六十四将。宋徽宗时追尊孙膑为武清伯，位列宋武庙七十二将之一。

孙膑不同于一般的战将，不仅立功，而且立言，有兵书留传于世，这就是著名的《孙膑兵法》。不幸的是，《孙膑兵法》大约在东汉末年失传，世间惟有《孙子兵法》，不见《孙膑兵法》。于是，明清以来人们围绕孙子与孙膑到底是一个人还是两个人，《孙子兵法》与《孙膑兵法》是一部书还是两部书，展开激烈争论，最终谁也说服不了谁。直到1972年4月，山东临沂银雀山一座西汉前期墓葬的挖掘，才解开了这一千年之谜。

1972年4月，在山东临沂旧城以南的银雀山上，考古专家发现了《孙子兵法》和《孙膑兵法》等大批竹简和竹简残片。《孙膑兵法》经过进一步整理，出土440余枚，字数超过11000字。《孙膑兵法》的出土，为我们重新研究这部失传近2000年的兵书提供了珍贵资料。但《孙膑兵法》的过早失传，使古人对《孙膑兵法》的研究难以与先秦其他兵书相提并论。目前大家学习、研究《孙膑兵法》主要是依据文物出版社1975年和1985年分别出版的《孙膑兵法》。1975年版在内容上分为上、下两编，共三十篇；1985年版将原上编十五篇补入《五教法》，更改为新编十六篇。原下编十五篇未编入其中。其主要原因是有的学者认为兵法上编十五篇体例大体一致，都有"孙子曰"或"威王曰"字样，基本可以断定这是孙膑所著或其弟子根据孙膑的思想整理而成的篇章，而兵法下编十五篇，无"孙子曰"或"威王曰"字样，似非孙膑之书，故应归入先秦佚名兵家所著。对此有些学者也提出了不同的看法，如廖杨膑指出："仅仅看到上下编体例不同，就轻易地肯定下编非《孙膑兵法》，也难免武断之嫌。""断定下编的内容是否为孙膑或其弟子所写，重要的是应看其论述基本思想是否和上编相同。"

如何看待这一问题，贵在历史地、客观地去分析。首先，《孙膑兵法》是孙膑及其弟子所著，前十五篇，以问答的方式直接反映了孙膑的思想，而后十五篇，以专题形式进一步扩展了孙膑思想。这部分内容即使是其弟子所写，因前后思想内容一致，有些甚至是对上编观点的进一步深化，因此也是《孙膑兵法》的重要组成部分；其次从先秦学术发展的实际情况来说，弟子与大师共同创造了春秋战国的不同学派，《孙膑兵法》的成书过程，符合春秋战国学术发展的普遍规律；再次，上编十五篇中，有不少内容在关键之处无下文，但通过下编，则可清楚地了解到孙膑思想的原貌。比如，孙膑在《势备》篇中讲到"变"时，具体解释内容已残缺不可辨，但在下编《积疏》和《奇正》中，对"变"进行了详细阐述，这对廓清其具体内涵起到了关键作用。因此，从上下编内容的一致与递进性来讲，它们虽在体例上有所不同，但都是孙膑思想的重要组成部分。

【思想精要】

《孙膑兵法》三十篇共讲了五大问题：战争与用兵、战争中的天地人、谋势、阵法和军队建设。五大内容涵盖了战争最本质的问题，也是我们今天仍在探讨的主要问题。

1. 战胜而强兵，乐兵者亡

作为孙武的后世子孙，孙膑直接继承了《孙子兵法》的战略思想，并在作战理论层面做了充分的拓展和提升。从战略上来看，孙膑承袭了孙武"重战""慎战"的思想。他认识到战争是不可避免的，战争的胜负关系国家存亡、民众生死，不能不认真考察。他分析了黄帝战蚩尤、武王伐纣、周公东征等历史经验，认为在割据混战的情况下，依靠仁义礼乐无法"禁争夺"，只有"举兵绳之"才能解决问题。因此，他既反对企图垂衣而治的幻想，又反对穷兵黩武，坚持积极备战，"事备而后动"；主张"内得民之心，外知敌之情"。

他强调战争依赖于经济，又保护国家安定发展；认为"强兵之急"在于富国，只有国富、兵强，才能民安。针对战国中期七雄并立、诸侯割据、混战不已的现实，他充分肯定统一战争在历史上的进步作用，明确提出"战胜而强立，故天下服矣"的思想，主张用战争手段实现国家的统一。同时，孙膑也明确反对"乐兵"好战，提出"乐兵者亡，而利胜者辱。兵非所乐也，而胜非所利也。"这里，孙膑间接地提出了一个战争的根本原则——"义"。战争历来分为正义战争和非正义战争。战争是不得已而为之的最后手段，切不可"乐兵"。进行正义的战争，可以变弱小为强大，最后战胜敌人；进行非正义战争，即使一时强大，最终仍不能逃脱失败的命运。所以作者进一步提出"战而无义，天下无能以固且强者"，明确反对穷兵黩武。这种十分辩证又深富哲理的思想观点，即使在今天的社会条件下也是金玉良言，值得人们高度重视。

2. 批亢捣虚，必攻不守

孙膑的军事思想，产生于战国兼并战争的沃土中。其制胜观，引领了军事变革的大潮。孙膑在战争实践中，丰富了孙子的用兵理论，特别在虚与实的运用中，突出了打击要害、夺其所爱在实现以实击虚战略中的重要价值。这些思想，使战役打击理论的脉络异常清晰。

公元前354年，赵国向魏国的属国卫国发动进攻，魏国为了保护自己的属国，派将军庞涓率兵包围了赵国的首都邯郸。赵国军事上难以抵挡魏国的进攻，便向齐国求救。齐王出于战略利益的综合考虑，最后决定救赵。他任命田忌为将，孙膑为军师，率8万齐军救赵。在具体打法上，田忌主张率齐军主力直接救赵，但孙膑不同意。他认为："夫解杂乱纷纠者不控捲，救斗者不搏撠，批亢捣虚，形格势禁，则自为解耳。"控指引，捲是拳头，撠是古代的兵器，即化解纠纷、制止冲突，就像理一团乱麻一样，你不能硬拽，那样会越理越乱；也像劝架一样，你不能帮他们去打，那样会越帮越糟。因此，制止魏国的进攻，要避免与他的主力交战，批亢捣虚，可化解危机。

所谓"批亢捣虚"，批是进攻，亢是喉咙，喉咙是人体的要害，言下之意要打击对方的关键部位。齐魏两国，都是诸侯中的大国，齐魏两军，也实力相当。孙膑认为，魏国的军队大部与赵军作战，它的都城大梁（今河南开封市西北）空虚，即"亢"之所在，若率兵攻打大梁，不仅能救赵，而且能重创魏军。最后田忌听从了孙膑的计谋，决定用迂直之计。

为了迷惑敌人，实现"围魏救赵"的作战目的，孙膑提出"南攻平陵（今山东曹县西）"的作战计划。平陵，在魏都大梁以东，是东阳地区的战略要地，地域广阔，兵甲强盛。同时，平陵在宋卫之间，无战略迂回空间。魏镇市丘是齐军的必经之地，魏军若在此断绝齐军粮道，就会致齐军于死地。显然，孙膑选择攻打平陵，目的以此示弱，麻痹庞涓。齐军临近平陵时，孙膑又与田忌商议，派军中无智之将齐城和高唐两大夫具体指挥，其结果，齐军不等接近平陵，就被魏军截击，兵败而归。

孙膑这一示弱之计非常见效。庞涓虽也意识到齐军大兵压境，对魏国已形成侧背的威胁，但见齐军如此不堪一击，更坚定了围攻赵城的决心。经过苦战，魏军在付出巨大代价后，于攻赵的第二年（前353年）十月攻破赵城。此时，孙膑认为与魏军决战的时机已经成熟，便派精锐轻车锐卒直逼大梁都城，齐军大部却埋伏在魏军必经之地桂陵。庞涓得知齐军精锐直逼都城的情报，恍若中计，急忙撤兵回救。魏军行至桂陵，遭到齐军主力的伏击，结果大败。在《孙膑兵法》中，第一篇《擒庞涓》记录了这场战争的经过。

孙膑在《威王问》中提出了另一个非常重要的作战原则，这就是"必攻不守"。这一观点其实与"批亢捣虚"神趣一致，重点都是避实击虚。所不同的是，"必攻"两字突出强调用积极主动的军事行动，在调动对方的过程中，创造有利于己的条件，以较少的代价，战胜强于己或与己相当的敌人，从而改变不利的战略态势。必攻，是一种攻势的行动，但又不是完全意义上的进攻，它与佯攻相合，让对方在真假难辨中，处于不利地位；不守，是与主动调动敌人相比较，在有条件的情况下，尽可能地选择进攻的方式寻找战机，而不单纯等待战机或保持原来的，甚至是不利的战略态势。围魏救赵，就是运用积极的进攻行动，通过打击其要害，实现了调动敌人的目的。它与单纯等待有本质不同。

3. "势备"之要——阵、势、变、权

中国古代军事理论无战略、战役之分，但并不意味无其相

应的军事理论。《孙膑兵法》中的"贵势",就是对其理论特色的总结。战役谋划具有连贯性的特点,从战前到战中,紧紧围绕战场态势展开。这就是孙膑所讲的"势备"。它包含了阵、势、变、权四大基本要素,也是战役理论体系的基本内容。

势备的第一要素是阵。阵在此有狭义和广义之分。狭义的阵是指具体的战斗队形。孙膑将其归纳为10个,如方阵、圆阵、锥形之阵、雁形之阵等等。这些阵,在冷兵器时代都发挥过重大作用。广义的阵则指具有威慑力的攻防体系。孙膑说:"黄帝作剑,以阵象之。"即阵可用剑作比喻。剑佩戴于身,未必去用它,但剑的威慑力使勇士不敢轻易靠近它,这就叫"阵而不战";剑有锋有柄,剑柄的推力使剑增强了攻击力量。阵有前锋有预备队,预备队是军队保持持续战斗力的重要保证。阵所包含的势,大到国防,小到班排,都有广泛的运用价值。

就国防而言,要有令敌胆怯的撒手锏武器和快速反应部队,也要有常备不懈的后备力量。对一线部队而言,既要有突击分队,又要有预备分队。对阵的力量构成,按照前锋、中坚、后备三段式去筹划,它的强大威力才能显现出来。

势备的第二个因素是势。孙膑说,后羿作弩,可用它比喻势。相传,上古之时后羿是个著名的弓箭手。当时天上有十个太阳,他用箭射下九个,最后只留一个,后羿也因此威名远扬。势的最大特点是有强大的杀伤力,而且能做到出其不意。孙膑说,弩的力量发于肩和胸部之间,百步伤人,伤者却不知道箭来自何方。因此概括起来说,势是在有利于我不利于敌的战场环境下,以绝对优势胜敌。用孙子的话来说,势就是从很高很高的山上,滚动而下的山石。马陵之战就是一个生动的例子。

魏国自桂陵之战后，军事实力受到重创，中原各国军队乘机争侵魏地，韩国势力复强，对魏南方构成威胁。魏惠王遂与赵、秦结盟，并于公元前342年发动攻韩之战。实力不敌的韩国向齐国求救。齐威王采纳孙膑的建议："深结韩之亲而晚承魏之弊"（《史记·田敬仲完世家》），向韩使者表示援救之意，但又迟迟不救。韩国因有齐国作后盾，对魏军顽强抵抗。虽倾注全国之力，但韩军在战场上却节节败退，韩国再次求救。公元前341年，齐国见时机成熟，遂以田忌为将，孙膑为军师，起兵救韩。齐军再次直趋大梁。

魏惠王对齐国再度出兵大为恼怒，决定倾全力迎击齐军。庞涓看到齐军重复围魏救赵的打法，立即指挥魏军从韩国撤军，将打击方向直逼齐军。孙膑见魏军来势凶猛，且双方力量众寡悬殊，决定"利而诱之"，在预设战场歼敌。为了诱庞涓上钩，他命令军队由外黄向马陵方向撤退。马陵沟深林密，道路曲折，适于设伏。孙膑命令兵士第一天挖10万个灶坑，第二天减为5万个，第三天再减为3万个。庞涓一见大喜，认为齐军怯战，兵士已逃亡过半，便亲率精锐之师兼程追赶。齐军退到马陵后，孙膑推测魏军天黑时到达，便让齐军埋伏于道路两旁，并在道边一大树上写下"庞涓死于此树下"几个大字。

魏军不知齐军的诱歼之计，当日夜间，庞涓率追兵追至马陵道，先头部队被齐军伐倒堆积的树木挡住了去路。庞涓得报，亲自到前面视察，发现道旁大树上有字，乃让人点燃火把观看，尚未读完，埋伏在两旁的齐兵万箭齐发，顿时魏军乱作一团，自相践踏，许多士兵被乱箭射死，庞涓也身负重伤。面对陷入困境的魏军，庞涓自知中计遂用剑自尽。齐军乘胜追击，迎头遭遇太子申所率跟进大军，经激战，魏兵大败，太子申也被齐军俘虏。魏军除少数突围逃走外，几乎全部被歼。太子申被俘期间，也因不能忍受齐兵侮辱而自杀。

马陵之战，孙膑之所以成功地将庞涓诱入预设战场，显然是退兵减灶、示弱诱敌等一系列办法造势、用势的结果。

势备的第三个要素是变。孙膑说："禹作舟车，以变象之。"即用舟车可比喻变。夏禹作舟车，是军事领域的一场革命。舟车是战场空间与作战速度革命性变化的重要标志。在更大更广的战场，它为作战指挥提供了广阔的舞台。同时舟车在战争中运用，可在更大范围实现指挥员的意图。此言重在于一个"变"字，舟车一变，战法必变。广而言之，战场上一方的变化为另一方的战场判断带来更大的困难。

如何应对变化，又如何主动变化？孙膑认为，关键要抓住变的基本规律。比如集中和分散、快和慢、众和寡等等，在一般情况下，兵力集中的战胜分散的，速度快的战胜速度慢的，士卒多的战胜士卒少的。同时这些范畴，有一个最大的特点，就是可相互转化。因此通过变可以创造好的战机。相反，以集中对集中，以分散对分散，以快对快，以慢对慢，则不易胜敌，甚至失败。

战争中如何调动对方，让其由集中到分散，由快速到慢？为此，孙膑提出了奇正法则。关于奇正，孙子也讲了很多。孙膑对这一思想的发展，是揭示了"同"为正、"异"为奇的深刻内涵。比方对方是什么打法，你也用什么打法，这是正，正是不足以战胜敌方的；而奇，就好比我们看到的日和月，水与火，正因为他们不同，才能相克，水能灭火就是典型的例证。因此以"异"用兵，就是奇。指挥员抓住了这些特点，就能出其不意，用兵如神。

阵、势、变，从战略资源的配置、力量的使用、谋略运用等不同方面反映了势的厚重、险峻和变化。这三大特性不是独立分割的，各自要素的充分发挥要靠战场指挥。

孙膑指出，战场指挥的关键是"权"。他说："汤、武作长兵，以权象之。"长兵指的是长兵器。商纣时期主要是矛和戈。长兵器有一个显著的特点是把柄长，而且富有弹性。到文王时期，一般的矛柄长丈八尺，即 6 米长。如此长的兵器用在战车上，大大提升了车兵控制的范围。因此，孙膑说权可以用长兵器作比喻。我们平常说的指挥权，也是指这个意思。权另一方面是指它的可控性，主要体现在将帅的权威与能力方面；同时可控性是以一定的指挥手段为基础的。孙膑说，权者，昼多旗，夜多鼓。它反映了冷兵器时代作战指挥的主要特点。指挥权的第二个内涵是指它的协调性、一体性。没有协调一致的指挥体制，要造势同样是困难的。孙膑说，君主、将帅和士卒，就好比射弩，发者为君主，弩为将帅，箭为士兵。君主的决策是否正确，将帅的指挥是否及时，直接关系到士卒能否夺取目标。三个环节中哪一个出了毛病都要影响到战争胜负。因此指挥体系中协调一致是非常重要的。

阵、势、变、权是孙膑战役理论的重要内容。关于它在战争的重要作用，孙膑认为，研究运用好这四个方面，战争中就能打败强敌、捉拿猛将。

4. 复徙合军，务在治兵利气

气是中国古代哲学中的很重要的一个概念。什么是气，古人并没有一个固定、明确的答案。但气是一种特殊的"物质"，古代圣人都用它来解释万事万物。同时古人强调气有内在的动力，不需要外在推动。而古代兵学中所讲的谋略，正是一种内在之气的表现。所谓刚,就是儒家所倡导的"自强不息"。要让谋略转变成一种巨大的物质力量,要靠刚阳之气,勇敢精神,否则谋略只能是纸上谈兵。孙膑讲治兵利气,核心强调"士气"在战争中的重要作用。无数战争实践,也充分说明了这一点。

在楚汉战争中,刘邦和项羽在战争初期的力量对比相差甚远。当时刘邦的汉军十万,号称二十万,项羽的楚军四十万,号称百万。尽管如此,但经过战略相持,双方的力量基本均衡。于是在公元前203年9月,双方订立和约,罢战休兵。但刘邦却乘对方此时麻痹大意,突然发起战略追击,最后刘邦的四十多万大军将项羽的十万大军围困在垓下,虽然汉军有优势兵力,但却屡战不胜,因为项羽所率的骑兵,大都是秦将王离所率的蒙恬北击匈奴三十万中的一部分,大多是楼烦骑兵,行动迅速,精勇异常。最后汉军使用心理攻势,夜里让士兵在军中吟唱楚歌。楚军听到汉军四面楚歌,以为汉军已占领全部楚地。顿时思乡心切,斗志涣散,项羽见大势已去,只率八百骑出逃。这就是利用瓦解对方的士气,使敌丧失斗志,从而战胜敌人的实例。

在具体的战役战斗中,如何激励士气?孙膑指出:"复徙合军,务在治兵利气"。复是指来往行走,徙是指迁移。复徙合军是指部队的调动与部署或训练中左中右三军的合成,听从指挥,灵活反应,体现的是部队的素质。而治兵利气则是保证部队战斗力的有效手段。

孙膑指出,治气要抓住四大环节。一是激气,二是厉气,三是断气,四是延气。在激气方面,孙膑认为要分不同情况、不同阶段。部队集结,要用三军的威武之势激励士气;部队调动,要用庄严的命令激励锐气。此外,孙膑还说,困难时刻,要靠平时的训练与培养锤炼士气。他还通过具体情况来说明这一点：比方天色已晚，但要到达目的地的路途还很遥远，这时部队能保持士气就很重要。

第二是厉气。厉是指磨刀石，临战动员可鼓舞斗志。孙膑指出将军穿短衣粗布，和士兵同甘苦，就可劝说士兵以激励士气。吴起做将军时，与士卒同衣食，睡觉不铺席子，行军不骑马，干粮自带，与士兵共同分担劳苦。吴起爱兵如子的行为，无疑能够有效地激励士气。

第三是断气，确定好哪天打仗，贵在断气。孙膑指出令部队带3天口粮出征，誓死以战为断气。因为家以国为荣，国以家为安。在中国古代战争史上，"投之亡地然后存，陷之死地然后生"的战例不胜枚举。在秦末农民起义的后期，秦军围困了乘乱而自立为王的赵国都城邯郸。赵王歇和赵相张耳退守钜鹿（今河北平乡）后向楚怀王和各路诸侯求救。项羽受楚怀王之命率军从安阳北上救赵。楚军渡过漳河后，为了表示与秦军决一死战的决心，项羽命令部队全部沉没渡船，打破了做饭用的釜甑，把营帐也全部烧毁，士兵们每人只准带三天的干粮。项羽的决心和勇气，对全军起了极大的鼓舞作用。楚军一到战场，就把秦军包围起来，以雷霆万钧之势与秦军展开激战。经过九次大战，秦军大败，其中秦大将苏角被杀，王离被俘，涉间自杀。可见"断气"在激励士气方面，具有重要的战略价值。

第四是延气。战争打响后如何保持持久的士气很重要。孙膑说，饮食不要断绝，要保持顺畅的后勤保障，就可延气。在这里，孙膑一方面强调饿了不吃饭，渴了不喝水，保持顽强的意志是延气，但另一方面又强调军食供应不上，部队不会有足够的士气，因此延气要重视后勤保障。但战争往往非常残酷，粮草供应不上的情况随时发生。因此，给部队以生还的希望，即使是象征性的，也会起到激励士气的作用。

激气、厉气、断气、延气是激励士气的四大法宝。激励士气的方法很多，但总括起来，无外乎有两个方面，一个是精神的，一个是物质的。特别在条件允许的情况下，孙膑强调物质奖励尤其重要，这种辩证的厉气思想已在战争实践中得到证明。

5. 间于天地间，莫贵于人

春秋战国，战争的胜负直接关系到诸侯的存亡。而在胜负的背后，竞争最激烈的是军事人才的争夺。孙膑本身就是这方面典型的例子。他在总结历史经验的基础上提出了以"间于天地间，莫贵于人"为代表的军事人才思想。

古人认为，天、地、人是构成宇宙的重要因素，称之为三才。才是草木初生的样子。孙膑在天地之间强调人的作用，是对中国传统宇宙观的发展。这一思想既来自战争实践，又被战争无数次所证明。吴王阖庐"知孙子能用兵，卒以为将"，取得了"西破强楚，入郢，北威齐、晋，显名诸侯"（《史记·孙子吴起列传》）的功业；魏文侯用吴起守西河，"与诸侯大战七十六，全胜六十四，其余皆钧解。辟土四面，拓地千里"（《吴子·图国》）；燕昭侯任用乐毅为上将军，将五国之兵以攻齐，"留徇齐五岁，下齐七十余城，皆为郡县以属燕"（《史记·乐毅列传》）；赵王用李牧，"大破匈奴十余万骑，灭襜褴，破东胡，降林胡，单于奔走。其后十余岁，匈奴不敢近赵边城"（《史记·廉颇蔺相如列传》）。这些优秀将帅，临机能决胜负，换将则胜机倾失。廉颇与赵括就是最典型的例证。它充分说明优秀军事人才在战争中的地位和作用是一般人所不能替代的。

孙膑认为要使人才脱颖而出，重在于精选。他提出选拔将帅的原则是"知道者",即掌握自然之道、制胜之道、治军之道。概略而言,上知天之道,下知地之理;在国内得民之心,在国外知敌之情,上阵知八阵之经;见胜利敢于战争,不见胜利敢于进谏。

难能可贵的是,孙膑不仅重视人才,而且重视人才群体的作用。他指出:"天时、地利、人和三者不得,虽胜有殃。"所谓"人和",就是得众、得人心。"得众者,胜","不得众者,不胜"。孙膑的这种以人为贵、得众者胜的军事思想,显然也是由继承《司马法》的"仁本"思想而来的,但提法又超越了《司马法》,是战国时代人文思想在军事学理论方面的重要表现。

6. 因地之利,用八阵之宜

孙膑在军事学上的另一重要贡献,是丰富和发展了春秋以来的阵法。春秋时,由于盛行以车兵为主的方阵作战,阵法大多以"三阵""五阵"为主。战国时,由于形成以步兵为主,车、骑兵为羽翼的多兵种协同作战,又出现了大规模的野战和围城战,所以军阵的阵法更加复杂化。孙膑在《官一》篇中,指出了十几种阵法,如:索阵,用来进剿敌人;囚逆阵,用来疲惫敌人;危□阵,严兵以临敌;云阵,以弓弩与敌对射;赢阵,围困敌人;阖燧阵,用来消灭敌军前锋;皮傅阵,用来强攻救援;错行阵,声张军威;刲阵,攻击高陵之敌;雁行阵,适合摆在蜿蜒曲折而多荆棘的路上;锥行之阵,适于火烧敌人的辎重粮草及接应的战车等。这就大大丰富和发展了春秋以来的军阵阵法。

孙膑还概括出一套使用八阵作战的理论,"用阵三分,每阵有锋,每锋有后,皆待令而动。斗一守二,以一侵敌,以二收"。这就是说,用八阵作战,可以把兵力分为主力、先锋、后续三支部队。作战时只以三分之一的兵力接敌,而以其他三分之二作为机动兵力蓄劲待敌。如果敌人弱而乱,就用精锐的部队击溃它;如果敌人强而严整,就用老弱士卒去引诱它,待它兵力分散以后,再行进攻。孙膑对于运用八阵作战的说明,是经典式的说明,可以使我们从中了解古代军阵作战的奥秘。八阵法各阵名称是:1.方阵:用于截断敌人;2.圆阵:用于聚结队伍;3.疏阵:用于扩大阵地;4.数阵:密集队伍不被分割;5.锥行之阵:如利锥用以突破敌阵;6.雁行之阵:如雁翼展开用于发挥弩箭的威力;7.钩行之阵:左右翼弯曲如钩,准备改变队形、迂回包抄;8.玄囊之阵:多置旌旗,是疑敌之阵。这是他多年统兵作战的实践经验的总结。

《孙膑兵法》作为两千多年前的历史文化遗产,受时代条件的限制,自然会有局限和不足,例如:它杂有阴阳五行的神秘成分,认为日月星辰可以影响战争的胜负,对于战争中的地形等物质条件看得过于片面和绝对等等。但是瑕不掩瑜,这些缺点和不足并不影响它的思想价值。

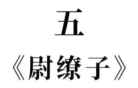

五
《尉缭子》

【其书其人】

1. 以兵法为核心的治国方略

《尉缭子》，相传由战国中后期著名军事家尉缭所著，是一部系统的战略学著作，被称为"先秦兵家学派集大成的著作"。全书共24篇，前12篇主要是对战争观和政治观的论述，后12篇主要是论述军令和军制。前后两部分在内容上紧密联系，互为补充，互相渗透。该书的显著特点是，它有别于《孙子兵法》《吴子》《六韬》《三略》等兵法专著，虽然阐述了军事思想，却又涉及了政治、经济等多方面治国理政重要内容。因此，与其说《尉缭子》是一部兵书，不如说是一部以兵法为核心的治国方略。

该书现存最早的刊本是南宋孝宗、光宗年间刊《武经七书》本。新中国成立后研究《尉缭子》的主要成果有上海古籍出版社1978年版《尉缭子注释》、中华书局1979年版《尉缭子注释》、中州书画社1982年版《尉缭子校注》、中华书局1982年版《竹简帛书论文集·尉缭子斠证》、解放军出版社1989年版《尉缭子浅说》等。

2. 扑朔迷离的尉缭

研究一部经典著作，一般要从其作者开始，了解作者的身世和其所处的时代。但《尉缭子》一书若用此法则很难入手，因为古籍记载当中多有矛盾之处，所以其作者身世一直是个谜。

五、《尉缭子》

书名《尉缭子》，假定其作者为尉缭，其身世历代多有争议，无法定论。尉缭在战国时期有两人，其中一人为魏惠王时期的隐士，另外一人是秦王政时期的国尉缭。因同在战国，容易混淆。"尉缭"在史书所提及的一般指尉缭。

尉缭生卒年不详，战国兵家人物。魏国大梁（今河南开封）人。不知姓，名缭，秦王政十年（公元前237年）入秦游说，被任为国尉后，改称尉缭。《史记》不曾专门为其立传，只在《秦始皇本纪》中略有提及，"大梁人尉缭……来说秦王，秦王不从其计……缭曰：秦王为人，不可与久游"。（《史记·秦始皇本纪》）秦王意识到这是一个难得的人才，于是阻止他离去，并拜为秦国尉，卒用其计策。

与《史记》基本同时期的《汉书·艺文志》把尉缭列为杂家类，并著录为六国时人；颜师古注引刘向《别录》，称"缭为商君学"。《隋书·经籍志》则著录其为魏惠王时人，以后各代各家书目大多沿袭的是隋书当中的说法。简单地说，就是谁也不知道尉缭究竟何许人也。尤其魏惠王和秦始皇相距百余年，绝对不可能是一个人。不过，如果仔细地读这本书就会发现，书中所含的思想，广博且杂。有儒家、道家、法家及其他兵书的影子，更曾两度引用孟子的"天时不如地利，地利不如人和"。因此，可以肯定尉缭应为战国后期的人。

《尉缭子》问世后，受到历代统治者和兵家的高度重视，在历史上享有很高的地位。1972年山东省临沂县银雀山出土了《尉缭子》竹简的残卷，说明《尉缭子》在西汉之前就已经流传。《汉书·艺文志》对其著录以后，历代均有著录，特别是纳入《武经七书》后流传更为广泛，各种注释繁多。《尉缭子》很早就传入日本和朝鲜。日本出现校订过的活字刊本，以后又有三十余种刊本问世。在世界军事学术界,《尉缭子》享有盛誉,有学者称其思想"不在孙子之下";也有人认为,尉缭子可以称得上是先秦兵家学派的最后一位大师……《尉缭子》可以称得上是先秦兵家学派集大成的著作。

【思想精要】

1. 以武为植,以文为种

《尉缭子》一书的显著特点,就是能够从战略全局的高度,考察战争与国家的关系,从而说明战争的胜负与国家的政治、经济好坏互为影响的道理。《尉缭子》已初步透过当时军事上所面临的问题,看到政治的重要性,认为军事上的胜利取决于国家良好的政治制度和措施。

作者首先指出,战争是为政治服务的,即国家政治制度的实行是靠战争来保证的,是用战争来达到的;国家法令的实施也是靠武力作后盾的。作者有着反战思想,他认为,避免战争的方式有赖于政治和经济,"量土地肥硗而立邑,建城称地,以城称人,以人称粟",其意义在于,国家幅员辽阔,治理国家的核心就应当放在利用国土、发展经济方面。鼓励农民开垦荒田,土地得到利用,人民丰衣足食,生活富庶,只有这样才能避免战争,威制天下。

在战争观上,《尉缭子》将战争区分为"挟义而战"和"争私结怨"两大类,前者指以顺讨逆,师出有名,基于民心所向而发动战争,后者指为了权势和私利发动战争。作者明确地支持"诛暴乱,禁不义"的战争,反对"杀害人家的父兄,掠夺人家的财物,奴役人家的子女"的战争,强调战争的目的是实现封建统一。他认为:"兵者,以武为植,以文为种,武为表,文为里"，认识到政治是根本，军事是枝干，军事从属于政治，是政治的发展和表现；反复阐明政治好坏对战争的影响，认为政治清明是战争取胜的先决条件。

《尉缭子》还认为，经济是决定战争胜负的物质基础，战争胜败同经济基础有着密切的关系。明确指出：经济是治国之本，战争必须以经济作保证，经济是战争得以进行的物质基础，强调只有发展生产，使生产的粮食增多，民众的生活就会安定，四方的民族也会受到关怀，国家没有外患，也没有内乱，这就可以称得上天下大治了。它坚持在富国的同时切实把强兵放在首位，把强兵作为强国之基，把农业作为治国之本，认为商业对战争胜负有重大影响，发展集市贸易，是增加税收、供给军费的好办法。同时又认为，军事上的胜利会促进国内政治和经济，"战胜于外，福产于内"。在起兵作战上，作者主张慎战，反对轻率用兵，要预计有胜利的把握就采取行动；预计没有胜利的把握就坚决停止。从以上的内容我们可以看出，书中所讲均为治政安邦，强国富民等重要的战略问题，由此可以断定，《尉缭子》就是一部以兵法为核心的治国方略。

2. 先发制人，出奇制胜

《尉缭子》不仅重视从战略全局研究和揭示战争与政治、经济的关系，而且还研究探索了战略权谋的一些原则。其基本指导思想，是在运动战中出奇制胜。围绕这一核心思想，从先发制人、集中优势兵力、速战速决和使用奇兵四个方面，阐述了自己的一系列战略战术主张。

先发制人："千人而成权，万人而成武。权先加人者，敌不力交，武先加人者，敌无威接，故兵贵先"。即兵力小的可用权谋取胜，兵力大的可用威力取胜。先敌使用权谋，敌人有力量也无法使用，先敌使用武力，敌人有力量也无法抗拒，所以用兵最好先发制人。

集中兵力："力分者弱，心疑者背。夫力弱，故进退不豪，纵敌不擒"。即兵力部署分散，作战力量就会削弱，决心动摇，士气就会涣散。力量薄弱，就不敢大胆进退，即使有好的战机也可能放走敌人。

速战速决："鼓之前如雷霆，动如风雨，莫敢当其前，莫敢蹑其后"。即命令一下，军队前进就像雷霆那样迅速，冲击就像风雨那样猛烈，没有哪个敌人敢于在前面阻挡，也没有哪个敌人敢于在后面尾追。

使用奇兵："鼓之则进，重鼓则击；金之则止，重金则退。铃，传令也。旗麾之左则左，麾之右则右。奇兵则反是"。即一次击鼓部队就前进，二次击鼓部队就冲击；一次鸣金部队就停止，二次鸣金部队就后退。铃是用来传达命令的。旗指向左边部队就向左，指向右边部队就向右。但使用奇兵时就应变换这些指挥信号。

作者还强调做好周密的战争准备，讲究"廊庙"决策，主张战前要分析敌人的虚实，察明敌将的才能，然后才能起兵，认为只有迅猛，坚决果敢，才能达到必然取胜和速战速决的目的；强调使用奇兵，注重变通，出其不意，争取主动。

3. 依法治军，奖惩分明

在治军方面，《尉缭子》也有一系列独到见解：高度重视军队的法制建设，认为军队必须首先建立严密的制度，主张治军必须先建立法制，以法治军，并要执法严明，强调严明赏罚，"刑上究，赏下流。"同时强调法制必须与教化相结合，"先礼信而后爵禄，先廉耻而后刑罚，先亲爱而后律其身"，要求"审开塞，守一道"，恩威并施，思想整治（"使民无私"）与物质手段（"因民之所生以制之"）相结合，用以达到"治"的目的。

作者十分重视将帅的选拔，严厉批评当时"世将"制度，主张"举贤用能""贵功养劳"。要求将帅必须为人表率，公正廉明，有牺牲精神，受命为将要忘掉家庭，出国作战要忘掉父母，临阵杀敌要忘掉自己；要与士卒关系融洽，做到像"心"和"支节"一样协调，为此凡是要求人家为你效死，就不能要求人家对你毕恭毕敬；要求人家竭尽全力，就不能讲究那些繁文缛节；把"心狂""耳聋""盲目"视为将帅修养的三大弊端。主张裁减军队，训练精兵；明确提出兵教的目的是开拓疆土，保卫国家，消除祸患，成就"武德"；讲究训练方法，要求从最基层单位"伍"抓起，自下而上地逐级合练，由各级之长负责，以赏罚为手段，从实战出发，因人施教，严格训练。《尉缭子》反复强调在治军和作战中要充分发挥人的主观能动性，论述了重视"人事"的道理，反对迷信做法，反映了朴素唯物主义观点。书中言之所及，均为治国治军、强兵固防的战略策略。

《尉缭子》的后十二篇中，从各级军吏战败逃跑的惩处条令到基层组织的联保制度，从营区划分到战场上各级军吏的惩处权限，从战斗编成到信号指挥，从将帅受命到各部队任务的区分，都有明确的要求。它还保留有着装、徽章、从军、从单兵训练到大部队演习，到戍边、宿营以及车阵等方面的一些具体规定。这些零散的内容，看上去并不属于战略研究范畴，但是，它确实是为构成军队统一指挥、达成军队战略行动的基础因素，也是难得的历史记录。

4.用天下用，制天下制

作者观察了当时百家争鸣的学说，特别是云集于大梁地区的各派人物思想的社会效果，明确提出了"用天下之用为用，制天下之制为制"的原则。正因为他提出了要利用天下有用的思想和办法为自己所用，要效仿天下的好制度和好措施使之成为自己的措施、制度的思想和主张，才有可能打破门户之见，克服各执一端的片面性，从而使《尉缭子》这部书在形式上表现为兼收并蓄。它杂取法、儒、墨、道等家哲学思想而论兵，对军事哲学思想的发展作出了重大贡献。该书具有朴素的唯物主义和辩证法思想，大致反映了战国时军队和战争的情况。

《尉缭子》全书从第一篇到最末一篇，反复论述了求神求鬼不如重视"人事"的道理，反对那种"考孤虚，占咸池，合龟兆，祝吉凶，观星辰风云之变"的迷信做法。《尉缭子》对于阴阳家迷信的批判，维护了"兵圣"孙武奠定的军事唯物主义传统，是对《孙子兵法》朴素唯物主义传统的继承和发展，无论在军事史上还是在哲学史上都有着不容忽视的积极意义。在先秦的兵书中，像《尉缭子》这样一开篇就紧紧抓住鬼神与人事、唯心与唯物这些当时哲学上的重大问题在军事领域中的表现进行议论，使兵书带有浓厚的哲学色彩，确属罕见。

特别是《尉缭子》还从唯物主义观点出发，总结了治军的十二条正反两方面的经验。它认为，按照十二条正面经验去做，就可以压倒敌人；反之则会被敌人所压倒。这十二条是：

（1）将帅树立威信在于不轻易变更号令，造成悔恨在于优柔寡断；

（2）给人恩惠在于奖赏及时，招来祸害在于屠杀无罪的人；

（3）当机立断，随机应变，不能公正处事在于私心太多；

（4）战胜敌人在于鼓动士兵的斗志，战败在于团结不好；

（5）获胜在于出奇制胜，给养危机在于耗尽民财；

（6）防守牢固在于阵容坚不可摧，听信奸佞就会堡垒不攻自破；

（7）不犯错误在于按客观规律办事，劳而无功在于轻举妄动；

（8）不陷入困境在于事先准备，孤陋寡闻在于妒贤嫉能；

（9）谨慎在于防微杜渐，罗织灾祸在于贪得无厌；

（10）明智在于能决断大事，危害来自任用奸人；

（11）消除祸害在于果敢善断，丢失领土在于没有良好的防守措施；

（12）众人拥护在于谦恭待人，指挥不动在于将帅无威信，反复无常。

不言而喻，这十二条经验，不仅适应于军事方面，也适用于其他方面，具有哲学世界观的普遍指导作用。

由于尉缭生活在战国中晚期，此时距离春秋时期战争规模不断扩大、城市的作用在提高、武器装备所发挥的作用也越来越大，客观的作战条件已经对军事理论的发展起到了积极的促进作用，因此《尉缭子》中所展示的军事理论相较《孙子兵法》《吴子》《孙膑兵法》等军事著作都有了一定进步。当然，《尉缭子》也正是吸收了前人的思想精华，并结合了战争形态的不断演变，因此对我们研究整个春秋战国时期军事问题具有十分重要的意义。

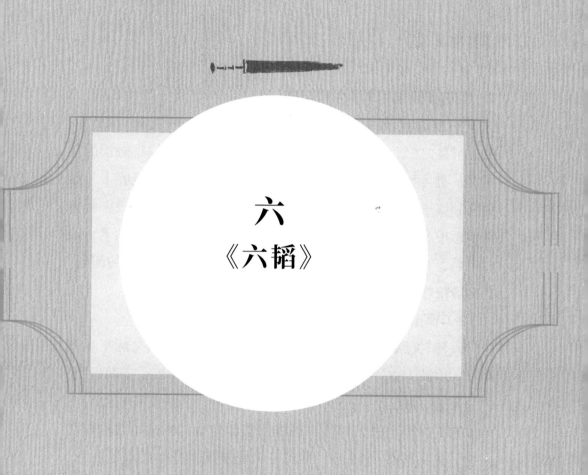

六

《六韬》

【其书其人】

1. 古代最早的军事百科全书

《六韬》又称《太公六韬》《太公兵法》,宋代颁定的"武经七书"之一,是中国古代著名兵书和古代兵家战将必读的教科书,也可称为中国古代最早的军事百科全书。它吸收了先秦兵家和诸子论兵的精华,是一部集先秦军事思想之大成,具有奇妙思想和独特体系的军事经典著作。《六韬》全书有六卷,共六十篇,内容十分广泛,几乎涉及有关战争和各方面的问题,其中最精彩的部分是有关战略和战术方面的论述。

2. 中国谋略学的鼻祖

《六韬》原题"周文王师姜望撰"。姜望,商周之际军事谋略家。因其为立国于吕(今河南南阳)的姜姓部族一支的后裔,故为姜姓、吕氏,名望,字子牙,或单呼牙。周文王与商纣王斗争初期,姜望进入周族方国统治集团,成为主掌军政的核心人物,先后辅佐周文王、周武王和周成王,任"太师"一职,被周人尊称"师尚父",后人又称姜太公、太公望等。主掌军政事务期间,他以其过人的智慧和巧妙的谋略为西周王朝的建立和巩固作出了重要贡献,因而受封于齐,建立齐国,为齐人始祖。在兵家眼中,他则是言兵之祖。孙子、吴子、尉缭子等著名兵家皆出其后,以其为师。所以,司马迁称:"故后世之言兵及周之阴权,皆宗太公为本谋。"所谓本谋,就是谋之本源。

六、《六韬》

《六韬》以姜太公与周文王、周武王对话的方式写成,其内容又体现了太公辅佐文王、武王灭商所用韬略及各种作战方法,因此自《隋书·经籍志》著录为"周文王师姜望撰"后,《旧唐书·经籍志·兵家》及《新唐书·艺文志·兵家》收录时均采用这种说法。然而,北宋元丰三年,武学博士何去非受命校订《武经七书》时却提出一种新的说法,怀疑其为伪托之书。此后南宋叶适、陈振孙、黄震,明代胡应麟,清代姚际恒,近代梁启超及现代黄云眉均认为《六韬》是后人伪托,不是姜望所写。所谓"伪托",是指假借他人名字出书,这是古代较为常见的现象。往往是因为真正作者地位不高、名声不大,又想使自己写的书广为传播,便假借历史名人充当作者,吸引人们注意。《六韬》显然就是这类托名之作。

综合《六韬》内容及文字结构,学者们普遍认为《六韬》不是姜望所写,主要有三个方面的理由。首先,《六韬》洋洋二万言的篇幅与商末周初文化发展程度不相符合。历史研究表明,当时的文字条件还很不完备,记录人们言行的载体及方法还很原始。现在出土的甲骨文卜辞及记录在青铜器上的铭文都很简短,说明商末周初,这么长篇幅的典籍是无法保存并流传下来的。其次,《六韬》中大量出现并详细介绍的铁制兵器,如"铁蒺藜""铁械锁""环利铁索"等器械,与姜望所处时代武器装备发展状况不相符合。考古研究表明,商、周和春秋,是铜兵器极盛的时代,而以铁兵器为主的时代则是战国以后。这就说明,在吕望所处的商末周初,不可能使用种类和形式如此丰富的铁制兵器。最后,从体例和叙述方式看,也不应是姜望一人之作。以问答形式探讨问题,是我国古代著述的一种传统。按照一般说法,《论语》是孔子的著述,《孟子》是孟轲的著述,

《管子》是管仲的著述，《吴子》是吴起的著述，而这些书的篇章都冠以"某子曰"，因此实际上都是他们的弟子当时的记录，或后人的追记和补充。《六韬》通篇以姜太公与周文王、周武王对话的方式写成，属于典型的对话体兵书，由后人辑录而成的可能性极大。

上述分析显示，《六韬》虽然以记录姜望与周文王、周武王谈兵论战的言论为主，但并不是姜望亲自撰写。至于《六韬》的真正作者是谁，自古及今的专家学者也做过一定的探讨。目前较为一致的看法是，《六韬》可能不是一人所写，很可能是后世的史官们在姜望军事事迹口耳相传的基础上，于不同时期辑录、整理增删而成的。

任何兵书都是特定时代的产物，不可避免地要留下时代的印迹。虽然没有确切的成书时间记载，但是从书中的基本内容上分析，学者们一般倾向于认为《六韬》形成于战国晚期。主要理由有三：首先，《六韬》杂取了儒、道、法、墨等家的思想，这种诸子百家思想开始走向融合和统一的趋势，只可能发生在战国以后，不可能在春秋之前。其次，《六韬》对骑兵战术的详细记载以及车、步、骑兵等诸兵种一体化联合作战战术原则的阐述与战国时代战争的典型特征相符。据历史记载，我国真正意义上的骑兵，是在战国时期赵武灵王"胡服骑射"（公元前307年）后才出现的。丰富的骑兵战术以及与步兵、车兵的协同作战原则，也是在对骑兵的一系列使用中总结出来的。春秋时期成书的《孙子兵法》《司马法》都没有对骑兵这一兵种进行过论述，更不用说比春秋更为久远的商末周初。因此，具体反映和论述了骑兵战术的《六韬》，不可能出现在赵武灵王"胡服骑射"之前，而只能产生于赵武灵王"胡服骑射"之后。

再次,《六韬》中的"避正殿""将相分职""万乘之主""百万之众"等内容都反映了战国时代的特点。另外,《六韬》中所论述的军事训练等问题,与战国晚期的《尉缭子》等典籍反映的情况基本一致,说明其成书时代也是大致相同的。

《六韬》的问世,充实了我国军事理论宝库,标志着我国先秦军事思想体系的进一步发展和成熟,在中国古代军事理论发展史上占有重要地位,对后世军事思想的发展也产生了深远影响。

姜太公被人们尊为谋略始祖,记述其雄韬大略的《六韬》自然倍受后世兵家战将青睐,早在汉以前就广为流传。《庄子·徐无鬼》说:"吾所以说吾君者,横说之则以《诗》《书》《礼》《乐》,从(纵)说之则以《金版六弢》。"汉代,司马迁在《史记·留侯世家》中谈到圯桥赠书故事时,明确写道张良"旦日视其书,乃《太公兵法》也"。张良因研读《太公兵法》,谋略水平大长,成为刘邦的军师,"数以《太公兵法》说沛公,沛公善之,常用其策"。所谓"太公兵法",据考证就是《六韬》。

三国年间,谋略斗争诡谲多变,各方都以太公为师。《三国志·吕蒙传》裴注云:《江表传》曰"……权曰:'宜急读《孙子》《六韬》《左传》《国语》及三史。'"《三国志·蜀书·先主传》裴注云:刘备在遗诏中说:"闲暇历观诸子及《六韬》《商君书》,益人意智。闻丞相为写《申》《韩》《管子》《六韬》一通已毕,未送,道亡,可自更求闻达。"可见,孙权、刘备、诸葛亮等人,都很重视研读《六韬》,并把它作为向臣僚和子弟推荐的必读书目之一。

唐宋以后,军事学家更注意对《六韬》的研究。在《唐李问对》中李靖提到:"张良所学,《六韬》《三略》是也。"北宋神宗元丰时设立武学,《六韬》列入《武经七书》,作为武学学员的必读书目,受到人们的普遍尊崇。它还曾被译成西夏文,在少数民族中流传。

自从《武经七书》颁布之后,历史上对《六韬》进行注释、集释、汇解者,不乏其人,促使各种版本《六韬》先后面世,仅流传至今的就有70余种。这70余种版本源流比较复杂,各本内容互有异同,据许保林先生统计大致有以下四个系统:一是竹简本,即山东临沂银雀山汉墓出土的《六韬》残简和河北定县汉墓出土的《太公》残简,这是现存最早的版本。前者已整理出来,有文物出版社铅印本。二是唐写本,即敦煌唐卷子本《六韬》残卷,共存二百零一行(其中一行只残存半个字),二十个篇目。原件藏法国巴黎国会图书馆,北京图书馆有缩微胶卷。这是现存最早的纸写本《六韬》。三是《群书治要》本,是唐魏徵给唐太宗编的摘要本,只有文韬、武韬、龙韬、虎韬、犬韬的内容,未列子目,亦未收豹韬。以上三个系统都程度不同地保存了一些不见于今本的佚篇或佚文。四是《武经七书》本,初刻于北宋元丰三年,现存有南宋孝宗、光宗年间的刊本,藏日本静嘉堂文库,是现存最早的刊本,国内有其影印本即《续古逸丛书》本。明清以来众多的丛书本及其注释本、白文本,大都属于这个系统的版本。

《六韬》不仅在中国流传久远,在国外也产生了很大影响。《六韬》很早就传到国外,十六世纪时开始译成外文,日本自庆长十一年(公元1600年)元佶《校定训点六韬》、林道春《六韬评判》出版后,已有三十余部翻译、注解、评点《六韬》的专著问世。日本战国时代的足利学校(武将顾问资格的养成所)

曾把《六韬》与《三略》定为该校的主要教科书。西方第一次翻译的中国兵书共四种，合称《中国军事艺术》于1772年在法国巴黎出版，《六韬》是其中一种。1780年朝鲜有无名氏《新刊增注六韬直解》，1961年越南有阮孟保《六韬》等著作。可见它在国外也有一定影响。

【思想精要】

《六韬》之"韬"，与"弢"字相通，原为"弓套"之意，含有深藏不露之意，引申为谋略。"六韬"，就是六种秘密谋略，即论述战争问题的六种韬略。为生动形象起见，作者分别用"文""武""龙""虎""豹""犬"六个字作为六卷之名，以突显六种韬略的特点。

如果用现代军事术语来说，《文韬》和《武韬》侧重于从战略层面展开论述，前者主要讨论治国用人的政治战略，后者着重论述如何用兵的军事战略。《龙韬》和《虎韬》侧重于从战役层面展开论述，前者主要阐述军队的组织、奖惩、将帅的选拔和修养、军事秘密通讯、奇兵的运用、侦察敌军的方法以及兵农合一的思想，后者主要讨论各种特殊天候、地形及其他不利条件情况下的进攻和防御战术，并记述了古代武器装备的种类、形制、配置、作用和一般布阵原则。《豹韬》和《犬韬》侧重于从战术层面展开论述，前者主要讲述森林、山地、河流、险隘地区作战和防敌突袭、夜袭以及遭遇战的战术；后者主要论述军队的指挥调动，击敌时机，练兵方法，步、车、骑兵的组织、协同和各自的战法。

1.《文韬》之要，治国安邦

《文韬》是《六韬》中的第一卷，包括《文师》《盈虚》《国务》《大礼》《明传》《六守》《守土》《守国》《上贤》《举贤》《赏罚》《兵道》12篇。一个"文"字显示出本卷主要讨论的是治国用人的政治战略，同时与"武"相互映衬，揭示了政略（文治）和战略（武功）的关系。

中国古代兵家历来认为："兵胜于朝廷。"（《尉缭子·兵谈》）他们从来不将军事当作一个与政治、经济、外交无关的对象来研究。在他们看来，军事从来就是和政治等紧密联系在一起的，一个国家的强弱不是靠军事就可以解决的，军事是政治斗争的暴力形式。军事往往要和政治、经济、外交一起才能取得真正的和长期的胜利。《文韬》系统而充分地阐述了这一思想。作者强调指出，政治先于军事。政治是军事的基础，军事则是政治的另一种手段的继续。它指出，战争本乎道义，要想夺取战争的胜利，取得天下的统治权，就必须运用"文韬"，即通过政治收揽天下人之心。收揽人心的关键在于爱民，在于按为君之道施政行事，处理好君臣关系，推行相应的内外政策和发展经济，充实国家的实力，这样才能立于不败之地。

具体来说，《文韬》认为天下不是一个人的天下，而是天下人的天下。只有和天下人利益一致，休戚与共，才能取得天下。反之，就会为天下人所唾弃。而要做到与天下人利益一致，就必须实行"仁""义""道""德"，与人民一齐顺从天时，共享土地所产生的财富，免除人之死，替人排忧解难，与人民忧乐好恶相共，给人民以种种利益，亦即使人民不失业，不误农时，减少刑罚，减轻赋敛、徭役，不苟扰百姓，爱民如子弟。君主只要实行爱民之道，自然就能取得人民的拥护，从而取得天下。所以，君主应抑制自己的私欲，无为而治。官吏要忠贞爱民，廉洁奉公。人民要孝顺父母和长辈，爱护子女和晚辈，一心从事农耕和纺织。国家要努力发展农业、手工业和商业,实现富足的目标。对外应安抚近邻,控制四方。发动战争前要事先秘密地做好充分的准备,一旦时机成熟,就应公开声讨敌人,号召天下之人一起征讨。

2.《武韬》之要,柔武攻敌

《武韬》是《六韬》的第二卷,包括《发启》《文启》《文伐》《顺启》《三疑》5篇。名曰"武韬",其内容实际上是沿着"文韬"的思路,从军事战略层面阐述战略指导思想和非战争军事行动的各种方法。

作者强调指出,要夺取战争的胜利,首先要做到名正言顺,师出有名,进行战争是为了吊民伐罪。战前应当秘密地做好充分的准备,然后看准时机,发动进攻。其次,要韬光养晦,力求不战而胜。作者认为,天下之人都欢迎给自己以好处的人,而不欢迎损害自己利益的人。不掠夺人民,就是予人民以好处。不侵犯别国的利益,就是使各国获益。不垄断天下的利益,就是使天下之人都得利。所以,只要不侵夺人民和各国的利益,不独占天下之利,就能得到人民和各国,以及天下之人的拥护,从而在不知不觉中不战而胜。再次,要善于进行"文伐"。"武韬"列举了12种具体的谋略,主张用这些权谋诡诈的方法,去利用、扩大、加剧敌人的内部矛盾,以分化、瓦解和削弱对方,为军事进攻铺平道路,创造有利条件。这些做法虽然不是直接的战争行动,但目的都是为了不战而胜,或者为迫不得已的战争创造有利条件,可谓非战争军事行动。最后,军事行动要合乎用兵之道,巧妙实施攻击强敌、离间敌人、瓦解敌军等策略,才能取得胜利。

3.《龙韬》之要,统军之道

《龙韬》是《六韬》的第三卷,内分《王翼》《论将》《选将》

《主将》《将威》《励军》《阴符》《阴书》《军势》《奇兵》《五音》《兵征》《农器》13篇。"龙"在中国文化中是想象中的兽中之王，在国家政权中通常用于比喻帝王，在用兵打仗领域则可用来比喻军队的统帅。同时，传说中的"龙"，能够兴云致雨，又能时隐时现，变化莫测。统帅是三军之首领，其智慧才能和谋略筹划关乎全军的生死和战争的胜负。

所以，本篇以《龙韬》命名，旨在形象地阐述军队统帅的选拔、任用、要求及其灵活变化的指挥艺术等问题。如怎样遴选将领，拜将立帅，编组统帅部，树立将帅的威信，鼓舞士气，秘密通讯和临敌制胜等。它将"智""信""仁""勇""忠"作为选择将帅的标准，主张用 8 种方法考验将帅，并举行隆重的仪式，将军权授予通过考验的统帅。其中"王翼"篇对统帅部的组成，作了详尽而全面的阐述，对统帅部各种人员的配备、人数和职责都作了具体的规定。"阴符"篇记载了利用不同长度的符节表示不同的意思的方法，进行秘密的通讯联络。"阴书"篇则记载了将一封信分作 3 份，由 3 人分别送达的秘密通信法。"军势"和"奇兵"篇揭示了临阵决战，创造和利用优势，把握时机，出奇制胜的一些原则。"五音""兵徵"篇将阴阳五行学说引为其理论的基础，形象地揭示根据种种迹象准确判断敌情，以及根据敌军阵容预测战争胜负的艺术，其中不乏牵强附会和迷信的色彩。

4.《虎韬》之要，巧妙攻守

《虎韬》是《六韬》中的第四卷，内分《军用》《三阵》《疾战》《必出》《军略》《临境》《动静》《金鼓》《绝道》《略地》《火战》《垒虚》12篇。老虎是真正的兽中之王，它威猛、敏捷、勇敢。在中国人的心目中，它象征压倒一切、所向无敌的威力，这正是将领指挥部队作战所必须具备的特征。所以，作者以"虎韬"命名本篇，意在说明全篇的主要内容是讨论各种特殊天候、地形及其他不利条件下进攻和防御战术及其他应注意的问题。作者提出，将领统率军队出征之前应当准备好"三军器用"和"攻守之具"，并具体说明了各种兵器和器材的数量及其性能。接着，论述了天阵、地阵、人阵等阵法，具体分析利用各种阵法作战的指挥艺术。作者突出强调，作战指挥一定要善于利用天时、地利，根据各种客观自然天候和地形灵活采用相应的战术。基于这种思想，分别论述了陷入合围之地时的"疾战"战法、夜间突围和渡过江河溪谷时"必出"战法、陷入江河湖沼地带的主要对策，以及对阵、迂回、伏击和反伏击、攻城、反火攻等各种作战形式和战术运用问题。

5.《豹韬》之要，战术变化

《豹韬》是《六韬》中的第五卷，内分《林战》《突战》《敌强》《敌武》《山兵》《泽兵》《少众》《分险》8篇。豹子身材矫健，性情机敏，智力超常，攻击性强，因而被人们誉为动物世界的超级猎手。作者将本篇定名为"豹韬"，意在说明将领的作战战术及谋略变化应当体现出豹子所具有的特点。围绕这一主题，本篇分别论述了在森林、山地、江河水泽地带和险阻地形下的作战方法，并对特种地形和特殊情况下的作战原则，如抗击突然袭击、夜袭和以寡击众，以弱击强等原则进行了阐说。

6.《犬韬》之要，联合作战

《犬韬》是《六韬》中的第六卷，内分《分合》《武锋》《练士》《教战》《均兵》《武车士》《武骑士》《战骑》《战车》《战步》10篇。犬，天生具有嗅觉超强、擅长狩猎、结群攻击的本能。尤其是与生俱来的地盘观念，使其成为优秀的守卫者和驱逐者。

所以，人们通常认为"犬善守"。本篇名为"犬韬"，说明全篇主要是从战术层面论述军队的指挥调动，击敌时机，练兵方法，步、车、骑兵的组织协同和各自的战法。其中，许多观点颇有新意。诸如，论述军队的分合集结方法时，分析了如何按一定的标准选拔勇猛有力、武艺高强娴熟的步兵、车兵和骑兵，充当军队的基层军官和常备兵，如何训练军队等具体问题。值得注意的是，《犬韬》还在逐一论述步兵、车兵和骑兵诸兵种的性能、战斗力、阵法和作战方式的基础上，结合地形条件和敌情的变化，指出步兵贵在知变化，车兵贵在明晓地，骑兵贵在了解别径奇道，提出了步兵抗击车骑的方法，强调车兵有"十胜八害"、骑兵有"十胜九败"，揭示了使用各种不同兵种的原则和方法。这些用兵理论总结了春秋战国时期作战新样式，可以说为后人研究诸兵种联合作战奠定了理论基石。

7. 百科俱全，多有创新

《六韬》以文武为基础，借用动物的典型特征分别从六个方面论述了军事思想和作战原则，但是每"韬"并非完全局限于一个要点，而是自成体系，并从不同层次、多个角度论述问题。因此，相对于先秦其他兵书而言，《六韬》可谓内容丰富，论述详瞻，涉及了政略、战略、战术、阵法、兵器、将帅、治军等各个方面，从而构成了一个比较完备的兵学体系，堪称中国古代最早的军事百科全书。综合起来看，其诸多思想观点既继承和发展了先秦军事思想的精华，又在不少问题上道出了独创性的见解。

在哲理思想方面，《六韬》具有朴素的唯物主义思想。它一方面反对巫祝卜筮迷信活动，把它列为必须禁止的"七害"之一，另一方面又主张用天命鬼神去迷惑敌人，"依托鬼神，以惑众心"。它具有朴素的辩证法思想，初步认识到了矛盾的对立和转化，提出了"极反其常"的重要辩证法命题，是对古代辩证法思想的重要贡献，它的许多军事思想都是建立在这一思想基础之上的，如"夫存者非存，在于虑亡；乐者非乐，在于虑殃"，"大智不智，大谋不谋，大勇不勇，大利不利"，"太强以折，太张必缺，攻强以强"，"无取于民者，取民者也"等等。基于这种哲学认识，《六韬》对许多军事问题的认识既唯物又辩证，注重文武兼顾、刚柔相济。

在治国方略方面，作者既吸收了儒、道各家的基本观点，又有自己的独立见解。主张将帅要与"天下同利"，反复强调"天下非一人之天下，乃天下人之天下"，"同天下之利者则得天下，擅天下之利者则失天下"；认为天下是属于民众的，因此要想取得天下必须得到民众的拥护，强调"国之大务"在于"爱民""重民""利民"，要使"万民富乐而无饥寒之色"；要求君主清静寡欲，不与民争利，"无取民者，民利之"，最后达到"取民"的目的。

在军事谋略思想上，《六韬》有其独到之处。《兵道》说："凡兵之道，莫过乎一。一者能独往独来。黄帝曰：'一者，阶于道，几于神。'用之在于机，显之在于势，成之在于君。"这是说，用兵的原则在于"一"。所谓"一"，就是事权要专一，兵力要集中，行动要统一，这样才能独往独来，机动灵活，不受牵制，取得战争的主动权。另一独到之处在于，作者创造性地把文武两种战略思想结合起来，发展了孙子的"伐谋""伐交""伐兵"思想。《六韬》指出："全胜不斗，大兵无创"，并进而强调，要实现这种不战而胜的战略，必须以强大的政治、经济实力作后盾，建立在国富兵强的基础之上。为此，提出了一套文武相兼的战略措施。在经济上，指出要大力发展"三宝"，即"大农""大工""大商"，充实经济实力，打好取得战争胜利的物质基础。在政治上，争取民心，爱护民众，取得举国上下的支持。在外交上。提出了"文伐"十二法，列举了分化、瓦解、离间敌人的各种方法：一是投其所好，让敌人产生骄傲之心；二是"亲其所爱，以分其威。一人两心，其中心衰，廷无忠臣，社稷必危"；三是"阴赂左右，得情甚深。身内情外，国将生害"；四是用珠玉、美人来腐蚀麻痹敌人；五是挑拨敌方忠臣与君主的关系；六是收买敌人的内臣，离间其外臣；七是送给敌人大量财物，使其轻视生产，因而导致蓄积空虚；八是与敌国伪结亲谊以麻痹敌人，使其为我所用；九、十是表面上尊崇敌国，示之卑微顺从，使其骄怠自毙；十一、十二是要收买敌国大臣，堵塞敌之耳目。使其豪杰志士为我所用，用乱臣美女迷惑其主。一般兵书大都重视战场上的强攻硬取的谋略，对战场之外软攻巧取的谋略论述得较少，而《六韬》恰恰在这方面独树一帜。这种把"文伐"同"武伐"紧密联系起来的论述，使古代战略思想显得更加丰满和完善。

《六韬》认为，强大的实力只是为战胜敌人提供了可能，当这种不战而胜的战略难以实现政治目的时，就要采取军事进攻的方式。因此，在军事战略上，《六韬》主张正确判断战略形势，在全面准确地了解敌情的基础上作出正确的战略决策，进行集中统一的战略指挥，实行巧妙的战略伪装，隐蔽自己的战略企图，适时把握战略时机，正确选择主要战略方向等。

在将帅问题上，《六韬》似乎比其他兵书更加强调将帅的作用。这是因为，将帅作为军队的最高指挥官，其水平的高低，对军队本身的建设、战争的胜负，乃至整个国家和民族的兴盛衰亡，都会产生重大影响。因此，《六韬》认为首先应注意将领的选拔与培养。因为"国之大事，存亡之道，命在于将。将者，国之辅，先王之所重也"。"社稷安危，一在将军。"所以，对于将领的选拔、考察就不能不认真细致。它认为："将有五材十过。……所谓五材者，勇、智、仁、信、忠也。……所谓十过者，有勇而轻死者，有急而心速者，有贪而好利者，有仁而不忍人者，有智而心怯者，有信而喜信人者，有廉洁而不爱人者，有智而心缓者，有刚毅而自用者，有懦而喜任人者。"不同的人，具有不同的长处与短处，应该有清醒的认识。因此，《六韬》提出"上贤下不肖"的主张，认为选用贤能之人，淘汰不肖之人是治国之要道，具体阐述了举贤的标准和方法，明确指出了不能重用的十三种奸人，即"六贼七害"之人。

《六韬》还系统地论述了将领的自主权问题。《立将》明确记述了国君于太庙誓师，以斧钺授将，将受命出征的具体仪式，而且还郑重其事地论述了将帅应有的统率三军，独断专行的权利。"国不可从外治，军不可从中御。二心不可以事君，疑志不可以应敌……军中之事，不闻君命，皆由将出。临敌决战，无有二心。若此，则无天于上，无地于下，无敌于前，无君于后。是故智者为之谋，勇者为之斗，气厉青云，疾苦驰骛，兵不接刃，而敌降服。战胜于外，功立于内。"这里的核心是"军不可从中御"和"军中之事，不闻君命，皆由将出"。意思是"将在外，君命有所不受。"军队不能由国君在中枢机构中具体指挥，而应完全由将领根据战场上的实际情况来指挥，这样才能取得胜利。将领有自主权，就有了主动权。

在军队的组织编制上，《六韬》创造性地提出了建立参谋部的问题。《王翼》载："武王问太公曰：'王者帅师，必有股肱羽翼，以成威神，为之奈何？'太公曰：'凡举兵帅师，以将为命。命在通达，不守一术。因能授职，各取所和工，随时变化，以为纪纲。故将有股肱羽翼七十二人，以应天道。备数如法，审知命理，殊能异技，万事毕矣。"这是说，国君率领军队，必须要有得力的辅佐。全军的生命掌握在将帅的手中，但是将帅的职责是全面领导，不能局限在其一个局部，因此就应该建立一个由七十二人组成的参谋部，并根据各人的才能授予职务，充分发挥他们的聪明才智。这七十二人是些什么样的人呢？《六韬》的安排是腹心一人，谋士五人，天文三人，地利三人，兵法九人，通粮四人，奋威四人，旗鼓三人，股肱四人，通才二人，权士三人，耳目七人，爪牙五人，羽翼四人，游士八人，术士二人，方士三人，法算二人等等。这是我国军事史上最早见于明文规定的参谋部组织法，是《六韬》的一大创造。

在练兵问题上，《六韬》既主张练将，又强调练士。认为对于将帅来说，"不知战攻之策，不可以语敌"，将帅要注重谋略思维训练，才能提高作战指挥能力。对于士兵来说，严格训练才能形成战斗力，提出群众练兵法。如《教战》所言："故教吏士，使一人学战，教成，合之十人；十人学战，教成，合之百人；百人学战，教成，合之千人；千人学战，教成，合之万人；万人学战，教成，合之三军之众；大战之法，教成，合之百万之众。故能成其大兵，立威天下。"

在管理问题上，《六韬》主张信赏明罚。《将威》中写武王问太公怎样才能做到令行禁止，树立将帅的威信，太公说："将以诛大为威，以赏小为明；以罚审为禁止而令行。故杀一人而三军震者，杀之；赏一人而万人说者，赏之。杀贵大，赏贵小，杀及当路贵重之臣，是刑上极也；赏及牛竖马洗厩养之徒，是赏下通也。刑上极，赏下通，是将威之所行也。"所谓"杀大赏小"，就是杀将军、大夫之类的位高者以震慑三军，赏马夫、伙夫之类位卑者以激励众人，从而确实起到以点带面的警示作用或促进作用。这是行之有效的方法。

除上述几方面外，《六韬》还大量涉及战术变化、情报侦察、战场勤务、兵器运用、阵法运用、军纪法规等方面的内容，涵盖了当时军事领域的各个方面，从而构成了一个比较完备的兵学体系，堪称先秦军事著作中的集大成之作。

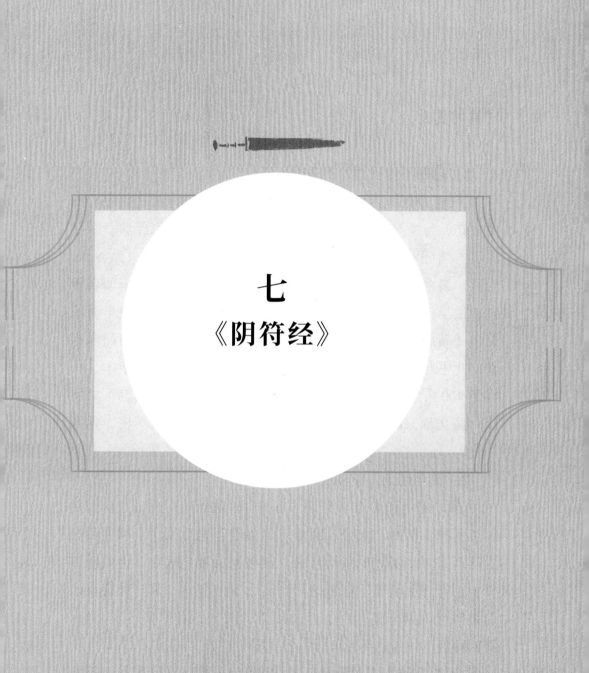

七
《阴符经》

【其书其人】

1. "迷藏不传于世"的道家著作

《阴符经》,又名《黄帝阴符经》,是中华传统文化中的精要之作,与《易经》《道德经》《庄子》并称为道家经典,字字珠玑。旧题黄帝所撰,一般认为伊尹、太公、范蠡、鬼谷子、张良、诸葛亮等人都曾为其做过注。在唐代以前,尚未闻名于世。最早记载见于唐欧阳询的《艺文类聚·木部》,最早著录见于《新唐书·艺文志》,因唐代著名兵家李筌注疏而闻名于世。此书版本甚多,大体可分为两类,一类是300余字本,一类是400余字本。文字简练,哲理深奥,几乎每句话都可繁衍成一篇文章,可谓一句一理,但通观全篇,又逻辑严密,贯通一气。

2. "离经叛道"的隐士

《阴符经》作者难以考证,有四种说法:第一种观点认为是黄帝所撰,伊尹、太公、范蠡、鬼谷子等先后作注;第二种观点认为是北魏年间的寇谦所著,其根据为杜光庭在《神仙感遇传》中有"上清道士寇谦之藏诸名山"的字句;第三种观点认为是唐代中期李筌所作,持此观点的有宋代黄庭坚、朱熹等;第四种观点认为是南北朝时一位"深于道者"所作。

"阴符"作为书名始见于《战国策·秦策一》:苏秦"得太公《阴符》之谋",后来在《史记·苏秦列传》中也提到苏秦

"得周书《阴符》",书名中都没有"经"字。《新唐书·艺文志》"神仙"类中最早著录《阴符经》。历代学者对其成书年代及作者说法颇多,但均缺乏有力证据。现有唐代书法家褚遂良手书《阴符经》碑帖行世,可以肯定是唐以前书。其作者可能是一位多经世变、博学善察、政治上有"离经叛道"倾向的隐士。书写成后,长期隐埋,至隋、唐之际始流行于世。

【思想精要】

此书自问世以来,多被史籍著录于道家类书中,为之注疏者也大都是些道家文人,因此被涂上了浓重的道学色彩。但它在哲学思想上坚持自然天道观,反对天命论;着力揭示自然和社会发生剧烈变革的必然性及其内因和外因,讴歌矛盾和斗争,这与道家的"贵柔"思想是有所区别的。书中虽有养生之类的话,但多是隐喻,其意在论述政略和兵略思想。全书更无神学异说之词。可以说,这是一本融合了易、老、阴阳、法、兵等诸家思想因素,谈论王政和兵法权谋的书,可称其为道兵书或政兵书。

1. 行事之机暗合于天机

此书何以名为"阴符"?李筌说:"阴,暗也;符,合也。天机暗合于行事之机,故曰阴符。"(《黄帝阴符经疏》)"天机暗合于行事之机"似应为"行事之机暗合于天机",主要论述人主、将帅的思想和行为与"天道"暗合的奥秘,这是全书的核心内容。

开篇首句"观天之道,执天之行,尽矣",是讲人主、将帅必须精心观察进而准确掌握客观自然法则,即"天道",使自己制定和实行的政治、军事等谋略计策与之相暗合,能做到这一点，那么一切问题都迎刃而解了。"宇宙在乎手，万化生乎身"，运天下于掌上，应万变于无穷。而只要注意观察研究"天道"，就会发现，天和人都会有发出"杀机"之时。"天发杀机，移星易宿；地发杀机，龙蛇起陆；人发杀机，天地反复。天人合发，万变定基。"这就是说，由于自然和人事的原因，社会会经常发生变革，人主、将帅察知此机，就应乘之而动，达到"万变定基"之目的。

姜太公对周文王说："王其修德，以下贤惠民，以观天道。天道无殃，不可先倡；人道无灾，不可先谋。必见天殃，又见人灾，乃可以谋。"（《六韬·发启》）这里说的"天殃""人灾"，可能是《阴符经》中讲的"天"和"人"发出"杀机"的一种形式；"必见天殃，又见人灾，乃可以谋"，正是"于人合发，万变定基"思想的体现。"日月有数，大小有定"，不是人的意志能够左右得了的；但这绝不是说，人主、将帅在它面前无所作为，唯其"有数""有定"，才使"圣功生焉，神明出焉"，其中含有伟人在限制中才能表现自己，规律只会给能者以自由之意，表现了作者强调发挥人的主观能动作用的思想。人主、将帅能做到"观天之道，执天之行"，就可以治理属下，战胜敌人，遂行自己的意志，亦即所谓"立天之道以定人"了。这是全书的总纲，或者说，是其全部思想的哲学基础。

2. 知自然之道不可违，因而制之

《阴符经》的作者是从哲学的高度来论述战争观的。他似乎已意识到，事物之间的矛盾和斗争是推动事物发展的内在原因。文中说："天生天杀，道之理也。"天地自然生养万物，但亦杀害万物，这都是正常的，是"天道"的自然之理，无须大惊小怪。他又说："天地，万物之盗；万物，人之盗；人，万物之盗。三盗既宜，三才既安。"万物盗天地阴阳之气而生长，人盗万物以养身，万物亦生灾患以盗人。他（它）们之间是相害而又相利的关系，唯其相"盗"，故能相依；唯其相"杀"，故能相生。事物之间的这种互相"盗""杀"并不可怕，问题的关键在于是否"宜"。"宜"，即适时、有度、各得其当。只要"宜"，"三才"（天地、万物、人）便可相安无事。作者用"盗""杀""宜"三字，突出强调矛盾的普遍性及矛盾中斗争性的一面。认为正是这种合"宜"的斗争，才使自然和社会得以生存和发展。这一见解无疑是相当精辟的。战争是人类相"盗"和相"杀"的最高形式，是社会矛盾发展到一定程度的必然产物。这种"盗"和"杀"，与自然万物之间的"盗"和"杀"一样，也是契合自然天道的。只要"宜"，合于"天人合发"之机，杀伐有度，使"万变定基"等，不但无碍于人类的发展，相反，还会推动社会的进步。

人主、将帅应"知自然之道不可违，因而制之"。既然是不可违，就只有因势利导，夺取胜利，以达到"安""三才"之目的。作者的这种思想与某些儒家学者只知笼统地否定和诅咒战争，而对战争的起因、战争的性质、制止战争的方法等缺乏全面分析研究的思想比起来，要辩证与深刻得多。

3. 治国治军要以正御下，法术兼施

《阴符经》强调人主、将帅治国治军要以正御下，法术兼施。其思想概括起来有三点：

一是要加强自身修养，即重理智、轻物欲，不为邪枉所侵。"九窍之邪，在乎三要，可以动静"。人身九窍有邪枉之动，主要来自眼、耳、口这"三要"，它可动摇人之"静"，因此，要特别把好"三要"之关。它告诫人主：要"食其时"，不要贪得无厌，征敛无度，又说："至乐性余，至静性廉"。所谓"至乐"，谓久享天下之乐。《三略》中说："能除天下之忧者，则享天下之乐"，"乐人者，久而长"，即是此意。"至乐"者，其性宽容不苛。"至静"，谓不因物财挠心，不贪求淫奢，故其性廉洁。为了说服人主、将帅能做到这一点，作者讲了一句哲理颇深的话："天之至私，用之至公"。天道生养万物，可谓至公；唯其至公，故能成其至私。可见，至公才是维护自己统治地位的最好手段，人主、将帅何乐而不为呢？

二是要恩罚得当，反对滥施恩惠。"恩生于害，害生于恩"，意思是说，恩以害生，无害则无恩，如"置之死地"是"害"，如此能使之"生"，则是"恩"；人不经"害"则不知"恩"，不历"严"则不觉"宽"，故恩生于害，害又生于恩。滥施恩惠，会出现恩竭则慢等弊端；得恩过多者，又会因之骄奢而走向反面，故人主、将帅必须高度注意，恩不可以妄施，罚不可以不行。这无疑来自法家思想。作者认为，真正的"大恩"是"无恩"，"天之无恩而大恩生"，大地生万物，亦杀万物，一切按自然法则行事，无意施恩，亦不以恩者自居，故天下万物"大恩"之。

三是要有知人之术，防止堡垒从内部攻破。因为人"性有巧拙，可以伏藏"，对于属下，不能只看其表面而不察其本质，以致姑息养奸，自遗其咎。"火生于木，祸发必克；奸生于国，时动必溃"。火从木生而焚木，奸生国内而毁国。故人主、将帅必须"知之修炼"，做到识微察机，知人"伏藏"，如此，则谓之"圣人"，可以做到圣明无误了。

4. 用兵打仗，"盗机"取胜

如果说《阴符经》讲的御下之道主要是"正"的话，那么，它的用兵思想突出的则是"奇"。"迅雷烈风，莫不蠢然"。"迅"，讲的是速度；"烈"，说的是威势，速度加威势，以雷霆万钧之力骤然而至，会使敌人大感意外而目瞪口呆。作者以此启示将帅用兵要如迅雷烈风，在敌人震惊而不知所措时乘机击灭之。又说："人知其神之神，不知不神之所以神也"。人们知道了神之为神，则不足神矣，我反以不神对之，不神恰恰变成了神。此句告诫将帅，奇与正在一定条件下可以互相转化，运筹帷幄，临阵应敌，切不可墨守成规，要善于反兵法之常而用之。

作者用"瞽者善听，聋者善视"为喻，说明"绝利一源，用师十倍"的道理。要求将帅不因小利而分散兵力，并力一向，所向披靡，可抵十倍之师，这与《孙子兵法》说的"我专为一，敌分为十，是以十攻其一也"的思想是相通的。作者认为，善用奇者，可以应变无穷，"爱有奇器，是生万象"，故能无往而不胜。

要以奇用兵，就要善于"盗机"。"机"，指的是关乎成败的关键条件，《阴符经》多处讲到它。重视对"机"的掌握和运用，是贯穿全书的一个重要思想。在作者看来，"机"是神秘的，但又是可知的。将帅要得到它，就须善于窥、窃。"禽之制在气"，飞禽在空中飞翔，在其能因机制气。禽能盗气之机，人何不能盗事之秘？禽得气之机可以小制大，将帅得制敌之机，怎不能以弱胜强？故"机"是可知的。作者认为，窥到"机"后，还有一个善不善于利用的问题，善于利用，可以因之成功；不善利用，反而会导致亡身。因此，在得"机"之后，要深谋精算，昼夜思虑，所谓"三返昼夜，用师万倍"。要严守秘密，"盗机"要使"天下莫能见，莫能知"，要利用好自己的"目"（谍报），使自己耳聪目明，对敌人则要使其变聋、变瞎、变哑。如此，就可以做到用兵以奇。

《阴符经》谈政论兵，用意深透，词简义博，具有很强的哲理性：如"火生于木，祸发必克"，既讲的是自然之理，又说的军政之道。从军政之道的角度看，既讲要防止自己内部出现奸人细作，又启示人主、将帅要善于利用敌人内部之矛盾等。"九窍之邪，在乎三要，可以动静"，"心生于物，死于物，机在目"等，都具有相类似的意义。这些话看似讲养生，而其义又在养生之外，所阐述的道理既适用于我，又可施加于敌。总之，《阴符经》给予读者的不是"开启某把锁的钥匙"，而是"制作钥匙"的原则和方法。

当然，《阴符经》也有其局限性，如，认为政治和军事斗争的全部奥秘都在五行相克之中，显然有失偏颇。书中多以自然界的事物和现象来隐喻政治、军事斗争的规律性，虽能给人以启迪，但毕竟自然和社会还各有其特殊规律，不能完全类比，单纯采用这种类比手段，就限制了对理论全面、系统、准确的论述和阐发。

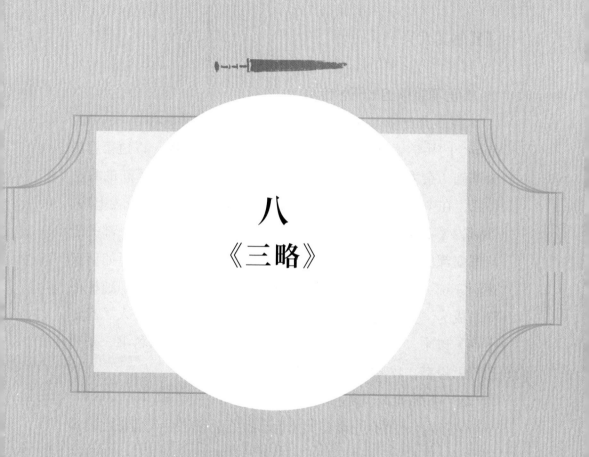

八
《三略》

【其书其人】

1. 言简意赅的战略学专著

《黄石公三略》(以下简称《三略》)是秦汉时期唯一一部流传至今的兵学著作,为《武经七书》之一。《三略》以道家思想为基础,杂采儒、法、兵、墨、阴阳等思想,形成了新的兵学体系,在中国军事思想史上占有重要的地位。《三略》分《上略》《中略》《下略》,共3800余字,既是一部兵书,更是一部关于治国安邦的大战略著作,作者站在时代的高度,回答了如何实现国家统一和长治久安的重大命题,在中国兵学经典中独树一帜,成为"大一统"兵学的代表之作。自宋朝将其选入《武经七书》以来,一直被奉为兵学经典和治国安邦的教科书,受到历代思想家、政治家、军事家重视。

2. "下邳神人"黄石公

《三略》成书有先秦姜太公著、黄石公著、后人伪托之书等三说。

流传最广的说法是黄石公所著并传授给张良。黄石公,又称圯上老人,姓名生卒年不详,秦末隐士,与鬼谷子齐名,后被道教纳入神仙谱中,别称下邳神人。相传,黄石公为秦庄襄王(秦始皇之父)的大臣,姓魏名辙,还一说是姓崔名广。后因不满秦始皇暴政,辞官隐于民间,后在下邳(今江苏睢宁北)桥上,传兵书《三略》于张良,这就是被历代史家称道的"圯

八、《三略》

桥授书"故事。

司马迁所著的《史记》详细记载了这一故事：秦朝末年，韩国贵族人张良为报灭国之仇，倾尽家财访求刺客，在博浪沙谋刺秦始皇以反秦。不料，误中副车，刺客被擒，触柱而死。秦始皇大怒，下令通缉刺客之主使。张良更姓易名，逃匿下邳，有意结识各方豪杰，以待复仇之机。

一天，张良行游下邳桥，偶遇一身穿褐色衣服的老人（即黄石公）。黄石公为了试探张良品行胸怀，故意把鞋弃于桥下，并叫张良去拾，张良忍辱拾鞋，并谦恭地跪下为其穿鞋。黄石公含笑而去，张良目送之。后黄石公复还，对张良说"孺子可教矣"，约张良五天后清晨见面。五天后，张良如约前去，黄石公已等候多时，埋怨张良迟到，再约五天后见。五天后，张良鸡鸣时至，但仍迟于老人，黄石公不高兴，又约五天后见。五天后，张良在半夜时就在等着，黄石公十分满意，认为张良经受住了考验，便授给张良兵书《三略》，并告诫张良："读此书，可成为王者师矣。再过十年，将会与兵起事，过十三年之后，你与我在济北重遇，谷城山下有块黄石就是我。"说完，飘然而去。

张良回家熟读《三略》，"常习诵读之"，后辅助刘邦运筹帷幄，决胜千里，入咸阳，灭项羽，统一了天下，建立大汉王朝。功成名就以后，张良想功成身退，对汉高帝刘邦说，"我从平民起步，封万户侯，于愿已足，我想抛弃人间的琐事，随从我的师傅黄石公，遨游四海"。但汉高祖和吕后都不同意。在黄石公老人授书后十三年，张良随汉高帝刘邦路过济北时，果然在谷城山下见一块黄石，便搬请回家，如同珍宝似的供奉起来。在留侯张良去世后，把这块黄石也安葬在他的坟墓里。后人每逢祭祀留侯，也一并祭祀黄石公。这就是史籍上所载的黄石公的故事。

【思想精要】

《三略》论述了治国用兵、统军御将的大战略，形成独具特色又较为系统的战争观、建军治军、作战指导思想体系，其军事思想有以下几个方面：

1. 以义诛不义，诛暴讨乱

《三略》显然继承道家鼻祖老子的战争观，从道家哲学的高度来认识战争。它指出，"夫兵者，不祥之器，天道恶之"，"不得已而用之，是天道也"，战争是"天道"所厌恶之事，即使不得已而用兵也要顺应"天道"。《三略》并没有停留在此，指出："圣王之用兵，非乐之也，将以诛暴讨乱也。"主张符合"天道"的战争是"以义诛不义""诛暴讨乱"，以正义战争消灭非正义战争，用以讨伐暴乱。在此基础上，《三略》又结合当时大一统时代特点，指出这种正义战争必胜，以正义讨伐非正义战争，就像决开江河，让大水去淹没微弱的火把，就像在深渊的岸边去挤一个摇摇欲坠的人，其成功是必然的。因为这种正义战争是"扶天下之危""除天下之忧""救天下之祸"，可以"泽及于民，则贤人归之；泽及昆虫，则圣人归之"，必然得到圣贤归附，国家强盛，天下归服而取得胜利。因此，《三略》主张"释远谋近"，反对"释近谋远"，所谓"释远"，就是避免从事劳民伤财、穷兵黩武的对外扩张战争；所谓"谋近"，就是要内修政理，安守本土。它指出，不搞好内政而图谋向外扩张的，会劳民伤财而无收获；不从事向外扩张而谋搞好内政的，反而能国固兵强。《三略》反对频繁发动扩张战争，反对穷兵黩武,这一观点对于当时和现代都有着重要的现实意义。

同时,《三略》吸收并发展了儒家民本思想。在《三略·上略》载,"夫为国之道,恃贤与民。信贤如腹心,使民如四肢,则策无遗""英雄者,国之干;庶民者,国之本。得其干,收其本,则政行而无怨""制胜破敌者,众也""以弱胜强者,民也",认为民众既是国家之根本,也是战争胜利之根本。因此,《三略》非常重视收揽人心,并将之作为治国用兵的要务。它说:"军国之要,察众心,施百务。"治国的要诀在于体察民心,并妥善处理好各项事务。而军队主将要诀在于务必笼络英雄豪杰的心,重赏有功之人,使部下通晓明自己的意志方向,与众人同喜好就没有不成功的事业,与众人同憎恶,就没有摧不垮的敌人。

而要收揽民心,首先要实行王道政治,以道德教化万民,使民众心悦诚服,从而使国家得治,军队强大,攻取战胜。它说:"王者,制人以道,降心服志,设矩备衰,四海会同,王职不废。虽有甲兵之备,而无斗战之患。"贤人执政,能使人在行动上顺从;圣人执政,能使人心悦诚服,就可以图谋创业、善始善终。其次而要"养民"。书中提出,"兴师之国,务先隆恩。攻取之国,务先养民",而养民主要有三条措施,即"务耕桑,不夺其时;薄赋敛,不匮其财;罕徭役,不使其劳"只有关心民事,使民众丰衣足食、安居乐业,才能赢得战争的胜利,才能争取和巩固国家的统一。

2. 举贤任能,赏罚必信

《三略》极为重视将帅在国家和军队中的重要地位和作用,尤其是在战争中的重要作用。《三略·上略》载,"夫将者,国之命也。将能制胜,则国家安定"。将帅是国家命运之所在。因此,《三略》对选拔任用的将帅提出了具体的标准。

首先,将帅要有优秀的品格和广博的知识。《三略》指出:"将能清,能静,能平,能整,能受谏,能听讼,能纳人,能采言,能知国俗,能图山川,能表险难,能制军权。故曰,仁贤之智,圣明之虑,负薪之言,廊庙之语,兴衰之事,将所宜闻。"《三略》一口气列举了"十二能",指出将帅既要懂军事又要懂政治,既要通晓历史和现状,又要了解敌国的山川地形和风土人情,还要善于倾听意见,办事公道,才有能力控制和统治军队。

其次,将帅应当智勇双全、深谋远虑。它说将帅没有长远的考虑,谋士就会离开;没有勇气,军吏就会胆怯;鲁莽行动,军队就会混乱;怒而兴师,军士就会恐惧。也就是说,将帅要智勇双全,并能克制自己的情绪,这样才能取胜。

再次,将帅应当爱兵如子,与士卒同甘苦,吃苦在前,享乐在后。《三略·上略》载,"夫将帅者,必与士卒同滋味而共安危,敌乃可加",将帅能与士卒同甘苦、共安危,军队就能上下团结一致,可天下无敌。

《三略》主张要举贤任能,去除奸佞。它指出,"贤去,则国微。圣去,则国乖",认为要治理好国家和军队,战胜敌人,须有圣贤和良将的辅佐,贤人归附,国家就会富强;圣人归附,天下就会统一。因此,对贤士要"千里迎贤"。同时,《三略·上略》认为,佞臣专权,是祸乱国家、危害军队的根源。它说:"佞臣在上,一军皆诤""君用佞人,必受祸殃。"奸佞之当臣权,全军上下都会愤愤不平。佞臣不去,军争必败,国命不长。

《三略》吸收先秦兵家的治军思想,主张"军以赏为表,以罚为里",治理军队要以奖赏为表,惩罚为里,综合运用好赏罚两种手段。并深刻地指出,"将无还令,赏罚必信,如天如地,乃可御人",令也必行和赏罚讲信用,像天地一样公正,方可统御众人。关于赏罚的表现形式,《三略》将"禄"和"礼"作为赏罚的两个方面,即精神奖励与物质奖励并重,主张"崇礼而重禄"。《三略·上略》指出:"礼崇则智士至,禄重则义士轻死",崇尚礼节,则智谋之士归附;厚施俸禄,则重义之士就会效命。由此出发,《三略》提出了"智士""义士"两种类型的人,要综合运用这两种赏罚方式,正如书中指出,"夫用人之道,尊以爵,赡以财,则士自来。接以礼,励以义,则士死之"。用人,就要封爵以尊崇他,厚禄以赡养他,这样贤士就会主动归附。以礼节来接待他,用大义来激励他,贤士便会以死相报。这一系列观点显然反映出战国时期军功爵制度的新主张、新要求。

3. 因敌转化,刚柔相济

《三略》认为,用兵之要首先要察明敌情,不可盲目兴师。在《三略·下略》载,"用兵之要,必先察敌情。视其仓库,度其粮食,卜其强弱,察其天地,伺其空隙。故国无军旅之难而运粮者,虚也。民菜色者,穷也。千里馈粮,民有饥色。樵苏后爨,师不宿饱。夫运粮千里,无一年之食;二千里,无二年之食;三千里,无三年之食,是谓国虚,国虚则民贫,民贫则上下不亲。敌攻其外,民盗其内,是谓必溃。"要从敌人的军事、后勤、地域、国力、民情等各个方面去察知、审明敌情,并以此为基础而制定攻伐之策。

同时,《三略》认为,战争形势瞬息万变,战争指导者要灵活机动,因敌变化,采取相应的制胜之策。"因敌转化,不为事先,动而辄随。如此谋者,为帝王师"。并进一步指出,"敌动伺之,敌近备之,敌强下之,敌佚去之,敌陵待之,敌暴绥之,敌悖义之,敌睦携之,顺举挫之,因势破之,放言过之,四网罗之",主张要善于从战场和敌情变化中分析发现各种各样的征兆和变化趋势,迅速捕捉和把握战机,制定相应的战略战术。

《三略》继承并发展了道家"柔弱胜刚强"的思想。一方面,主张"守柔""守微",反对贪强、保刚。它说:"莫不贪强,鲜能守微,若能守微,乃保其生。"在对敌作战中,要"守柔""守微",隐藏自己,发展自己,等待时机,以求胜敌。另一方面,《三略》还进一步指出,"刚""柔""强""弱"四者都不可或缺和偏废,要综合运用,缺一不可,当柔则柔,当刚则刚,可强则强,可弱则弱,恰当把握使用,才不会走向反面。它明确指出:"柔有所设,刚有所施,弱有所用,强有所加,兼此四者而制其宜。"从以上观点出发,《三略》指出,"能柔能刚,其国弥光;能弱能强,其国弥彰;纯柔纯弱,其国必削;纯刚纯强,其国必亡",主张刚柔并用,刚柔相济,并将之上升为国家兴衰存亡地位。古代在这方面有许多著名战例,如战国时期孙膑胜庞涓的"减灶计",就是对刚柔策略的巧妙运用。

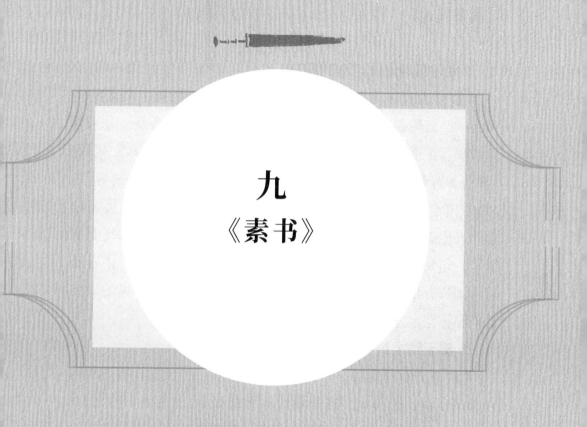

九
《素书》

【其书其人】

1. 专论立身治国之道的奇书

《素书》又名《钤经》《玉钤经》,是我国历史上有名的奇书之一,流传甚广,影响很大。全书1360字,共六章,分别为原始章、正道章、求人之志章、本德宗道章、遵义章和安礼章。《素书》言简意深,字字珠玑,句句名言,蕴含着极大的智慧,"对宇宙自然、治国大计、社会关系、修身齐家,对人性、社会、人生态度等都作出敏锐的洞察,充满深刻的哲理和高明的智慧,句句一针见血,给人以醍醐灌顶之悟"。可以说,内容涵盖治国安邦的大谋略和为人处世的大智慧,被誉为罕见的谋略奇书和智慧宝库。

2. 秦末隐士黄石公

《素书》作者为黄石公,秦末时人,后得道成仙,被道教纳入神谱。黄石公其人,在史籍上的记载很少。《宋史·艺文志》载:"宋代有黄石公《素书》一卷"。相传黄石公为秦末汉初五大隐士之一,排名第五。黄石公在思想上受到儒家、道家、法家、阴阳家等各家学说影响,因此,我们在研读此书时会看到各家思想的痕迹。

《史记·留侯世家》曾记载黄石公为避秦世之乱,隐居东海下邳。在圯桥偶遇韩国少年张良,并授予兵书。究竟是一本什么样的书?历史上一直有争议。司马迁说,这本书是《太公

九、《素书》

兵法》，相传是姜太公的著作。而其实黄石公也有自己的兵书著作《三略》，那他为什么不把自己的著作传给张良呢？到了宋朝，一个名叫张商英的人，又考证出新的说法：黄石公给张良的既不是《太公兵法》，也不是《三略》，而是《素书》。在《素书》重印的序言里，张商英写到："黄石公得子房而传之，子房不得其传而葬之，后五百余年而盗获之"。意思是说，张良得到《素书》后，并没有把这部书传给后人，而是将书埋进了自己的坟墓。他死后大约五百年，也就是晋朝的时候，有盗墓贼挖掘张良的坟墓，从一个玉石枕头中发现了这本失传已久的书，这才在民间流传开来。张良为何没有将此书传于他人？大概是因为此书写有"不得传于不道、不神、不圣、不贤之人"，所以张良未将此书传于他人。

张良虽然用这部书里的智慧帮助刘邦取得了天下，但是也只用了其中的一两句话而已，可见该书可助人建立奇功，是明人志士必读之书。《素书》说：小怨不赦，大怨必生。即小的怨恨不赦免，就会产生大的怨恨。张良用这条计谋告诉刘邦：你最恨谁就厚赏谁，这样让所有人都有得赏的希望。刘邦于是封雍齿为什邡侯，激起更多人跟随刘邦的愿望。《素书》说："吉莫吉于知足。绝嗜禁欲，所以除累。"意思是说吉祥的事莫过于知足。戒除不良嗜好和欲望，就可以免除不必要的拖累。张良深知这句话的道理，请求自留封地，放弃功名利禄，得以保全自身，最后归隐山林，跟随赤松子游历山川，可谓逍遥自在，得以善终。

【思想精要】

《素书》是道学思想下的人生观、价值观以及方法论的具体体现。该书尽管语言高度抽象,有些还互不关联,甚至显得零乱,但贯穿全书的主旨是道、德、仁、义、礼五者一体的政治主张。它从道学角度探讨为人处世,建功立业需要遵从的道理,从个人功业到家国天下,无不遵循道之理,贤人君子要看清时事,明晰成败盛衰,通达取舍。如果时机出现,可凭借此书所教,位极人臣成绝代之功。如果生不逢时,也可凭此立身,修养道德。从总的方面来说是"道、德、仁、义、礼",教人正心、修身、齐家、治国、平天下的道理。从分的方面来讲是具体的事物,从正己修身,到接物待人,选贤任能、治国理政无不涉及。

1. 道德仁义礼,立身之道

在《原始章》中,开篇就讲"夫道、德、仁、义、礼,五者一体也",意思是道、德、仁、义、礼这五者是一个人立身处世的根本。作者认为,道、德、仁、义、礼五者,本为一体,不可分离。所谓"道"就是人们共同遵循的规范与道理,所谓"德"是人们顺应自然的安排而各得所需,所谓"仁"是人所独具的仁慈与恻隐之心,所谓"义"就是人们认可的奖善惩恶的道德观念,"礼"是规定社会行为的基本法则。要想修身立业,就一定要遵守这五项根本准则,缺一不可。聪明人应该借助这些优秀品质,实现自己的理想。具体地说,就是德才兼备的人,都能看清"盛衰之道",通晓"成败之数",审察"治乱之势",懂得"去就之理"。因此,当条件不适宜之时,都能"潜居抱道,以待其时",一旦时机到来就有所行动,常能建功立业位极人臣。如果所遇非时,也不过是淡泊以终而已。因此,像这样的人常能树立极为崇高的典范,名垂于后世。张良便是这样的人,他因为得此书要领,懂得为人的五个根本准则,故能成为一代帝王之师。

2. 绝嗜禁欲，修身之道

在《求人之志章》，该书提出了个人如何修身的十八条劝勉，融合了道家、儒家、法家、墨家的价值观念。如"绝嗜禁欲""避嫌远疑""恭俭谦约""近恕笃行""亲仁友直""高行微言"等关于修身养心的一些方法，可谓句句箴言，令人警醒。

这十八条劝勉具体内容如下：杜绝不良嗜好、禁止非分欲望；克服不良习惯、减少邪恶行径；谢绝酒色侵扰，保持行事分明；避开嫌疑，远离是非；量才用人，选贤任能；广学多闻，不耻下问；行为高尚，言论谨慎；恭敬谦逊，勤劳节俭；深谋远虑，周密计划；亲近仁义之士，结交正直之人；为人宽容，行为敦厚；断绝邪恶之徒，远去奸谗小辈；推古人之心、以验方今之事；揆情度理，通达人情；灵活机敏，善于权变；稳住阵脚，不露声色；正直如松竹，坚定如磐石；勤勉警惕，心地善良。

在此基础上，作者又进一步论述了修身之道，指出君子应以德为本，志心笃行，守道明宗，这是立身成名的根本。而道德是否高尚，不仅关系到自身的人品修养，也关系到事业的成败。作者认为，人应该做到尽忠行孝，从善而行，洞察世事，善于谋略，忍耐克制，积善积德，淡泊无欲，知足常乐，这样才能快乐平安；相反，如果违背常法，沉迷声色，贪求私利，安于现状，不求进取，恃才自傲，疑心重重，都会招来祸乱与隐患。这些修身养性之法，至今仍很实用。

3. 积善累德，处世之道

中国人非常注重人际关系的和谐处理，能否处理好人际关系，是事业成功的关键。作者在《道义章》与《安礼章》提出"福在积善，祸在积恶""轻上生罪，侮下无亲""树秃者大禽不栖，林疏者大兽不居"等为人处世的指导原则，给人们如何处理好各种关系提供了有益的参考。从管理学角度来看，该书涉及如何协调与促进人际关系发展等问题。如下几个观点颇有见地。

其一，在为人方面，应该不断地为自己积累善德，为自己积累福气。人如果不断地作恶，那就是大祸临头了；

其二，在对待上级时，如果轻视怠慢，必定获罪；

其三，在对待下属时，如果侮辱傲慢，必定失去亲附。如果自己怀疑自己，则不会信任别人；如果行为邪恶，就无正直的部下与朋友；

其四，在仕途选择上，应择明主而侍。作者说：土地贫瘠，大物不产；水浅之处，大鱼不游；秃树之上，大禽不栖；疏林之中，大兽不居。在这里，他以"大物""大鱼""大禽""大兽"暗喻优秀的臣子应该选择贤明的君主来侍奉，只有这样才能使自己的聪明才智得到最大程度的运用；

其五，在形势判断上，如果国家行将灭亡，就不会有贤人辅政；如果国家陷于混乱，就不会有善人参与；国家即将称霸，人才都会聚集而来；国家即将败亡，贤者就会隐居；与倾覆的车子走同一轨道的车，也会倾覆；与灭亡的国家做相同的事，也会灭亡。所以应择善而从之；

其六，在未来预测上，如果见到已发生的事情，就应警惕还将发生类似的事情；要善于预见险恶的人事，应事先回避。在安全的时候，要常常思虑隐患的事情，就能解除忧患；

其七，在对待自己方面，应严格要求自己，进而去感化别人，别人才会顺服。如果把自己放在一边，单纯去教育别人，别人就会不接受你的大道理。

4. 人尽其才，用人之道

在《正道章》和《遵义章》，作者提到了人才的种类，即"人中之俊""人中之豪""人中之杰"。何为"人中之俊"呢？作者认为，品德高尚，则可使远方之人前来归顺；诚实不欺，可以统一不同的意见。道理充分，可以得到部下群众的拥戴；才识杰出，可以借鉴历史；聪明睿智可以知众而容众。这样的人，可以称他为人中之俊。何为"人中之豪"呢？作者认为，行为端正，可以为人表率；足智多谋，可以解决疑难问题；讲究信用，可以守约而无悔；廉洁公正，且能仗义疏财。这样的人，可以称他为人中之豪。何为"人中之杰"呢？恪尽职守，无所废弛；恪守信义，而不稍加改变；受到嫌疑，而能居义而不反顾；利字当头，懂得不悖理而苟得。这样的人，可以称为人中之杰。

统治者如何用好这些人才？作者认为应"任材使能"，即依据每个人的才能而将其放在合适的位置，使人人能尽其才，这是用人成事之要领。作者还提出"用人不正者殆，强用人者不畜，为人择官者乱"，意思是如果任用邪恶之徒，一定会有危险；勉强用人，一定留不住人；用人无法摆脱人情纠结，政事必越理越乱。因此，应使用能够胜任职位且品德高尚的人，也就是我们现在强调的品学兼优之人。应了解别人的优点长处，而不要耿耿于怀别人的缺点错误；要对使用的人给予充分的信任，做到疑人不用；要对有功之人及时奖赏，有罪之人则要适当处罚。诸如此类的用人原则，来源于实践的总结，都具有指导性意义。

5. 顺应民意，治国之道

作者总结了许多安邦治国的原则与经验，许多观点至今仍是治国之法宝。如"有道则吉，无道则凶""足寒伤心，人怨伤国""短莫短于苟得""后令缪前者毁""无远虑者有近忧"等治国策略与方法。作者认为，依靠道德的力量来治理人民，人民就会团结；若一味地依靠刑法来维持统治，则人民将离散而去。统治者要正确认识国家和人民的依存关系，如果百姓的生活都很困难了，国家也好不到哪里去，所以不能导致民怨，亡国之君的事情不能做。所以要藏富于民，以百姓的富有作为本身的富有，这样才会安定。轻视农业，必招致饥荒；惰于蚕桑，必挨冷受冻。横征暴敛、薄施寡恩、一定会衰落。

统治者应立足长远，不能只顾眼前利益；统治者制定政策要着眼长远，政策必须要有连续性，不要朝令夕改；思想与政令不应矛盾，否则就一定会坏事。政令前后不一，就一定会失败。统治者要远小人亲贤者，赏罚有度。亲近小人，远离忠良，一定会灭亡。亲近女色，疏远贤人，必然昏聩。听到谗佞之言就十分高兴，听到忠谏之言便心生怨恨，一定灭亡。小的功劳不奖赏，便不会建立大功劳；小的怨恨不宽赦，大的怨恨便会产生。奖赏不公，处罚不严，必定引起叛乱；对无功之人行赏，对无罪之人处罚，就是太过严酷。对手下的大将罚之过重，就会有危险。对自己宽厚，对别人刻薄，就会被众人遗弃。因为小过失便取消别人的功劳，就会失去人心。论功行赏时吝啬小气，形于颜色，必定令人沮丧。承诺多，兑现少，必定招致怨恨。起初竭诚欢迎，末了又拒于门外，就会恩断义绝。给予别人很少，却希望得到厚报，就会大失所望。

以上所述便是立身、修身、处世、治国的基本规范与道理。一切道理并非因为神圣，而是因为自然所归，有道则吉，无道则凶。统治者为人处世治国必须遵循天道，符合行事之道则吉，不符合行事之道则凶。这并不是什么奥妙的事,而是自然之理。理身、理家、理国都有其各自的道理,顺着道理去做就容易做到,逆着道理行事就难以施行。凡人类有所举措,均应遵守这些规律,不可与理相抗。

  由于《素书》带有浓厚的神秘色彩,后人对该书的评价有褒有贬。褒扬者视《素书》为奇文神书;贬抑者则怀疑该书来路不明,不予重视。有言道:半部《论语》治天下,一部《素书》定乾坤。可见,《素书》虽然文字不多,但大多都是极为精炼的格言,每一句格言都包含经验与智慧,内涵极为丰富,值得我们细细品读体悟。

十
《鬼谷子》

【其书其人】

1. "旷世奇书"的秘笈

《鬼谷子》,学术界主流观点认为其为战国时期鬼谷先生所著。但正如它那神秘的名字一样,其到底为何人何地所著,至今仍有不少争论。不可否认的是,《鬼谷子》辞约义丰,内容广博,涉及政治、军事、外交等多方领域,特别是对谈判、游说、谏说的经验技巧作了精辟总结,是纵横学说的经典之作,鬼谷先生也因此被称为纵横家的鼻祖。相传鬼谷先生一辈子未下过山,但他的五百弟子诸如苏秦、张仪、庞涓、孙膑等人用鬼谷子传授的纵横辨术和兵学韬略在列国出将入相、呼风唤雨,左右着战国乱世的政局,这更为《鬼谷子》增添了神秘色彩,也难怪被后人称为"旷世奇书"。

2. 神秘莫测的鬼谷子

自古以来,鬼谷先生的真实身份一直是个未解之谜。1981年上海辞书出版社出版的《宗教词典》里对于鬼谷子的解释是"中国古代传说人物,姓名、生时传说不一"。大家对"鬼谷子"到底是人还是神、是一个人还是一群人等问题众说纷纭,也引得许多文人雅士苦心考究。概括起来,大致有以下 5 种说法:

第一种观点认为鬼谷子是一个虚构人物。他们认为鬼谷子一人纯属子虚乌有,是苏秦故弄玄虚制造出来的影子,目的是使他本人及所做的事情显得更加神秘。最初的"证据"就是司马贞在《史记索隐》中引用的乐壹给《鬼谷子》的注解:"苏秦欲神秘其道,故假名鬼谷"(司马贞《史记索隐》),意思是乐壹认为鬼谷子是苏秦为提升自己的影响力而伪托的名号,其实世界上并没有一个真实的鬼谷子。之后,又有许多人对此观点进行了发挥,直至现在仍有人认为鬼谷子其人并不存在。

第二种观点认为鬼谷子是位神仙。这种观点最早见于魏晋南北朝时期梁元帝萧绎所作的《金楼子》:"秦始皇闻鬼谷先生言,因遣徐福入海求玉蔬金菜,并一寸椹。"意思是秦始皇派鬼谷子的弟子徐福东渡瀛洲求长生不老药。后来东方朔在其著的《海内十洲记》中进一步将其神话,说徐福到了日本后把7个儿子改为日本姓氏,分别姓"福冈""福岛""福山""福田""福畑""福海""福住",并分别派往7个地方,从此徐福的子孙在日本繁衍起来,如此说来徐福倒成了日本的第一位天皇。南朝梁代时的陶弘景更在其所撰的《真灵位业图》中将鬼谷子排进了道教神仙谱系,居第四等左第十三位。这些传说栩栩如生,但从唯物主义的角度来看,将鬼谷子奉为神仙,无异于否定了他的真实存在。

第三种观点认为鬼谷子就是传说中的黄帝之臣,占星之官鬼臾区。鬼臾区,又作鬼容区,号大鸿,曾经辅佐黄帝发明五行,是运气学之祖。凌扬藻在《蠡勺编》中说:"杨升庵谓容臾声相近,今鬼谷即鬼容者,又字相似而误也。"如此看来,鬼谷先生要从三皇五帝时代经历夏、商、周数代,保守估计年龄也在900岁以上,这当然是不可能的。

第四种观点认为鬼谷子不是一个人,而是一群人,是隐者的通号。唐代的李善在注《文选》时说:"鬼谷之名,隐者通号也"。这种观点当追溯于三国蜀人谯周,他在《古史考》中提出,"归"之声与"鬼"相似,意思是归隐的人称之为鬼。在2003年召开的全国首届石泉鬼谷子文化学术研讨会上,李佩今先生提出,鬼谷子不是指一个人,既有历史上的真实存在的鬼谷子,还有传说中的鬼谷子,也有宗教上的鬼谷子,还有秦始皇时期的鬼谷子,两汉时期的鬼谷子,唐、宋以及明、清的鬼谷子。他同时指出,"只有纵横家的鬼谷子才是历史上真实的鬼谷子"。想必后期不少鬼谷子的弟子、仰慕崇拜他的隐士也自称鬼谷子。

第五种观点认为鬼谷子确有其人,这也是主流观点。支持这种观点最早的史料当属西汉司马迁的《史记》。《史记·苏秦列传》中说:"苏秦者,东周洛阳人也。东师事于齐,而习之于鬼谷先生。"《史记·张仪列传》中又说,张仪"尝与苏秦俱事鬼谷先生学术,苏秦自以不及张仪",即张仪也曾向鬼谷先生学习知识。《史记》是比较可靠的史料,司马迁在写作《史记》时是有文献依据的,而且司马迁对于史料的写作手法是"信以传信,疑以传疑",也就是说如果对于某些内容不确定时,他是会说明的。然而司马迁在提到鬼谷先生时,语气十分肯定,并引了《鬼谷子》中的话。由此可推测,司马迁不仅知道鬼谷先生的一些事情,还极有可能见过《鬼谷子》一书。当然,之后历朝历代又多有学者撰文声援鬼谷先生的真实存在,大家对此信而不疑。

通过对现存的一些县志、石刻的考察,我们大概知道鬼谷子又名王翊(诩)、王利,因隐居鬼谷,故自称鬼谷先生。又有《鬼谷子·符言》与《管子·九守》在内容上几乎完全相同,而《管子》是稷下先生的作品,由此可推测,鬼谷子是战国中期的稷下先生。著有《鬼谷子研究》的南通大学教授许富宏先生认为:"综合来看,鬼谷子大约生活在公元前400年至公元前320年之间。"

鬼谷子的隐居地"鬼谷"究竟在何处,亦有多种说法。据史料记载和今人考究,有人说鬼谷在颍川阳城(今河南郑州登封市告成镇),支持这个说法的史料众多;有人说在汝阳云梦山(今河南洛阳汝阳县,距离颍川阳城约六七十公里),现在当地还存有鬼谷村、鬼谷洞、鬼谷墓,保留有供奉王禅老祖及祭扫鬼谷墓的风俗;有人说在关内云阳(今陕西咸阳三原县);还有人说在淇县云梦山(今河南鹤壁),这里保存有"鬼谷先生隐处"的石刻,有"鬼谷亭",亭内还有鬼谷先生的塑像。除此之外,还有河北、湖南、山东等地之说,可谓数不胜数。其实这并不难理解,一来近年来随着旅游业高度发达,与鬼谷子相关的各地为追求旅游经济收入而尽可能使本地历史文化往鬼谷上靠拢,纷纷宣称自己的正统地位;二来鬼谷子虽为隐士,但其游学归隐之地亦有可能不止一处;三来既然自号鬼谷,倘若有明确地址,岂不光明正大再无神秘了?如此说来,鬼谷之地位置不详也就不足为奇了。不过综合来看,关于鬼谷之地的说法基本集中于中原地区,而位于淇县云梦山最为可信,这也被学界主流观点所认同。

《鬼谷子》全书分上、中、下卷,共17篇,其中上卷包括《捭阖第一》《反应第二》《内揵第三》《抵巇第四》共4篇,中卷包括《飞箝第五》《忤合第六》《揣第七》《摩第八》《权第九》《谋第十》《决第十一》《符言第十二》8篇,此外中卷还有《转丸第十三》《胠乱第十四》两篇,已经失传,下卷包括《本经阴符七术》《持枢》《中经》3篇。常见者有道藏本及嘉庆十年江都秦氏刊本。

由于中国古代思想一直以儒家为正统，推崇仁、义、礼、智、信、恕、忠、孝、悌等德目，而《鬼谷子》讲究的是权谋策略及言谈辩论之技巧，充其量只能算"术"。再加上不少人认为苏秦、张仪等人没有政治理想，朝秦暮楚、背信弃义、唯利是图，只是会耍嘴皮子的说客，甚至在写到两人的名字之后还要缀上"之流"二字以示鄙夷，甚至韩非在《五蠹》里把纵横家列为侵蚀国家肌体的5种蠹虫之一，因此《鬼谷子》并没有得到后人的重视。

其实，《鬼谷子》一书并非等闲之书，它其中既蕴含了丰富的辩证法哲理，又不独守一家之言，融合了儒家、道家、兵家、法家、阴阳家等百家思想，其内含的政治实用主义和实践能力更是其他学派无法企及的。近年来，随着对《鬼谷子》的研究深入，这部汇聚智慧与精华的著作越来越散发出其应有的光芒。

不可否认的是，《鬼谷子》自身存在诸多弊端，对后世带来了某些负面影响。比如它过于强调目的性，主张为达目的不择手段，甚至突破基本的伦理道德底线，这是我们所不能接受的，因此应该取其精华、去其糟粕，理性地、批判性地吸收。

【思想精要】

春秋战国时代，群雄并起，诸侯纷争，各路兵家应运而生。作为兵家代表的孙膑、庞涓都是鬼谷子的高足，可见《鬼谷子》极富军事思想。实际上，《鬼谷子》中体现出的用兵尚谋、布阵战法等在实践运用中都收到了积极成效，值得当下人们仔细研究、借鉴使用。

1. 崇尚和平，审慎使用武力

战争与和平问题是人类社会文明演进过程中的核心问题，追求永久和平是全人类共同的夙愿。千百年来，人们对战争的本质、和平的建立等问题孜孜以求，殊不知两千多年前的《鬼谷子》已隐约给出答案。

从价值观方面来看，《鬼谷子》蕴含"永久和平"的愿景。战国时期，周王室名存实亡，诸侯各国合纵连横、远交近攻，其最终目的是达成一个和平的目标。《鬼谷子》为此提供捭阖、游说之术，无疑有助于这个目标的达成，即使是鼓吹某些战争行为，也颇有"以战止战"的意味。同时，它还在字里行间流露出人性关怀，提出对于一个纵横家来说，如果没有高尚的品德，没有通达高深的道理，就不可能驾驭天下，将战争与和平问题上升到人性善恶的角度去衡量。在这一点上，我们不能仅从"术"的方面来考量鬼谷先生的大智慧，这样的话就把先人看扁了、看偏了。

从战略层面讲，《鬼谷子》崇尚"战略制胜论"。《鬼谷子》对武力的使用持审慎态度，认为制定得体合理的战略是保障国家利益的根本，而不是穷兵黩武。《量权》《抵巇》等篇目就反映了这种大战略观，所谓"计者，事之本也；听者，存亡之机"（《战国策·秦策二》），认为良好的战略设计可以避免战争与流血的产生。在具体的战略制定上，它提倡伐谋伐交，以外交的手段或离间、或拉拢，从而化解矛盾、转移危机、实现和平，即统帅坚持不懈与敌军对抗，却不攻城略地、消耗人力物力。不得不说，这继承了《孙子兵法》中"上兵伐谋，其次伐交，其次伐兵，其下攻城"的观点，与我们当今一直主张的"以对话的方式解决国际冲突"理念异曲同工。

从战术层面讲，《鬼谷子》包含了以非暴力方式解决冲突的对话、谈判、外交辞令等方面的诸多内容和技巧。比如，"反应之术"告诉人们如何在不知不觉中让对方顺应自己的观点，"飞钳之术"教会人们先用引诱的东西套住对方以观察其反应；"权术"揭示出权衡度量的精髓要义，等等。在涉及具体问题上使用暴力与否，这大概是纵横家与兵家的重要区别之一，而《鬼谷子》所主张的无疑都是温和的措施。

通览《鬼谷子》全文，鲜有文字直接描述战争观与"和平"理念，大多数还集中在"术"的层面，但这并不意味着它仅仅是浅薄之作，相反，这恰恰是值得后人仔细揣摩的地方。

2. 追求实用，反对道德绑架

纵横学说的形成背景与被后人尊为正统学说的孔孟之道的形成背景大相径庭，因此它提出的主张也与儒家、墨家等学说相距甚远，以致常被后人诟病为为达目的不择手段，与阴谋论、厚黑学联系在一起。实际上，崇尚实用主义，这是纵横学重要特点之一。

首先，《鬼谷子》将自己的观念融于实践当中，反对纸上谈兵。春秋战国时期，学术界呈现空前盛况，诸子蜂起、百家争鸣，各派纷纷围绕天道、人性、社会等问题著书立说，阐释传播自己的观点，并形成相互之间激烈争辩之势。总的来看，诸子学说各有千秋，但存在一个相同点就是崇尚空谈、坐而论道，唯有纵横家将自己的理念贯彻于实践当中，如苏秦配六国相印、合纵抗秦，张仪将六国的合纵土崩瓦解，取得了巨大成效。如果说其他诸子学说聚焦于"是什么"和"为什么"，那么《鬼谷子》更注重"怎么办"，解决的是"桥"和"船"的问题，这无疑是实用的、难能可贵的。

其次,《鬼谷子》主张为达到目的不择手段的功利主义。比如,《鬼谷子·谋篇》写到:"计谋之用,公不如私,私不如结,结而无隙也……说人臣者,必与之言私",这就是告诉人们,用计时公开不如密谋,密谋不如结党营私……游说人臣时,要讲私人的利弊,这种为达目的不择手段的功利主义正是其所推崇的,当然也是难为我们所接受的,以至于其被正统学派称为"蛇鼠之智"。

最后,《鬼谷子》强调不能被"礼义仁信"的道德标准所束缚。《鬼谷子·谋篇》有云:"故先王之道阴。言有之曰:'天地之化,在高在深;圣人之道,在隐与匿。'非独忠信仁义也,中正而已矣",意思是古代的先王所推行的大道是属于"阴"的,天地的造化在于高与深,圣人的治道在于隐与匿,并不是单纯讲求仁慈、义理、忠诚、信守,不过是为了达到目标而已。

3.掌握主动,制人不制于人

《孙子兵法》首先提出了"故善战者,致人而不致于人"的著名论断,认为善于指挥作战的将领,一定是能够灵活调动敌人,而又能够不被敌人所调动,这实际上提出了一个贯穿于战争全过程的重要命题——战争中主动权的问题。成书晚于《孙子兵法》的《鬼谷子》无疑继承了这种观点。

《鬼谷子·谋篇》云:"可知者,可用也;不可知者,谋者所不用也。故曰:事贵制人,而不贵见制于人。制人者,握权也;见制于人者,制命也。"《孙子兵法》所言"致人"强调的是调动敌人,《鬼谷子》所言的"制人"要求的是控制敌人,其目的都是为了"握权",即指掌握权变之主动。"制命",即指自己命运被他人所操纵,整体意思即双方交战,我方一定要掌握战争的主动权,而不能让自己的命运掌握在对方手里。对于战争中的主动权,历代兵家都十分重视并有不同表述,然而像《鬼谷子》里"制人者,握权也"这样言简意赅、直击要害的阐释却罕见。鬼谷先生的六个字可谓道尽了"制人"的真谛。

如何掌握战争主动权?这其实并没有固定的方法,而是伴随从获取情报、作出判断、定下决心、作战行动的指挥与控制等全过程,而且在不同时代、不同形态、不同类型的战争中有着不同的形式。比如,在冷兵器时代乃至以火力打击为主的热兵器时代,强调先发制人,要率先以优势兵力攻占敌方战略要地;而随着军事科技进步、战争形态不断演进、作战领域不断拓展,战争主动权的争夺关口不断前移,"制空权""制海权""制信息权"已成为决定胜败的重要因素,"制人者,握权也"也被赋予了新的时代内涵。

4. 知人察物,注重随机应变

纵横家能够"以三寸不烂之舌强于百万雄兵",一定是深刻洞悉了人性的弱点。《鬼谷子》作为纵横学说的教科书和理论著作,在知人察物、计谋权术方面自然有着世人难以企及的旷世智慧,可谓"智用于众人之所不能知,而能用于众人之所不能",真正御人于无形之中。

注重阴阳变化和辩证法。《鬼谷子》又名《捭阖策》,"捭之者,开也、言也、阳也;阖之者,闭也、默也、阴也"。(《鬼谷子·捭阖》)《鬼谷子》中拥有丰富的朴素唯物主义辩证思想,《鬼谷子》承认并对矛盾的对立性和统一性有着深刻的见解,这是它主张因势利导、随机应变的前提条件。

讲究因人施策的说服方法。说服别人接受自己的观点,一方面,要懂得知人察物,《鬼谷子·揣篇》云:"夫情变于内者,形见于外,故常必以其者而知其隐者,此所以谓测深探情",

意即我们要透过现象看本质，通过显露出来的表面现象，来了解游说对象的真实想法。另一方面，要说之有术，不断改进自己的方法。《鬼谷子·权篇》开篇即云："说者，说之也；说之者，资之也"，意即要想说服别人，就要给人以帮助；该篇后又指出："故与智者言，依于博；与博者言，依于辨；与辨者言，依于要；与贵者言，依于势；与富者言，依于高；与贫者言，依于利；与贱者言，依于谦；与勇者言，依于敢；与愚者言，依于锐……"这就是告诉我们要根据游说对象的不同情况采取不同的游说方法。《鬼谷子》还特别强调在说服的过程中要注重使用"象"（模仿事物）和"比"（类比言辞）的方法，类似的技巧不胜枚举。

强调随机应变调整说服策略。让别人接受自己的观点只是第一步，后续要让事情向着自己设想的方向发展才是关键，这就要求随着事物的发展改变自己的说服策略。《鬼谷子·谋篇》云："故因其疑以变之，因其见以然之，因其说以要之，因其势以成之，因其恶以权之，因其患以斥之"，意思是根据对方的疑问所在来改变自己游说的内容，比如根据对方的表现来判断游说是否得法，根据对方的言辞来归纳出游说的要点，等等。

人际关系学大师卡耐基有部名著叫《人性的弱点》，主要讲述了与人打交道及人际关系的处理问题。其实，无论是在政治、军事，还是外交、商业等各领域，一个永恒的主题就是学会与人打交道、学会说话的智慧，这大概也是《鬼谷子》越来越被世界推崇的原因吧。

5. 正不如奇，善用奇计良谋

"凡战者，以正合，以奇胜"，自《孙子兵法》提出奇正学说后，历代兵家都对其有所继承和发展，如《孙膑兵法》曰：

"形以应形，正也。无形而制形，奇也"。当然，《鬼谷子》中也不乏关于奇正之法的阐释。

《鬼谷子·谋篇》云："凡谋有道，必得其所因，以求其情；审得其情，乃立三仪。三仪者，曰上、曰中、曰下，参以立焉，以生奇；奇不知其所壅；始于古之所从"，大意是筹划计谋都要遵循一定的法则，弄清原由，研究实情，制定上策、中策、下策三种方案，三者互相渗透，就可谋划出奇计，而奇计是所向无敌的，从古到今都是如此。该篇进一步指出，奇计就像水往低处流一样，是抵挡不住的。

值得注意的是，到底应该用正法还是用奇法，要根据敌情、我情及战场情况灵活运用，切不可死板教条，要知道战场情况瞬息万变，奇正之法亦可以相互转化。在这点上，《唐李问对》的说法更为客观中肯："善用兵者，无不正，无不奇，使敌莫测，故正亦胜，奇亦胜。"

鬼谷先生堪称旷世奇才，《鬼谷子》堪称旷世奇书。作为一部研究权谋策略及言谈辩论技巧的著作，它洞悉的是人性，注重的是沟通。从这一点上讲，无论社会如何发展，只要人类存在，它就永远不过时，值得我们不断研究。

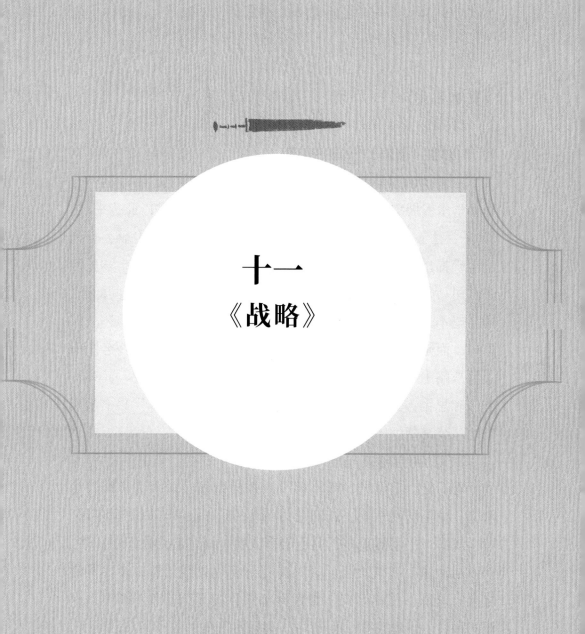

十一
《战略》

【其书其人】

1. 首创"战略"一词的杰作

《战略》，司马彪撰，所以又称《司马彪战略》。在中国古代军事学术发展史上，司马彪首创"战略"一词，并以此为书名。《孙子兵法》虽然包含战略思想，堪称第一部战略学专著，但尚未明确提出"战略"概念，因此正式开启中国古代战略学先河者，司马彪当属第一人。与《孙子兵法》等先秦兵书不同的是，司马彪不是采用"舍事而言理"的方法单纯从理论上阐述战略思想，而是采用史论结合的方法，通过点评三国时期著名军事人物战略上的得失，用鲜活的事实彰显战略的重要性。其写作方法和思维方式与先秦兵家异趣迥然，可谓中国古代兵书长廊中的一朵奇葩。

2. 文人兵学家司马彪

司马彪，字绍统，河南温县（今河南温县西）人，西晋史学家。他是晋朝皇族，高阳王司马睦的长子。少年时好学不倦，读书满腹，但喜好美色，品行轻薄无行。司马睦多次严加斥责，仍不见改进。一气之下，司马睦只好将他过继给晋宣帝司马懿之弟司马敏。虽然名义上是过继于人，实际上使其不得继承高阳王爵位。如此惩罚，促使司马彪幡然醒悟，浪子回头。从此，屏绝交游，专心研究学问。所以能博览群书，从事著述。因其学识渊博，受到朝廷赏识，先后出任骑都尉、秘书丞、散骑侍郎等官职，入则规谏过失，备皇帝顾问，出则骑马散从。尤其是担任秘书丞期间，专掌文籍等事，更便于研究和著述。他一生先后著有《兵记》《九州春秋》《续汉书》等，成为西晋时期名噪一时的大学问家。其学问重在于研究历史，尤重记述东汉二百多年的军阀割据的乱世史，对战争和军事形成了独自的见解。因此，虽未经武统军，更未身经百战，却从文人兵学家的角度写出了《兵记》和《战略》两部兵书，给中国古代军事思想发展史增添了一抹亮丽的色彩。

遗憾的是，《战略》原书散佚，仅剩佚文散见于裴松之《三国志注》以及《初学记》《太平御览》等史籍中，明代茅元仪《武备志》、清代钱仪吉《三国志证闻》、赵一清《三国志注补》亦有转录。清代著名辑佚家黄奭将这些佚文辑出，编为一卷，共7条和1则附录，纳入《汉学堂丛书》(又名《黄氏逸书考》)。其中7条是刘表、傅幹、孟达、司马懿、蒋济、傅嘏、王基等7人善于战略谋划的言行，是现今可见到的《战略》一书的主体内容。

【思想精要】

关于《战略》一书内容的性质，由于原书佚传，只能据佚文来讨论。裴松之虽然是采集《战略》中的内容为《三国志》中的人物作注，黄奭辑佚本也以人物名字列目，但窥其内容，却都如同书名，主要是讲战略问题的，而且侧重于从战争史中列举成功或失败的案例，说明执行正确战争决策的重要性。

1. 战略乃兵家之大略

战略是筹划和指导战争全局的方略，是军事理论一定发展阶段上的产物。因此，这一概念在一个国家或民族中出现的时间早或晚,在很大程度上标志着这个国家或民族军事思想的理性发展程度。中国是军事思想发达之国,早在春秋末期,就形成了比较系统的战略思想,《孙子兵法》是当时战略思想的集大成者。西汉又出现了以"略"命名的专讲战略问题的兵书《三略》。略,从田,从各,各亦声。"田"指可耕地。"各"意为十字交叉。"田"与"各"联合起来表示"把可耕地画上十字格""规划土地",以便耕作,引申为经营土地。"农桑,王政之本也。"(《元史·食货志》)经营土地,也就是经营天下。故《左传》有言:"天子经略土地,定城国,制诸侯。"可见,《三略》中的"略",即指政治家、军事家经营天下的方略,已初步反映出"战略"的本质含义。

司马彪的重大贡献在于,他继承前人关于战略思想的优秀成果,总结战略运用的实际经验,明确提出了"战略"这一概念,并直接用战略一词命名他所著的关于战略问题的兵书。而在国外,虽然公元一世纪期间,罗马国务活动家、军事家和军事理论家弗龙蒂努斯曾写出《谋略》一书,但仅限于研究作战谋略和军事学规律,并未明确从军事战略的高度研究问题。直到公元579年,罗马皇帝毛莱斯用拉丁文写了一本名为《战略》的书,被认为是西方第一本战略著作。因此,我们可以自豪地说,我国是世界上形成战略思想、提出"战略"概念、出现战略问题专著并以"战略"命名书的最早的国家,司马彪堪称"战略"一词的创始人。可是,一度有人断言"战略"概念是"舶来品",认为"在我国现用的辞汇中,'战略'二字严格来说是一种外来说"(钮先钟《国家战略概论》)。一说我们现在所用的"战略"名词是以毛莱斯的《战略》为根源(钮先钟《战略思想与历史教训》);一说"'战略'一词系由日本军语传译而来。"(孙绍蔚《概论战略思想之演进》)翻阅一下《战略》一书,便可发现这些说法纯属无稽之谈。从时间上看,司马彪提出"战略"比毛莱斯早三百多年,是否可以说,西方的"战略"概念源自于中国兵书?

2. 兵不在多,在得人也

司马彪的论述方式不同于先秦兵家,出于写史的思维,他侧重于用事实说话。或举成功的战争实践,以证执行正确战略决策必胜的道理;或举失败的军事行动,以证拒绝执行正确战略决策而失败的必然性。而所选事例,以及叙述重点,往往围绕着某一战略思想观点。

如"刘表"一条,记述刘表初为荆州刺史,当时的荆州形势相当复杂。"江南宗贼盛,袁术屯鲁阳,尽有南阳之众。吴人苏代领长沙太守,贝羽为华容长,各阻兵作乱。"而刘表却是"单骑入宜城"。面对荆州混乱的局面,刘表显得从容镇定,沉着冷静。他争取了当地具有很大影响力的蔡、蒯两大家族的信任和支持,并征求他们的建议:"祸至今矣!吾欲征兵,恐不集,其策安出?"当时蒯良、蒯越两兄弟都颇有才识名望,蒯良对局势提出的见解是"众不附者,仁不足也,附而不治者,义不足也",认为"苟仁义之道行,百姓归之如水之趣下,何患所至之不从而问兴兵与策乎?"而蒯越却有不同的意见,他说"治平者先仁义,治乱者先权谋",认为面对乱世,应当首先从战略上考虑怎样用武力征服作乱势力,并强调"兵不在多,在得人也。"各方作乱势力看似人多势众,但均不得人心。"袁术勇而无断,苏代、贝羽皆武人,不足虑。宗贼帅多贪暴,为下所患。"有鉴于此,他建议刘表,让利于民,诛除无道,以赢取民心。一旦赢得民众拥护,便可"兵集众附,南据江陵,北守襄阳，荆州八郡可传檄而定"。刘表采纳了蒯越的建议，"使（蒯）越遣人诱宗贼，至者五十五人，皆斩之，袭取众多，或既授部曲"，一举歼灭了宗贼势力，后来他又平定了零陵、长沙等郡，扭转了荆州的混乱局面，刘表自己也晋升为荆州牧、镇南将军。

"傅干"一条异曲同工，重点也在于突出"得人心"。公元202年，袁尚在黎阳同曹操对抗，派他所设置的河东郡太守郭援和并州刺史高幹以及匈奴的单于攻取平阳，并派遣使者到西部同关中的各路诸侯联合，意图袭击曹操的后方。曹操派遣当时还是司隶校尉的钟繇率领各路人马包围平阳，钟繇久攻不下，战争进入僵持阶段。南匈奴单于在平阳公然起兵反叛汉朝，并遣使与割据关中的马腾、韩遂等人连和，马腾等默许之。钟繇遂派巧言善辩的扶风太守傅干说服马腾："'古时候有句话'顺从天道的人会昌隆，悖逆道德的人会灭亡，曹公尊奉天子诛灭暴乱的人，严明法纪治理国政，上下都效命于他，可以说是顺从天道啊。袁氏家族凭借自己的强大，背弃大王的天命，勾结胡人外族侵害国家，可以说是悖逆道德。现将军你为天道行事，却不尽力，心中怀有侥幸，想要坐观成败，我恐怕胜负分晓以后，都会找借口治你的罪，将军人头不保啊！"马腾听后很害怕。

傅干又接着说："聪明的人都会转祸为福。现曹公和袁氏相互僵持，而高幹、郭援联合进攻河东。曹公虽然有周备的计谋，也解不了河东的危难。将军能诚心率兵讨伐郭援，内外夹击，我们势力必定强大起来。将军举兵，断袁氏的手臂，解一方的危难，曹公必定重重感恩将军，将军将拥有无人可比的功名啊。"

马腾听从傅幹的说辞，派儿子马超率领万余人进入关中协助钟繇作战，朝廷任命马超为司隶校尉督军从事，讨伐郭援、高幹等。作战过程中，马超的脚部中箭受伤，但马超没有退缩，用布裹住受伤的脚，继续领军作战，大破郭援军，马超部将庞德亲手将郭援斩杀，随后高幹和单于呼厨泉投降。

司马彪记述的这些史实，重点打在"顺天道""得人心"上，这是战略的核心要点之所在。《孙子兵法》战略五素，首先就是"道"，"道者，令民与上同意也，故可与之死，可与之生，而不畏危"。孙子所说的"令民与上同意"，强调的就是"得人心"。司马彪的贡献在于，不仅强调"得人心"的战略价值，而且用事实说明"得人心"的途径，在于让利于民和诛除无道。在此基础上，才有可能兵集众附，也才有足够的军事实力，实施正确的军事战略。政治因素在战争中的根本性作用清晰可见。

3. 先除大害，小害自己

"蒋济"一条，通过记述魏明帝曹睿不采纳蒋济提出的战略方针以致失败事例，阐明了"先除大害，小害自己"的战略思想。

曹魏太和六年（公元232年），魏明帝曹睿派遣平州刺史田豫从海上、幽州刺史王雄从陆路向辽东发动进攻。蒋济上表谏道：凡是不想吞并的国家，没有背叛的臣子，都不应该进行征讨。一旦征讨无法奏效，反倒会迫使他们变成敌人。所以才有老虎和狼挡在路上时，就没必要理会狐狸。先除大害，小害会自然消除的说法。沿海一带世代归顺我朝，每年都参加考试，选拔授官，同时都准时献上贡品。因此，臣认为即便一举攻克辽东，得到的百姓数量对国家并没有帮助，获得的财物也不足以为国家带来多少收入。一旦进攻不顺，反而与之结怨并失信于人。魏明帝不听，结果田豫等人的行动无功而返。

蒋济这道奏章重点强调的是要搞清楚"谁是我们敌人，谁是我们的朋友"，分清主要对手和次要对手，区分主要矛盾和次要矛盾。当时，东吴集团极力拉拢盘踞辽东的公孙渊，公孙渊一方面同意与孙权派出的使节进行接触，一方面又不愿意因此得罪曹魏。在这种情况下，魏明帝曹睿下诏出兵讨伐公孙渊，此举无异于把中间势力推到对立面，把次要对手当作主要对手。蒋济认为，公孙渊偏居辽东，对曹魏难以形成威胁。只要击败蜀汉和东吴，公孙渊更加势单力薄，必不敢有非分之想。因此，贸然对公孙渊发动进攻，势必使得双方的关系彻底破裂，既多树一个劲敌，又帮助东吴扩大势力范围，这将使曹魏陷入极其不利的战略态势。

可是，蒋济的这个建议没有得到曹睿的采纳，征讨辽东的战争由此爆发。其结果也正如蒋济所预料的那样，田豫和王雄劳而无功。很显然，蒋济的进谏颇有全局观，从战略高度清晰地论述攻辽之弊。由此可见，《战略》一书从书名到内容都是讲战略问题的，是一部名副其实的战略问题专著。

4. 凡此七者，军事之急务也

司马彪首创"战略"一词，却没有具体阐述其内涵，更没有廓清其外延。与先秦兵学家一样，基本上还是一个大概念，战略、战役，甚至战斗都包含其中。战略、战役、战斗明确区分开来，这是现代军事学术细分之后才有的事情。司马彪虽有创新，但也不可能超越时代。所以，在他的兵书中，既偏重于战略高度分析战争决策之得失，也不乏从战役、战斗角度研究作战原则运用的奥妙。"傅嘏"一条就鲜明地体现了这一特点。

嘉平四年（公元252年）四月，孙权死。征南大将军王昶、征东将军胡遵、镇南将军毋丘俭等上表请求征吴。朝廷因三将军征讨计策各不相同，专访尚书傅嘏。傅嘏首先分析了孙权"自破蜀兼平荆州之后，志盈欲满，罪戮忠良，殊及胤嗣，元凶已极"的失道行径，又指出继任者诸葛恪"矫权苛暴，蠲其虐政，民免酷烈，偷安新惠，外内齐虑，有同舟之惧，虽不能终自保完，犹足以延期挺命於深江之表矣"的难攻现状。然后，针对三位将军或水攻，或四路并进，或直接强攻的计策，认为皆不可行。在他看来，攻吴之事，不可速取，只能久困长围。于是提出"七计"，即"夺其肥壤，使还耕埆土，一也；兵出民表，寇钞不犯，二也；招怀近路，降附日至，三也；罗落远设，间构不来，四也；贼退其守，罗落必浅，佃作易之，五也；坐食积谷，士不运输，六也；衅隙时闻，讨袭速决，七也。"显然，这"七计"重点是长期消耗并不断瓦解东吴，三年之后"虏必冰散瓦解，安受其弊"，便可择机速战速决。他特别强调："凡此七者，军事之急务也。"可惜，朝廷急于征吴，未采纳傅嘏意见。其年十一月，朝廷下诏王昶等征吴。第二年正月，诸葛恪拒战，大破众军于东关。显然，傅嘏所献"七计"，融战备和战术于一体，既有战略上消耗战的总指导思想，又包含一系列消耗、瓦解、打击敌军的战术手段。王基、司马懿、孟达等条，均有此特点。

应当说，《战略》的这一特点在一定程度上弥补了先秦兵书的不足。先秦兵书多为语录体，或者问对体，主要采用"舍事而言理"的写作方法，专注于提炼最经典的兵法思想和作战原则，鲜有具体案例支撑，难免使人不得要领。《战略》则不然，通过一个个活生生的具体案例，使人从战争实践中形象直观地认识和把握战略思想和作战原则。这一点与西方军事思想家重直观、重事实的表述方法较为相似，兼有东西方军事思维特点，不失为中国古代军事学术的一大进步。

十二
《将苑》

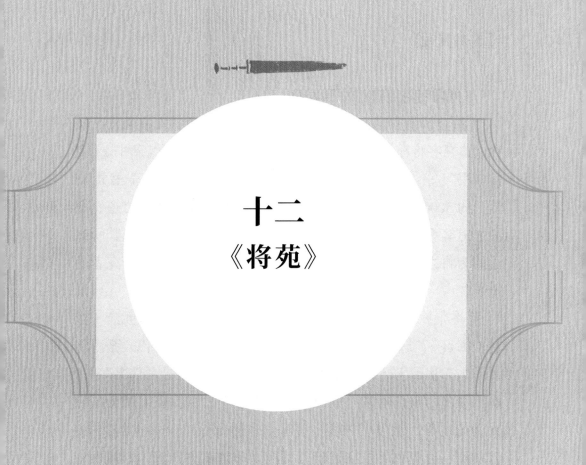

【其书其人】

1. 最早专论将道的军事著作

《将苑》是中国古代一部专门讨论为将之道的军事著作，又称《诸葛亮将苑》《武侯将苑》《心书》《武侯心书》《新书》《武侯新书》等，《将苑》以为将之道为主题展开论述，全书共46篇，约5000字，内容涉及择将之道、为将之道、用兵之道、取胜之道等多个方面，堪称中国古代为将之道的集大成，其所论述的为将之道全面、充分和精辟，深受历代军事家和研究者的推崇。

《将苑》一书，相传为诸葛亮所撰。它最早见于宋尤袤《遂初堂书目》，题作《诸葛亮将苑》。明代王士骐和清代人张澍将其作为兵法编入《诸葛亮集》，但不少学者认为是"伪书"。清姚际恒《古今伪书考》和纪昀《四库全书总目提要》认为是后人伪托之作。从书中内容大多采自《孙子兵法》之类的兵书，以及隋、唐史书著录来推断，可能并非诸葛亮亲著，但其中许多思想与诸葛亮的军事思想相一致，凝结了他的领导艺术和识别、选拔、使用将领的奥秘，在后世广为流传，其军事学术价值，至今仍熠熠生辉。

2. "智慧的化身"诸葛亮

诸葛亮（公元181-234年），字孔明，琅琊阳都（今山东临沂沂南）人，三国时期蜀汉丞相、杰出的政治家、军事家。

诸葛亮自幼父母双亡，14岁时，随叔父诸葛玄到荆州投靠刘表，后隐居襄阳隆中（今襄阳市襄州区）。诸葛亮隐居时，潜心诗书，关注天下大事，自比管仲、乐毅，人称"卧龙"。

公元207年，刘备兵败后流亡到荆州，极力网罗人才。经诸葛亮好友徐庶介绍，刘备三顾茅庐，礼请诸葛亮出山。诸葛亮在茅庐中向刘备剖析天下大势，提出了先取荆（今湖南、湖北）、益（今四川），东联孙权，北抗曹操，三分天下，然后再北伐中原，统一中国的策略，即著名的《隆中对》。

诸葛亮初出茅庐，即指挥军队在新野一带以少胜多，用火攻连续两次大败曹操军队。接着，又东联孙权，在赤壁之战中，以几万人马大破曹军几十万大军。之后，又协助刘备取得荆州、益州，最后辅佐刘备在蜀称帝。刘备死后，诸葛亮又辅佐后主刘禅，苦心经营蜀中，并五次北伐攻魏，可谓鞠躬尽瘁，死而后已，但因力不从心，于建兴十二年（234年）死于五丈原军中，谥为忠武侯。

纵观诸葛亮的一生，无论是文治武功，都有很高的造诣。诸葛亮辅蜀汉27年，先后担任军师中郎将、军师将军、丞相等职务。刘备死后，后主又封他为武乡侯，领益州牧，长期主持蜀汉的军政大事。他"受任于败军之际，奉命于危难之间"，"鞠躬尽瘁，死而后已"，为后世忠臣楷模。同时他足智多谋，善于治军，是一位智者、贤者，一位博学多才、多谋善断的政治家、军事家。他著述颇丰，而且流传极广。相传他还曾革新连弩（革新后能同时发十箭）、创"八阵图"、造"木牛流马"（一种有利于山地运输的工具）。因此，他被后人神化、偶像化，当作智慧的化身，为后世尊崇敬仰。

【思想精要】

《将苑》一书围绕"为将之道"这个主题，论述了兵权、逐恶、知人性、将材、将器等50个问题，比较全面而又系统地阐述了将帅用人之道、为将之道、治军之道和用兵之道，对后人治国理政、治理军队及指导作战有着重要的参考价值。

1. 简贤能而任之的用人之道

诸葛亮作为一位杰出的军事家，自然是极其重视并充分发挥人才的作用。他强调："夫将者，人命之所悬也，成败之所系也，祸福之所倚也。"将帅的命运与国家和人民的命运是紧密相连的，可见将帅人才的重要性。正是基于这一点，诸葛亮认为，在国家面临危难时，国君要"简贤能而任之""持钺柄以授将"。

如何考察、选拔人才呢？诸葛亮深知识人之难，他认为人的情况复杂，好坏悬殊，情况不一。有的表面温厚而内心狡诈，有的人外表谦恭而心地险恶，有的外表勇敢而胆小怯阵，有的能努力做事但并不忠诚。怎样透过这些复杂的现象把握住人的本质呢？在《知人性》篇提出七法："问之以是非而观其志，穷之以辞辨而观其变，咨之以计谋而观其识，告之以祸难而观其勇，醉之以酒而观其性，临之以利而观其廉，期之以事以观其信"。强调综合考察，直观分析，动态评估。

如何使用人才呢？强调用人为将要量才而用，人尽其才。选将，在《将器》篇，依据气度大小，可分为"十夫之将""百夫之将""千夫之将""万夫之将""十万之将""天下之将"；在《将材》篇，按道德水平，把将领分为"仁将""义将""礼将"和"信将"；按能力特点，分为"智将""步将""骑将""猛将"，以及"见贤若不及，从谏如顺流，宽而能刚，勇而多计"

的"大将";在《后应》篇,按用兵打仗的层次,可分为"智将""能将""下将"。在《三宾》篇,选幕僚人员,据能力水平,可分为"上宾""中宾"和"下宾"三等。在《择才》篇,选军中士兵,根据不同特长分为"报国之士""突阵之士""搴旗之士""争锋之士""飞驰之士""摧锋之士"六类。

同时,《将苑》还具体阐述了用人与放权的关系,主张用人不疑,授将以权。他开篇即指出,"夫兵权者,是三军之司命,主将之威势",若将有权,"譬如猛虎,加之羽翼",若将失权"如鱼龙脱于江湖",纵然将帅有天大的能耐,也无法施展其特长。这就要求,国君要信赖将帅,做到"将之出,君命有所不受"(《假权》),这样才能使"智者为之虑,勇者为之斗,故能战胜于外,功成于内,扬名于后世,福流于子孙矣";国君不信任将领,不授将以权,出现了"赏移在权臣,罚不由主将"的牵制掣肘局面,就如把猿猴的前爪捆绑起来,却又责令它跳跃一样;把神箭手的眼睛蒙上,又责令他辨别颜色一样,那么必然是"人苟自利,谁怀斗心",谁也不能为国奉献牺牲。

2. 仁义礼智信为基准的为将之道

《将苑》全面系统地阐述了将领应该具有的品格、修养、能力和素质。它以"德"作为划分将帅才干的标准,把将分为了"仁将""义将""礼将""智将""信将",从不同方面对将帅的德行提出了具体要求,进一步发展了孙子以来的古代将帅观。具体而言,"仁将",就是要以德来教导军队,以法来整顿军队,关心士兵饥寒,体察士兵疾苦;"义将",办事不敬且求免,不为名利引诱而屈身,宁愿光荣牺牲,不愿耻辱偷生;"礼将",地位尊贵而不骄纵,常打胜仗而不居功,德才兼备,并能屈己尊人,性格刚直,又能忍辱负重。"智将",用兵变化莫测,并能随机应变,祸难临头,能转危为安,而临险境,能转败为胜;"信将",对在战斗中冲锋陷阵的给予奖赏,对临阵畏怯的加以严刑,奖赏及时,处罚不分贵贱。《将苑》还指出,将帅这些优良德行不仅能够正身正己,而且还可以"厉俗""扬名""交友""容众""建功",可以广交天下好友,可以建功立业、扬名四海。

另一方面,《将苑》还论述了将帅应该防止的弊端和应该杜绝的恶习等。在《将弊》篇中就指出了为将之"八弊",即"贪而无厌""妒贤嫉能""信谗好佞""料彼不自料""犹豫不自决""荒淫于酒色""奸诈而自怯""狡言而不以礼"。

其中,又在《将志》篇,再次告诫将帅要摒绝贪婪、好色的恶习,"不恃强、不怙势,宠之而不喜,辱之而不惧,见利不贪、见美不淫",一心一意,以身报国,不受荣辱、权势和美色的诱惑和影响。同时,又在《将骄吝》篇中,把骄傲和吝啬视为为将之德的两种大忌单独提了出来,强调"将不可骄,骄则失礼,失礼则人离,人离则众叛。将不可吝,吝则赏不行,赏不行则士不致命,士不致命则军无功,无功则国虚,国虚则寇实矣。"由于"骄""吝",就会"失礼""不赏",导致众叛亲离,损己误国,危害很大,即使有周公的才干与德行,都不足为人所称道。

3.严明法令,恩威并重的治军之道

《将苑》指出,要治理好军队,就要严明法令。它指出,百万之众听命于一人,且"束肩敛息,重足俯听,莫敢仰视",这是因为"法制使然也"(《威令》)。《将强》篇中,就把那种不按法令制度办事的将帅的行径视为将帅弊病的一种,即"政不能正刑法"。同时,指出即便出兵打仗同样也离不开法令的

作用，要"师出以律"，事先声明或宣布军队必须遵守的军令、军律，因为没有法令的约束，出兵打仗只能是凶多吉少，"失律则凶"。《将苑》认为有"十五律"：虑、诘、勇、廉、平、忍、宽、信、敬、明、谨、仁、忠、分、谋。只要依照这"十五律"去行事，就会师出有获，得胜凯旋。

真正有效地实施法令，将帅要首先运用好赏罚之权，严明赏罚。《习练》篇载，"诫之以典型，威之以赏罚"，士卒才能听命于将帅；冲锋陷阵有厚赏，临阵怯退有严刑，士卒在战场上才能勇敢杀敌。《假权》篇中指出，如果"赏移在权臣，罚不由主将"，虽有伊尹、吕尚之谋，韩信、白起之功，"而不能自卫也"。而关于赏罚，《重刑》篇也作了精辟阐述，如刑罚要严，对于违纪人员施以严刑，"心威以刑，不可不严"；赏罚时公平严明、一视同仁。《将材》篇指出要"刑不择贵"，《厉士》篇指出要"法若画一"，这样才能使士兵威服；奖赏要"尊之以爵，赡之以财"，要"赏不逾时"（《谨侯》）"小善必录，小功必赏"（《厉士》）；关于赏罚的尺度，在《将苑·察情》一篇中提及："数赏者，窘也；数罚者，困也。"这就要求赏罚要慎重，避免无关痛痒的滥赏滥罚。"人不干令，刑无可施，可谓善师者不陈。"如此，才能让士兵自觉地服从命令和听从指挥，才能所向披靡。

其次，将帅须要爱护士兵，与士兵同甘苦。在《哀死》篇指出，"养人如养己子"，将帅要像对待自己的儿子一样对待士兵。在《出师》篇又说，君主对将帅提出"勿以身贵而贱人，勿以独见而违众，勿恃功能而失忠信"；在行军作战中，要做到"军井未汲，将不言渴；军食未熟，将不言饥；军火未然，将不言寒……与众同也"；在战场上，要身先士卒，"先之以身，后之以人"。战争结束后，要做到"有难，则以身先之；有功，则以身后之；伤者，泣而抚之；死者，哀而葬之；饥者，舍食而食之；寒者，解衣而衣之；智者，礼而禄之；勇者，赏而劝之"。自始至终，将帅都要从士兵的角度来注意自己的言行，做到与众同，想士兵之所想，争士兵之所急。这样的话，士兵就会对将帅产生尊敬之情，从而言听计从，所向必捷。

再次，要加强思想教育和军事训练。在《习练》中，强调指出"无习练，百不当一；习而用之，一可当百"。并引用孔子所言，"不教而战，是谓弃之"，只有经过严格的教育训练，才能在战场上驻留时井然有序，行动起来威武有势，进攻锐不可当，后退则敌人无缝可钻，部队前后照应，左右一致。思想教育方面，"即戎不可不教"，要"教之以礼义，诲之以忠信，诫之以典型，威之以刑法"；"说礼乐而孰诗书，先仁义而后智勇"；军事训练方面，要掌握"阵而分之，坐而起之，行而止之，走而却之，别而合之，散而聚之"等内容，并且介绍了具体的传授途径，"一人可教十人，十人可教百人，百人可教千人，千人可教万人，可教三军"。如此，"敌可胜矣"。

4. 先计而后动，知胜而始战的用兵之道

首先，因"情"用兵。《将苑》强调作战中要知彼知己，除对自身情况应胸有成竹，要"自料"外，还要充分了解敌情，"古之善斗者，必先探敌情而后图之"；在《将诫》中指出，"先计而后动，知胜而始战"，要具备"五善四欲"。"五善"指，善于知道敌方的情况，善于知道何时何地该进该退，善于知道国家的虚实，善于知道天时和人事，善于知道山川等地理形势。"四欲"是指要出奇兵，计划要周密，要镇静，要一心一意。在此基础上，要预估敌方双方力量强弱，"揣其能而料其胜负"，

并提出从"主""将""吏""粮饷""士卒""军容""戎马""形势""宾客""邻国""财货""百姓"等方面进行考察。在《击势》篇指出，若敌方"用贤授能、粮食羡余、甲兵坚利……"则不可以攻，只能"引而计之"。反之，则"可以攻之"。

第二，因"将"用兵。《将苑》强调了要摸清敌将的特点，并提出对待六种将帅的方法：对待勇猛顽强不惧怕死亡的将帅，可使暴躁起来然后消灭他；对待性情急躁没有耐心的将帅，要用持久战、消耗战去消灭他；对待贪图功利的将帅，要用财、色去贿赂引诱他；对待仁慈有余威严不足的将帅要使用各种办法使他整日奔忙；对待智而心怯的将帅，可以用猛烈的进攻使他陷入窘迫的境地；对待谋而情缓的将帅可以用突然袭击的办法使他彻底灭亡。

第三，因"势"用兵。《兵势》主张要有"因天之时，就地之势，依人之利"，如此，"则所向无敌，所击者万全矣"。所谓"因天之时"就是利用"日月清明、五星合度……"等天时条件，并在战斗中灵活运用。如在《便利》篇中提出，"以寡击众，利以日暮"，"以众击寡，利以清晨"；所谓"就地之势"，即知"城峻重崖，洪波千里……"等地理条件，并在战斗中合理运用。如在《地势》篇提出，"山林土陵，丘阜大川"宜用"步兵"；在《便利》篇提出，"草木丛集，利以游逸"等利以潜伏。"依人之利"就是依靠"主圣将贤，三军由礼……"等人为条件，主张在作战中要充分依靠人的力量，发挥人的作用。在《审因》篇提出，"因人之势以伐恶，则黄帝不能与之争威矣。因人之力以决胜，则汤武不能与争功矣"。

第四，"因机而立胜"。《应机》特别指出"必胜之术，合变之形，在于机也"，并强调"非智者，孰能见机而作乎"，只有"善将者"才能"因机而立胜"。因而，将帅必须"事机作"能应，"势机动"能制，"情机发"能行，并指出要出其不意打击敌人，"见机之道，莫先于不意"。同时，《将苑》强调要随时观察敌人的动向意图，如敌人言辞强硬而且做出向我军进攻的样子时，一定是在准备撤退；敌人忽而前进，忽而后退时，就是在引诱我军进击。还要观察敌人的精神状态，"恐""乱""饥""劳"等现象，并进一步指出要避实击虚，"见其实则退，见其虚则进"，而且还举了"迫而容之，利而诱之"（《将诚》）等灵活战法。

另外，《战道》篇还具体介绍了在丛林、山谷、水域、夜间作战的种种方法，《便利》篇介绍了在不同地形地势下应该采取的作战规则，《东夷》《南蛮》《西戎》《北狄》四篇则具体介绍了对付这四类民族的策略，等等。

十三
《唐李问对》

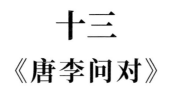

【其书其人】

1. 密室中君臣问对的兵法名著

《唐李问对》,又称《李卫公问对》,是《唐太宗与李靖问对》一书的简称,《武经七书》之一。它记载唐太宗李世民与卫国公李靖的论兵问答,古时不少兵书都采用君问臣答的形式,这也是我国军事文化传统的一个特色。但《唐李问对》还有不同于其他问答兵书的特点,其问答突破了理论阐述的模式,注重引用经典的战争战例谈兵论战,可谓开史论结合研究兵法之先河。一般认为《唐李问对》是由后人编纂而成的。有人认为是北宋阮逸所编,但其可能参考了唐代的史料,如杜佑编的《通典·兵典》中的《李卫公兵法》。还有人认为该书成书更晚。该书虽非唐、李二人亲自编写,但其内容反映了二人的军事思想。

2. 唐代"军神"李靖

唐太宗李世民(公元599-649年),为唐高祖李渊的次子,是历代帝王中的佼佼者,其文治武功历来为人们所称道。公元615年,他年仅16岁即参加隋军,并以广布旗鼓为疑兵之计,解了突厥之围,救了隋炀帝。617年,当群雄并起之时,他又积极支持其父于太原起兵反隋,成了隋炀帝的掘墓人之一。起兵后,他身先士卒,率兵奋战,在西河、霍邑地大败隋军。他独立指挥了浅水原之战、柏壁之战、洛阳虎牢之战等著名战役,在实战中，他常采取围城打援、一举两克的战法，创造了以少胜多的著名战例。接着他率军西进，攻占长安，成为李氏反隋中战功最大的人物。李渊称帝后，他任尚书令、封秦王，又率军先后击败了薛举、刘武周、窦建德、王世充等人的军队，统一了全国，奠定了唐朝的基业。公元627年，李世民在和其兄李建成的争夺继位权的斗争中，发动了玄武门之变，夺得了皇位，改元贞观。他对内总结了隋亡的历史教训，采取了一系列有利国计民生的政治、经济措施，对外北击突厥，西和西域，南通吐蕃，扩大了大唐的疆域，开创了贞观之治的政治局面，被后人称为封建社会的盛世。

李靖（公元571-649年），字药师，雍州三原（今陕西三原县东北）人，出身官宦之家。他首先跟随李世民平定了拥兵自雄的王世充，619年又奉命入蜀，协助赵王李孝慕平定了盘踞江陵的南方最大割据势力萧铣。战后，晋升为上柱国，任岭南抚慰大使，招抚了岭南96州。接着又亲率水陆大军击败了宋帝，取其都城丹阳（今南京）。李世民继位后授予李靖刑部尚书、检校中书令、兵部尚书等职。在抗击突厥的战斗中，他取得了斩首万余，生擒突厥可汗和击败突厥十万兵马的巨大胜利，使阴山大漠地区归属唐朝。从此，他更加得到李渊父子的信任。李渊曾说："卿竭诚尽力，功效将彰。"李世民更称赞他说："汉代李陵以五千步卒降匈奴，其功劳尚写上竹帛；李靖以三千骑喋血洗虏廷，真乃古来未之有矣！"（《贞观政要·李靖传》）随即封李靖为代国公，并任右仆射之职，后又改封他为卫国公。

李世民雄才大略，长于统军御将，选贤任能，是封建社会中的贤明君主。在中国历史上，他是少有的在开国胜利后没有大杀功臣的君主之一，唐诗有云："太宗皇帝真长策，赚得英雄尽白头。"而李靖多谋善断，长于料敌制胜，具有"才兼文武，出将入相"之才，并且功成不居，不揽权。两人相互信任，共研兵学，议论风生，侃侃而谈，始终保持了君臣之谊，成为封建社会中君臣关系善始善终的历史佳话。据记载，李靖著有《六军镜》《玉帐经》等多种兵法，但均已失传。清人汪宗沂曾辑录李靖的片段言论，编成《李卫公兵法》三卷。但影响最大的还是以李世民、李靖两人合著的名义所编的，后来成为武经七书之一的《唐李问对》一书。

【思想精要】

《唐李问对》是一部内容广泛、立论新颖的军事名著。后人称赞它："兴废得失，事宜情实，兵家术法，烂然毕举，皆可垂范将来。"（南宋·戴少望《将鉴论断》）所谓"兴废得失"，指它纵论古今王朝兴废，用兵得失；所谓"事宜情实"，指它考辨兵学源流、历代军制；所谓"兵家术法"，指它"分别奇正，指画攻守，变易主客"。这些都是《唐李问对》谈到的主要军事学术问题。该书分上、中、下三卷，问答共有94条，约万字。其突出特点是，既重视军事理论，又重视军事实践，可以说是在理论和实践的结合上下了功夫。它多方面引用和评述前人的兵法，其中主要涉及九部兵书，特别推崇孙子和吴子的军事理论，并提出了不少有创造性的见解。《四库提要》称它"分别奇正，指画攻守，变易主客，于兵家微言，时有所得"。

这部书涉及内容十分广泛，包括军制、阵法、训练、边防和作战指导等问题，是一部承前启后、总结性的军事著作。《唐李问对》的思想精华主要表现在以下四个方面。

1. 先正而后奇，先仁义而后权谲

奇正，是《问对》中最引人注目的一个中心问题，占的比重最大，内容最充分；论述最完备，分析最透辟。奇正是该书论述的中心问题。对奇正问题，前人虽已作过不少论述，但该书作了全面深刻的总结，并作了具体解说和新的发挥，从而使人们对这个范畴的认识达到了新的高度。可以说，《唐李问对》系统地、深刻地、全面地总结了奇正这一军事理论。在这个问题上，后世的兵学著作无出其右者。

什么是奇正？在今天的军语中很难找到一个与之相对应的术语。因为奇正也同我国古代一些别的军事命题一样，既是军事的，又是哲学的。老子在《道德经》中曾提出："以正治国，以奇用兵"，这里是一个大概念。治国用正道，打仗用诡道。真正把奇正用于军事领域并作了系统阐发的是《孙子兵法》。"凡战者，以正合，以奇胜"，"战势不过奇正，奇正之变，不可胜穷也"等等。这里奇正蕴含了两方面的含义：一方面指的是兵力使用问题，以堂堂之阵应敌，用奇兵取胜；另一方面指的是战术变换问题，奇正相生，奇正相变。这奠定了奇正的基本理论，但是并没有展开论述。因此，后世的兵家又进行了许多探索。例如，《孙膑兵法·奇正篇》中说："形以应形，正也；无形而制形，奇也。"意思是用常规战法对付常规战法为正，用变通战法对付常规战法为奇。又说"静为动奇，佚为劳奇，饱为饥奇，治为乱奇，众为寡奇，发而为正，其未发者奇也"。总之，"以异为奇"，不同于常法的变法都是奇。再如，《尉缭子》说："正兵贵先，奇兵贵后。"魏武帝曹操在为《孙子兵法》做注时说："正者当敌，奇兵从旁击不备也。"

由于奇正具有多种含义,《唐李问对》从多方位、多角度对奇正加以解说。

一是从阵法上阐明了奇正概念产生的来源。它解释了《握奇经》中"四为正,四为奇,余奇为握机"的阵法。认为奇兵亦即"将所自出",由将帅亲自掌握,放在各阵之间的"闲地"上的机动兵力。这就从阵法的兵力配备和队形变换上说明了奇正的含义。五阵,即前、后、左、右、中五阵。中央为将领的指挥位置及其所控制的机动部队——余奇之兵。前、后、左、右即战斗部队的位置,称为"阵地"或"实地";在战斗部队之间的间隙地带,称为"闲地"或"虚地"。位于"实地"的部队就是"正兵",利用"虚地"实施机动的部队就是"奇兵"。四块"实地"的正兵在中阵的将领指挥下,利用四块"虚地"实施机动,变为奇兵,就是《握奇经》所说的"四正四奇"。这就告诉我们,奇正原来是起源于方阵本身的队形变换。我们从五阵推演为八阵的奇正变化中可以看到,奇正既包含了战术变换又包含了兵力使用。后来,随着战争的发展,作战方式的更新,奇正的概念也在不断地丰富和发展。但是,无论奇正有多么广泛的含义,就其基本内容来说,仍然是战术变换和兵力使用两大方面。

二是从主次关系上说明奇正。书中肯定了曹操关于"己二而敌一,则一术为正,一术为奇;己五而敌一,则三术为正,二术为奇"的解说,亦即把主要兵力和主要方向看作正兵,把次要兵力和次要方向看作奇兵。

三是从常变关系上说明奇正。该书认为正兵是常规战法,奇兵是出敌不意的战法。"先正而后奇,先仁义而后权谲。""师以义举者,正也。"就是说堂堂正正地公开出兵是正兵;实行诡道权谋,出其不意地突然袭击是奇兵。从政治战略看,对敌人进行政治声讨是"正",进行军事打击是"奇"。它说:"自黄帝以来,先正而后奇,先仁义而后权谲"。也就是说,吊民伐罪的正义战争就是"正",所谓"师以义举者,正也";战场上运用奇谋诡道破敌就是"奇"。从军事战略看,远距离的战略作战要用"正兵"。李靖在回答太宗出兵高丽的问题时明确表示:由于"兵少地遥",必须用"正兵"。这里所说的正兵,就是公开出兵,不能采取突然袭击的战略。从战役、战斗看,主攻方向或主要防御方向是正兵,助攻方向或次要防御方向是奇兵。李靖肯定了曹操《魏武帝注孙子》的意见,如果兵力五倍于敌,那么用三成兵力作正兵,两成兵力作奇兵。但李靖认为这只是"此言大略尔",不是刻板的规定。从战术上看,"正"是常法。"奇"是变法,"奇正"贵在"临时制变"。

2. 奇正皆得国之辅也

《问对》讨论奇正问题,重点不在探究奇正的缘起、奇正的区别,而在于探讨奇正的运用。它把奇正问题提到了这样的高度来认识:"正而无奇则守将也;奇而无正则斗将也;奇正皆得国之辅也。"如何才能做到"奇正皆得"呢?那就要精通"奇正相变"之术。关于"奇正相变"之术,《问对》认为奇正和"示形""虚实""分合"等范畴是有联系的,主要有以下几个方面的内容:

一是用"示形"说明奇正。认为出奇制胜,必须采取"奇正相变",欺骗敌人的"示形"方法,制造假象迷惑敌人。要做到"其正如山,其奇如雷,敌虽对面,莫测吾奇正所在。""以奇为正者,敌意其奇,则吾正击之,以正为奇者,敌意其正,则吾奇击之。"主要说明以小部牵制大部,然后集中兵力进行歼灭战。

二是用"虚实"说明奇正。李世民说:"朕观诸兵书,无出孙武,孙武十三篇,无出虚实。夫用兵,识虚实之势,则无不胜焉。"李靖则认为:"奇正者,所以致敌之虚实也。敌实,则我必以正,敌虚,则我必以奇。"这是说运用奇正相变之术是为了察明敌人虚实,做到避实击虚,以正兵挡敌之实处,以奇兵攻其虚弱之处。总之,他们认为先懂得奇正之术,才能谈得上虚实之形,做到"多方以误敌",使"敌势常虚,我势常实",取得"致人而不致于人"的主动权。

三是用分合说明奇正。军队行动要"有分有聚,各贵适宜","兵散,则以合为奇;合,则以散为奇","三散三合,复归于正"。这是说奇正的变化是与兵力的分合联系在一起的,运用奇正之术是为了使兵力分合适当。

3. 攻是守之机,守是攻之策

《唐李问对》的另一重大贡献是辩证解释了攻守、主客的关系及运用原则。李靖认为:"攻是守之机,守是攻之策,同归乎胜而已矣。"这是说进攻是防御的转机,防御是进攻的手段,两者不可分割,最后都是为了争取胜利。又说:"攻守一法,敌与我分为二事。若我事得,则敌事败;敌事得,则我事败。得失成败,彼我之事分焉。攻守者一而已矣,得一者百战百胜。"这是从敌我双方的攻守得失来阐明攻与守的对立统一关系。在战争实践上,李世民率军攻洛阳,是攻中有守,李光弼守太原则是守中有攻,都较好地体现了攻与守的辩证统一关系。

该书还强调了攻心战术。"夫攻者,不只攻其城,击其陈而已,必有攻其心之术焉;守者,不只完其壁,坚其陈而已,必也守吾气以有待焉。"

该书在提出了进攻速胜理论的同时也肯定了在一定情况下先退让一步，后发制人的原则。书中指出："较量主客之势，则有变客为主，变主为客之术。"认为主军处于有利地位、客军处于不利地位时，可以通过努力变客为主，使主客地位发生转化，取得主动权。"因粮于敌，变客为主也。""饱能饥之，逸能劳之，是变主为客也。"这是说在战场缴获敌人的粮食使自己由不利变有利，使用计谋调动敌人、削弱敌人，使其由有利变不利。

唐、李二人关于奇正、虚实、攻守、主客的论述是建立在他们实战经验的基础上的。两人都身经百战，善于运用谋略取得胜利。例如李靖平肖铣之战就是一个典型的战例。当时江水暴涨，众将士都认为从水路伐肖铣有困难。李靖则认为，用兵之道贵在神速，应趁敌人未防我进攻之际，利用江水暴涨顺流东下江陵，才能收到出其不意、攻其不备的效果。大军东下后，果然所向披靡，直抵江陵。这时诸将又要求乘胜立即与敌决战。李靖则认为敌在此经营数年有一定实力，不可轻敌，应待敌锐气变衰，再行出击。按照李靖的作战规划，唐军果然取得胜利。

4. 爱威并用、教得其道

关于治军管理问题书中也多有论述。李靖强调加强官兵团结，军官对士兵应爱威并用，以爱作为基础。"爱设于先，威设于后，不可反是也。""若爱未加而独用峻法，鲜克济矣。"他提出："教得其道，则士乐为用。"强调训练要循序渐进。训练分为三个阶段，由伍法到军校之法再到裨将之法。最后进行大阅，即由单兵到多兵，由小分队到大部队，由分练到合练。他还主张对少数民族士兵要公平，"天之生人，本无汉番之别"，应该重视各族的团结,学习少数民族士兵的特长。此外,还提出了"教得其道"、循循善诱的教战方法和"赏罚不欺""结爱于士"的治军思想等。

5. 对《孙子兵法》的阐释、质疑与发展

在《唐李问对》中,论奇正、论虚实、论主客、论分合大都是围绕《孙子兵法》的命题广征博引,反复论证。从一定意义上说,《唐李问对》就是一部阐发《孙子兵法》军事思想的兵书,但是它的阐发不是死抠文句,而是在军事学术思想上做出新的探索,这是十分可贵的。它所做出的新的探索,可以分为三种情况:

一是对《孙子兵法》的某些命题做出了出人意表的解释。例如,《孙子兵法·形篇》中有这样一句话:"守则不足,攻则有余。"李靖的解释就与前人不同。曹操解释为"吾所以守者,力不足也;所以攻者,力有余也。"认为采取防御是因为兵力不足,采取进攻是因为兵力充足。这几乎成为一种权威的解释。但是,李靖和唐太宗不同意这种解释。李靖根据《孙子兵法》的另一句话"不可胜者,守也;可胜者,攻也",两相对照,认为"有余"和"不足"不是指兵力强弱,而是指胜利条件的充足和不足。后来,宋朝学者张预就是采取这一说法注释《孙子兵法》的。他说:"吾所以守者,谓取胜之道有所不足,故且待之。吾所以攻者,谓胜敌之事已有其余,故出击之。言非百胜不战,非万全不斗也。"(《十家注孙子》)唐太宗虽然认为"有余""不足"是指兵力强弱,但他认为从全句看讲的是示敌以"有余"或"不足",并且把进攻和防御的对立统一关系作了辩证的分析,从而发展了《孙子兵法》的思想。他说:"殊不知守之法,要在示敌以有余也。示敌以不足,则敌必来攻,此是敌不知其所攻者也；示敌以有余，则敌必自守，此是敌不知其所守者也。攻守一法，敌与我分为二事。若我事得，则敌事败；敌事得，则我事败。得失成败，彼我之事分焉。"如此深刻透辟的军事见解，不是久经战阵的人，是很难道及的。

《孙子兵法》的文句辞约义丰，我们很难说唐李二人的解释一定胜过曹操，只能说这三种解释都有其着眼点，并且从军事上看都是言之成理的。

二是大胆否定《孙子兵法》中某些文句。《孙子兵法》尊为兵经，孙武尊为兵圣。自古以来，对于圣人和经典人们都是顶礼膜拜，不敢质疑和否定。《唐李问对》则不然，对于人们奉为"百代兵经"的《孙子兵法》大胆质疑。例如，太宗曰："太公云：'以步兵与车骑战者，必依丘墓险阻。'又孙子云：'天隙之地，丘墓故城，兵不可处。'如何？'"这里提出一个矛盾：太公说丘墓险阻之地应当控制。孙子说丘墓故城不要控制。谁的说法对呢？李靖面对这个矛盾问题没有和稀泥，没有为贤者避讳，而是明确表示："丘墓故城，非绝险处，我得之为利，岂宜反去之乎？太公所说，兵之至要也。"态度是何等鲜明。当然，这里所引《孙子兵法》的话，是唐人所见的版本，今本中没有这句话，这又另当别论。

三是丰富和发展了《孙子兵法》的思想。关于这一点，上文有关"奇正"内涵和运用问题中已作了详细论述，其中有许多真知灼见都是《唐李问对》对《孙子兵法》思想的丰富和发展。这里再举一个例子。李靖把《孙子》"以近待远，以逸待劳，以饱待饥"加以引申，所谓"推此三义而有六焉：以诱待来，以静待躁，以重待轻，以严待懈，以治待乱，以守待攻。"这就把《孙子兵法》的治力之术的内容更加具体化了。

6. 归纳兵学流派，以战例谈兵

《唐李问对》还对历代兵书进行了简要的分类。

首先，它继承了过去兵书的优良传统，结合当时战争实践，对历代兵书进行了探讨，进一步论述了《孙子兵法》的历史地位，起到了总结历史、画龙点睛的作用。如它征引了历史上的 25 种著作，其中历史著作 7 种，兵书 9 种，引用《孙子兵法》达 45 次，引用《司马法》有 8 次。这表明作者是有意识地总结前人的经验。《唐李问对》还阐明了古代兵学的两大流派，认为："张良所学，太公《六韬》《三略》是也；韩信所学，穰苴、孙武是也。"并且企图将两个流派综合起来。

其次，注意用具体战例来说明战术原则，开创了结合战例探讨兵法之风。在书中，共引用了 19 个战争事例、76 个军事人物、17 个历史事实来说明军事问题，与春秋战国时期兵书"舍事而言理"的研究方法相比，这是具有开创性的。

再次，坚持了唯物论观点，反对用鬼神迷信来解释战争，认为"兴亡不在时日"，"腐骨朽草无足问"，这起到了正本清源的作用。《唐李问对》对于阴阳术数的态度很明确，认为那不过是"兵家诡道"。李靖指出："假之以四兽之名，及天、地、风、云之号，又加商金、羽水、徵火、角木之配，此皆兵家自古诡道。"就是说，在阵法之中，冠以种种奇异的名号，或用龙虎鸟蛇，或用天地风云，或用五行，或用五音，或用五色，都是障眼法。特别是天官时日那一套，更是无稽之谈。所谓天官时日，当时就是指某些兵家阴阳书上所谓瞻云察气、占卜时日以决吉凶。李靖不仅从理论上否定了这些充斥兵坛的妖氛，还从史实上驳斥其虚妄。他用周武王伐商纣、齐田单破燕军、宋武帝讨南燕三个战例，深刻地说明阴阳术数不过是兵家用来迷惑敌人的诡道，真正决定胜负的因素是人的作用，"及其成功，在人事而已"。

　　《唐李问对》这些看法是唯物论的，值得肯定。但是，书中同时又提出"使贪使愚"的观点，即利用官兵的贪欲驱使和愚弄士兵，因此必要时还得"托之以阴阳术数"。这实际上是封建地主阶级的愚兵政策，是必须批判的。

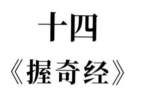

十四
《握奇经》

【其书其人】

1. 专论八阵布列的兵书

《握奇经》是中国古代关于八阵布列的兵书，又名《风后握奇经》《握机经》《幄机经》，仅有380余字。相传其经文为黄帝的大臣风后撰，周朝的姜尚加以引申，汉武帝丞相公孙弘作注解。一般书后还附有佚名的《握奇经续图》和题为晋朝的马隆所述的《八阵图总述》。书中开篇说："经曰：八阵，四为正，四为奇，余奇为握奇。或总称之。"此为该书名称的由来。《握奇经》有明显的道家色彩。以天地风云四阵为正，龙虎鸟蛇四阵为奇，四正四奇总为八阵。大将居阵中掌握机动兵力（即所谓"余奇"之兵），称为"握奇"。

2. "精于易数、明于天道"的隐士

《握奇经》的真实作者和成书年代，难以详考，历来众说纷纭。虽然《汉书·艺文志·兵家阴阳》中记载有"风后十三篇"之语，但未提及《握奇经》。且班固在自注中说：风后十三篇仅存"图二卷"，是后人伪托之作。河南省密县刘寨乡云崖宫发现的碑刻上的一套我国最早的《风后八阵兵法图》证明，邓公玖传授给诸葛亮的《兵法阵图》（八阵图），实际上是远在诸葛亮生前3500年前的黄帝时期的兵法著作。唐朝军事家、太常博士、常州刺史独孤及的《云岩宫风后八阵兵法图》碑，详细记载了黄帝和风后研创《八阵图》，"用经略，北清涿鹿，南平蚩尤，底定万国"，统一中原的事迹。此图碑的发现，把我国八阵兵法的历史向前推进了两千五百年，同时也将风后的一大功绩记载了下来，让后人得知其中详情。其成书时间，《唐李问对》中有"黄帝兵法，世传握奇文"一说；南宋朱熹认为乃"唐李筌为之"（《朱子语录》）。《宋史·艺文志》始见著录。由此可以推断，今天所能见到的《握奇经》一书是唐代以后的著作。其版本现存有汲古阁本、红杏山房本等。

风后，传说为伏羲长子，精于易数，明于天道，甘贫，隐逸为乐。据传说，他发明指南车帮助黄帝战胜蚩尤，并作八阵图。清乾隆四十一年《新郑县志》载："风后，伏羲之裔，黄帝臣三公之一也。善伏羲之道，因八卦设九宫，以安营垒，定万民之窜。"

风后的存在，虽然有些神秘莫测，但史书中是有确切记载的。《史记·五帝本纪》记载：黄帝"举风后、力牧、常先、大鸿以治民。"《裴骃集解》引郑玄曰："风后，黄帝三公也。"张守节《正义》亦载："四人皆帝臣也。"《史记·孝武本纪》："黄帝时虽封泰山，然风后、封巨、岐伯令黄帝封东泰山，禅凡山，合符，然后不死焉。"《云笈七签》卷一百："（黄帝）得风后于海隅，得力牧于大泽，即举风后以理民，初为侍中，后登为相。"这些古籍的记载，说明风后的存在，不完全是空穴来风，也不完全是神，而是确有其人。

【思想精要】

《握奇经》主要论述八阵的布列方法、各部分的名称、功用，以及取这些名称的用义等。一般附有《握奇经续图》一卷，仅存其目，并附有题为晋朝的马隆所述的《八阵图总述》。《握奇经》最大的特点有二。

1. "八阵"阵法

《握奇经》应该说是中国古代阵法的专著，而阵法在中国古代的军队作战中处于相当重要的位置。它所体现不仅是队形与排列的简单关系。如果没有全局性的战略谋划及整体性的兵种配合思想与协调能力，是无法恰当组织与应用的。而《握奇经》以哲学的高度抽象概括出了一些基本原则，其中最重要的就是"正、奇"的概念。

《握奇经》明确指出，"八阵"是方阵的一种队形变换，即"四为正（正兵），四为奇（奇兵）"。用正兵和奇兵来说明"八阵"与商周用兵车作战密切相关。《逸周书》说，"五五二十五曰元卒，一卒居前曰开，一卒居后曰敦，左右一卒曰间，四卒成卫曰伯。"（如图）

	开（25人）	
间（25人）		间（25人）
	敦（25人）	

车战，是以车上的甲士统率附属于兵车的徒兵（步卒）来作战。兵车居中，徒兵配置在兵车前后左右四个方向上。这是一种基本阵法，古代称为"五阵"。从图中可以看出，除了兵车与徒兵所占的五块阵地之外，还有四块空着的阵地。徒兵利用配属阵地进行作战，是遵循常规打法，称为正兵；徒兵利用其余的四块空着的阵地进行机动作战，是遵循变通的打法，称为奇兵。

布阵时，先由游军于阵前两端警戒；布阵毕，游军撤至阵后待命。它用正兵和奇兵来说明八阵，指出："经曰八阵，四为正，四为奇。"徒兵在车的四周组成方阵。《握奇经》指出，这种方阵还可以进行一些自身的队形变换。它说："或合而为一"，即将兵车首尾连接变为圆阵，徒兵配置在兵车内外；"或离而为八"，即将兵车、徒兵分开配置变为"八阵"，等等。由于经文简略，关于四正四奇的方位，在布阵和作战时的作用，两者变换演化关系，后人解释不尽一致。

《唐李问对》中李靖也对于八阵有所阐释，他认为"四奇四正"的八阵源于古代的五军阵，即前、后、左、右、中五阵，中央为将领的指挥位置及其所控制的机动部队（余奇之兵）。前、后、左、右即战斗部队位置，称为"阵地"或"实地"；在战斗部队之间的间隙地带为"闲地"或"虚地"，利用虚地实施机动的部队即奇兵。四块实地的正兵利用虚地实施机动，即变为奇兵，所谓"四奇四阵"。

传说风后将伏羲八卦原理运用到军事上作八阵图是首创，其中所说的"九宫"，是在八卦离、艮、兑、乾、巽、震、坤、坎之中加一卦为中。《握奇经》具有明显的道家色彩，以天地风云四阵为正，龙虎鸟蛇四阵为奇，四正四奇总为八阵。大将居阵中掌握机动兵力（即所谓"余奇"之兵），称为"握奇"。该图共九幅，一幅为八阵正图，其余八幅为阵势图，即：天覆阵、地载阵、风扬阵、云垂阵、龙飞阵、虎翼阵、鸟翔阵、蛇蟠阵，每幅图旁均有文字说明，详细介绍了每个阵式在特殊环境下进攻退守的战术应用。

提起"电磁战"，绝大多数人都会认为是当今军事科技的新发明。但是，将磁场引入战场，借磁力消灭敌人，这并不是现代人的专利，早在我国的晋朝时期，这种战法就已经被军事家们所采用。据晋史记载，当年平虏护军、西平太守马隆大将军在与西羌作战时，曾专门制作了一种用于防御的编箱车，在作战和宿营地带，依据八阵图将这种编箱车连起来并在路旁放上磁石，当身穿铁甲的敌军来袭时，就被磁石吸到编箱车上，这一创造性的战法并不是马隆发明的，而是由于马隆受到了《握奇经》的启发。

2. "游军"理论

中外古代军事思想最早提出重视游击部队作用的，恐怕就是《握奇经》了，而且在《握奇经》中，其"游军"理论明显已经关乎战役的成败。对游击作战的重视可以与现代世界"少而精"的部队组建及"快速反应"作战战略相媲美。

《握奇经》在论述"八阵"本身的奇正变化之后又指出，在"八阵"之外，还有一种"余奇"之兵。什么是"余奇"之兵呢？就是由主将掌握的机动部队，又称为"游军"。作战时，四正与四奇之兵与敌交锋，游军从阵后出击配合八阵作战，大将居中指挥，并以"余奇"之兵策应重要作战方向。其任务是"从后蹑敌，或惊其左，或惊其右"，即或迂回敌阵之后袭击敌人，或攻敌一翼，作为奇兵配合正兵（即整个方阵）进行作战。

《握奇经》强调说：无论八阵或游军，布阵时都要依据"天文、气候、山川、向背、利害，随时而行"。

这就告诉我们，《握奇经》中的"奇正"，不仅指方阵本身的队形变换，也包括战术和兵力使用的含义，所谓用正兵挡敌，用奇兵取胜，"战势不过奇正，奇正之变，不可胜穷也"。此书虽说讲的是商周时代方阵的队形变换问题，但它对行军布阵不拘常法，灵活多变的指导思想，突出了军队的机动性，体现了一定的辩证思想，对古代排兵布阵产生了很大的指导作用，被称为用兵布阵的经典，对于我们今天是具有较强的启发作用的。我们不仅可以从现代陆军作战队形中看到它的影子，而且从现代空、海军作战的列阵中，也可以看到它的影响之所在。可以说，《握奇经》也是研究现代"阵法"的必读之书。

虽然《握奇经》没有就军事作战的每个方面都进行论述，但其"奇正"的军事哲学观却可实践到军事实践的每一个环节。可以说，它更是一部军事哲学著作。

十五
《太白阴经》

【其书其人】

1. 道家论兵的军事百科全书

《太白阴经》,全名《神机制敌太白阴经》,是唐代李筌撰著的一部内容丰富、影响深远的重要兵书。李筌本是唐代中后期颇有成就的兵学家,但由于新、旧《唐书》都没有为其立传,故长期以来鲜为人知,以致人们对他的历史和军事著作,迄今都还了解甚少。该书是唐代诸家兵书中少有的一部完书,保存了许多唐代军事制度方面的资料。它对先唐诸兵家思想兼采并蓄,并进一步阐发推演,颇多新意,内容涉及军事领域的各个方面,称得上中国古代军事思想集大成之作。

2. 精通道学的兵学家李筌

李筌为唐代著名道家、思想理论家,政治军事理论家,号达观子,陇西(今甘肃境内)人,生卒年不详,约活动于唐玄宗至肃宗时。李筌少年时喜好神仙之道,曾经隐居于嵩山的少室山多年,此间常游历名山,广泛采纳方术。

唐玄宗开元年间,李筌为江陵节度副使,御史中丞。李筌有将才大略,作《太白阴经》十卷,又著《中台志》十卷。当时,受到奸相李林甫的排挤,名位不显扬,最后才入名山访道去了,最后李筌的去向不得而知。

【思想精要】

《太白阴经》在充分继承前人论兵成果的基础上,结合唐代军事发展的实际情况，对古代战争、国防、治军、作战等重大军事问题，都进行了较为深刻系统的论述，并对某些问题的阐发作出了创新性的发展。其写作方法一般采用以"经曰"引出一段前人的论兵言论，接着征引古代战例、将帅事迹或古代兵法，加以阐述，最后亮出自己的结论。其中介绍了古代许多军事知识，如军仪典礼、攻防战具、侦察通讯、行营警备、粮草行装、战场建设、战阵队形，以及古代军中祭祀占卜活动都有较详细的介绍，比较有价值的是前五卷。

1. 倡"道德仁义"之师，斥"阴谋逆德"之兵

《太白阴经》关于战争问题的基本思想观点，主要涉及战争的目的、性质和决定战争胜负的因素等方面。李筌认为，实施战争之目的在于"存亡继绝，救乱除害"，以推行"道德仁义"之政。他强调政治高于军事，以政治争取达成不战而胜乃是用兵之最上策。作者以道家与儒家所共同倡导的"道德仁义"之说，作为衡量和区分战争性质的重要标准。他说："兵非道德仁义者，虽伯（通"霸"）有天下，君子不取。"又说："夫兵者，凶器；战者，危事。阴谋逆德，好用凶器，非道德忠信不能以兵定天下之灾，除兆民之害也。"显而易见，该书作者视执"道德仁义"之兵为正义之师，而视行"阴谋逆德"之兵为不义之师。

基于对战争目的和性质的这种立场鲜明的认识，李筌又进一步明确指出："以道胜者帝，以德胜者王，以谋胜者伯，以力胜者强。强兵灭，伯兵绝，帝王之兵前无敌，人主之道信其然矣。"这就是说，作者认为，以"力"取胜的"强兵"和以"谋"取胜的"伯兵"，虽然都有可能逞强称霸于一时，但最终都将归于失败灭亡，而唯有以"道德仁义"取胜的"帝王之

兵"才能真正无敌于天下，永葆其胜利地位。李筌在《太白阴经》卷八中，再次强调指出："盖天道助顺，所以存而不亡。若将贤士锐，诛暴救弱，以义征不义，以有道伐无道，以直取曲，以智攻愚，何患乎天文哉！"作者认为，只要是正义的战争，不必忧虑天文星象如何显现，而一定能够获得胜利；否则，丧失战争的正义性质，即使是依靠占星望气而"欲幸其胜，未之有也"。毫无疑义，这是颇有见地的正确观点。

在阶级社会中，战争始终带有鲜明的阶级属性。因此，对于战争目的和性质的认识，不同的阶级、不同的政治集团，必有不同的认识标准和对待态度。尽管《太白阴经》的作者对此问题的认识，是以维护封建统治阶级的根本利益为出发点，因而这种认识不可避免地带有一定的阶级局限性和历史局限性，但在当时中国封建社会已经进入唐代"开元盛世"的历史时期，李筌强调政治高于军事，强调战争的正义性质，在观察和处理战争问题上，主张以推行"道德仁义"为目的，以政治争取为主要手段，尽量避免流血的战争发生，这对当时稳定社会秩序，促进经济发展，是有利的，即使对今天也不乏现实借鉴意义。

2. 胜负取决于"人事"，地理只是辅助条件

在对决定战争胜负因素的认识上，《太白阴经》的一个重要思想观点，是认为战争的胜负取决于"人事"，即取决于人的主观能动作用。李筌引述姜太公的话指明："任贤使能，不时日而事利；明法审令，不卜筮而事吉；贵功赏劳，不时祀而得福。"这就是说，选拔贤才使用能人，不择良辰吉日事情也会顺利完成；严明法制审行号令，不用占筮卜卦事情也会吉祥如意；尊贵有功优赏勋劳，不必祭祀祈祷也会获得幸福快乐。总之，在李筌看来，只要通过人事努力，充分发挥人的主观能动作用，

就能取得战争的胜利。相反,那些"无厚德而占日月之数,不识敌之强弱而幸于天时,无智无虑而候于风云,小勇小力而望于天福,怯不能击而恃龟筮,士卒不勇而恃鬼神,设伏不巧而任向背"等诸多放弃人事努力,而专靠迷信占卜以求鬼神保佑的人,只能在战争中遭到失败。由此,李筌得出结论:"凡天道鬼神,视之不见,听之不闻,索之不得,指虚无之状,不可以决胜负,不可以制生死……夫如是,则天道于兵,有何阴阳哉?"这就明确告诉我们,战争的胜负决定于人的因素,而非决定于"视之不见,听之不闻,索之不得"的"天道鬼神"。显而易见,李筌关于战争胜负取决于人事而非天道鬼神的观点,乃是对《孙子兵法》唯物主义战争观的继承和发展。

在决定战争胜负因素的认识上,《太白阴经》的另一个重要观点是,认为地理条件对战争胜负固然有影响,但它不是决定性因素。李筌首先承认,地理条件对作战的重要性,指出"兵因地而强,地因兵而固",强调在对敌作战中要善于利用各种有利地形以克敌制胜。但李筌不是唯地形条件决定论者,他明确认为,决定战争胜负的最终因素是人,是人的政治素质和主观指导的正确与巧妙运用,而不是单纯的地形条件;地形条件在对敌作战中只起一定的辅助作用,不可以完全作为战争胜负的凭恃。所以他说:"地利者,兵之助,犹天时不可恃也"。为了进一步说明天时、地利不可完全凭恃的道理,李筌还以历史上许多国家地理条件优越而最高统治者昏庸无道,最终导致战争失败、国家灭亡为实例,深入分析和强调指出:"天时不能佑无道之主,地利不能济乱亡之国。地之险易,因人而险,因人而易,无险无不险,无易无不易。存亡在于德,战守在于地,惟圣主智将能守之,地奚有险易哉?"十分明显,这是李筌对人的因素、政治因素在战争中决定性作用的充分肯定，也是对历史上持地理环境决定论者的有力批判。李筌此一思想观点，不但是唯物的，也是辩证的。这对我们今天认识地理条件对作战的影响和作用问题，仍有重要借鉴意义。

3. "人主恃农战而尊"，提倡富国强兵

在国防建设问题上，李筌极力倡导"富国强兵"的国防战略思想。他认为，要想把国家搞得富强起来，关键在于发展生产、奖励农战，因而提出了"人主恃农战而尊"的战略主张。这实际是战国时期著名政治家商鞅提出的"耕战"思想在唐代的进一步运用与发展。李筌认为，要实现"人主恃农战而尊"的国家战略地位，应从两个方面交替做起：一是在"兴兵伐叛"的战争时期，要实行"武爵"制度以奖励军功；一是在"按兵务农"的和平时期，要劝课农桑以发展生产，做到"使士卒出无余力，入有余粮"。他认为，只有坚持不断地做好以上两点，才能使国家保持"兴兵而胜敌，按兵而国富"的强大国防实力。

《太白阴经》在阐述国防战略思想过程中，以朴素的辩证观点批判了那种认为只有富强的国家才能在战争中取胜，而贫弱的国家只能听任大国摆布的形而上学的宿命论观点，提出了国家的强弱并非不可改变的重要思想。李筌指出，有些泥古守旧的读书人认为"兵强大者必胜，小弱者必亡。是则小国之君无伯王（即霸王）之业，万乘之主无破亡之兆"。对于这种形而上学的论调，李筌以充分的历史事实进行了有力批驳："昔夏广而汤狭，殷大而周小，越弱而吴强"，但是，由于弱小的汤、周、越各自采取了"阴倾之术，夜行之道，文武之教"等行之有效的政略战略措施，最终分别战胜了强大的夏、殷、吴三国。驳

斥了历史上那种所谓"兵强大者必胜，小弱者必亡"的形而上学的错误观点。

李筌还进一步分析指明，国家的强与弱、富与贫，并不是固定不变的，只要执政者（即人的因素）实行符合客观实际的方针政策，真正做到"乘天之时，因地之利，用人之力，乃可富强"。李筌对此做了进一步解释，指出所谓"乘天之时"，并非坐等天道恩赐，而是指不违农时，做到"春植谷，秋植麦，夏长成，冬备藏"，尽量发挥劳动者在四季生产中的重要作用。所谓"因地之利"，并非专靠土地的肥沃和地形的险要，而是指要积极"伤力以长地之财"，调动全国各地的物力，做到物尽其用；而要使"器备用"，只有"地诚任，不患无财"；做到"商旅备"，就能活跃市场经济。所谓"用人之力"，是指要充分调动人们的生产积极性，发挥人的主观能动作用，去创造社会物质财富，防止人们因懒惰和奢侈所造成的贫困落后局面。

总之，在李筌看来，只要坚持"恃农战而尊"的国防战略方针，切实做到顺乎天道，不违农时，发展生产；因地之利，物尽其用；任人之力，人尽其智，就可以使国家变贫为富、变弱为强。所以，李筌再次强调指出："故知伯王之业，非智不战，非农不赡，过此以往而致富强者，未之有也。"应当说，李筌的这一认识是符合历史实际的正确结论，今天仍有重要的借鉴意义。

4."以权术用兵"，掌握战争主动权

李筌在卷一中提出："夫道贵制人，不贵制于人。制人者握权，制于人者遵命也。"这是作者关于掌握战争主动权思想的重要表述。李筌这里所说的"道"，是指用兵的指导原则（或曰指导规律），"制人"谓控制敌人，"握权"指掌握战争主动权。

全句的意思是，用兵打仗的指导原则，贵在控制敌人而不被敌人所控制；控制敌人的人，才能掌握战争的主动权；被敌人控制的人，只能俯首听命受敌人摆布。显而易见，李筌"道贵制人，不贵制于人"的重要命题，既是对孙子"致人而不致于人"（《孙子兵法·虚实篇》）思想的完全继承，更是在唐代历史条件下对前人理论的创新发展。在掌握战争主动权问题的论述上，李筌"道贵制人，不贵制于人"的思想，要比孙子"致人而不致于人"的思想，更加鲜明，更具新意。所谓战争主动权，实质就是军队作战行动的自由权。古往今来的战争经验证明，军队有了这种自由权，就能打胜仗；失去了这种自由权，就要打败仗。所以，李筌关于战争主动权的论述，对于指导战争具有十分重要的意义。尤为可贵的是，李筌不但阐明了战争主动权的科学内涵，而且论述了如何实现战争主动权的问题。综观《太白阴经》全书李筌所论实现战争主动权应当把握的指导原则，主要有以下五条：

一要善于扬长避短。李筌明确指出："制人之术：避人之长，攻人之短；见己之所长，蔽己之所短。故兽之动，必先爪牙；禽之动，必先觜距；螫虫之动，必以毒；介虫之动，必以甲。夫鸟兽虫豸，尚用所长以制物，况其智者乎？"作者以自然界的生物"尚用所长以制物"作比喻，形象而深刻地揭示了避敌之长而攻敌之短、扬己之长而蔽己之短，乃是实现战争主动权最为通常有效的原则和方法。所以，李筌进一步强调指明，以扬长避短之法争取战争主动权，是克敌制胜的重要指导原则。他认为，舍此原则而不用者，"虽有先王之道，圣智之术"，也"不足以成霸王之业"。

二要善于把握战机。李筌认为，善于把握有利战机，是实现战争主动权的又一重要指导原则。他强调指出:"见利而起,无利则止,见利乘时,帝王之资。"深刻揭示了适时把握有利战机对于实现战争主动权的重要意义。他在阐述如何捕捉有利战机的问题时,进一步指明:"时之至,间不容息,先之则太过,后之则不及。见利不失,遭时不疑,失利后时,反受其害。"作者认为,时机的到来,乃是瞬间之事,只有当有利时机一到立即把握住,才能实现主动而争取战争的胜利。否则,一旦面对有利时机却犹豫不决,必定坐失良机,陷于被动,遭遇失败。作者还形象地比喻把握有利战机,如同"疾雷不及掩耳,卒(猝)电不及瞬目"那样稍纵即逝。因此,他要求战争指导者在把握战机问题上,必须做到果断迅速,准确无失。

三要善于调动敌人。采用各种有效战法和手段调动敌人,牵着敌人鼻子走,这是李筌所主张的实现战争主动权的又一条指导原则。他强调指出:善于用兵打仗的人,能"攻其爱,敌必从;捣其虚,敌必随;多其方,敌必分;疑其事,敌必备。从随不得城守,分备不得并兵;则我逸而敌劳,敌寡而我众。"在李筌看来,只有针对不同的敌情,采取不同的有效战法和手段调动敌人就范,才能实现战争主动权,使自己立于主动进攻态势,使敌人处于被动挨打地位。

四要善于利用有利形势。李筌指出:"夫善用兵者,以便胜,以地强,以谋取,此势之战人也。"这就是说,一个好的战争指导者,必须善于利用一切有利的形势(包括有利的兵势、战场态势和地理形势等),以此作为充分掌握战争主动权的必备条件。作者认为,只有真正做到这一点,才能在对敌作战中,形成"如建瓴水于高宇之上,沛然而无滞霤;又如破竹,数节之后,迎刃自解,无复著手"的强大进攻之势,从而主动自如地战胜任何敌人。可见，在李筌看来，善于利用一切有利形势，也是夺取战争主动权所必须把握的指导原则。

五要善于隐蔽自己和窥察敌人。要善于隐蔽自己的计谋和窥察敌人的企图，也是《太白阴经》论述如何夺取战争主动权所应把握的又一重要指导原则。李筌在继承孙子关于"形人而我无形"（《孙子兵法·虚实篇》）思想的基础上，进一步阐述说："战阵无常势，因敌以为形。故兵之极至于无形，无形则间谍不能窥，智略不能谋。"这里所说的"无形"，是指不把自己的实际情形（特别是战略实情）暴露在敌人面前。为了做到隐蔽自己的谋略企图，李筌主张采取制造假象的"示形"之法来欺骗和迷惑敌人。例如，当自己兵员寡少时，就用"曳柴扬尘"之法来显示阵地兵员众多以欺骗敌人；当自己兵员众多时，则以"减灶灭火"之法显示兵员寡少以迷惑敌人。总之，李筌主张采取一切行之有效的巧妙办法来隐蔽自己的战略意图和真实情况，而不为敌人所知。他认为，只有这样，才能确保自己在战争中立于主动和不败的有利态势。

李筌在主张要巧妙隐蔽自己的同时，又主张要充分窥探摸清敌人的企图和情况。实际上，隐蔽自己和窥探敌人，是夺取战争主动权所不可或缺、紧密相连的两个方面。他认为，只有在做到既能完全隐蔽自己，又能深入探明敌人情况的前提下，才能使自己获得主动、力避被动。因此，他极力强调要采用各种不同的方法和手段，对不同情况的敌人进行有的放矢的窥探和侦察。例如，"探仁人之心，必以信，勿以财；探勇士之心，必以义，勿以惧；探智士之心，必以忠，勿以欺；探愚人之心，必以蔽，勿以明；探不肖之心，必以惧，勿以常；探好财之心，必以贿，勿以廉。"作者这里所讲的被窥探对象，虽然是就不同类型的人员而言，但其所论基本原则和方法，同样适用于窥察不同情况的敌人。李筌认为，对于不同情况的敌人，只有运用不同的方法和手段，加以深入窥察和了解之后，才能使自己在战争中处于主动自如的有利地位。

综上所述，不难看出，《太白阴经》作为唐代流传下来的一部卷帙完整、内容丰富、特色鲜明的兵学论著，无疑应在中国古代军事思想和军事学术发展的历史长河中占有重要的位置。值得着重指出的是，继李筌《太白阴经》之后，北宋曾公亮、丁度的《武经总要》，明代王鸣鹤的《登坛必究》和茅元仪的《武备志》，以及清以后的许多大型军事类书，都存录了《太白阴经》所首列的上述内容，特别是"古代方术"的资料。这一事实本身，不仅说明了后世兵家对把"方术"纳入兵书范围的著述体例的认同，而且证明了"方术"作为兵家实施"诡谲"和"诳愚惑痴"的一种手段，有其存在的价值和重要性。这大概是"方术"之所以为不少兵家所认同，千百年来，上自帝王，下至贩夫走卒，或主动或被动地接受它，受其的摆布的原因。

当然，由于时代和阶级的局限性，《太白阴经》同其他许多古代兵学著作一样，也有宣扬"智者之使愚也，聋其耳，瞽其目，迷其心，任其力，然后用其命如驱群羊"的愚兵政策，以及主张"凡人，观其外……以别其贵贱贫富"的相面术等唯心主义糟粕。然而，微瑕不足以掩瑜，从总体上说，《太白阴经》一书以其丰富而颇具创新的军事思想和军事辩证法，使其不仅成为中国古代兵学发展史上的一部重要兵书，而且也是中国古代哲学发展史上一部值得肯定的著作。

十六

《虎钤经》

【其书其人】

1. 掌兵权者必备的军事经典

《虎钤经》是北宋前期重要兵学论著之一。该书共20卷、210论。从内容和结构上来看,大致可以分为两大部分,前10卷主要涉及战争观、战略战术、将帅选用、军队驻防等问题,对当时的各类军事问题进行了科学论述和分析,是全书的精华;后10卷则为风角占候、人马医护、相人、占卜等内容,多为封建迷信之谈。《虎钤经》主要参考借鉴了《孙子兵法》和《太白阴经》两部军事著作,并加入了作者许洞对古时阵法、战争胜败的理解。该书既融合了前人的理论成果,又有所创新,对后世军事家和军事著作有一定影响。

2. 献兵书而获罪的许洞

许洞是北宋时期吴郡(江苏省吴县)人,字洞天,一作渊夫。他出身于官僚家庭,其父许仲容官至太子洗马,主要辅佐太子读书、政事、文理。《宋史》记载,许洞幼时"习弓矢击刺之伎",长大之后转变志趣,"折节励学,尤精左氏传"。他的文才武艺在当时颇负盛名,"平生以文章自负,所著诗篇甚多,当世皆知其名。欧阳文忠公尝称其为俊逸之士"(南宋·龚明《中吴纪闻》)。

作为世家子弟,许洞走了与父辈相同的道路,参加科举并中了进士,取得功名,被任命为雄武军(今甘肃天水)推官。

他在职期间因为与上司政见不合，被开除还乡。正是在家闲暇之时，他写作了《虎钤经》，期望以此为敲门砖，再次走上仕途之路。景德二年（1005年），朝廷举办"洞识韬略、运筹决胜"科的制科考试，许洞就此机会进献《虎钤经》应考，没想到不仅没有被宋真宗所理解和重视，还落了个"以负谴报罢"，即获了罪，被安置到了均州（今湖北丹江口）参军。大中祥符四年（1011年），宋真宗在汾阴祭祀，许洞献《三盛礼赋》，被召试中书，改乌江县主簿，不久后去世，时年42岁。

"虎"即"虎符"，是古代皇帝调兵遣将用的兵符，用青铜或者黄金做成伏虎形状的令牌，劈为两半，其中一半交给将帅，另一半由皇帝保存。只有两个虎符同时合并使用，持符者才能获得调兵遣将的权利。"钤"即"锁钥"，引申为关键、要领，"虎钤经"即为掌兵权者应备的军事宝典，正如许洞在《虎钤经·序》中所说："《虎钤经》者，将军之事也。"《虎钤经》的版本情况比较复杂，宋刊本和明覆宋刻本已不可见，现存有明嘉靖刊本及清《四库全书》等刊刻本。

【思想精要】

《虎钤经》继承了前人兵学理论并进一步"明演其术"，又结合北宋特定的时代背景进行了一定发展，其所提出的"天人合一""将帅观""用间观""知变观"等思想，既是研究古代兵学著作的重点内容，对今日军事战争准备、商战等实践活动也具有普遍指导意义。

1. 三才之道，人用为先

自周文王在《易经·系辞下》中提出"天道""地道""人道"的"三才之道"的观念后，"天人合一"的思想就牢牢占据了中国传统文化的核心地位,"天时""地利""人和"也成为筹划战争乃至全部社会活动成功的基本条件。《虎钤经》开篇即以"天功第一""地利第二""人用第三"论述了这三者对于战争胜负的作用。

首先,许洞阐释了哲学意义上的"天"与"地"之间相辅相成的关系。《虎钤经·天功第一》指出:"天贵而地贱,天动而地静,贵者运机而贱者效力",意即"天"作为高贵的一方,起着方向性、关键性的作用,而"地"作为卑贱的一方,起着从属、辅助作用。一方面,"天"很重要,时机把握得好,作战就顺利;时机把握不好,作战就失败,天机正则万物安宁,天机乱则万物不顺,"地"所表现出的现象其实是"天"在起作用;另一方面,"地"也很重要,"天必籍地力,然后动四气,正生杀也。贵必籍贱力,然后能立元功而建王业也","天"必须借助"地"的力量才能运转四季节气,贵者必须凭借卑贱者的力量才能有所成就。

由于天地尊贵有别,但又相辅相成,许洞由此推及君与将、将与士、我与敌之间的关系。他认为这三对关系中,前者相当于"天",处于主导地位;而后者相当于"地",起着次要作用。因此,在治军打仗的过程中,要正确认识"天"与"地"的对立统一关系,抓住主要矛盾就抓住了制胜的关键。

其次,许洞阐释了传统意义上的"地"的作用,这里的"地"既有"远近、险易、广狭"等"地之形",又包含"风俗、习尚、气候"等"地之气"。《虎钤经·地利第二》:"地之形,险易殊也;地之气,寒热异也。用形与气,在知逆顺焉",利用"地",要知道顺逆。他进一步指出,地利不会为哪一方所专有,北方胡人骑马,南方越人划船,各有其便,如果让他们交换,他们就会手足无措。因此,在"地利"方面,没有绝对的好与不好,要选择对自己有利的"地"。

再次,许洞阐释了自己的人才观。传统儒家的人才观是先有德、后有才,德重于才,这一观点影响了中国社会上千年。但兵家则更多从功利角度出发,认为只要有一技之长,哪怕是有突出的缺点也能发挥积极作用。许洞继承了传统兵家的人才观,主张既用全才,也用偏才,并通过罗列精通占卜的术士、擅长医术的医生、沉着果敢的将士,甚至是鼠窃狗偷无礼之辈、恶言多骂之徒等各种偏才的作用,指出"今之世取人也,每务其多学而舍其偏技"(《虎钤经·人用第三》)是不对的,应该"随其长短而用之",因为大众之中有善人也有恶人,但是没有无用之人,只要没有人被弃之不用,人们就不会有怨恨,行动才能取得成功。

最后,许洞阐释了人在战争中的主导地位。在论述天、地、人三才的重要性时,许洞持有"先以人,次以地,次以天"的思想,十分重视人的主观能动性的发挥,认为人是战争胜利的第一要素。人是天地之心,如果心不正,即使表面得到天时地利,又有什么用呢?相反,人的行为正可以统领天时地利,即使是草寇英雄,也可以成就王业。这些表述将人的主观能动性对于战争胜负的作用提到空前高度,是十分难得的。

2. 将者,国之腹心,三军之司命

许洞非常重视将帅对于战争胜负、国家安危的作用,《虎钤经》中至少有两处非常直接明显地强调了将帅的重要性。一处是"国家行师授律,生杀之柄,大将所主。将者,国之腹心,三军之司命也。"(《虎钤经·辨将第六》)认为国家兴兵作战,生杀大权由大将主掌,将领是国君的心腹,也是三军命运的

主宰；另一处是引用三国时期辅佐了曹魏四代君王的名臣蒋济在《万机论》中的观点："虽有百万之师，恃吞敌在将者，恃将也"，并指出"夫举国之利器以授之，苟非其人，是轻天下"，强调即使有百万雄师，消灭敌人关键还是要靠将领，如果君主将国家的兵权交给能力不足的人，那么就是对全天下的轻视。

那么，应该怎样发挥将领的重要作用呢？许洞从"辨将""论将""出将"三个方面进行了分析。

首先是"辨将"。许洞认为"苟欲命将，预以精诚辩其可否者有四：一曰外貌，二曰言语，三曰举动，四曰行事"，即判断一个将领是否忠诚有能力可以从"外貌""言语""举动""行事"这四个维度来甄别，并提出"是以知貌也者，神之聚也；言语也者，神之发也；举动也者，神之用也；行事也者，神之本也。察其神，则尽其为人之道也大矣。"（《虎钤经·辨将第六》）意即，相貌是人精神的凝聚，言语是人精神的表达，举动是人精神的运用，行事是人精神的体现，通过考察一个人的精神，也就能把他的品行和能力判断得八九不离十了。许洞详细列举了这4个维度不同情况的人所内在的品行，比如眼白多而有红血丝的人不忠诚、无论公事私事都要谈利益的人贪婪、想要坐下却频频四处张望的人狡猾、做事先急后慢的人非常平庸等。

其次是"论将"。许洞依据将帅应该具备的素质将他们分成2类8种："将何以为？谓小大者各有四焉……其大者：一曰天将，二曰地将，三曰人将，四曰神将；其小者，一曰威将，二曰强将，三曰猛将，四曰良将。"（《虎钤经·论将第七》）能通天时、知吉凶的是天将，懂地形、晓地利的是地将，通人性、懂治军的是人将，兼具天将、地将、人将三者优长的是神将。

威将、强将、猛将、良将都是具备不同特点而英勇善战的将帅。许洞说如果这八种能力都没有，怎么能称得上"将"呢，但同时他也认为，这八种能力虽然各有特色，但也不可以单独使用，大概是他自己也认为对将帅进行这样划分过于机械，应该综合使用才是用将之道吧。

再次是"出将"。所谓"出将"，即古时命将出征的仪式。命将出征时，君王要在正殿召见大将，告诉将领："现在某表地方有不臣之心，希望劳烦将军前去处置，社稷安危就靠将军了。"然后择良辰吉日，在自己亲自祭祀的太庙里将斧钺授给将领，以示授予兵权。将军也要立下军令状并表忠心："既然受命，并独掌可以杀人的刑法，那么完不成任务绝不敢活着回来。"《虎钤经》中关于整个活动的时间、道具甚至站立的方位都有详细的介绍，大致类似于今天的动员大会，强调的是一种仪式感。将帅出征以后，要谦逊有礼、信赏必罚、克己奉公、仁爱待物等等，做到了这些才堪当大任。

3. 用兵之本，先谋先胜

"先"是我国古代兵学著作中非常重要的观点，比如："故明君贤将，所以动而胜人，成功出于众者，先知也。"(《孙子兵法·用间篇》)再如："先人有夺人之心，军之善谋也。"(《左传·文公七年》)许洞继承了前人的观点，着重在"先谋"和"先胜"两方面进行了论述。

在"先谋"问题上，许洞认为，"用兵之法，先谋为本""圣王之兵，先务其本"。这里的两个"本"字，含义是不同的。第一个"本"的意思是根本，即用兵的方法，以先谋为根本；第二个"本"的意思是根基和关键，即先圣用兵，先谋划此事的根基和关键之处，"本壮则末亦从而茂矣"，根基壮大了，枝叶就会自然而然茂盛起来。这里的"谋"显然是指精心谋划和正确决策。许洞认为，欲谋行师，先谋安民；欲谋进攻，先谋通粮道；欲谋布阵，先谋地利；欲谋胜敌，先谋人和……这一连串的排比句，意在说明不同情况下谋划的不同重点内容，强调抓住主要矛盾和矛盾的主要方面，抓住事物的根本，其他问题便迎刃而解了。

在"先胜"问题上，许洞提出了"三和""三有余""三必行"，继承《孙子兵法》"先胜"思想并将其具体化。《孙子兵法》中关于"先胜"的论述很多，如《形篇》中"昔之善战者，先为不可胜，以待敌之可胜，不可胜在己，可胜在敌"，"是故胜兵先胜而后求战，败兵先战而后求胜"等等，其核心就是"不战而屈人之兵"。然而，《孙子兵法》对"先胜"的论述多停留于"是什么"和"为什么"方面，并没有具体地指出应该"怎么办"。许洞在此基础上，提出：首先要做到"三和"，即和于国、和于军、和于阵，因为国不和则人心离，军不和则教令乱，阵不和则行列不整；其次要做到"三有余"，即力有余、食有余、义有余，力无余则困于斗，食无余则怠于时，义无余则吏士怨；最后要做到"三必行"，一是必行其谋，这样敌人的奸计就不能成功，二是必行其赏，重奖之下必有勇夫，三是必行其罚，有错的人就不会把罪责归咎于他人。许洞认为，凡是在行动之前做到了以上九点，纵然战局千变万化，也亦能在掌握之中。

无论是"先谋"还是"先胜"，需要做的工作主要还是在己方，许洞最后得出的结论是"胜兵先胜者，胜在我也"，它的核心要义是"制人而不制于人"，掌握战场主动权的问题。

4. 用兵之术，知变为大

"知变"思想是《虎钤经》最主要的军事思想之一，在多个篇目中都有论述，如《三才应变》中有"用兵之术，知变为大"，《夺情》中有"兵术万途，不可专一"，《兵机统论》中有"苟以变合于事，事合于时，时合于理者，无强弱，无利害，则败势可以为胜，胜势可以为败也"。在《胜败》《五异》《逆用古法》三篇中，许洞则集中对"知变"的思想进行了论述。

胜败转变。历史上不少著名军事家对战争研究如痴如醉，因为战争是人类社会中最具创造力和挑战性的实践活动，不到最后一刻，谁也没法知道胜负，这也正是战争的特色所在。许洞认为"战胜不可专，专胜有必败之理；战败不可专，专败有反胜之道"（《虎钤经·胜败》），并指出导致由胜转败的五个原因和反败为胜的四种情况，旨在提醒将士们在胜利面前不要忘记失败的危险，在失败面前不要放弃胜利的可能，要做到"胜不骄，败不馁"，并在胜利时保持清醒避免失败，在失败时昂扬精神争取反败为胜。

出奇制胜。许洞在《虎钤经》中将"奇"归纳为"五异"，这个"异"字就是不同寻常的意思。许洞认为最神奇的用兵是出其不意，最大的胜利是不为人所知，而"善用兵者，其异有五"，曰"险、轻、危、愚、畏"（《虎钤经·五异》），其核心思想是"反众之法"，比如众人认为我兵力轻薄的时候我反而要决战，众人认为我畏惧的时候我反而更加勇敢，等等。在战场上反其道而行之，往往就会得到出奇制胜、意想不到的效果。

逆用古法。古法指古代的兵法。《虎钤经》继承了《孙子兵法》和《太白阴经》的军事思想，同时又专门提出"逆用古法"，十分可贵。之所以这样做，是因为许洞认为现存的诸多兵法韬略因流传久远已被敌军所熟知，因此不能继续沿用，反而应该逆用。综观许洞"逆用古法"，其精髓之处可概述为设伏，即通过利用固有思维或借助地形地势而预先藏兵，进而择机击溃敌军。这种既阐释理论、又提出具体办法的思路，是《虎钤经》区别于其他兵书的重要特色。

当然，许洞提出"知变"思想，也是当时时代背景所致。一方面，北宋王朝"崇文抑武"，对兵学兵法极力打压，即使社会上兴起论兵的小热潮，也多局限于对前人兵书著作的总结阐释，鲜有自己的观点，许洞认为应该改变这个局面。另一方面，军事上实行"将从中御"，一线将领的主观能动性被朝廷压制，只能机械地执行命令，"知变"也是许洞对将领们的希冀。

5. 圣人用兵，无不用间

中国古代兵学家十分重视"用间"。《虎钤经》中有八篇涉及用间问题，许洞在继承《孙子兵法》思想基础上，将"五间"扩展为"八间"，即以使者为间、以敌人为间、反求来言以为间、反以来人为间、以明间而为间、以内嬖（受君主或达官贵人宠爱的人）为间、以谗人为间、以乡人为间，并对每一种用间方法的使用条件和环境进行了详细说明。比如在说明"以谗人为间"时，许洞主张用内外夹攻的方式，即在内贿赂敌方的奸佞小人，使其在君主面前诬告忠勇；在外故意释放一些离间敌方君臣的言语，使他们相互猜忌、自相残杀。许洞对间谍的分类方法虽说并没有超出《孙子兵法》"五间"的理论范畴，但其对适用情况和使用方法的描述更具体、更详细，这正是它的价值所在。

与"用间"概念相应的有"反间"，即识别防范敌方的间谍。许洞在《虎钤经》中专门著有《知奸》一篇，其实就属于"反间"的范畴。两军交战，使节不仅有传递信息的作用，还往往担负着观察敌情的任务。如何才能准确识别出敌方的间谍呢？许洞列出了"神色不定言语放肆的是刺客、言辞谦卑赠送厚礼的是让我骄傲、送丰厚财物给大将身边的人是想收买我方机密"等七种情况，并对应地给出了"谋者反其谋、骄者反其骄、欺者诛之"等六种办法。他最后提出"是以知奸之道，兵之本也，不可不审"，可见其对"反间"的重视程度。当然，在实际操作中，"反间"的情况是复杂多变的，特别是对于"谍中谍""双面间谍"的识别处理不可能有绝对的方法，需要具体情况具体分析。

由于"用间"是隐蔽性极强的活动，因此保密应该是它的第一要则。许洞指出："用间决中，不可不秘""故用间之道，在乎微密潜诚，此良将之所注意也"，意思是"用间"的决策在中枢，不可不保密，良将要特别注意"用间"过程中的保密工作。古代间谍史上曾有"密写"技术，也就是隐形字，用明矾水或米汤书写情报，待明矾水干后，纸上不留任何痕迹。这样做有两个好处，一来可信息保密，二来保证间谍本身的安全，防止出现《孙子兵法》所说的"间事未发，而先闻者，间与所告者皆死"的情况。

除此之外，《虎钤经》在武器装备方面汇集与保存了前人的研究成果，十分重视军队粮草、饮水、疾病防治等后勤保障，并以较大的篇幅研究了困扰北宋朝廷的战马工作，还对神灵占卜、宣文设奠等兵阴阳等内容进行比较深入的研究，作为一部个人著述的综合性兵书其内容涵盖之广、见解之深，可谓是冷兵器时代兵学的集大成者。虽然其中的一些军事理念于今天已经不合时宜，但作为十大兵书之一的《虎钤经》仍是我们研究中国古代军事思想的重要资料。

十七
《武经总要》

【其书其人】

1. 中国古代首部官修军事百科全书

《武经总要》是中国古代第一部由官方编修的军事百科全书。北宋时期，宋廷受辽国、西夏与交趾国（今越南）的多方威胁，地缘政治环境十分险恶。同时，宋廷长期对外消极防御，对内重文抑武，"兵虚财匮"，武备松懈，导致在与西夏的战争中接连失利。为了改变军事积弱的颓势，宋仁宗下旨，由曾公亮（时任天章阁待制）、丁度（时任工部侍郎参知政事）以及杨惟德等大臣共同编纂军事巨著《武经总要》。自庆历三年（公元1043年）十月起，曾、丁等人用五年时间编成本书。书中尽述"军旅之政，讨伐之事"，更有宋仁宗为本书作序。作为中国第一部规模宏大的官修综合性军事著作，该书对于研究宋朝以前的军事思想非常重要。其中大篇幅介绍了武器的制造技术，对古代中国军事史、科学技术史的研究颇有价值。

2. 奉旨编修兵书的大臣

曾公亮（公元999-1078年），字明仲，号乐正，谥号"宣靖"，泉州晋江（今福建泉州市）人，北宋政治家、文学家。他是刑部侍郎曾会的次子，年少聪慧，博闻强识，且颇有抱负。乾兴元年（公元1022年），宋仁宗登基，任命曾公亮为大理评事。但曾公亮立志从正途登官，学而优则仕。两年后，他以进士甲科及第，被授为越州会稽知县。一生先后侍奉仁宗、神宗、英宗三代君主，累封鲁国公，为昭勋阁二十四功臣之一。从政期间，他勤勉务实，任人唯贤，政绩卓然，严于法治，同时明德慎刑，积极推进军事改革，曾经大力举荐王安石主持变法。曾公亮一生著述甚丰，除《武经总要》外，还曾参与编纂《新唐书》，以及《英宗实录》《元日唱和诗》《勋德集》《演皇帝所传风后握奇阵图》等，存诗中以《宿甘露寺僧舍》最为后世流传。

丁度，（公元990-1053年），字公雅，谥号"文简"，河南开封人，北宋政治家、训诂学家。他曾中榜眼，历任大理寺评事、端明殿学士、枢密副使，以及参知政事（副相），去世后赠吏部尚书。丁度其人性淳朴，好读书，通经史，文才殊秀，完善科举，善纠刑狱，曾得宋仁宗称赞"平疑错枉，洞得其情"，主要著作有《备边要览》《庆历兵录》《赡边录》等。

【思想精要】

《武经总要》分为前、后两集，共40卷，约50万字。前集二十卷主讲军制军训、选将用兵、行军阵法、城池攻守、武器装备、边防地理等内容，后二十卷主讲历代战例的分析评价，以及占卜阴阳五行之说等。在北宋军事力量衰微的背景下，全书立足于当时的战争实际，"采春秋以来列国行师制敌之谋，出奇制胜之策"（《武经总要·后集原序》），对孙吴等人的传统军事思想兼收并蓄，综合了宋前的各种兵法战法，并系统整理了各种长短兵器、火药火器、防御工事，以及造船方法等等，配以图例。

1. 国事在戎，设营卫以整其旅

在朝廷敕命编纂的这部兵书中，编纂者们认识到"国事在戎，设营卫以整其旅"。(《武经总要·宋仁宗赵祯序》) 在归纳历史上军制的基础上，分析了宋代军制的利弊，并提出了改进意见。

书中记载，宋朝基本沿袭了唐末五代的军事制度，禁军一般一百人为一都，五都为一营，五营为一军，十军为一厢，隶属于殿前或两个侍卫司。各级统领有厢都指挥使，军都指挥使与军都虞候，指挥使与副指挥使，都头与副部头等。宋代军事制度与过去大体相同，名称虽然改变，行使的职权任务大体不差（《武经总要·军制》）。

科学地"料兵"，即要求灵活地考虑兵力的分配与设置问题。"料兵"应以单兵的技能强弱为划分标准，全军共可配置三万七千五百人。其中，设立骑兵六千人，优先选拔善于骑射的人，其次是身手矫健的，最后是擅长使刀剑一类短兵器的；步兵优先选拔行军快、负重大的三千人，其次是擅长远射攻击的三千人，再次是"能射亲者四千人"，层次稍低但能"射远者四千人"，再次一等是身轻有勇能格斗的一万人，共两万四千人；在后勤保障方面配置七千五百人，如曹司、车御、火长、收人、工匠等（《武经总要·料敌》）。

重视"选锋"部队，即挑选精锐士兵组成敢死队、突击队。《六韬》中就有"用兵之要，必有武车、骁骑、驰阵、选锋"（《六韬·犬韬·武锋》），《孙子兵法》中也有"……兵无选锋，曰北"（《孙子兵法·地形篇》），没有精锐之锋，作战失败的可能性会增加。作战关键在于发挥精锐部队的效用，就像昔日齐国有"巧伎"，魏国有"武卒"，秦国有锐士，汉朝也有侠士剑客，孙吴有"解烦"，南北朝有"决命"，以及唐朝有"跳荡"等。应当在军中挑选武艺出众的军士作为精锐，务必要优中择优、精中取精，"十人选一，万人选千"（《武经总要·选锋》）。这些精锐可分为冒刃之士、陷阵之士、勇锐之士、勇力之士、寇兵之士等种类（同上），直接听从大将调配，"急则随事呼用"，保证即需即用，召之即来，来之能战。与一般军士相比，精锐部队应享受更优厚的待遇。

2. 将校欲其精，士卒欲其教

宋太宗后，崇文抑武的国策盛行，武将的地位大不如前，军事训练也渐渐流于形式。直到三次大败于西夏，朝廷"遂欲更天下弊事"，开始整治军备，加强军事训练。本书十分重视军事训练的建设，尤其是对士兵的教练方法，认为在"兵不识将，将不知兵，闻鼓不进，闻金不止"的乱象下，以百万之众对敌也不过是委肉当饿虎之蹊。书中化用了孙武的"治众如治寡"，以及吴起"以法治军"的思想，主张"军无众寡，士无勇怯，以治则胜，以乱则负"，以及"用兵欲其便，用器欲其利，将校欲其精，士卒欲其教"。打胜仗不是单靠人多势众，严格的军事纪律和系统的军事训练才是胜利的重要保障。

书中认为，所谓治军，就是"居则阅习，动则坚整"，所谓能军，可以做到"三官不缪，五教不乱"。"三官"是指鼓、金、旗三种战场号令，"五教"则是人的眼、耳、手、足、心。教习军士以"五教"对"三官"，做到眼识旌旗，耳辨金鼓，知进知退，掌握长短兵器，心中明确赏罚，如此军队才能够快速机动和变换阵型。书中形成了一套系统的教练法体系，包括讲武、教习阵法和旗法，区别教习步兵、骑兵、平原兵，明确三令与五申等等。同时，训练应当循序渐进，遵循训前规划才能达到预期效果，理论教育与实践训练应当互为助益，"不先日阅，是谓教而无渐"，"不后讲武，是谓训习而无功"。

3. 城池攻守"五败""五全"

书中承继孙子的思想，坚持"不战而屈人之兵"，争取全国、全卒、全军的胜利，认为攻城是下策，是不得已而为之。当攻城不可避免时，尤其要注意方法。攻城讲究充分考虑敌我兵力的多少和强弱，视情选择"攻而不围"还是"围而不攻"；守城时讲究"智虑周密，计谋百变"，视情选择守城方法，注重以逸待劳，寻求并占据有利条件，同时给对方制造不利条件，如"彼不来攻而我守""彼不挑战而我击""多方以谋彼师""屡出以疲彼师""彼求斗而我不出""彼欲去而惧我袭"等（《武经总要·守城》）。

选择所攻城池应分轻重缓急，原则上应当选择战略上关键的城池和地点，攻其所必守必救之地。攻城有时需要急取，有时需要徐徐图之。如果敌我双方势均力敌，而敌方在外有强援，为防止我陷入腹背受敌状况，此时必须迅速攻城，快速巩固战果；如果我强敌弱，且敌方没有强大外援，可以围困敌城，等敌人自乱阵脚；如果敌方城池坚固，兵力众多，外援将至，必须放弃攻城。出兵前应先派间谍潜入城中，探明粮草储备和兵力情况，粮多人少则攻而不围，粮少人多则围而不攻。

守城有五种极端不利的情形，称为"五败"，一是防守兵力弱；二是城大人少，防守密度低；三是粮少人多，不利于长期作战；四是物资储备在城外；五是城内的势力豪强不服从命令，再加上城外水位高于城内，城墙土薄且质地疏松，守城器具不全，后勤供应不足，如此就算有高墙也应弃城，不宜死守。书中也有"五全"，指城池修缮完好，防御器械完善，粮草满足长期战斗的需要，守军上下一心、精诚团结，重刑厚赏，再加上城墙坚固，城外靠山傍河，得此地利可以防守成功。

4. 边地防守,"以蛮夷攻蛮夷"

本书详细记载了北宋边防地区的地理情况,大体分为河东路、河北路、陕西路、益利路、梓夔路、荆湖南北路、广南东西路等地区,各地再分州、县、关塞、城寨等。本书在前集卷十六至卷二十,详述各地区的地形地势、战略地位、远近交通、关隘设置、兵力部署等情况,附上邻近外族(如奚、渤海、女真等)的历史沿革、民族构成、政权形势等情况,警示朝廷。此外,书中关于海南岛和南海诸岛的记录很有价值。

书中还认为,不同地域的民众在习性与作战方面各有特点,正如《司马法》所言,"人方其性,性则异言","四方之人,性有强弱愚智不同"。书中引用吴起的观点,如秦国地处关塞险要之地,国人性格要强,喜好私斗;楚国"地薄水浅",国人性格怯懦。古代胡兵善于骑射,弱于平原步兵作战,中国步兵可以"强弩利刃"抗之。然而,国人习惯安定的生活,不如胡兵"耐劳苦于霜雪、沙碛、不毛之地";国人缺少攻击性,不善与人争锋,所以前世名将常"以奇制之,而不与争驰逐",而"南之夷蛮"则"剽悍狠怒","乐为盗贼"。"以中国之人戍守,则十不当一,故古者以蛮夷攻蛮夷,则强弱相当"(《武经总要·杂叙战地》)。因此,文中主张招募边民,赏赐激励,组织间谍,以夷治夷,如此,节省各种成本花销,而实际效果"比用华人其利十倍"。

5. 用兵欲其便,用器欲其利

本书对武器制造与应用的记录颇为丰富,系统集合了当时使用的各种冷兵器、火药火器、战船及其相应的营阵、战法,不仅继承了汉唐兵器的传统,还吸收了其他民族的先进军械,对研究中国古代的兵器历史意义重大。

攻守器具。书中强调，武器装备如果不精不强，就好比自己赤手空拳地和敌军对抗，正是"兵不精利，与空手同"，"弩不及远，与短兵同；射不能中，与无矢同；中不能入，与无镞同"（《武经总要·器图》）。北宋长期对抗游牧民族骑兵，武器方面以步兵兵器为主，在冷兵器方面已经发展得非常成熟。北宋初期，已经开设各种规模生产兵器的官府作坊，包括抛射兵器、近距离格斗兵器、防护装备，如弓、弩、刀、剑、箭、枪、棒、盾牌和甲胄等，其中，重型抛射武器（如床弩和发石机等）在攻守城作战中发挥不少作用。

本书对此记录详尽，并配有图解，单弩这一项就有黑漆弩、雌黄桦梢弩、黄桦弩、白桦弩、跳镫弩、双弓床弩、大合蝉弩等种类，并在强度和攻击范围上各有优势和弱点。用于作战的箭包括点钢箭、铁骨丽锥箭、乌龙铁脊箭和火药箭，用于发射信号的有鸣鹘箭、鸣铃飞号箭，而木朴头箭则用于训练。书中还记载了一种西戎的兵器，称为"铁链夹棒"，用于马上作战，有利于自上而下的攻击。单兵防御以铠甲为主，书中强调"甲不坚密，与袒裼同"，在沿袭唐五代传统的基础上，形成了成熟的甲制体系。甲制根据材质不同分为三个等级，包括铁、皮、纸，其中，铁甲防护力最强，但是成本高、费时久；纸甲分量轻，柔韧好，从唐代就开始大量使用，宋朝时成为标准的轻型防护装备。

火药火器。火药作为中国古代四大发明之一，最初来源于古人炼丹制丹。唐代，火药开始应用于军事，到北宋初期已经设置了专门生产火药火器的作坊，称为"广备攻城作"。火药发明和火器应用上的军事技术优势，一定程度上抵御了游牧民族骑兵的入侵。本书详细记载了三种火药的配方，包括引火球、蒺藜火球和毒药烟球，这成为世界军事最早进入热兵器时代的重要文献证据。毒药烟球启用了化学杀伤力，"若其气熏人，则口鼻血出"，用炮放可"害攻城者"（《武经总要·火攻》）。书中介绍了各种火器的制作和应用，如火药箭可以"加桦皮羽，以火药五两贯镞后，燔而发之"（《武经总要·守城》），火炮则是"入前药末旋旋和匀，以纸五重裹衣，以麻缚定，更别熔松脂傅之，以炮放"，"火药鞭箭"则被后世看作火箭的雏形。

造船。朝廷在开封设有造船务，不仅造船，还可以进行水战演练。书中列举各型战舰，其中，大型主力战舰有楼船，舰面上有三层楼室，载重大，装备全，可容官兵千余人；中型战舰兼顾航速和战斗力，以蒙冲、斗舰和海鹘船为代表；轻型战船有走舸、游艇、舠鱼船。走舸灵活机动，用于海上游击作战，游艇用于通信，舠鱼船则是由渔船改建而成。本书在前集十五卷记有指南车、指南鱼，其中，前者已经失传，后者则是利用地球磁场以人工磁化的方法制成，这样明确的记载在历史上尚属首次。指南鱼在当时用于夜间行军辨明方位，后来逐渐应用于航海事业。

6.仁义为本，权谋为用

本书主张"慎战"，反对穷兵黩武，取孙子"上兵伐谋，其次伐交，其次伐兵"的思想，伐谋是攻心之战，以谋略胜敌而使敌方不能谋，伐交是断绝敌方外援，使其不能合力，而伐兵则是"合刃于立尸之场"，是最后的手段，不得已而用之。

在新儒学兴起的背景下，战争实践推动了朝廷的风气从"讳言兵""耻言兵"逐渐转向文人论兵的风潮。书中主张用兵之道，仁义为本，权谋则是第二位的，这应和了《司马法》中以战止战、杀人安人的战争伦理。书中强调将帅的德行，"道之以德，齐之以礼"（《武经总要·选将》），"恕己以治人，推惠而施恩"（《武经总要·将职》），注意抚恤士卒，"知其饥寒，悉见其劳苦"，"战胜，则与众分善"，不能自占功劳，应当"推与下分之"，如此方可上下同欲，同心一力（《武经总要·叙战中》）。书中还一反当时呆板的阵法和作战套路，重新树立"兵贵知变"的思想认识，讲究"奇正"，因情势变化灵活用兵，并在后集中引用城濮之战、长平之战等战例强调奇正谋战。

7. 以步制骑，防御为主

书中坚持孙子的全胜思想，"不战而屈人之兵"。由于北宋与游牧民族的对抗多是以步制骑，书中多次体现了以防御为主的战略战术，不渲染积极主动的进攻。守城时如果敌军来袭，我方应静默等待，不要主动出击，直到敌军进入我有效攻击范围再"以术破之"，如果敌方主将亲临，我方当以强弩、飞石毙之，如此，敌方群龙无首，势必军心涣散，进而撤退；如果敌军言和或称降，我方也不能松懈，应当更加注意防守，"防其诈我"；如果敌军久攻不下而撤退，必定疲惫不堪，我军"蹑而袭之，必破"。又如遇敌突袭，且部队严整声势浩大，我方"须择险地自固，卑词禁掠，无激其怒"，等待对方懈怠或休整时再迅速出击，可见作战十分注意时机利害，避其锋锐，谨慎保守（《武经总要·军争》）。同时，书中"以战代守，以击解围"的主张，反对朝中的怯战风气和消极防守的倾向，也体现了一些积极防御的思想。

8. 君不择将，以其国与敌也

强调将帅的重要作用和军纪的重要性。在"将从中御"的大背景下，本书开篇就强调了将帅的重要作用，"将者，民之司命,国家安危之主,三军之事专达"(《武经总要·将职》),"有必胜之将,无必胜之民"(《武经总要·选将》),"君不择将,以其国与敌也",强调了将帅是战争胜负的关键,选将失败无异于把国家拱手送给敌人。才能是选用将帅的最高标准,不能因为地处偏远、地位低贱或身负罪责等因素遗漏了人才。书中列举各种史例,如齐桓公不计射钩之仇,任用管仲完成霸业;百里视(别名:孟明视)三次惨败,秦穆公依然赦免并任用他,最终大破晋军;更不用说司马穰苴选拔寒微之人,吴起选用底层士兵组建"魏武卒"等等,都是以才能为选人标准,而不是靠身份背景相貌等因素。

本书拓展了孙子的选将之说,主张"五才为体,五谨为用"。"五才"指智、信、仁、勇、严,没有智慧不足以判断敌情、随机应变,没有信任难以有效统领部下,心存仁义能够使安抚民心,并使百姓追随自己,没有勇武之德不足以决胜疆场,没有严明的纪律不能统一军队的力量。"五谨"指理、备、果、诚、约,应当合理使用兵力,随时保持战备状态,遇敌杀伐果断不贪生怕死,戒骄戒躁,打了胜仗也要像刚开始作战一样严谨慎重,法令则要简单明了、高效克制。平日选将还可以配合使用"九验""九术"等手段考察人才,如远观其忠诚,近看其恭谨,有意下发繁重的任务考察人的能力,出其不意地提问观察他能否应变等等。同时,对于"五危、六败、十过、十五貌情之不相应"等情况保持警惕和清醒认识。

北宋内外战争频繁,刺激了兵学研究的需求,《武经总要》的产生正值我国先秦以来传统兵学发展的第二次高潮,而以国家力量编纂兵书,由宋仁宗亲自下诏并为其作序,这在中国历史上是空前的。《武经总要》总前人精华,数历代得失,继承和发展了宋代以前的重要军事思想，把军事理论与战争实际相结合，为实战提供了积极的政策指导，可惜贯彻不力，北宋军中痼疾难除，终不免于内外交困的局面。

作为现存最早的大型综合类兵书，《武经总要》在中国乃至世界军事思想史和兵器技术史上都占有重要地位。本书一改"重道轻器"的传统，综述了北宋时期的武器装备的发展，其中，明确记载了三种火药配方，为开发军用火器提供了条件。本书的史料价值也不限于军事本身，其对宋朝水师巡视南海的记载，说明了我国早在宋朝就对西沙群岛行使了主权管辖。本书材料丰富、具权威性，且门类齐全、体例完备，对后世兵书影响深远。不过，虽然本书强调"不以冥冥决事"，却依然设有"占候"五卷，反映了阴阳五行占卜之术在中国古代军事活动中的特殊地位。

十八
《何博士备论》

【其书其人】

1. 中国第一部军事人物评论集

《何博士备论》是宋代文人论兵的代表作,全书共1卷,28篇(今本缺2篇),是中国第一部军事人物评论集。该书采取史论结合的方式,对战国时期至五代时期的兴衰成败和22个军事人物的用兵得失进行了系统评述,其论点鲜明,论证充分,重在借鉴历史,以为今用。苏轼赞曰"其论历代所以废兴成败,皆出人意表,有补于世"。日本人曾据该书的《浦城遗书》本进行重刊。欧洲一位名叫佛郎塞尔的学者还用英文翻译出版了这部兵书。

2. 屡试不中的武学教授

《何博士备论》作者何去非,字正通,北宋浦城(今福建浦城)人,生活于宋神宗、徽宗年间,生卒年不详。宋朝武学博士,长于对策,喜谈兵学,受命参加过《武经七书》校订,著有《文集》20卷、《备论》4卷、《司马法讲议》3卷、《三略讲议》3卷,都是重要的军事文献。

何去非喜欢读书,学识渊博,贯通经史,对天文地理,阴阳术数也颇有研究,尤其喜好兵学。然而,其屡次科举考试都不能中,在宋神宗元丰五年(公元1082年)方以"特奏名"的身份参加了由宋神宗"亲策进士"的殿试。考官曾巩对其所论兵法之要大为赞赏,向宋神宗力荐,宋神宗颇为赏识,授其右班殿直武学教授。不久，升为左侍禁武学教授，受命参加《武经七书》的校订，书成后任武学博士。因其为人正直，于元祐四年底因"不苟合当时公卿"而被贬出京师，到徐州（今属江苏省）任州学教授。苏轼发现其才能后，对他的遭遇也很同情，曾先后两次向朝廷苦心举荐他，试图将他的武职头衔转换为文资，从而帮其改变处境。但北宋中后期"崇文抑武"的意识观念非常严重，何去非终未受到重用。后何去非于绍圣四年（公元1097年），改任富阳（今浙江富阳）知县，他兴筑富阳石堤，以抵御钱塘江洪水，并使得交通便利，部使者将其政绩上奏，于建中靖国元年（公元1101年），改任沧州（今河北沧州市东南）通判，由于他勤政有方，政绩显著，又深得百姓拥戴，因此又被调回京城，出任司农寺丞。后因何去非力求外任，所以又改任庐州（今安徽合肥市）通判，在庐州去世。

【思想精要】

《何博士备论》主要从战略的高度，对战国至五代的废兴成败与军事人物进行分析研究，提出了伐谋与伐交相结合、注重把握战机、适时用兵、强化边防等战略思想以及奇正并用、避实击虚、出其不意、攻其不备等战术思想，并论述了御将为将和治军之道。

1. 德为上，智次之，力再次之

战略服从于政略，明智的国君治军理政务必以"德"为上。有"德"则可获得民心，有"智"则使民心亲附，有"力"则使民心畏服，三者得天下，德为上，智次之，力再次之。作者在《楚汉论》中指出，以德取天下的是夏、商、周三代；以力吞并天下的是秦朝；以智谋取天下的是刘汉。以力取天下不如以智取天下，以智取天下不如以德取天下。作者以刘汉为例，重点分析了智士能人对取得天下的重要性。楚汉相争，刘邦胜在有得天下之志和能够集天下智士而用之，而且善于用人所长，赏罚分明，在智谋上，能够采纳张良、陈平、韩信等智士的建议，而且任用不疑，这就是善于用智；而项羽，虽有勇力，部众善战，但往往不能采纳范增等谋士的建议，常以勇力争于天下，虽强，但无得天下之谋，最终败于垓下。作者强调，智谋，是获胜的关键，胜于勇力，要善于加以运用。

虽然相对于"德"与"智"来说，"力再次之"，但是必要时不可不用，即作者所说："兵有所必用"。

用兵打仗，是国家的大事。古代的君王，有忘战厌战的，则国家危矣；有好战乐战的，国家也危矣。由此看来，国家因穷兵黩武而变得危险，也因废兵忘战而变得危险。所以，国君动用武力，要深知什么时候该用兵、什么时候不该用兵，既不能穷兵黩武，也不能置国家利益于不顾而不用兵。作者在《汉武帝论》一文中指出，从汉高祖刘邦被围困在白登山后，就开始以和亲与馈赠财物的办法满足匈奴的贪暴，文帝、景帝也采用顺从取悦匈奴的办法来稳住匈奴。但匈奴入侵的暴行，从来没有停止。由此来看，如果不使用武力惩治匈奴则后患无穷。到汉武帝时，匈奴对汉朝的威胁深重，此时正是应该出兵反击的时候。汉武帝深察天下形势，看到了和亲、纳币的弊端，经过充分准备，挑选精兵，任用贤将，多次出击匈奴，将匈奴驱逐至漠北，彻底解决了困扰汉朝的外患。对匈奴的战争之所以能取得胜利，是因为那时的形势已经到了必须使用武力的时候，即"兵有所必用"。作者严厉批驳了那些评论武帝穷兵黩武的言论，肯定了武帝对匈奴的反击战，说明确定国家军事战略要依据客观形势变化而有所不同的道理。他认为，这些军事行动虽说劳师耗财，但影响非常深远。假使没有汉武帝，那么汉朝世代将遭受边患，而军队戍守边疆、转运军饷的费用会不断增加百姓的负担，国家才真正面临危险了。

2. 集权统一，权势相辅

作者在《唐论》里主要论述了帝王之术，强调帝王要集权，尤其要掌握核心权力，以维持统治秩序。而权力又依仗于势力，帝王在拥有权力的同时，也要注意培养维护权力所需的势力。"据天下之势，必有所以制天下之权。盖权待势而立，势待权而固"。唐朝兴盛时期，皇帝牢牢掌握天下大权，维持着良好的统治秩序，再加上明君有所依仗，有所作为，天下安定太平。到了中后期，安史之乱后，由于皇帝所依靠的势力逐渐没落，权力渐渐分化，内被宦官掌握，外被藩镇占有，形成了割据势力，而皇帝无权遏制，无力征讨，最终导致衰落灭亡。

值得注意的是，作者强调"集权统一"的同时，认为君主应当志高且坚，善用其机。想要建功立业，一定要胸怀大志，要有等待机遇的耐心，要有把握机遇的决心和胆魄，也要善于把握机遇。作者在《宋武帝论》中强调要善于把握机遇，"而吾有以应之，莫不中理者，在乎善用其机"。机遇来去难以捉摸，是人们无法掌控的，但要时刻准备着，一旦机遇来临，就要迅速把握，从而建功立业。东晋不把握淝水之战后秦、燕并峙的机遇而错失了恢复天下的良好机遇，终被刘宋取代；刘裕攻下关中之后，不把握东向发展乘势统一天下的机遇，反而返回江东，建立了刘宋，偏安于一隅，可见建立远大志向，善于把握机遇的重要性。

3. 周密筹划，伐谋伐交

战争，是敌我之间你死我活的斗争，无论军队强弱，形势如何，都要周密谋划、准备充分，不能存有侥幸求胜的心理，否则，就可能招致覆军杀将的危险。作者在《魏论上》中重点阐述了作战求侥幸的危险性。他认为，曹操自负智计过人，经常不顾危险，侥幸求胜，以致数次陷入危困之中，险些导致失败，"是以数乘危而侥幸也"。当今时代，战场作战的情势更加透明，所有的行动几乎都会在对方的视线下，这就要求我们作战一定要谋划周全，行动一定要缜密，不能自恃能应对各种情况，更不能以侥幸求胜。

周密筹划战争全局的同时，作者强调要分清主次，重视伐交。只有灵活运用外交和军事手段，才能使战略谋划得以顺利实施，从而达到保存自己，消灭敌人的目的。作者在《六国论》中充分论述了六国亡于秦的原因，就是互相攻伐和被秦攻伐，而忽视了秦这个强大的敌人。"自战其所可亲，而忘其所可仇故也"，国家有强有弱，也有地理位置的远近，面对强国的威胁时，弱国要注意团结，灵活运用外交和军事手段，外交上亲密，抱团取暖，军事上联合，同攻同守，以制衡强国。而不能过于依附强国，受强国摆布，以致外交上互相猜忌、甘为强国附庸，军事上见危不救、互相攻伐，最终被强国所灭。地理上的远近会影响军事行动，要善于克服地理条件的不足，主动通过联合派兵坚守要地、密切预警协同等办法来达到防守目的，而不是被动观望，造成军事行动的迟缓，从而影响战局。

4. 相机攻守，不拘古法

作战问题是《何博士备论》的重点内容，作者用了大量篇幅研究前人作战的经验教训,提出了一系列颇有见地的作战思想。

(1)当攻则攻,当守则守。进攻和防守是军事行动的两种基本方式,作战时一定要辨明形势,应当进攻时一定要进攻,应当防守时一定要防守,注重攻防转换,才能立于不败之地。"兵,有攻有守;善为兵者,必知夫攻守之所宜"。作者在《秦论》里指出,秦亡的原因在军事方面是因为其应当采取防守策略时却用了进攻策略,疲于应对四方起义的队伍,从而导致了失败。这是一个比较新颖的观点,单从军事层面来讲,秦军有绝对的优势,然而在政治、民生上,秦二世时期大权旁落、政治腐败,内忧不断,加之六国之地归秦不久,民心尚未完全归附,统治根基不稳,且"天下苦秦久矣",形势对秦极为不利,此时采取防守策略,从军事上来讲,是一个不错的策略,至少可以保住秦地,而不至于大军孤悬在外,关中空虚,使起义军有可乘之机,可见,攻守选择的重要性。

(2)不拘古法,灵活用兵。兵法,是用来教导人怎么用兵的,其具有理论性和系统性。兵法可以教出一批优秀的将领,同样也教出了一批纸上谈兵、夸夸其谈的庸才。所以,用兵不可拘泥古法,而应融会贯通。根据实际情况灵活运用以取得战争胜利的将领才是真正学透了兵法的人。作者在《霍去病论》中着重强调了用兵不要拘泥于古法,应该根据实际情况,创造性地运用兵法原理,以取得战争的胜利。"盖兵未尝不出于法,而法未尝能尽于兵",霍去病不深学孙、吴兵法,却能知用兵之要,精兵轻袭,击溃匈奴,打通河西走廊,可见其真正掌握了用兵的精髓。

(3)因事设奇,变化无穷。作战要根据敌我形势设定计策,依据实际情况制定方略,要将兵法原理同战场形势结合起来,灵活运用战术，战胜敌人。作者在《魏论下》中强调了要灵活运用兵法的重要性。"是以能神于用而不穷"。曹操和韩信用兵，多出于《孙子兵法》，但他们能够根据实际情况，灵活运用战略战术，以至于变化无穷。作战时，他们常能巧妙抑制敌人的长处，用智谋弥补自己的不足，抓住重点，捕捉战机，击溃敌人。作者告诉我们，学习兵法，要悟透用兵原理，通晓诸多变化，灵活加以运用，才能在战争中取得胜利。

（4）能隐能忍，战贵待机。在战机未出现时，要善于忍耐，战机出现时，要迅如闪电。忍耐是为等待有利战机，在忍耐时要注意隐藏实力，迷惑敌人，同时做好一切行动准备，等战机出现时，在充分掌握情况的基础上，迅速行动，击败敌人。作者在《司马仲达论》中强调了战机的重要性。足智多谋的司马懿在军力占优的情况下，为了等待战机，能够忍受诸葛亮的侮辱谩骂，坚守不出，最终把诸葛亮耗死在五丈原，致使蜀军退兵，做到了不战而屈人之兵。同时，作者也在该篇中论述了君臣相处之道，在于君不妒臣，臣不惧君，君臣和睦，上下一心。曹操虽然用司马懿，但一直对司马懿有所防范，司马懿力求自保，始终隐忍，不显山不露水，只作参谋不带兵打仗。然而，曹操死后，司马懿开始带兵打仗，显示出了非凡的智慧和军事才能，最终篡取魏国，其后代司马炎统一天下。

（5）敢于用奇，出其不意。作战要敢于用奇，奇谋的作用在于出其不意，往往能收到奇效，从而夺得战争的胜利。作者在《蜀论》中分析了用奇的道理，"善为兵者，攻其所必应，击其所不备而取胜也，皆出于奇"。诸葛亮以隆中对，辅佐刘备占领岷州、益州和半个荆州，形成了三足鼎立之势，但魏强蜀弱的局面仍然没有改变，对魏作战更应用奇，然而诸葛亮智谋虽多,却过于谨慎,该用奇的时候不敢用奇,也不采纳魏延的奇计,常常千里运粮,不是败于司马懿所率领的魏军,就是因粮草不足而撤退,要么就是违背"将在外君命有所不受"的原则,被刘禅召回。以至于六出祁山,未能攻破魏军,身死五丈原,令人叹息。

(6)用众则分,多点攻击。当军队数量众多,甚至有几倍于敌人的兵力时,要善于分兵作战,多方面攻击敌人,不仅便于指挥,也可以使敌人应对不暇,从而战胜敌人。作者在《苻坚论上》中阐述了分兵的重要性,"盖众而恶分,则与寡同",苻坚集中百万军队,南下进攻东晋,豪言将马鞭投入长江,能使江水断流,然而其军队军心不一,指挥混乱,已经有了隐患,但即便如此,对东晋仍有较大的胜算。苻坚统帅如此众多的军队,却不知道兵分几路进攻东晋,反将军队集中在一起,专攻寿春,被东晋军队击败其前军,败退的军队冲乱其后军,致使苻坚全线崩溃,草木皆兵。作者也指出,要想用奇,就必须分兵,指派担任奇兵的分队执行特定的任务。同时,作者也强调,分兵不是绝对的,"盖兵有众寡,势有分合,以寡而遇众,其势宜合,以众而遇众,其势宜分",要根据实际情况决定是否分兵,才能做到指挥如一,克敌制胜。

5. 审机察变,立足有据

发展,需要空间和资源,尤其在乱世,要想建立统一全国的大业,就必须要有根据地,以此来不断发展自己的力量,获得夺取天下的实力,同时,要审时度势,不以弱击强,招致灾祸,丧失发展的机会。作者在《吴论》中以孙坚、孙策、孙权三代建立保卫吴国为例,论述了获取根据地,发展力量的重要性。孙坚在各路诸侯讨伐董卓的战争中发展壮大,但其看不清形势，多次丧失重要机会，也不占领根据地，最终战死。孙策勇武有力，富有智谋，又有智士辅佐，吸取了孙坚的教训，向袁术借兵平定江东，获取了大量根据地，得到了发展的空间，依靠长江天险，建立了吴国。孙权继承父兄的遗志，不断笼络志士仁人，巩固东吴，最终联合刘备，在赤壁击败曹操，保全了江东，形成了三足鼎立的态势。同时，孙权审时度势，知道其力量不足以同曹操抗衡，一直采取守势，不轻易进攻曹魏，甚至接受魏国的册封，以保全吴国，不断发展壮大。

6. 师不必众，要在于治

治军为军中头等要务，军队能不能打胜仗，取决平时的训练和管理。何博士对此高度重视，针对严格治军提出了若干颇具价值的观点。

（1）军纪严明，恩威并施。纪律是军队的生命线，只有纪律严明、作风过硬才能有力执行命令，充分贯彻作战意图，实现作战目的，因此纪律严明的军队往往攻必克，战必取。作者在《李广论》中充分说明了纪律的重要性。"治国而缓法制者，亡；理军而废纪律者，败"。李广治军不注重纪律，而以恩情使士卒亲附，虽然因作战勇敢，富有谋略，战功卓著多次受到武帝奖赏，但终因征讨匈奴时迷路误期而自杀，未得封侯。与李广相对的，程不识则谨慎稳重，治军纪律严明，有章有法，虽然建功没有李广多，至少不像李广那样不是大胜就是大败，最终得以封侯。另外作者指出，用恩情治军，实际上是私情，主动权在士兵，用纪律治军，实际上是公事，主动权在将领，公事的约束力大于私情，所以才能确保军队纪律严明，当然，恩威并施、纪律严明才是治军最好的方法。

（2）精兵制胜，重在质量。两军交战，兵有多有少，多有多的用法，少有少的用法，兵多者能正确使用，必能战胜兵少一方，兵少者能勇敢无畏，善于运用谋略，往往能战胜兵多一方。善用精兵者，是用兵之勇、用兵之奇，在战争中出奇制胜的。作者在《汉光武论》中提出了精兵制胜的观点。"师不必众也，而效命者克；士无皆勇也，而致死者胜"。善于打仗的将领能够清楚地知道自己所能统帅的军队数量，而且能指挥如一，灵活运用，或以众击寡，或以精兵出奇制胜。作者指出，兵力的多少在一定程度上影响着战争的胜败，但不是绝对的，兵多的时候更要谨慎，不能骄傲轻敌，这样就不会有失败的危险，兵少的时候不能畏惧，而应激励官兵勇敢顽强，不怕牺牲，集中精兵，攻击敌人的薄弱地方，从而以弱胜强，反败为胜。

（3）建章立纪，严明奖惩。作者在《五代论》里论述了帝王要及早着手建立章法纪律，严明奖惩，以遏制强臣骄兵，从而安定天下。由于五代时期，征战连年，需要激发官兵的雄心，君主们纷纷加大奖赏，甚至出现了滥赏，而不注重纪律约束，致使官横兵骄，目无君主，往往刚刚安定一方，稍有太平，便出现反叛，以致政权更迭。作者强调，要及时对官兵加以监督和整顿，严格纪律约束，严明奖惩措施，才能使官兵敬畏帝王，心悦诚服，从而维持统治秩序，安定天下。

7. 防患未然，巩固边防

边防是不可忽视的事情，要运用正确的策略，管理好边境的人民，搞好民族团结，使其"内附"。作者在《晋论下》中论述了对少数民族的管理和巩固边防的重要性。"天下之祸，不患其有可睹之迹而发于近，而患其无可窥之形而发于迟"。作者一再强调，要加强对边境少数民族的管理，搞好民族团结，消除民族矛盾，及早发现其中存在的隐患，将其消弭于无形。同时，注重巩固边防，不让其形同虚设，一旦产生灾祸，能及时有效抵御。

作为在北宋"崇文抑武"大环境下铸就的一部文人论兵作品，《何博士备论》有着其天生的局限性。何去非内心深处对战争及武将的抵触情绪表现在军事战略上则是过于强调"德""仁"的作用，这与兵行诡道的功利观是相违背的，需要我们有扬弃地看待与吸收。但此书却可以显示其人有独特气质，其书有独特风格。更应当肯定的是，何去非以文人之法，论述军事，借鉴历史，以古论今，颇具战略眼光，对当时的宋王朝制策定略，有深刻的借鉴意义，他提出了许多鲜明的观点和深刻的见解，也颇为后世所称道。

十九
《守城录》

【其书其人】

1. 最早介绍火器的城邑防御专著

《守城录》是宋代城邑防御的专著。全书由陈规所著的《守城机要》《〈靖康朝野佥言〉后序》和汤璹所著的《建炎德安守御录》三部分组成,原各自成帙,宋宁宗时期以后合为一书,刊行于世。该书根据攻城武器的发展和实战经验,着重阐述了守城战法的改革,是我国古代一部影响最大、价值较高的城防专著。

2. 陈规守城之功,汤璹记录成书

陈规,字元则,密州安丘(今属山东)人。陈规是宋朝力主抗金的文臣,在抗金斗争中战绩卓著。熙宁五年(公元1072年)生,青少年时喜读兵书,重视研究军事。成年后,兼有文韬武略。靖康元年(公元1126年),以通直郎知德安府安陆县事。到任后,即全力加强城防,改造城池,创制长竹杆火枪,改进抛石机,率领部卒坚守德安城。从靖康元年到绍兴二年(公元1126-1132年),有一股被金军战败转而为盗的乱军九犯德安,陈规率军"九攻九拒,应敌无穷"(《守城录·建炎德安守御录》)。当时中原州郡全部陷于金军之手,唯有德安城仍固守在宋军之手而岿然不动。史家称道:"自绍兴以来,文臣镇抚使有威声者,唯规而已。"

陈规因功升德安知府及德安府复州汉阳军镇抚史。后又改

任顺昌（今安徽阜阳）知府。绍兴十年（公元1140年），陈规协助东京（今开封市）副留守刘锜坚守顺昌，击退了金兀术数十万军队的围攻，因功升为枢密直学士。绍兴十一年（公元1141年），宋、金议和后，移任庐州（今合肥市）知府兼淮西安抚使。次年，病死。

汤璹，字君宝，潭州浏阳（今属湖南）人，生卒年月不详。淳熙十四年（公元1187年）进士，历任德安府（今湖北安陆）教授、太学录、大理寺少卿等职。在德安府任上，汤璹追记陈规在靖康元年末（公元1126年）和二年初守德安府的事迹。宋光宗绍熙四年（公元1193年），汤璹将写成的《德安守御录》上下二卷上呈朝廷。后来宋宁宗下旨将此书和陈规所作《〈靖康朝野佥言〉后序》一卷和《守城机要》一卷合并，汇编为《守城录》四卷。

【思想精要】

《守城录》由三部分组成，共四卷，约17800字，分别写作于三个时期。第一部分为《〈靖康朝野佥言〉后序》一卷，由陈规撰写于绍兴十年（公元1140年）守顺昌之时；第二部分为《守城机要》一卷，由陈规撰写于守德安之时；第三部分为《建炎德安守御录》上、下卷，由汤璹撰写于淳熙十四年（公元1187年）后任德安教授之时。这三部分内容原本各自成帙，大约在宋宁宗（公元1195–1224年）后才合编为一书。后被《四库全书》《守山阁丛书》《墨海金壶丛书》《瓶花书屋丛书》《丛书集成初编》等丛书本收录。《明辨斋丛书》选收了《守城机要》与《建炎德安守御录》。另有清乾隆四十年（公元1775年）抄本，以及嘉庆、道光时刻本。该书在火器已用于作战，攻城手段有新发展的历史条件下，集中阐述了守城作战指导与城防体制改革的思想。

1. 守城当勇抗强敌、守中有攻

《守城录》提出守城的核心是勇抗强敌，积极守城，守中有攻。陈规针对当时金兵锐不可当，宋军望而怯溃的现实，指出："强者复弱，弱者复强，强弱之势自古无定，惟在用兵之人何如耳！"只有守城者坚定信心，敢于以弱抗强，顿挫攻敌，才能转弱为强，战而胜之；否则，就会"终止于弱而已"。

针对当时攻城手段的发展，他着重驳斥了所谓"金人攻城，大炮对楼，势岂可当"的悲观论调，认为守城作战的有利条件甚多，应以积极态度对待守城，做到处处高敌一筹。当敌军以云梯、对楼、鹅车、天桥等一般手段攻城时，守城者居高临下，"诚可谈笑以待之"；当敌军以大炮攻城时，守城者只要把自己的大炮从配置在城头改为暗设在城里，由城上守军指示目标，即可有效地摧毁敌炮、敌军；即使敌军攻越了城墙，守城者犹可在城内重重设险，置敌于死地。"凡攻守之械，害物最重，其势可畏者，莫甚于炮。然亦视人之能用与不能用耳。若攻城人能用，而守城人不能御之，则攻城人可以施其能；若守城人能用，则攻城人虽能者，亦难施设。"由此得出结论，汴京的失陷，并非金人"善攻"，而是宋军"失计"。该书十分重视"守中有攻"，将其视为争取主动、消灭敌人、夺得胜利的重要手段。认为只守不攻是"自闭生路"，守中有攻才是"善守城者"。

2. 城防改革当利于守城、便于出击

在《守城录》中，作者从防御重达百斤以上的大砲攻城出发，着眼于守城和出击两利的原则，对城门、城身提出一系列

改革措施,并主张建立重城重壕的防御体系。

关于城门的改革措施有:由旧制一重门改为三重门,以利重重设防,阻敌破门而入;拆除旧制不堪炮击的瓮城,于城门内外各筑一道高大坚实的护门墙,使敌莫测城门的启闭和守门的部署;增高旧制门楼,由一层改为两层,以利上施弓弩,下施刀枪;于城门通道设置暗板,以利阻止破门突进之敌;将旧制吊桥改为实桥,以利守军随时出击,使敌人莫测虚实;多设暗门、突门,以利突然多路出击,攻敌不意。

关于城身的改革措施有:收缩四方城角,使敌不能夹角施炮,乘机登城;在城上广筑高大的鹊台,台上立墙,墙上设"品"字形射孔,既能防敌炮击,又利观察和战斗;拆除旧制马面墙上不能防炮的附楼,另筑高厚墙,墙上设"品"字形射孔,以利掩护自己,击杀敌人;改造旧制羊马墙,加筑鹊台,台上筑墙,墙上亦设"品"字形射孔,以利战斗。一旦敌人填壕攻城,即可从大城之上和两侧羊马墙内三面击敌。该书认为,"凡攻城者有一策,则以数策应之"。

所谓重城重壕的防御体系:即于大城之内,再修筑一道里城、里壕,造成重重设防、严不可犯之势。使攻城者望而生畏,即使能突破外城,也无法突破里城,从而确保"城无可破之理"。

3.守城战术当制砲用砲、固城制敌

陈规选用坚实大木,聘请高明木匠,制成各种适用的抛石机,备足30—60斤重的各种规格的泥弹、石弹,对士兵进行抛石机机械使用的训练。把原来安于城上的抛石机,改置于城内的有利阵位处,由城上士兵导引抛射,准确命中攻城敌军,使抛石机在守城战中发挥了重要作用。并具体阐述了砲在守城中

新的使用方法，即由配置城头变为暗设城里，由城上观察目标，纠正射向和弹着点。

更为重要的是，他还亲自组织军事技术人员，利用火炮药制成长竹杆火枪20余支，由60人组成长竹杆火枪队，同捆绑干竹、柴草的300头火牛相配合，在绍兴二年（公元1132年）八月，击退了李横所部乱军用大型攻城掩体"天桥"对德安城的进攻。书中记载的陈规研制成的长竹竿火枪是世界上最早的管形火器，在科技史上具有重要意义。陈规本人也被史家誉为管形火器的发明家。

4. 守城精神重在激励官兵斗志

《守城录》第一部分《〈靖康朝野佥言〉后序》，作于绍兴十年（公元1140年）。《靖康朝野佥言》原为夏少曾所著，详细记述了靖康间金人攻汴始末。陈规在任知顺昌府之后，得知同僚中有人收藏《靖康朝野佥言》，便找来"熟读"。当他读到京城黎民凄惨的景况时，感到痛心疾首，不觉涕零，于是便边读边写，批驳了夸大金兵威势而灭自己威风的种种观点，总结了汴京失陷的教训，阐述了应该如何御敌的意见，并以此作为《靖康朝野佥言》的"后序"，遂成《〈靖康朝野佥言〉后序》一文。他写此文的目的在于借古启今，其着眼点是为夺取"将来"宋金战争的胜利出谋划策。

北宋靖康二年（公元1127年）正月，陈规在德安府（今湖北安陆）得知开封失陷的消息后，认为"都城之大，壕堑深阔，城壁高厚，实龙渊虎垒"之地，况且又有禁旅卫士百万之众，即便金军能乘一时之猛势前来进犯，也不至于遭致城破国亡的惨祸。当陈规了解金军攻破开封的全过程后，指出"金人攻陷京城，朝廷大臣与将吏官帅应敌捍御之失，虽既往不咎，然前车之覆后车之戒事,有补于将来,不可不备论也"。当朝廷要发兵救援太原时,有的大臣竟然提出"中国势弱,敌势方强,用兵无益,宜割三镇以赂之"的投降论调。陈规则认为:"势之强弱在人为,我之计胜彼则强,不胜彼则弱。若不用兵,何术以壮中国之势,遏敌人之强。用之则有强有弱,不用则终止于弱而已。"所以他指出:"强者复弱,弱者复强,强弱之势,自古无定,在于用兵之人如何耳。"在当时亡国投降之论充满朝野的情势下,陈规之论如石破天惊,有力地激励了爱国官兵抗金的斗志。

陈规指出,当时河东宣抚使统兵17万,加上河东义勇5万,共22万兵力援救太原,结果仍然失败,这是由于统兵将领没有将22万兵力分作几路进兵,而是集中在一路"直行而前",当与金兵遭遇时,只有少数先锋部队同敌作战,后面大部队拥挤堵塞,战斗力不能发挥,结果先锋部队一败,后面大部队也立即混乱溃退,一败涂地。这完全是由于统兵将领不善于指挥造成的。如果将22万兵力分作几路行进,一路为主力策应各方,一路深入敌境,袭击敌后,一路断敌后路,使其败不能退,一路用向导引路,伏兵于敌人运粮的路旁,断绝敌人的粮秣,一路断敌援兵,使敌军孤立无援,各路兵力的战斗力便能充分发挥,使敌应接不暇,即使一路失利,也不至于一齐败溃。所以开封的失陷,是援太原之战的失利造成的。陈规虽非职业军事家,但他的论述表明他是一位善于用兵并以谋略取胜的杰出指挥员。

陈规认为,善于守城的将领,小城能守,大城也能守。如金将尼玛哈进攻寿阳(今属山西)时,"寿阳城小而百姓死守,凡三月,残敌之众万人,而竟不拔,此必守城人中有善为守御之策者"。至于开封这样的大城也应能坚守。他说:"城愈大而守愈易",只要把全城分作若干区段,划定各守城军队分守的界限,并在战前做好各种守备设施,配置适当的兵力兵器,便能使敌不能登城。即使登城,也能置敌于死地;"敌欲入城,引之入城,已入,即死";像开封这样百里大城,即使有数步之地被敌人攻破,也不难将其消灭;开封之失,是由于守城之人不战而降敌,这不是敌人善于攻城,"乃守之不善也"。陈规认为,要进行守城战,"在乎守城之人于敌未至之前,精加思索应变之术,予为这备耳"。陈规的论述,切中开封失陷的要害。

二十
《历代兵制》

【其书其人】

1. 首部系统总结历代兵制的专著

宋代陈傅良著《历代兵制》，是我国第一部兵制专著，也是研究古代兵制的重要参考书。"兵制"，简而言之，就是指军事的制度，包含军队编制建制、作战指挥、建设管理等方面，是政治制度的重要组成部分。兵制的好坏对于国家的安危起着十分重要的作用，唐朝杜佑《通典·兵序》论兵制曰："若制得其宜，则治安；失其宜，则乱危。"《历代兵制》以年代为经，先后记述了西周、春秋、秦、西汉、东汉、三国、两晋、南北朝、隋、唐、五代时期的兵制及其沿革，尤详于北宋兵制发展状况，显然其目的在于以史喻今。诚如《四库全书总目提要》所言："傅良当南宋之时，目睹主弱兵骄之害，故著为是书，追言致弊之本，可谓切于时务者也。"

2. 敢于批评南宋时弊的陈傅良

陈傅良（公元 1137-1203 年），字君举，号止斋，浙江温州瑞安人，南宋著名学者、政治家、思想家、教育家。他一生致力于教学，官至中书舍人，负责替皇帝草拟诏书。陈傅良著《历代兵制》大概有两方面原因：

一方面是时代环境。宋代是我国历史上国防力量较弱的一代，就兵制而言，有其许多不合理之处。比如，北宋以国家收入的三分之二养了百万之兵，然而北有辽扰、西有夏袭，以致金人崛起，中原动荡；南宋税收还不到北宋的一半，养兵160余万，以至于国家积贫积弱，军队战斗力十分低下。为此，有识之士想到盛唐的景象，不禁惆怅满怀，纷纷研究历代兵制，希望从兵制的角度来探讨强兵之途，对历代兵制的研究成一时之风气，出现了许多讨论兵制的文论、奏状及相关著作，如叶适对南宋兵制的分析切中时弊，吕祖谦《历代制度详说》中列有兵制一门，还出现了如王铚《祖宗兵制》、钱文子《补汉兵制》等兵制史专著。可以说，《历代兵制》正是在南宋这种特定环境和政治条件下产生的。

另一方面，陈傅良教书以谋生计之时，他就常与温州的著名学者郑伯熊、薛季宣等人评论三代、秦汉以来兴亡得失的原因，并由此产生整理线索扩展成书的想法。在其所写的"策问"中有这样的表述："方今养兵甚厚而屡骄，将帅无显功，往往富贵极矣而意不满；上恩视汉有加焉，而无其报。厥咎安在？愿与诸君商汉氏之得失而悉数之，以推见其明效，据古驭今，于是采取焉。"

《历代兵制》依朝代顺序，直接引录或综述文献、史料，对西周的乡遂合一制，汉代的京师兵（南北军）、郡兵（轻车、材官、骑士），南北朝、隋、唐的府兵，唐代的彍骑、禁军，北宋的禁军、厢兵、藩兵，都做了详细的记述，从中可以看出后代兵制对前代兵制的继承关系和发展概况。其内容包括军队的编制、指挥、调发和宿卫番上，武官的选任和将帅的职权、兵员的征募和训练，兵种的区分和组织管理，纪律号令和赏功罚过、武器装备和供给军需等，是研究我国古代兵制的重要资料。

卷一至卷七，陈傅良的写法基本是先抄纂史料，叙述某个时期兵制的特点，再用案语来阐述自己的思想和观点。在正文中，还有一些他的自注，主要内容有注明史料出处、解释词语含义、补充说明正文内容、阐发议论等，用以指出其利弊得失，"以为世鉴"。陈傅良写此书的目的在于通过古今兵制对比，揭示当世兵制流弊，提供改革兵制的借鉴。作为一部总结、探讨历代兵制的著作，陈傅良的军事思想也正体现在这些内容中。当然，陈傅良作为封建文人，自然对封建君主大为粉饰赞美，把农民起义军则诬陷为"盗贼"，这是应该予以批判的。

《历代兵制》最早刊本已无从查考，现存的版本主要是四库全书本，其他如墨海金壶本、守山阁刊本、长思书室本、瓶花书屋刊本、静观堂刊本等，实际上都属于四库全书本。

【思想精要】

纵观人类文明史，有一种独特的现象总是伴随人类社会发展进程，那就是战争。作为不同种族、国家等集团之间暴力冲突的最高形式，战争往往反映了当时社会的基本形态。有什么样的战争就有什么样的军事制度。《历代兵制》通过对各时期各朝代军事制度的介绍评价，反映了作者本人的军事思想精华。

1. 寓兵于农，兵农合一

在评价历代兵制的优劣时，陈傅良常常以是否"兵农合一"为标准，可见"兵农合一"是其理想中的兵制模式。

兵役制度最早起源于夏商时期，随着国家的建立，军事制度开始启蒙。夏商时实行民军制，兵士都是生产劳动者，在战时临时出征，在组织形态上是军民合一。秦汉时期主要实行郡县征兵制，符合一定条件的公民都要服兵役；汉末三国时期主要实施世兵制，父死子承，兄终弟及，集中管理，世代为兵；

西魏至隋唐开始实行府兵制，平时为农，战时为兵，自筹战备，像花木兰"东市买骏马，西市买鞍鞯"就是这个意思；唐朝后期至宋代，随着用兵增多，再加上腐败严重，开始实行募兵制，就是国家出钱征集士卒，士卒以军饷为收入来源。如此看来，宋之前，各类兵制大致可以分成"寓兵于农"和非"寓兵于农"两大类。

《汉书·刑法志》：殷周"因井田而制军赋……有税有赋，税以足食，赋以足兵。"这印证了在西周时期是实行兵农合一的制度。当然，这与当时社会的生活生产条件是离不开的，由于财政条件难以维持数目庞大的脱离生产的职业军队，实行兵农合一就成了最优选择。士卒居家则为农，农隙则习武，出征则为士，哪一头也不耽误。

在《历代兵制》中，陈傅良对"寓兵于农"高度赞赏。他详细介绍了周朝兵农合一的"六乡六遂制"。周朝把国都近郊称之为"乡"，远郊称之为"遂"，近郊远郊共划分六乡六遂，再通过详细计算，为每乡每遂配备一定数量的士兵，并将六乡当作常规军，六遂当成预备军。他认为，这样的兵制有两个好处：一是每个男子最多服一次兵役，二是士兵在服役期间大多数时间并不服现役，并没有完全脱离耕种和狩猎之类的劳动，这样就做到了"兵"和"农"的最大结合。

这实质上讨论的是兵役征发的制度问题。陈傅良称赞西汉兵制"民有常兵，而无常征之劳；国有常备，而无聚食之费"（《历代兵制·西汉》），即民众照常服兵役却没有常年征战在外的辛劳，国家保有常备不懈的军事力量，却没有养兵费食的巨大消耗。西汉的军队分为郡国兵和中央兵。郡国兵的兵官名曰乘之、材官、骑士，凡年龄为23到65岁的男子都要服兵役，役期为两年。一年为卫士,即到京师或到边境当一年"戍卒"。一年为材官、骑士,即在本地当一年"正卒",接受军事训练,充当郡国的常备兵。此外还要戍边三日。由于路途遥远,交通不便,只能由少数人戍边一年,但其他不戍边的男子要每人出钱三百,交给官府,由官府转交给戍边一年的人。即使是旧将功臣之家,也要向国家缴纳兵赋;宰相之子,也要奉调戍守边境。民众有获得免除兵赋的可能,有得到减免人头税的机会,不愿自己戍边的人也可出钱给官府雇人代役,以这种方式实现兵农合一。再如,西汉的将军都是根据战时征伐任务需要而临时设置的,没有固定的员额和常设的职务,一旦发生周边少数民族入侵,则由皇帝从中央任命将帅,征发五校尉营骑兵,并征入六郡清白人家子弟为兵,有命出征,无命归朝,一旦战事结束即遣散,实现"无聚食之费"。

总的来说,"藏兵于民"的理念与西方一些国家"全民皆兵"的制度有相似之处,与我国现行兵役制度中的预备役制度也有一定的渊源关系,甚至与学生、职员"军训"的优良传统有异曲同工之处,有一定的借鉴价值。

2. 居重驭轻,强干弱枝

陈傅良通过研究历代兴衰,总结得出想要政权稳定必须要军权稳定这一朴素道理。他指出:"兵之所在,权实归之,在外则外重,在内则内重。"(《历代兵制·东汉》)"内外轻重,一系于兵"。这实际上阐释了政权与兵权的关系。

在对兵权的掌握中,中央与地方的关系一直备受瞩目、至关重要,处理得好则国泰民安,处理不好则群雄逐鹿。因此,在中央集权的古代社会里,居重驭轻、强干弱枝是最重要的兵制建设原则之一。陈傅良也主张"强干弱枝","天下之兵皆内外相制",反对"诸王擅权"。以这样的原则,就可以保证中央与地方关系的稳定平衡,特别是皇帝对军权的绝对控制,即"壮根本而严卫翼也。"他还举例指出,周天子的亲军——王畿(指王城周围千里的地域)的军队是不轻易出征的,征伐四方主要使用诸侯国的军队,有时则只是象征性地出兵。到了秦统一六国后,在全国范围内推行郡县制,收缴兵器、摧毁城郭,避免各地为战、尾大不掉,进一步巩固中央集权。

在全国各地兵力的部署上,陈傅良认为务必在京师和其他战略要地上,由中央直接掌握的重要兵力驻守,中央军与地方军必须相辅相成。对此,陈傅良在《历代兵制》中对汉代兵制着墨颇多,并给予高度评价,指出汉代兵制延续秦置材官于郡国,而京师有南北军之屯,京师之兵,南军是卫尉所领的警卫部队,指挥所设在宫城之内,卫士们沿宫墙安营驻扎,守卫宫城。北军是守卫京城的常驻部队,平时在京城巡逻稽查,防盗防乱,战时以一部或全部随将军出征作战。南军、北军一居于内,一居于外,目的都是在于互为表里,相互制约。

汉武帝时,始发中尉卒击南越,然而担心都城没有重兵护卫,于是增加了军七校,又在郡县中有声望的家庭中选取了擅长骑马射箭的子女组织了"期门""羽林",这便是之后大名鼎鼎的御林军。从秦至汉初,皇帝的贴身禁卫即郎中令及其属官(包括郎、谒者、大夫等),基本上还属文官性质,并未成为真正意义上的警卫部队,所以这支中央常备军的建立,将大幅度地加强和巩固中央集权。

东汉省都尉,除都试之法,罢内地州郡兵,一旦有事,便调遣京师兵,从此"王师无复镇卫之积,而奔命四方之不暇。"其后,为了镇压羌民,广为招募,使边兵独重。黄巾起义后,又增置十三州牧，总管一方军、民、财政大权，久之则形成割据局面。曹操统一中原后，将兵权收于中央统管。曹丕称帝后，始置都督诸州军事，地方的兵权又归于州牧，中央军则归大将军，兵权再次外聚于州牧，内归于大将军，天子亲兵有殿中苍头、黄门，魏主曹髦为司马昭所杀。晋武帝时期，武帝吸取曹氏孤立的教训，大封同姓，使"禁兵外散于四方"，有名的将领变成了私人的军事力量，这就为"八王之乱"埋下了祸根。

到了唐玄宗时，沿边设置了10个节度使（地方的军政长官），从此天子精兵都分布于藩镇。于是酿成安史之乱。五代承唐末之弊，数十年中皆处于"国擅于将，将擅于兵"的混乱状态，李存勖、李嗣源、李从珂、刘智远、郭威等皆提本镇之兵，乘内轻外重之势而夺取政权。宋太祖深鉴唐末、五代方镇强、天子弱之流弊，尽收方镇兵权，加强对军队的直接控制，全国所有正规军队一概列为天子禁兵，使内外相制而无偏之患。

中央与地方的关系历来是各级关注的焦点。对于中央来说，地方太强了不行，太弱了也不行，要找到平衡，就需要找到一个度。总的来说，强干弱枝不失为一种好的方法，因为地方弱一点，即使作乱只会对朝廷政权稳定造成一定危害，但如果地方太过强大，威胁到中央的安全，则有国之不国的危险。

对于一级组织、一个单位而言，同样存在"干"和"枝"的关系处理问题，直接表现在执行力上。主干机构强，分支机构就有执行力；主干机构弱，分支机构就有可能搞选择性执行。我们强调"干"要强于"枝"，但并不能不注重"枝"的建设。在这一点上，《历代兵制》偏重于中央军作用而轻视了地方军事组织的地位，忽略了对地方军事组织发展变化的研究，应予以重视并纠正。

3. 兵无专主，将无重权

在关于"将"和"兵"的组织关系上，陈傅良持"兵权散主"的观点，他认为只有做到"兵无专主，将无重权"，才能有效防止将帅专权、尾大不掉，从而保证中央集权和社会的稳定。

陈傅良首先通过引证《书经》《诗经》的记载，说明西周"是以兵满天下，居然无害"的原因正是分散了将领的权力，没有使重权于一身。这就从历史的结果出发论证了自己观点。除此之外，他还评论了历代具体的做法。

在评论汉代兵制时，他引用唐杜佑《通典》的记载："……或有四夷侵轶，则从中命将，发五营骑士、六郡良家。贰师、楼船、伏波、下濑，咸因事立称，毕事则削。虽卫、霍勋高绩重，身奉朝请，兵皆散归。"即如果周边有少数民族入侵，则由皇帝从中央任命将帅，征发五校尉骑兵，并从六郡清白人家中召集子弟为兵。像贰师将军、楼船将军、伏波将军、下濑将军，都是因作战任务的不同而设立的称号，战事结束之后也就撤销了。尽管卫青、霍去病功勋卓越、战功累累，但战争结束后也只能授予奉朝请（汉代时的虚职）一职，所统帅的军队也只能遣散回老家。陈傅良又列举，汉代京师的军队郎官没有固定的员额数量，虎贲郎1500人，羽林军左骑800人、右骑900人，北军八校尉各为700人，至东汉时期总共也不过3536人等一系列数据，进一步论证了"兵权不能过于集中在某一名将领身上"的观点。从汉武帝时期开始，霍光等人开始掌握禁卫和宿卫，此后宦官弄权，势力大增，为王莽篡汉埋下伏笔。

在评论唐代兵制时，认为唐之府兵"居无事则耕于野，其番上者，宿卫京师而已。若四方有事，则命将以出，事解辄罢，兵散于府，将归于朝。故士不失业而将帅无握兵之重。所以防微杜渐，绝祸乱之萌也"（《新唐书·选举志下》）。府兵制破坏以后，将领专兵，于是京师禁兵挟制天子，杀戮大臣，对抗朝廷。

宋太祖赵匡胤登基后，尽收藩镇兵权，以消除将领专兵之积弊。他采取了两个办法，一个是更戍法，就是把戍守在京师的部队轮流派到边境，或者让他们到外地驻扎就粮，表面上是让士卒们体会生活疾苦，无顾恋家室之虑，实际上就是让军队常年处于流动之中；第二个是转员，军官在不同的岗位上定期升迁调动，不让其在某一个地方形成利益群体。这样一来，便形成一种兵不识将、将不识兵，兵无常帅、帅无常师的状况，以防止兵将联手对抗朝廷的事情发生。

值得注意的是，虽然宋代执行的这一措施在一定程度上防止了兵将专擅，但其缺点也是明显的。同样的措施，在宋代与在西周、唐、汉时期产生的影响并不一样，在西周、汉、唐虽然也是有了战事任命将领，战事结束遣散，但由于当时兵农合一，各级将领特别是中、下级军官平时都干自己的农活，和士卒生活工作在一起，彼此是相互了解的。比如，汉代征集的州郡兵都由都尉带领，唐代征集的府兵则由折冲、果毅都尉带领，这在战场上有助于增加将与兵之间的信任。而宋代实行的是募兵制，兵不识将，将不识兵，再加上更戍和转员，将与兵之间不相识、不信任，对军队的战斗力造成极大伤害。

其实，"兵权散主"与"赋将以权"并不矛盾，一种是上下级之间的隶属关系，一种是指挥和管理的权限范围，这两点不仅可以并存，还可以互补。兵权不能过于集中在某一名将领身上，更不代表着对将领的不信任，只是信任不能代替监督，只有监督下的信任才能更好地发挥将领的才干，防止出现尾大不掉的局面，这于君于将都有益而无害。

4. 精兵简政，加强训练

一支军队战斗力的强弱无外乎两个因素，硬实力和软实力。冷兵器时期，武器装备落后，士卒素质一般，硬实力主要体现在人力和武器上，寡不能敌众。在软实力上，主要体现在兵法的选用及兵制上，但这依然需要强大的硬实力作支撑。于是，增加军队人员数量成为提高战斗力最有效的办法。在这样的情况下，陈傅良在撰写《历代兵制》的过程中，通过对历史资料的取舍和评论，提出军队要精简、士卒要加强军事训练的主张就显得极为可贵。

古时常把军事训练与狩猎活动联系在一起，春秋季打猎称为搜，冬季打猎称为狩，有时也把打猎称为田，所以军事训练也常被称作搜狩和田猎。《周礼·小司徒》记载："凡起徒役，毋过家州人，以其余为羡，唯田与追胥竭作。"意即如有战时，家出一人，但平时的田猎和抓贼，全部都要参加。这说明了当时对军事训练的重视。

战国时期，武器装备有所改进，弓弩和铁兵器广泛应用，战争越来越激烈，对士卒的训练水平要求也越来越高。比如，"秦自襄公始列诸侯，有田狩之事，而不能遵周礼。至春秋，缪公霸西戎，始作三军。"（《历代兵制·秦》）意即秦国自秦襄公开始被封为诸侯，有了田猎等军事训练活动，但不是完全遵照西周的进行。到了春秋时期，秦穆公开始按照周制建设三军。《吴子》记载，"秦设置陷阵三万人"，这里的"陷阵"就是训练水平高超的精锐部队。

西汉时期,每年八月"太守、都尉、令、长、丞、尉会都试,课殿最",意即各郡的太守、都尉、各县县令、县长、县丞、县尉都要带领所属的士卒参加都试,举办军事演习,并按考试成绩评定军士优劣,划出等级,上等叫"最",下等叫"殿"。到了东汉时期,废除都试之法,每有战事都是临时征兵,兵员质量良莠不齐,陈傅良不禁感慨:"不教而战,是谓弃之,迹其祸败,岂虚乎哉。"(《历代兵制·东汉》)

直到唐初府兵选拔青年壮士,在农余加强训练,所以精兵强将,所向披靡。天宝以后,招募的大多是市井无赖,军事训练又复归松懈,所以安禄山反叛时犹入无人之境。宋初时由厢军升为禁军,由一般禁军升为上军,由上军升班直都要经皇帝阅视,故"兵虽少而至精"。皇佑以后,虽养兵百万,然教习不精,士气不振,宋初的拣兵制度完全废弃,所以战斗力极差。

此外,陈傅良多次列举穷兵黩武的坏处,告诫世人兵制的制定要考虑综合国力,避免造成生灵涂炭的悲剧。比如三国时期,"通三国之兵,视有户之数,以供三帝之用,斯民盖已病矣!"(《历代兵制·三国》)意即全部三国兵数,仅仅根据户口总数以每户出一兵来满足三国皇帝的战争之需,百姓就已负担沉重。又何况三辅地区的流民,被收编到蜀郡当兵。再如两晋时期,"是时民年十六为全丁,十二为半丁,至有生儿不复举养,鳏寡不敢嫁娶者"(《历代兵制·两晋》),意即由于兵役负担重,甚至出现了生儿子不敢养活、鳏夫寡妇不敢娶妻嫁人的情形。

"夫,以铜为镜,可以正衣冠;以古为镜,可以知兴替;以人为镜，可以知得失。"一部数千年的中华文明史，从一定意义上讲就是一部战争演进史，就是一部兵制变化史。观《历代兵制》，不仅可以透视各朝各代兵制特点，更可以让思想在历史的长河里更趋深邃、更具辨识性。著作中所介绍的兵制特点和有关军事制度建设的思想，于今天仍具有很大参考借鉴意义。

二十一
《翠微先生北征录》

【其书其人】

1. 被淹没数百年的强兵御敌之策

《翠微先生北征录》，又名《翠微北征录》，是南宋的军事著作，如今存世十二卷，第一卷是平戎十策，其余十一卷名为治安药石。本书作为宋代兵书，并没有被收录进《宋史·艺文志》和《四库全书总目提要》等文献中，一直到清代的《宋史·艺文志补》等书中才有著录。清代的顾广圻曾经评说此书，"世鲜传者，得观于读未见书斋楮墨间，古香喷溢，三数百年物也"，可见本书有数百年未被重视，甚至几近失传。

2. 狱中撰写兵书的华岳

华岳，字子西，因为曾读书于齐山翠微亭而自号翠微，贵池（今安徽省贵池县）人，生卒年不详，是南宋著名的军事理论家和爱国诗人。根据《宋史·忠义传》记载，华岳这个人"轻财好侠"，明佘翘在《华子西论》中称赞他"论事似晁错，谙兵似孙武"。开禧元年（公元1205年），华岳上书宋宁宗，弹劾当朝首相韩侂胄兴兵误国，结果下建宁（今福建建瓯）狱。在狱中，华岳写成了《平戎十策》与《治安药石》，收录于《翠微北征录》中，还留下"何当尽沥奸邪血，染作衣裳看孟安"，"眼到北盟常揾血，心忧南土发冲冠"等诗句，收入《翠微南征录》。开禧二年（公元1206年），韩侂胄主持北伐战争，战事多败。第二年，礼部侍郎史弥远等主和派杀死韩侂胄，宋、金罢兵议和。韩侂胄死后，华岳出狱，于嘉定十年（公元1217）登武科第一，为殿前司官属。但是，华岳依然是抑郁不得志，后来图谋除去史弥远，不料事发，下放临安狱，最终被杖死于东市。

【思想精要】

华岳认为，北伐兵败原因在于朝廷皆"不知兵"，既不懂军事又不了解战场实际。他提出的军中"十弊"，包括"取士而不得其实，招军而不尽其材，御骑者未得其具，陷骑者未有其策，得其地而反失其心，守其地而复无其备，恩威之不明，利害之不密，急务在财计而财计未丰，边计在马政而马政未备"（《平戎十策》）。华岳从南宋与金的军事斗争实际出发，提出了"平戎十策"，详细论述了如何任人选将、与匈奴作战、利用地形构建防御等方面问题，并提出相应对策。治安药石，取"治安不可无兵，犹膏粱不可无药石"之义，包括和议政策、边防要务、破敌长技、将帅、武器装备、敌情侦察、招募兵士、守边待敌、足兵便民等方面。

1. 军国大计，和议强兵

华岳身为武学生，却不是好战之人。他认为，"兵，危事也，战，死道也"，战争胜负是"听于自然"的。他同意孙子"不战而屈人之兵"的思想，认为"学战易，学不战难"，"王者有征而无战"。他赞同《司马法》中"杀人安人"，"以战止战"的思想，认为"兵本于不杀，武在于止戈"，"兵不得轻举，谋不得妄发"（《治安药石》）。他尖锐地指出当时"将不知兵，兵不知战，开衅三边，流毒四海"的危急形势，反对极端的主战派和求和派，对两种观点各取其长，各避其短，提出以和议为手段，以强军备战为后盾，恳请朝廷"严饬诸军将帅，招致谋夫策士，讲求不战之法"(《治安药石·军国大计》)。

先求和议，缓兵图存。华岳在"治安药石"中，把"和议之计"列为军国大计之首。他观古论今，认为对待匈奴不论用兵还是和议都各有得失，"兵争之失在于士大夫逞忿恃兵，而讳言和议；和议之失在于士大夫惩已往之咎，而耻言用兵"(同上)，于是，主战者不到穷途末路不提和议，主和者不到危急关头不讲用兵。如今战事，满朝文武先是逞武力不成，后来又讲退守，以至于走到进退两难的局面，才不得已选择和议。

华岳悲叹，"生灵之涂炭，将士之死伤，边民之饿莩，父兄死于疆场"(同上)。此时再战已经失去了胜利的可能，并且会危及国家的存亡。此时和议也并非怯懦，而是积攒力量寻求可乘之机。华岳以汉文帝、汉武帝为例，提出与匈奴的斗争应当以和议为主，反对穷兵黩武。"尺蠖之屈，将以求伸"，"鸷鸟之击，卑飞敛翼"，与匈奴和谈是手段不是目的，是不得已而为之，也是欲扬先抑，可以利用相对和平的时期发展军事壮大自身(同上)。他恳切希望宁帝可以效仿汉文帝，"忍一时之辱，图万世之利"，以和议为表，作缓兵之计，以强兵为里，等待时机再做对抗(同上)。

取士招军，广纳贤材。华岳在平戎十策中，把"取士之说"列于论事之首，认为英雄豪杰的去留与社稷邦家息息相关。天下之大，必有翘楚之材，埋没于"贫贱闾阎流俗之中"，"隐于耕农商贾草莱医卜之下"(《平戎十策·取士》)。有人在朝为官却没有得到重用，有军士胸中有谋略却淹没于行伍，还有其他人才或受过刑罚、或出身江湖，因而才华不得以施展。千里马常有，而伯乐不常有，多少人才因为自己的身份背景受到局限，因为没有门路关系而难以被朝廷发现和挖掘，同时，朝廷又缺乏有效的选人方法，"招致无方"，"搜访无术"。华岳建议朝廷不要因为亲疏远近和地位微贱而遗漏人才，"庙堂广于延纳"，"幕府勤于听览"，"司州县专于荐举"。朝廷对天下贤才可以张文榜昭告天下，以忠义激励大家，让能者自陈自荐。各级应甄选录用那些对军国大事能切中时弊的人，求真求实，不放弃那些有过人资质但言辞朴实无华的人，不收那些虽然精于文墨，但是虚词华丽、徒有其言的人，"使天下有爱君忧国之心者，皆得布露"，"有过人脱颖之材者，皆得导达"（同上）。华岳劝谏朝廷应看轻钱财，看重人才，招军取士要"材财相用"，既要"舍得"，又要"省得"，舍得重恩厚赏，但不妄赏滥赏，"与其奢而不足，不若俭而有余"，"与其散之于人，不若蓄之于官"。

因材施用，不拘一格。华岳认为，"天之降材，不可以一律拘"，"君之用材，不可以一概论"，人的才华并没有一个统一的标准，所以选用人才不能用一个僵化的标准来衡量。如果以年轻力壮为标准，殊不知"少者或钝于教阅，老者反精于鞍马"，如果以品性善恶为尺度，殊不知"善者或嫌于姑息，恶者反雄于战斗"，再如以出身名门望族为优选，殊不知"尺籍伍符之子或骄堕于不学，破落游手之人反亡命于不顾"（《平戎十策·招军》）。所谓"有一技则生一材，有一材则济一用"，行军打仗需要攻城掘地、沉舟漏舰的时候，那些精于长枪大剑、弯弓牧马的人才也是无计可施的，反而是鸡鸣狗盗之徒能得其用。因此，朝廷应当尽最大的可能去拓展选贤任能的范围，"因技以求材，因材以制用"，"招军取士不拘于一门，兼收并蓄不徇于一节"，"随所遇以用人，随所用以成事"。

华岳把这些特殊人才分为六种情形：合格、亡命、逋逃、破格、盗贼和私贩。在这其中，有犯法必杀无赦的人，以行军所需的技能种类为区分，依然可以用来为国家效力，如此又分为十种："窟穴将"用以攻城；"波涛将"用来锥凿贼船；"楼阁将"可以登城越险；"烟火将"可以烧毁城邑；"潜身将"能惊劫贼营；"飞走将"可以装神弄鬼，疑兵惑敌；"轻捷将"善于登高望远，可以窥伺空便；"洋海将"精于浮江泛海，可以潜兵密渡；"风云将"可移风易雹，闪误舟船；"机巧将"可设怪服异旗误敌之用。华岳有言，那些豪杰之士为朝廷所用可为忠臣义士，放任于郊野山林就可能是乱臣贼子，如果不把这些穷凶极恶的亡命之徒招安为朝廷效命，恐怕他们流窜各地会发展成国家安定的巨大隐患，正是"恐奸雄不出而无籍亡命，反为吾境之内忧"，"妖祥乌合无归而啸聚，反为我山林之怪异"。

2. 破敌长技，出奇制胜

以轻车、强弩御骑。华岳认为，通过后天勉强训练而成的技艺，远远不如天赋自巧，"地不可同，技非其敌"（《治安药石·破敌长技一》）。匈奴擅长骑射，是受他们世代生活的环境影响的，这是我们难以超越的，妄图以骑制骑，以我们的短处攻敌人的长处，当然不足取胜。华岳从战场实际出发，选择"反主为客，易短成长"。我们农耕文明不如游牧文明善于骑射，但是我们可以制造轻车、强弩来对抗骑兵，再配合多种工具和方法预设陷阱来引诱匈奴的骑兵。

华岳指出，匈奴世代能骑善射，这是客观事实，为我所不能及。游牧民族地广马多，匈奴的马又强壮善战，无论是持续作战的耐力，还是对恶劣环境的忍受力都很顽强，哪怕"沙碛千里"，"雨雪连月"，依然"其去如跃"，"其疾如飞"，可以"连牧数月而汲饮不拘，连饿数日而乘骑不乏"。南宋的马在数量上勉强是对方的两三成，在质量上又有将近半数的"羸弱老病"，而且行军打仗时往往扛不了饿，忍不了渴，跑不了沙路泥地（《平戎十策·御骑》）。两者相较，差距悬殊。

华岳认为，应当以车对抗匈奴的骑兵。与过去的战车相比，新式战车重量更轻，体积更小，转弯更灵活，行驶速度和载重量不逊于旧式战车，同时制作更简，用料更省，而且防护力更强。在平原地带作战，将战车列于阵前，车后辅以强弩，将使敌方难以发挥骑射的优势。

以陷阱诱敌。华岳提出了三类陷阱对抗匈奴骑兵：一类陷阱预先设于敌人必经之路，有伏枪、绊索、马拖、马筒、青阱与白阱六法，使敌军误入陷阱还难以察觉，又挣脱不掉，但是，这一类陷阱制作困难，费时费力，难以应对突发战况；另一类陷阱需要预先打造好工具，用在两军仓促对战之时，有刺球、蒺藜、茅针、鹅项、菱角和皂角六法，不费土木而使敌军自伤，不过这些工具适合用在平原旷野，如果用在道路狭隘的地方反而容易误伤我军；还有一类陷阱是因地制宜，设置在道狭险要的地段，有踢圈、截径、伐木、结草、种冰、裂石、断桥和琅琊版八法，"使敌骑之来可入而不可出，吾军之利可见而不可夺"。此外，再以刍诱、饵诱、献青和献白四种方法相配合，引诱敌军的战马自投陷阱（《治安药石·破敌长技一》）。

出奇设伏。华岳主张出奇制胜，应攻敌不备，出敌不意，"乘人之不及，攻其所不戒"。他总结了以往兵法中的出奇设伏之法，包括山伏、土伏、草伏、林伏、夜伏、烟伏、水伏，以及伪伏等，多是利用地形险阻或战场环境的便利，设奇兵埋伏敌军。与此同时，华岳认为行军不仅要善于设伏，更要提防敌方设伏陷我，如草林之中有走兽飞禽等飞奔鸣噪，竹子芦苇无风自动，山涧溪水浑浊等，必有敌军埋伏于暗处。对此，他提出搜伏之法，配合放火、击石、发弩等手段逼迫敌军暴露。

3. 善守之策，边防要务

华岳认为，"古人之用兵，不以地为难取，而以地为难守；不以城为难拔，而以城为难据"（《平戎十策·得地》），"善守者，敌不知其所攻；能攻者，在于善守"（《治安药石·边防要务三》）。华岳十分重视战略要地的防守，他认为，应当在要害之地设重兵屯守，这样一来，"一人之力可以敌万夫"，反之，"万夫之勇不足以敌一人"，而且"兵旅日增，费用日广"，从作战的效费比来看，在关键地域重兵设防比处处设防更划算，也更有效。

内守民心、外守城关。书中有言，"人有四体，系乎一心"，"一心不安，则四体皆病"。重要关隘和城池的安全是国家安全的屏障，也是百姓心中重要的倚仗，"三蜀之地，人心在关"，"京淮之地，人心在城"，"人心之所恃者，在关与城"，"在岭与江"，一旦城关失守，百姓的心理防线也将被突破，必将彷徨无计，引发群体性的恐慌甚至是溃散奔逃。因此，"善用兵者必先守其心，而不失其所恃"，如此方为善守之策（《平戎十策·得地》）。

华岳以淮北举例，建议守城者不要与敌人正面战斗，而是积极寻求机会多次袭扰。时机选在敌人原地休整、军备松懈的时候，如晚睡时和早饭前，伺机袭扰，避免交战，使敌人晚上疲累也不能安然入睡，早上还来不及吃饭就被迫与我们交战。"袭其粮馈"，"谨其烽燧"，少则几天，多则一个月，使敌军倦怠疲乏，日夜惊慌畏惧，此时派遣"轻锐之师冲其要径"，"强劲之弩伏其归道"。如此一来，"敌虽圣智，亦不战而成禽矣"。

此外，华岳还一一列举了伏筌、暗阱、触网、伏虎、反疑、远更、白阱、青阱、马拖，以及马筒等方法守城抗敌。

因地设防，修山水寨。华岳针对当时战事的颓败，提出利用地形特点，修山寨、水寨，在居民寨中建立防御，使百姓自己有固守自保的能力，不使宋军分心。淮西多山，上平下险，山势高耸，可以多设山寨，各寨可屯兵万人，可装备防御器具三十六种。这样一来，敌军一是难于攀登，二是箭矢射程受限，不足以攻击我山寨，而我方则团结乡兵，策应宋军，如此，"贼兵虽强，安能浼我山寨之险邪？"（《治安药石·边防要务三》）淮东多湖，水势回环，可以多设水寨，各寨也可以屯兵万人，可以置备防御器具三十九种。这样据水而守，敌方军队无论从水路、陆路都难以靠近，我方军民配合，在各关键据点配置大量弩手，"贼兵虽强，安能浼我水寨之险邪？"

华岳痛惜当时淮汉不守，功业不振的颓象，建议当局修筑山水两寨，并且在一寨设置一官，十寨设置一将，对自备钱粮修寨的民众地方，可以推恩推赏，如此，"于官无费，于民有备，而守边之政举矣"。

据地利以对抗相遇之敌。行军突遇敌人，且周边没有城池沟壑可以防守的时候，可以利用当下的地理条件及时隐蔽，静默以等待敌军，如果临近山丘，无所谓高低，都可以据险而守，占领制高点，既可以观察敌军虚实，又可以避敌锋锐；如果靠近河流，无所谓水深浅急缓，都可以据险而守，待敌军半渡而击之，于我形势不利时，就激发我背水一战的死志；倘若附近没有山阜川泽可依，但有树林掩护，应迅速隐蔽于林木中。以密林遮挡，敌方骑兵不知我深浅，不敢贸然靠近，我方可视敌情选择方案，或预设埋伏突袭敌军，或放箭自守。

南宋在与金国的长期对抗中，针对骑兵的作战特点，依靠有利地形条件，因敌就防，因地设险，逐渐形成了点面结合、水陆兼顾的防御体系，一定程度上抵消了骑兵的机动优势。在抗元战争中，南宋军民曾坚守钓鱼城36年，证明了当时只要决心抗战，团结军民，依托山川坚城固防是有效的。

4. 实战之用，强化甲兵

基于实战效用设立装甲制度。华岳非常重视武器装备，尤其重视它们在实战中的效用。他认为，装甲护具在对战中的需求不同，制作也应随之变化，步兵制甲需要长些，骑兵需要短些，弓弩手需要宽些，枪手需要短一些。装甲应当协调对身体的防护力和作战的灵活性，应考虑穿戴者的体格差异，不能拘于定式。对此，他提出了一种较为灵活的人甲制，根据尺寸大小，针对众人的胖瘦程度，将上身的装甲划分为三个等级，同时根据众人的身材高矮，又配备三种长度的甲裙，避免人瘦甲宽、甲小人大。华岳还提出了马甲制，分为大全装和小全装，各包括六件防具。根据华岳在实战中总结的经验教训，比如针对战马头、胸部分容易受到重创的特点，他自制一种"贴额"，贴在马的面甲和脑额之间，可以缓冲和隔离攻击伤害。此外，根据步兵、骑兵、弩手、枪手、弓箭手，以及剑斧手等不同的作战特点，华岳还细化了马军甲制和弩手甲制。

综合杀伤力与稳定性优化武器装备。"矢不破坚，与无矢同；矢不破甲，反资敌用。"（《治安药石·器用小节》）华岳比较常用的几种弓，提出马蝗面弓要好于泥鳅面弓，受力均匀，不易折损，发箭甚至可以穿破敌甲，但是价格更高、成本更费。根据气候的变化，弩的选用也有讲究，春夏时期多雨多潮，筋角容易脱落，适合用木制的弩，反之，秋冬时期，筋角坚固，适用角制的弩。常用的几种弓箭中,箭镞以寸金凿子、破甲锥为优等,箭翎以雉翎的性价比最高。

南宋开禧北伐,华岳上书劝谏,反对轻率伐金,认为应当忍耐待机,后发制人,结果因忤上而下狱。北伐战事以南宋的失败和金的胜利而告终,可见华岳见事至明。华岳的平戎之策没能被当权者采纳,本人也溺于政治漩涡中,不得善终。作为狱中悲血之作,《翠微先生北征录》幸得以传世,警示后人。本书反映了南宋军事斗争实际和军事思想的特点,具有重要的军事学术价值和史料价值。书中观点务实不务虚,坚持"慎战"思想,重视从实际出发,并以实战效果作为检验战斗力的标准,根据作战需要改进和创造新的武器装备,开发多样灵活的攻击方式,这些对于今天继续坚持积极防御战略思想,着眼于军事斗争准备需要加强军事装备建设,以及强化实战化训练等依然具有启发性。

二十二
《百战奇法》

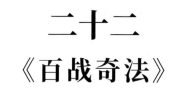

【其书其人】

1. 中国古代分条论述战法的兵书

《百战奇法》是一部以论述作战原则和作战方法为主旨的古代军事著作,内容丰富,通俗易懂。它汇集中国古代兵法精粹和战史资料,用近乎白话体论述兵法理论和作战实例,开创了中国古代兵法运用通俗语言著书立说的先例,《百战奇法》分条论述战争、治军和作战指导,自其产生以来,一再刊行,广为流传,被后世兵家所重视和推崇,并给予很高评价。

《百战奇法》以《武经七书》等古代兵法为立论基础,以五代前历代战争战例相印证,总结了许多可资后人借鉴的军事思想。全书共 10 卷,每卷 10 战,合为百战,共 3 万多字,条分缕析各种战法。《百战奇法》有着非常丰富的内容,它收集了从先秦到五代 1600 多年间散见史书中的军事资料,按作战双方的军事、政治、经济、自然诸条件分为百题,围绕战争谋划、治军备战等问题,在诸如战争性质、战略战术、军事谋略、国防战备、作战指导、后勤补给、军事地理、将帅修养等方面都有所论述,更是着重探讨和论述了古代战争的指导原则和作战方法。

2. 无从考证的伪托之作

《百战奇法》最早著录见于明正统六年(公元 1441 年)少师兵部尚书兼华盖殿大学士杨士奇的《文渊阁书目》,其后又有嘉靖时期进士、国子监司业晁瑮《宝文堂书目》在"兵法"卷中载有《百战奇法》。御史周弘祖的《古今书刻》、焦竑的《国史经籍志》等书目中也记载了《百战奇法》，但均未说明其作者。由此可见，此书在明代就已经刊刻流传。明代邹复在序中指出，《百战奇法》"未详作者姓氏……殆宋人手笔，张预、戴溪之流也"；又查对书中引用战例均为五代（含五代）之前各朝的，其中：春秋战国17例，秦汉33例，三国两晋17例，南北朝12例，隋唐五代16例，共计95例，但却没有引用宋及其以后各朝战例。清军事丛书《水陆攻守战略秘书七种》和清抄本军事丛书《帷幄全书十四种》，均收有名为《百战奇略》的书目，并题为刘基撰，将其与明刊本《百战奇法》对照，内容相同。由此可见，清刊《百战奇略》即为《百战奇法》，题名明代的刘基所撰显然系伪托之举。对此，清咸丰三年（公元1853年）麟桂重刻《水陆攻守战略秘书七种》时，在其为《百战奇略》的题词中指出："此书题刘基作，盖亦托名。"

随着《百战奇法》不断公开出版发行，把其作者认定为明代政治家、军事家刘伯温的不乏其人，甚至一部分版本直接冠名为《刘伯温兵法》。虽说关于《百战奇法》仍有些问题需要进一步研究考证，但从目前掌握的资料分析，关于其作者问题已成定论。把《百战奇法》作者说成是刘伯温，无非是借助"名人效应"。解放军出版社1987年出版的《百战奇法浅说》，也用大量论据证明了此书不是刘基所著，明确了本书为宋代作品。

综上所述，《百战奇法》约成书于北宋末年，清雍正后更名为《百战奇略》，其作者已无从考证，系伪托明刘基所著。

【思想精要】

从该书的论述方法来看，每题均先解题，继而阐明用兵原则。在阐明用兵原则时，多引用《武经七书》中的精辟警句，其中引用最多的是《孙子兵法》，多达60多条。正文之后，又选择古代战例与每题论点相结合者加以印证，前后照应，相得益彰。虽说书中内容多系辑录而成，但在编者的精心选择和重新构思下，面貌一新，成为一部别具一格的军事著作。

1. 以顺讨逆，战而无疑，安不忘危，治不忘乱

《百战奇法》在对待战争的基本态度上区分了战争的性质，并鲜明指出战争胜负的决定性因素在人，既不要穷兵黩武，但又不可居安忘战。

（1）战争性质有"顺逆""直曲"之分。《百战奇法》中指出，战争性质有顺与逆、直与曲之分。它提出："若以顺讨逆，以直伐曲，以贤击愚，皆无疑也。"（《人战》）这里所说的"顺与逆"或"直与曲"，是指战争的正义性和非正义性而言。就是说，它认为，对以顺讨逆，以直伐曲的"正义性"战争，都要坚信不疑，不要为"或桑集牙旗，或杯酒变血，或摩竿毁折"等怪异现象所迷惑，动摇为"正义"而战的决心。但是我们也要看到，在阶级社会中，战争始终是阶级的战争，因此，对于战争性质的认识，压迫阶级与被压迫阶级是有不同标准的。《百战奇法》对战争性质的认识，是从封建地主阶级的立场和观点出发的，因而这种认识是带有极大阶级局限性的。

（2）决定战争胜负的因素在"人"。《百战奇法》十分强调人的因素在战争中的决定性作用，提出了"人战"的可贵思想。它说："凡与敌战，若地利已得，士卒已阵，法令已行，奇兵已设，要当割弃性命而战，则胜；若为将临阵畏怯，欲要生，反为所杀。"(《生战》)意思是说,在作战条件已经具备的情况下,夺取胜利的关键,就在于充分发挥部队不怕流血牺牲的奋勇杀敌精神,反之,如果畏敌怯战,就一定会失败。这就揭示了人的因素是战争胜负的决定性因素这一客观真理。但是,《百战奇法》在强调人的因素在战争中的决定性作用的同时,也十分重视物的因素在战争中的重要作用,提出了"有粮则胜"和"利器械"等注重发挥物质在战争中作用的可贵思想。

（3）反对轻启战端,强调加强备战。在对待战争的态度上,《百战奇法》既反对穷兵黩武,又主张常备不懈。它以隋炀帝对高丽发动大规模战争而导致"兵败辽城,祸起萧墙（指隋末农民大起义的爆发和统治集团内部的分裂）"的恶果为例证,论述了慎重战争的必要性和穷兵黩武的危害性。它认为,兵器是杀人的工具,战争是违背德治和人们意愿的事情,只有在不得已的情况下,才使用它。因此,不可不慎重战事。如果自恃国大民众,随意发动战争,那么,玩火者必自焚,"终致败亡,悔无所追"(《好战》)。

（4）强调居安思危,常备不懈。作者以唐玄宗统治后期,由于政治腐败,军备废弛,而导致安史之乱,"神器（指国家政权）几危"(《忘战》)为实例,阐述了加强战备的必要性和忽视战备的危险性。它认为:"凡安不忘危,治不忘乱,圣人之深戒也。"天下虽然太平无事,但不可废弛武备,否则,一旦爆发战争,将"无以捍御"。那么,怎样才能做到"安不忘危,治不忘乱"呢？《百战奇法》主张在和平的日子里,"必须内修文德,外严武备,怀柔远人,戒不虞也",要切实做到"四时讲武","教民不离乎习兵",使全民时刻保持"不忘战"的常备不懈思想。这些主张,对于我们今天搞好反侵略战争的准备，仍有重要参考价值。

2. 凡兵家之法，要在应变

从战争的客观实际出发，因敌情变化而灵活用兵，这是战争史上一条极为重要的军事原则。《百战奇法》十分强调这一点。它说："凡兵家之法，要在应变。好古知兵，举动必先料敌。敌无变动则待之，乘其有变，随而应之，乃利。法曰：'能因敌变化而取胜者，谓之神'。"（《变战》）"要在应变"是贯穿于《百战奇法》全书的一条红线，具有研究和指导战争要着眼于变化和特点的重要思想。从这点出发，它依据古代兵法，结合古代战争经验，论述了怎样研究和指导战争的问题，并详尽地列出在不同敌情我情和不同地形气象条件下的作战原则、作战方法和作战手段。这是《百战奇法》一书最为精彩的部分。

（1）"以计为首"，全面做好战争谋划。《百战奇法》认为，分析和判断敌我双方的各方面实际情况，是用兵打仗必须遵循的首要法则。它说："凡用兵之道，以计为首。未战之时，先料将之贤愚，敌之强弱，兵之众寡，地之险易，粮之虚实。计料已审，然后出兵，无有不胜。"（《计战》）分析和判明敌我双方的实际情况，乃是制定用兵方略的根本前提。只有在对敌我实际情况"计料已审"之后，再行出兵攻战，才能无往而不胜。为此，它一方面主张要加强对敌情的战略侦察，于战前"先用间谍，觇敌之众寡、虚实、动静"（《间战》），为制定正确的作战方针，提供可靠的依据，"然后兴师，则大功可立"。它认为，"若不计而进，不谋而战，则必为敌人所败"（《轻战》）。可见，从实际出发谋划战争，乃是指导战争必须遵循的规律。另一方面，它强调要做好战争的各项准备工作：要加强部队训练，"选拣勇将锐卒"；要储备粮食、物资，修缮武器装备；要勘察战场，明确作战地点和作战时间，从而做到"所备者专，所守者固"(《知战》)；要开展外交活动，争取与国"以为己援"，孤立和打击敌人，等等。

它还主张在战争爆发之前，要尽量争取以谋胜敌，就是运用自己的谋略来挫败敌人发动战争的企图。它认为。"凡敌始有谋，我从而攻之，使彼计衰而屈服"(《谋战》)，这才是指导战争的上策。这种企图运用谋略制止敌人发动战争于谋划之中的思想，是难能可贵的。

（2）因战而变，采取不同的作战原则。《百战奇法》认为，指导战争必须依据敌我双方的实际情况及其不同变化，采取相应的不同的作战原则，切不可拘泥于固定不变的作战模式。它总结了古代战争实践的历史经验，着重论述了以下一些作战原则：

进攻与防御原则。进攻和防御，是自战争出现以来最基本的两种作战方式。但在战争中究竟采取哪种作战方式，这要根据敌我力量的对比及其发展变化的实际情况而定。《百战奇法》认为："若审知敌人有可胜之理"(《进战》)，击败敌人确有把握的时候，就要采取进攻作战方式，出兵以攻之。进攻的时机是否得当有利，直接关系到战争的胜败。因此，《百战奇法》非常强调要正确选择进攻时机的问题。它认为，凡是敌国出现"君暗政乱，兵骄民困，放逐贤人，诛杀无辜，旱蝗冰雹"(《天战》)等人祸天灾时，都是发起进攻的有利时机。只要不失时机地举兵攻之，就一定能够胜利。在进攻作战中，它还强调要根据战场态势的发展变化，适时组织追击以扩大战果。它认为，对于无敌退归之敌，必须在查明情况后，再采取相应行动：对于"旗参差而不齐，鼓大小而不应，号令喧嚣而不一"(《逐战》)

的真正溃败之敌，要"密遣奇兵，邀其归路，纵兵追击"（《饱战》），彻底消灭之。但对于企图保存实力，"不战而遁"，或是"若旗齐鼓应，号令如一，纷纷纭纭，虽退走非败也"（《逐战》）之敌，则宜整兵缓追，以防敌"有奇"而中计上当。

《百战奇法》认为，防御是在"知己有未可胜之理"，也就是缺少胜利把握的情况下，采取的一种保存自己，待机破敌的作战方式。因此，它主张凡在力量对比上，处于敌强我弱、敌众我寡、敌实我虚的态势下，都要"深沟高垒，安守勿应，以待其敝"（《安战》）。在防御作战中，它强调要控扼险要地势，构筑防御工事，"可于要害处设伏兵，或筑障塞以邀之"，要"集人聚谷，保城备险"（《害战》），凭借"深沟高垒"的坚固工事，以抗击敌人进攻。它认为，防御不应是单纯的消极的防御，而应利用防御作为迟滞、消耗敌人的一种手段，待敌人兵疲力衰之后，再转守为攻，消灭敌人。它说："所谓守者，知己者也。知己未有可胜之理，则我且固守，待敌有可破之理，则出兵以攻之，无有不胜"（《守战》），这种以守待机破敌的主张，包含有十分可贵的积极防御思想。退却是在面对强敌进攻的形势下，所采取的旨在保存自己、待机破敌的一种有计划的转移行动，它是防御作战中的必要措施

合兵与分兵原则。用兵有合有分，关键在于合分适宜。《百战奇法》一方面强调集中兵力对作战的重要性，指出："兵散则势弱，聚则势强，兵家之常情也"（《退战》）。这是非常正确的结论，它揭示了攻取战胜的基本作战原则之一是集中兵力。它认为，在敌人以众兵进攻的形势下，只有采取集中兵力的原则，合军以击之，才能打败进攻的敌人。否则，该集中兵力时而不集中兵力，就是自己孤立了自己，就一定要吃败仗。

另一方面，《百战奇法》也指出了在一定条件下，采取分兵击敌的必要性。它认为，在我众敌寡，且我又利用便于展开兵力的平易宽广之地的时候，就要采取分兵击敌的原则，把兵力区分为"奇""正"两部分，以"正兵"（即主力）行正面进攻，以"奇兵"（即一部）行侧后迂回，即所谓"一以当其前，一以攻其后"（《分战》），实施前后夹击，就能一举歼灭敌人。它认为，在兵力使用上，该分兵时而不分兵，就是自己束缚了自己，同样不能打胜仗。

先发与后发原则。《百战奇法》认为，在作战中，究竟是采取先发制人，还是后发制人，这要根据兵力对比和战场态势变化而定。它指出，对于初来而"阵势未定，行阵未整"之敌，要采取先发制人，"先以兵击之"（《先战》），打敌措手不及。这样，就可以达到挫其斗志，战而胜之的目的。但对于"行阵整而且锐"之敌，则要采取后发制人，"宜坚壁待之，候其阵久气衰，起而击之，无有不胜"（《后战》）。但是，它所阐述的先发制人和后发制人的问题，是从战役战斗的意义上讲的，而非战略意义上的先发制人和后发制人。

速战与持久原则。《百战奇法》认为，对于已经查明的确有把握能够迅速击败的敌人，或者在攻城作战中，对于"粮多人少，外有救援"的守城之敌，要采取速战速决的原则，"宜速进兵以捣之，无有不胜"（《不战》）。但在"敌众我寡、敌强我弱，兵势不利"，缺少胜利把握的情况下，则实施持久防御作战，"宜坚壁持久以敝之，则敌可破"。

初战突破口原则。《百战奇法》认为，"凡攻战之法，从易者始"（《易战》）。这里所说的"从易者始"，就是进攻敌人首先要从最容易突破的弱处开始，也就是拣弱者打的意思。击敌首先从何处开刀，实质上是个如何正确选择突击方向的问题。突击方向选择得好坏，直接影响着整个战局进程。只有把突击方向准确无误地选择在敌人的弱点和要害处，才容易达成突破一点而扩大战果的效果。因此，《百战奇法》强调进攻敌人，必须首先"从易者始"。它说："敌若屯备数处，必有强弱众寡，我可远其强而攻其弱，避其众而击其寡，则无不胜"。

"围师必阙"原则。"围师必阙"，是《孙子兵法》提出的八条用兵法则之一，但在什么样条件下"围师必阙"，孙子并没有作具体阐述。如果不论具体条件和情况如何，而主张凡战"围师必阙"，就是错误的作战原则了。但《百战奇法》这里所讲的是在攻城作战的特定条件下的"围师必阙"问题。《百战奇法》认为，在攻城作战中，即使处于四面包围敌人的优势兵力，亦"须开一角，以示生路"（《围战》）。这种予敌以虚留生路的做法，一是"使敌战不坚"，动摇敌人坚守城池的决心；二是诱敌脱离坚城固垒，于运动之中歼灭之，从而达成"城可拔，军可破"的作战目的。这实质上是欲擒故纵，从精神上给敌人造成败局，包含着积极歼敌，求得作战效益的思想，这样可以使敌人抱侥幸心理，将难打的"困兽"变为好打的"惊弓之鸟"，瓦解敌人的斗志，防止其作困兽之斗，给己方造成不必要的损失。《百战奇法》所提倡的"围师必阙"，在古代攻城技术装备落后的条件下，是应予肯定的正确作战原则。

"因粮于敌"原则。作战离不开后勤保障工作，这是为古今中外战争的实践经验所证明了的真理。《百战奇法》十分强调要解决好作战的后勤供应问题，提出了"有粮必胜"的正确结论。那么，怎样解决作战所需的粮食和物资呢？《百战奇法》认为，不同情况，要采取不同的原则和办法。在"彼为客，我为主"(《主战》),即我在本国对入侵之敌作战时,要靠自己"聚谷"办法供应部队作战需要。为此,要派兵对"我之粮道必须严加守护,恐为敌人所抄"(《粮战》),以确保粮秣运输畅通无阻。但在"彼为主,我为客",即我深入敌国纵深地区作战时,则主要采取"因粮于敌"、就地补充的办法,"以继军饷"(《饥战》)。在战线拉长,交通不便,自供困难的情况下,采取"因粮于敌",无疑是个有效办法。

(3)充分利用天时地利作战。《百战奇法》非常重视作战中利用有利地形、气候条件的问题,先后在《地战》《争战》《山战》《谷战》《步战》《骑战》《风战》《雪战》等二十余篇中,论及自然条件下的作战问题。综合起来,主要阐述了如下四个问题:

争得地利而胜。《百战奇法》认为,利用有利地形条件,对取得作战胜利,有着不可忽视的重要作用,是实现"以寡敌众,以弱胜强"的重要客观条件。指出,倘若"不得地利之助",即使是"知敌之可击,知吾卒之可以击"(《地战》),也不能获得全胜。因此,它主张,凡与敌人交战的时候,"若有形势便利之处,宜争先据之,以战则胜"(《争战》);倘"若便利之地,敌先结阵而据之",而我处于"地形不利,力不可争"的情况下,"当急退以避之"(《退战》),以便保存自己,待机破敌。那么,对于如何能得"地利",《百战奇法》认为,只有利用向导才能得"地利":"凡与敌战,山川之夷险,道路之迂直,必用乡人引而导之,乃知其利,而战则胜"(《导战》)。

根据兵种兵力利用地形。《百战奇法》认为使用步兵对敌车、骑兵作战时,"必依丘陵、险阻、林木而战,则胜"(《步战》);而一旦不可避免要在平坦开阔地区同敌车、骑兵作战时,则要用"拒马枪"等防御工具摆成方阵对敌作战。反之,使用骑兵对敌步兵作战时，要避开山林、险阻、陂泽之地形，"须得平易之地"（《骑战》），这样可以进退自如，便于机动。使用车兵对敌步、骑兵作战时，要选择平原广野便于战车机动作战的地形。使用水师对敌于水上作战时，"须居上风上流。上风者，顺风用火以焚之；上流者，随势使战舰以冲之，则战无不胜"（《舟战》）。

利用天候作战。《百战奇法》强调在不同的气候条件下对敌作战，要采用不同的手段和战法。在干旱天候作战，对于驻营于草莽山林之敌，或是敌人的"积刍聚粮"之所，可"因风纵火以焚之，选精兵以击之，其军可破"（《火战》）。在有风天候作战，可根据不同的风势采用不同的战法，如遇顺风，要"致势而击之"；如遇逆风，可乘敌人松懈麻痹之隙，出不意而捣之。在风雪交加的天候作战，"觇敌无备，可潜兵击之"（《雪战》），以奇袭取胜。

3. 凡欲兴师，必先教战

《百战奇法》认为："将之所以战者，兵也。"（《气战》）由于它认识到士兵是进行战争的主体力量，因此，强调要搞好部队建设。作者在论述治军问题上，主要有以下可贵的思想：

（1）军事训练是胜利之本，"凡欲兴师，必先教战"。搞好军事训练，是夺取战争胜利的前提。因此，《百战奇法》主张："凡欲兴师，必先教战"（《教战》），切实搞好平时的教育训练，"选拣勇将锐卒，使为先锋"。只有全军士卒"素习离、合、聚、散之法，备谙坐、作、进、退之令"，才能使他们在与敌人作战的时候，能够"视旌麾以应变，听金鼓而进退"（同上），令行禁止，战无不胜。

（2）抓好思想教育工作，"以气制胜"。《百战奇法》认为：

"兵之所以战者，气也；气之所以盛者，鼓也。"（《气战》）意思是说，部队作战是靠军心士气，而军心士气是靠平日的思想鼓动工作而来的。因此，它主张要加强平时的思想教育工作，凡是在对敌作战之前，都要激励士卒，使忿怒而后出战。只有激发部队怀着强烈的仇敌心理去作战，才能奋勇杀敌，多打胜仗。它特别强调要做好临战中的思想教育工作。当部队在作战中，"若陷在危亡之地"时，"当激励将士决死而战，不可怀生，则胜"（《危战》）。对于那些临阵脱逃者，须择而杀之，以戒其众；但当全军普遍产生畏战情绪时，就不可以采取普遍杀戮的办法了，为将者必须"假之以颜色，示以不畏，说以利害，喻以不死"（《畏战》），进行细致的思想教育工作。只有这样，才能"众心自安"，奋勇杀敌。

（3）强调恩威并施、赏罚分明。在部队管理问题上，《百战奇法》强调要恩威并重。对士卒既要关心爱护，又要从严要求。它认为，在对敌作战中，士卒所以能够冒死前进而不怀生后退之心，"皆将恩惠使然也"。因此，它主张将帅必须关心爱护士卒。只有将帅爱卒"如子之至"，士卒爱戴将帅才能"如父之极"（《爱战》）。《百战奇法》这里所提倡的尊将爱兵的思想是十分可贵的。与此同时，它也强调将帅对士卒要严格管理。认为，只有这样，才能使士卒赴汤蹈火而不违。为了贯彻恩威并重的治军思想，《百战奇法》主张要建立赏罚制度。它认为，实行赏功罚罪的制度，是提高部队战斗力的必要措施，是克敌制胜的重要保证。因此，它主张对那些杀敌有功的勇士们要诱之以重赏，而对那些畏敌怯战的怕死鬼，则惩之以重刑，并且为了达到杀一儆百的目的，惩罚一定要就地执行，决不迁延。

（4）强调将帅以身作则的表率作用。将帅的表率作用，历来是治军的关键。有什么样的将帅，便带出什么样的部队。《百战奇法》认为，身为将帅者，必须具备"好信以任诚"的思想品格，才能带好部队。它说："士卒蹈万死一生之地，而无悔惧之心者，皆信令使然也"，只有"上好信以任诚，则下用情而无疑"（《信战》）；只有上下齐心，才能战胜敌人。它特别强调将帅在危难中的表率作用问题，认为，具有"甘苦共众"的品质，是"为将之道"的关键所在。为此，它要求将帅在部队处于困危之中时，"不可舍众而自全，不可临难而苟免"，而应"护卫周旋，同其生死"（《难战》）。只有这样，全军上下才能舍生忘死地去杀敌。

值得注意的是，《百战奇法》如同其他古代兵书一样，不可避免地有其历史的、阶级的局限性。例如，诬称起义人民是"叛逆""寇贼"，称国内少数民族是"虏""夷"，公然主张通过战争进行掠夺，等等。这些都明显地反映了封建统治阶级的政治立场和观点，是存在于书中的封建糟粕，需要现代读者运用历史唯物主义的立场分析对待。

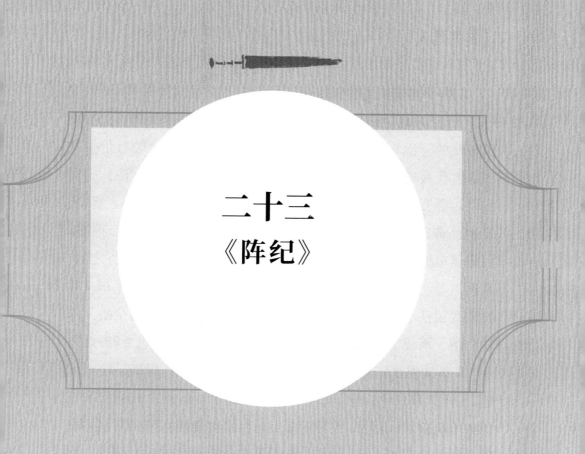

二十三
《阵纪》

【其书其人】

1. 思想性与实战性兼备的练兵之法

《阵纪》是明朝何良臣撰写的兵书。该书是冷兵器、火器并用时代的一部军事著作,是继《武经七书》之后比较有价值的一部古代兵书。全书共4卷,66篇,主要论述治军之法,是历代用兵得失的经验总结,分为募选、束伍、教练、致用、赏罚、节制、奇正、众寡、率然、技用、阵宜、战令、战机、摧陷、因势、车战、骑战、步战、水战、火战、夜战、山林泽谷之战、风雨雪雾之战等23类,具有较强的实用性。《阵纪》并非一般的论兵说法,而是为了扭转明王朝危政,整顿明王朝军备。作者总结、承袭了其所处时代及之前的不少优秀军事思想和理论,书中广征博引《孙子》《吴子》《司马法》《尉缭子》《唐李问对》《六韬》《纪效新书》《练兵实纪》等著名兵书,运用古代战例和作者战争经验加以阐发。《四库全书总目提要》称:"在明代兵家,犹为切实近理者矣。"可见,该书不仅具有鲜明的时代特色,而且具有强烈的思想性和实战性。

2. 高擎改革大旗的何良臣

何良臣,字惟圣,号际明,浙江余姚人。大约活动于明朝正德至万历年间。早年曾以辞赋诗文著称乡里,青年时即有志于军事,希望成为一名军人,因而他的诗也带有军事色彩。何良臣在东南沿海投笔从戎,终于如愿以偿。多年的军事生涯使

二十三、《阵纪》

他认识了战争、积累了较丰富的军事知识。但在明朝的腐败制度下,却长期怀才不遇,不觉常叹"知阵无所事阵"。曾经因生活所迫,不得已靠卖剑渡过难关。他曾到长安充当幕僚,参与训练府兵,立过战功,因此被提升为偏裨将,最后任蓟镇游击将军。

作者所处时代,正值明朝中叶,社会开始走下坡路。政治上的黑暗,导致了社会的重重矛盾,其中最为突出的问题是军政制度破坏,军备废弛,国防危机。明朝初年的军事制度是卫所制,因此军力较强。到明朝中叶,士兵逃亡数量十分惊人,高达125万人,占总兵额的50%。到嘉靖时更是有增无已。在地方卫所,情况更为严重,浙江军额每卫平均只有原额的22%,广东军额只有原额的23%,福建稍高,也只有44%。所剩兵员多是一些疲惫老弱之辈,战船、哨船也只是十存一二。更为严重的是军官们不务练兵,只知私役士兵,变士兵为奴仆。《明英宗实录》记载,兵科给事中刘斌说:"近数十年,典兵官员,既私役正军,又私役余丁,甚至计取月钱,粮不全支,是致军士救饥寒之不暇,尚何操习训练之务哉!"正统以后的情况更是日甚一日。朝廷昏暗,奸邪当政,一些有战绩的将领,也不免遭受陷害的厄运。如土木堡丧师辱国之后,于谦、曾铣等人曾建议修复河套之防,却遭受陷害,致使京师藩篱残破。又如浙江巡抚朱纨,加强海防,整饬军备,剿倭寇颇有成效,竟然遭诬陷下狱后被迫自杀。这种情况连宰相张居正也直言不讳:"今承平日久,武备废弛,文吏钳制弁员,不啻奴隶。"(《明史讲义》)

《阵纪》就是在这样的时代产生的。何良臣目睹此种情形,自然是忧虑重重,悲愤至极。他的这种心情在《阵纪》中随处可见。他深刻认识到,脱离革新政治而孤立谈论治军等于空谈,因此,他写《阵纪》一书,不仅仅为了讲论兵法,而且还寄希望于改革明朝军政制度。他在《阵纪》中多处揭露和抨击了明朝的腐败政治,严肃指出,在"将乏良能、兵无练锐"的局面下,明王朝面临着"国乱""国危""国灭"的危局,不实行变革,便谈不上治军守国。由此看来,作者撰写《阵纪》有着政治和军事的双重目的,政治上旨在扭转政务危局,军事方面旨在整顿明王朝军备。

【思想精要】

治军即今天所说的军队建设。针对明朝军政制度弊病,《阵纪》提出了治军必须与治国相配合的原则。作者认为,治军应以治国为基础,一个国家处于"冰消瓦裂之势",治军当然无从谈起。国家遇到突发事变,军队平时治理无方,临时就难以应付。明朝在这方面存在着严重问题,正如《阵纪》所说:"今也,将吏愆于监司中制之烦,士卒疲于科克工役之苦,偏裨困于谋求奔走之劳,则士气何由而作,教戒何由而施,以故将乏良能,兵无练锐,纵竭尽民膏,以养兵将,实无益于率然。"这里所指"将吏"即将领及其他武官,"监司"指中央所派监督军队的官吏,"中制之烦"就是说朝廷中的监察制度过分干扰军事,武官受到牵制,以至指挥系统受到破坏。士兵的粮饷被侵吞,还受额外劳役之苦,武官们忙于利禄的追求,士气不能振作,训练无法实施,没有称职将领,没有训练有素的士兵,就是把百姓血汗吸干去养兵,也无法应付突发事变。这种把治军与治国结合起来的见解,是有战略眼光的,抓住了治军的根本问题、要害问题。尽管这一思想在明朝中期以后根本无法实现,但是,仍然在古代军事思想史上占有重要地位,至今不乏借鉴作用。《阵纪》提出了一系列治军的具体主张,在《募选》《束伍》《教练》《致用》《赏罚》《节制》等篇中都有系统阐述。

1. 选兵用人,治军之基

作者认为,选募士兵、健全编制、选人用人是治军的基础。《阵纪》提出的选募原则和条件是对明朝腐败军制的革新,也是对古代治军思想的丰富和发展。在选募军士之后,需要建立健全军队编制,教练兵士,然后要"尽人之才,以致其用",调动每个士兵的积极性,做到上下齐心协力,这才是战斗力强的军队。

(1) 选募军士,治军之基。作者提出:"募贵多,选贵少"。所谓多,就是扩大兵源,广招具有各种特长的人才,可以解决军队严重缺额问题。所谓少,就是选拔少而精的特种部队,以适应作战时的特殊需要。《阵纪》在进一步解释这一原则时又说:"多则可致贤愚,少则乃有精锐。"为了改变军队成分,提高军队素质,《阵纪》还提出一系列选拔士兵的条件:一是要选诚实之人,杜绝游手好闲之徒。诚实之人又应以乡村农民为主,对城市无赖、蔑视法令者、赌徒流氓、高谈阔论之流应严禁入伍。二是必须坚持"首取精神胆气,次取膂力便捷"的原则。精神胆气是士兵的灵魂,克敌制胜的先决条件。伶俐无胆的士兵,临敌必然爱惜自己生命;有武艺而无胆量的士兵,临敌必然忘记武艺的使用方法;身材魁梧高大而无胆量的士兵,临敌反而会成为累赘。如果把有精神胆量的农民招入军队,然后加以技艺、队列、战法训练,就能练出一支无敌于天下的军队。三是必须在士兵中挑选提拔军官。如胆力过人,精神出众,智谋见识超过全队的士兵,立为伍队长;年事较高,有武技和作战经验者，可选为教官；熟地理者，可选为哨探；有出群异众之才，勇敢、胆量过人者，可以充任偏裨将；有特殊技能者，应选入中军指挥机关。此外，《阵纪》还提出必须防范无学无才、无谋无识、无艺无力、靠关系门路、说假话骗取官位利禄之辈，以确保军官质量。

（2）束伍列编，教练兵士。作者认为，"实伍为用兵之至要"。实伍就是健全军队编制，提高军队战斗力，它是治军的核心内容。《阵纪》提出束伍、列编、授器、教戒、号令训练为实伍的主要环节。束伍就是健全伍队组织，制订营房守则、排兵布阵。列编就是编列队伍。授器就是配备兵器和各种装备。教戒就是进行作战目的、军纪、官兵团结等方面的思想教育。号令训练就是教育士兵服从命令、听从指挥，以便统一行动。对于这几个环节，《阵纪》也阐明了它们之间的内在联系，说明它们之间不是彼此孤立的，而是相互关联的一个整体，缺一不可。五个环节之间还有一定的先后顺序和主次之分，顺序是束伍、列编、授器之后，当戒以不浮，和以同义。这里的"戒"包括了教戒和号令训练。五个环节统一起来就是对士兵的教练。所谓教练，就是"以形色之旗教其目，以金鼓之声教其耳，以进退之节教其足，以长短之利教其手，以赏罚之信教其心，此即五教不易之大纲"。此五教之中，占主导地位的是"教其心"。《阵纪》引用吴起的话说："治兵之要，教戒为先；为国之道，先戒为宝。"教戒为先就是把思想教育、军纪教育、号令训练放在首要地位。只有如此，才能训练出天下无敌的军队。如《阵纪》所说："敌在山，缘而上攻，敌在渊，没而下从（追击），其奋击也如怒霆，其轻迅也如飙风，致之死亡之地，而人莫敢自为之计。能如是，乃可称教练之卒，用兵之雄。"不难看出，军队训练是军队打胜仗的基础,没有良好的训练,就是不堪一击的乌合之众。

(3)尽人之才,以致其用。《阵纪》指出,明朝军中将领普遍存在的弊病之一是"不坐于自满,则病于蔽忌",即闭塞贤路,埋没人才。因此,明朝军队中缺乏良将贤才,各种具有特殊才能的人也不能被发现,不能被正确使用。人有贤愚,才有奇拙,识有深浅,所以,善于用人者,必能尽其贤愚,使用奇拙的气度。只有"尽人之才,以致其用"的军队,才能调动每个士兵的积极性,才能做到上下齐心协力,这才是战斗力强的军队。《阵纪》汲取了《六韬·龙韬·王翼》篇关于选拔人才的标准,提出组织各类型专门部队,如异术队、胆勇队、敢死队、羞过队、材士队等等,以便调动各种人才的积极性,发挥其专长,"分统各有所司,而长短各有所便,其艺能之机窍,轻重之设施,所谓术业诚有专攻也。使各任其所专攻,则弱者自强,怯者自勇,虚者自盈,疲者自锐"。

2. 礼法结合,相辅相成

作者认为,治军应坚持礼治与法治相结合的原则,两者必须交互为用、相辅相成,不能偏废。为将者对士兵要"教其心",进行思想教育和精神训练,同时要以法治军、赏罚严明、节制自重,确保军队训练质量,使之立于不败之地。

(1)教之以礼,励之以义。以礼治军是一项重大的治军原则,明朝中期军制濒临崩溃的原因是废弃了基本的礼义伦理道德教育。"当事者不筹良策",庸将只知"奔趋承奉""乞誉求名""钻刺应酬",将领们腐败无能,失去了最低限度的道德修养,当然不可能带出一支训练有素的军队,甚至反而可能导致军队从内部瓦解。只有实行吴起所说的对官兵"教之以礼,励之以义",和采用尉缭所说的"禁、舍、开、塞"的办法,军队才能懂得令行禁止,懂得荣辱廉耻,以战死为荣,以退逃为耻,才能上下一心,将士情同父子、义若兄弟,全军和睦,生死与共,士兵们都能做到"必遵教令以习艺,知忠义以自持"。同时,军能戒以不浮,和以同义,则自无科克虚空之弊。《阵纪》提倡的这种礼义之教,实际上是军队养成教育的重要内容,是训练部队的核心部分,其目的在于对官兵进行精神训练,也属于五教中的"教其心"。"教其心"主要指对士兵进行思想教育,而对军队"教之以礼、励之以义"则不仅包括教育士兵,也包括对各级军官和主将的教育,只有官爱兵,兵尊官,才能出现将士情同父子、义若兄弟的和睦局面。可见礼治是对全军而言的。礼治不仅贯穿于训练之中,而且是治军全过程的总纲。抓住这个纲,"大足以战,小足以守,惟其心能和,其气能激,则士不劝而自战,不守而自固矣。为将用兵之道,已得大半"。

（2）以法治军,赏罚公正。《阵纪》提出,对那些经过一定时期训练,武艺仍然不精,进退不熟,号令不识者,要"治之以法",其教官、司战、伍队长都要连坐,并限期训练,仍不能掌握武艺者,要一直追究到千把总、偏裨将。这对于明朝腐败军制来说,又是一项革新措施。以法治军的一个重要内容就是奖励有功,保护善良,惩罚罪犯,打击权贵,要求执法至公无邪。《阵纪》认为,实行以法治军,必须坚持"行诛于贵显,下赏于微贱……杀及权幸,赏及牛童,谓无论贵贱,不预恩仇"。明朝军备废弛的重要原因是"将乏良能,令轻刑赏"。有功者不奖,反而受诬陷,有罪者不罚,甚至可以官运亨通。善恶不分,赏罚不公,这样的军队难免一触即溃。所以《阵纪》提出"内畏重刑,则外无坚敌"。为了使赏罚能够至公,《阵纪》

还提出必须由主将亲自主持、亲自调查，以耳目见闻为真，赏罚应真实可靠，"无容军中私议"，不受虚报、诬陷之类行为干扰。

（3）节制自重，军纪严明。治军必须以训练一支节制之师为目标。《阵纪》继承了《孙子》《吴子》关于节制部队的思想，又吸取明朝军队"无良将制练""兵集无制""将未得兵之情，而兵未达将之令""十出九败"的教训，提出治军归根结底就是要达到部队行动能够掌握，部队进退能够控制的目标。所谓"伍定而后令行，令行而后教戒，教戒而后阵坚，阵坚而后节制自重"，就是说训练部队的目标，即在于使部队养成绝对服从号令、军纪严明、有秩序的节制之师。训练时要"行由路，集成营"，不得擅自离队，遇粪土污湿之地，也必须依次停步，不得前后拥挤杂错，不得躲避。作战时要求部队按号令进止，勇者不得独先，怯者不敢私后。成为进不可遏，退不可追，分合不可测，攻掠不可防，立于不败之地的有节制之军。这样也就达到了吴起所说"兵以治为胜"的境地。

纵观《阵纪》的治军思想，有三个显著特点，一是继承古代治军思想与社会实际需要相结合，二是训练身体、技艺与精神、勇气培养教育相结合，三是部队管理教育与人才选拔、管理相结合。这三个特点又贯穿着一个核心，即实用性。其治军思想均从社会需要、实战需要、部队管理需要出发提出问题、解决问题，因此，《阵纪》的治军思想有较高的参考价值。

3. 防患未然，威智屈敌

《阵纪》没有系统论述战略问题，但在阐述战术思想时，对战略思想也有所表述，尽管不够系统、完整，却也不乏思想火花。如《阵纪》提出了使国家立于不败之地，能在突发事变中转危为安，或岿然不动，必须实行防患于未然的总战略；以威德智谋屈敌，兵不血刃而为不朽功业；国家取得战争的胜利必须赢得军心、民心。这三条是《阵纪》中比较突出的战略思想。

（1）虑患于未形，措置于有道。所谓防患于未然的战略思想，就是在政治上、军事上消除导致国家败亡的内因，以便在突然发生战争的情况下，免遭覆灭命运。《阵纪》以历史的经验为鉴，指出天下有变，国家出现"冰消瓦裂之势"，主要由五种内部原因造成，一是因饥荒而起，为衣食所迫，出现乱民。二是官吏腐败，贪污受贿，杀人无罪，排斥贤人，高才不用于时。三是君主荒淫无道，重用献媚之徒。四是民族矛盾处理不当而致起事，朝廷的进攻和防守战略不明，没有正确的控制办法。五是朝中争权夺利、结党营私、大权旁落。以上五条，出现其一则国贫，出现其二则国乱，出现其三则国危，出现其四则国分，出现其五则国灭。一是五的起点，有其一，其四便会接踵而至。所以，《阵纪》指出解决问题的办法，只能是"明君良将，能虑患于未形，措置于有道，自足以弭率然之变"。所谓防患于未然，就是防止以上五种危及国家存亡因素的产生和发展，制订正确的国策和战略。这与《六韬》所说"善除患者，理于未生"的战略思想是完全一致的。

（2）威德服人，智谋屈敌。以威德智谋屈敌的战略思想，是孙子"不战而屈人之兵"这一战略思想的体现和继承。《阵纪》指出："能以威德服人，智谋屈敌，不假杀戮，广致投降，兼得敌之良将者，为不世功。兵不赤刃，军不称劳，而得敌之土地数千里，人民数十万者，为不世功"。这里的"威"就是军事上的强大威力，形成对敌的震慑力量，使敌不敢轻举妄动。"德"就是政治上实行仁义之策，用恩德来感化敌人，瓦解敌人。"智谋"就是通过政治上、外交上、军事上的战略运筹、谋划，在气势和力量对比上都能占压倒敌人的优势，不必流血就可胜敌。这就是"不战而屈人之兵"。"兵不赤刃，军不称劳"就能得到敌国土地和人民，实际上就是孙子"全国为上"的思想。能取得这两种胜利，就是立下了不朽的功勋，也就是最完善、最理想的战略了。

（3）政令有信，民众附之。争取战争的胜利，必须赢得军心、民心，这是历代军事家共有的战略思想。孙子说："令民与上同意，故可与之死，可与之生"。这是指百姓服从国君意愿，就可以在作战时出生入死，就可以赢得战争胜利。吴起说："不和于军，不可以出阵"，强调军队内部如果不团结，便不可以排兵布阵，作战也不可能决战决胜。《管子·形势》也说"上下不和，虽安必危"。意在说明，人在战争中起着决定性作用。这里的人，包括了百姓和士兵，他们是战争的主体。谁赢得了军心、民心，谁就在战略上掌握了主动，取得了进入胜利之门的入场券。《阵纪》中贯穿了这种思想。它引用《管子》的话说："民诚而信令也，其民虽少无畏；民伪而不从令也，其民虽众为寡"。作者进一步指出，百姓的诚实与诡诈是政府政令造成的，政令取信于民，民则诚实，政令失信于民，则民自然不会听从政令。一旦百姓对政府失去信任，百姓虽然众多，也不会成为支持战争的力量。因此，《阵纪》认为，"兵非不可用也，民非不可附也，不得其所以用之附之之方，虽多抑奚为哉！故善用兵者不务多，善附民者求诸己"。这里的"用之附之之方"是指取得军心、民心的方法，善用兵者务求官兵团结，官兵不能齐心协力，虽多又有什么用呢？善于亲附百姓，就必须改善朝廷政令，让百姓信得过。可见，没有正确的政治战略，根本不可能赢得战争的胜利，甚至还要危及国家的存亡。

4. 奇正之变，互藏互变

《阵纪》关于作战指导思想也多贯穿着上述政治战略思想，如排兵布阵、奇正互变、众寡之用、用因乘势、虚虚实实、投之死地、摧陷攻坚、高垒固守等等，都必须以军队内部和睦团结为基础。政令能得人心，"军不治自整，艺不教而自精"。如果失去人心，军队就无法治理，号令也就失去指挥作用，"进自不齐，退亦无制，使不齐无制，而能统众用兵者，未之有也"，就是没有统一行动，失去控制。军队失控，一切战略战术自然成为一句空话。可见，政治战略与军事战略、战术关系密切，没有举国一致，举军和睦，便不会有战争的胜利，这是历代军事家共同的认识。

（1）奇正之变，互藏互变。对奇正的运用和解释，历代兵家众说纷纭。有人说旁击为奇、埋伏为奇、后出为奇，选锋为正、先合为正、老营为正。也有人把正只看作正，把奇只视为奇，而不识正兵和奇兵之相互渗透和转化。《阵纪》认为，这些看法都不全面，不合孙子所说"奇正相生，循环无穷"的基本原理。它认为，善用奇正者，不但使敌人不得识我之奇正，如三军之众、偏裨诸将，也无法分辨孰为正孰为奇，正正奇奇，奇奇正正，变化无穷。在一般情况下，正面对敌为正兵，出敌意外为奇兵。但是，《阵纪》又指出，奇兵、正兵不是一成不变的，而奇兵和正兵也都不能静止、孤立地看做是奇兵和正兵，前锋有尾部，后卫有前部，正兵之内可设奇兵，奇兵之内可设正兵，冲锋部队可设伏兵，伏兵之中亦设冲锋之兵，互藏奇正，奇正互变，这就是所谓用兵如神。《阵纪》也认为，奇正变化不是随意变化，而是由战场形势、敌我力量对比来决定的，由主将主宰变化，各级将士只听号视旗，服从调动。主将又必须从实际出发，机动灵活地指挥作战。这些论述显然是对孙子等兵家奇正原理的进一步阐述和发展，从而丰富了古代战略战术思想。

（2）虚实之气，系乎人心。《阵纪》论述虚实的一个显著特点是与奇正结合起来说明。孙子在《势》《虚实》中第一次阐明了奇正和虚实的基本理论，历代兵家视为用兵理论依据。但是孙子没有讲明奇正和虚实的关系。到了唐代，李世民和李靖曾对此有所论及。李靖说："教诸将以奇正，然后虚实自知"。李世民说："以奇为正者，敌意其奇，则吾正击之；以正为奇者，敌意其正，则吾奇击之。使敌势常虚，我势常实"（《唐李问对》中卷）。这里把奇正运用当作一种试探敌之虚实的战术动作，把孙子"示形""动敌"战术更加具体化了。

《阵纪》继承了这一理论，并有所发展，"既知奇正相变之术，便可得敌人虚实之情"。这比李靖说得更明确了，就是运用奇正变化，作为侦察敌情的策略。它完全赞同李世民的意见，主张暴露出奇兵，让敌人误认为是正兵，诱使敌人出击，我却用正兵袭击敌人，同样也可以用正兵诱敌，以奇兵出击取胜。《阵纪》在这个基础上，有所前进，又提出了正、奇、伏三者关系和虚实的运用。它说，正兵如人之身，奇兵如人之手，伏兵如人之足，有身而后有手足，三者不可缺一，三者又互相变化。伏出于奇，奇又出于正。而奇、正、伏三者的运用，又必须以虚实之情为依据作出决策。因此，"我常实，而敌常虚，我常致人，而不为人所致"。由此可知，虚实之情可以通过奇、正、伏战术动作侦知，而如何运用奇、正、伏，又必须依据敌人的虚实之情来决定。

《阵纪》对虚实理论的另一贡献是探讨了如何使自己常实，避实击虚。它指出，虚实有物质和精神两方面的表现，兵强马壮、粮饷充足为实，兵疲食少为虚。然而仅有物质方面的充实还不是真正的实力强大，士气也决定着部队战斗力的强弱。"主将所持不直，卒心日离，吏士不和，上下有隙，是谓气虚。"这是历代兵家所公认的，并非《阵纪》的发明。但是，《阵纪》也有自己的独到见解。它说："胜兵非常实，败兵非常虚，虚实之气，系乎人心，是以明将常得，而暗将常失也"。胜兵失去实气，必然会转胜为败，败兵得到实气，便会转败为胜。保持常实之气，关键在人心。这些见解相当深刻，使人耳目一新。

此外，《阵纪》还提出战场上敌虚的种种表现，如空营无伏、旗乱阵移、道险狭而渡半涉、敌远来而未得地、疲奔命而炊未食等等，均为敌虚之时。在这种情况下，即采用"乘虚"的战术。相反，敌实则应急避其锐。如果遇到虚虚实实之类假象时，实际情况没有显露，就要揭露假象，恢复其本来面目，使"虚者反其实""实者反其虚"，这就是"握虚实之窍，而致用之以神"。用通俗的话说，就是掌握了观察虚实的诀窍，达到了利用虚实情况用兵如神的境地。以上论述表明，把奇、正、伏、虚、实综合运用于作战指导，并使用避实击虚、虚虚实实、出没无常、分合变化等战法，形成了一套机动灵活的作战指导原则，进一步促进了古代军事思想的系统化、理论化，这无疑是《阵纪》的一个突破。

（3）用兵之术，因势利导。孙子的"因形而措胜"，吴起的"因形而制权"，都体现了"因势利导"原则，为历代兵家所重。《阵纪》对此也有精彩之笔，它说："用兵之术，惟因字最妙。"在战场上，时时处处都存在着可以利用的条件，如敌人的险要地形、敌人的计谋、敌人凭借的条件皆可以为我所用。敌居高处，可以围困；敌处低处，可以水灌；敌粮道绝远，可以袭扰；敌食匮兵少，可以急速歼灭；敌将贪利，可以行贿利诱；上骄下怨，可以离间；敌疲贪利，可以袭击，等等，皆有可因之势，皆可以成为致胜的契机。我军勇猛又深谋远虑，士兵们都可以拼死作战，可以用来进行决战。地形险要，一夫守关，万夫莫开，可以因地之利。于是便有"因敌之势以致胜""因我之气以决胜""因地之利以必胜"的局面，"三者得一，敌已挫亡；俱得用者，所向莫当。所以善用兵者，必因敌用变也，因人而异施也，因地而作势也，因情而措形也，因制而立法也"。能"因时顺势而利导之者，能者之事也；悖人逆天而抗时势者，妄者之事也"。这些论述告诉人们，在战场上，只有抓住一切可乘之机，利用一切可以利用的条件，因敌变化而变化，任人于必用之处，就是掌握了战场上的主动权。

以上所述，主要反映了《阵纪》的治军、战略思想与作战指导原则等，其中有的是吸收了前人的优秀思想，也有何良臣自己作战的所谓"自得之妙"，所以，读起来贯通流畅，没有生吞活剥、拾人唾余之感。许多问题上见解精辟深透，不少思想观点至今依然不失其光彩。

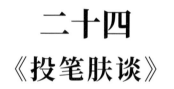

二十四
《投笔肤谈》

【其书其人】

1. 自成体系的军事参考书

《投笔肤谈》由明代何守法著写,是一部颇有影响力的军事理论著作。它以《孙子兵法》的理论为指导,结合历代战争经验,分析了战争指导的各个侧面,提出了一般的军事原则和策略。全书分上下卷,共13篇,分别为《本谋》《家计》《达权》《持衡》《间谍》《敌情》《军势》《兵机》《战形》《方术》《物略》《地纪》《天经》,内容涉及战争目的、战争准备、谋略运用、间谍使用、兵力部署、战法变化、治军方法等问题,既传承了孙子的思想,同时又提出了自己的独到见解,是一本值得研读的军事参考书。

2. 西湖逸士何守法

何守法,浙江人,其生平及生卒时间均不详,大约生活于明嘉靖至万历年间。他曾注解过《武经七书》,见解独特。《投笔肤谈》即在《音注武经七书》中以附录形式出现。原书在引言后署名为"西湖逸士",但在卷首又记为"浙江解元钟吴何守法揭音点注"。所以,学界认为,该书应为何守法所著,"西湖逸士"为其笔名。

书名中的"投笔"二字,表明作者为文人却有弃笔从戎之志。"肤谈",为浅谈之意,显然,这是作者的谦逊之辞。作者非常推崇孙子,指出:"七书之中惟孙子纯粹,书仅十三篇,而用兵之法悉备。"他不仅注释了《武经七书》，而且还仿效《孙子兵法》的体例，写出了《投笔肤谈》。我们仔细阅读此书，可以看出，各篇排列有其自身逻辑顺序，前后连贯自成体系，是一本体系完整的兵书。其内容虽多为孙子思想的引申，但也有若干观点越出孙子之范围而自成一家之言。作者本人也声明："篇名虽与《孙子》相参，文义则有别。"本书每篇之前有题解，说明本篇内容及与前篇的关系，正文之后又有注解，除解释文义外，有时还引述案例以供参证。这都表明，作者对兵学颇有研究，并非拾取别人的一言半语而充当自己的东西。

【思想精要】

《投笔肤谈》虽然是仿孙子体例撰写，但也在诸多方面丰富与发展了孙子的兵学思想，如作者提出"保民康国""以谋为本"的思想，是对孙子"安国全军"思想与"胜于先胜"思想的提升。作者对兵学原则和作战方法也做了具体的论述，提出"通权达变""知用间之妙"、巧用"兵机"、善用"天地万物"等观点。

1. 保民康国，以谋为本

作者开篇《本谋第一》就写道"本谋者，以谋为本也"，又说："谋乃行师之本，非谋无以制胜于万全"，指出谋略是取得战争胜利的根本，足见作者对谋略非常重视。"自古明君贤将，谋之于未战之先者，岂专谋敌求胜哉？亦冀保民而康国耳！"这就强调自古明君贤将都"贵谋而贱战"，没有不用谋略取胜的战争。因此，主张谋定而后动，以确保战争取得全胜。作者指出，战争是不可避免的，将帅应对"攻围战守御"五种作战手段灵活运用，才能减少战争的危害。高明的将领运用这些手段而取得胜利，往往夺取敌人城寨不依靠硬攻，迫使敌人屈服不依靠围困，挫败敌人决策不依靠打仗，分散敌人兵力不依靠防御。如果不是不得已必须用兵，就不要劳师动众，不要旷日持久，不长期出兵在外，不与敌人硬拼，只用计谋作为用兵的根本。这样，对本国民众的危害，或许可以减轻一些。

用谋应先知兴兵的目的是除"国乱"、去"民暴"。作者并非只讲谋略的重要性及如何用谋，还从战争的危害性以及战争的目的等方面论述了运用谋略的重要性。首先，战争目的并非为了取胜，而是保国康民。该书开宗明义指出："凡兵之兴，不得已也。国乱之是除，民暴之是去，非以残民而生乱也。"作者肯定了战争的必然性，认为用兵打仗是不得已才使用的手段，因此，君王必须要了解战争对民众产生的危害，以达到除暴安民的目的。作者指出，战争会导致农事废弛、妨害民众劳作、损害民众财产、削弱民众体力、危害民众生命。这五点，就是"圣王"也不可避免。作者提出，民众劳顿而用兵打仗，士卒就会疲敝；民众贫困而用兵打仗，战争资源就会匮乏；民众安逸而用兵打仗，士卒就会溃散。内部有佞臣而用兵打仗，就会危险；灾害频繁而出兵打仗，就会生乱；内部意见不一而出兵打仗，就会猜忌；上下离心离德而出兵打仗，就会灭亡。所以，国家不富足，不要进行战争；民众不团结，不要与敌人交战。进行战争而不考虑胜败的条件，国家危矣。与敌交战而不详察存亡的关键，大难来矣。

用谋应先知兴兵是为了"销兵""止战"。作者从正义战争的观念出发，提出了"销兵""止战"的战略思想。他指出："兵以销兵，然后兴兵；战以止战，然后合战"，强调只有从消减武力、制止战争的动机出发，才可以兴兵用战；战争的目的在于挫败敌人的锋芒锐气，而不在于将敌军杀光。师出有名是用兵的关键。作者认为，战争有"义"与"不义"之别，我军师出有名，而把恶名加给敌人，我军仗义而出，而把不义加给敌人。这样，三军一旦出动，惊天动地，威震四方。可以看出，作者对"义"的看法有一定的民本主义思想。如在楚汉战争中，刘邦利用项羽杀义帝的暴行，大做文章以孤立项羽。亲率三军为义帝哀祭三日，并派人告诉诸侯，谴责项羽杀了诸侯共立的义帝，号召大家共同出兵讨伐，结果使项羽处于众矢之的。又如，隋炀帝的残暴统治，引起了农民大起义。李密率瓦岗起义军攻占都城外围后，声讨炀帝十大罪恶，号召各地民众起来推翻隋的统治，最终使隋朝灭亡。

2. 保全自己，谋求战胜

作者在《家计第二》篇提出"用兵先须立定家计"，明确指出："用兵之道，难保其必胜，而可保其必不败。不立于不败之地，而欲求以胜人者，此徼幸之道也，而非得之多也"。这与孙子"自保全胜"（《孙子兵法·形篇》）的思想是一致的。意思是用兵必须保全自己，使自己立于不败之地，然后图谋战胜敌人。如何立于不败之地？作者强调要做好战争准备，立于不败之地，而不能存有侥幸取胜的心理。

首先，行军时要加强戒备，防止遭敌袭击。作者提出，驻军要防备敌人逼近，前进时要考虑退路，在国外作战要考虑国内情况。战前必须审察敌方虚实，权衡轻重缓急，考虑先后节点。兵力部署时要周密详细，使敌无隙可乘。作者还提出，"不虚营而实阵，不重战而轻守，不缓御而急攻，不先彼而后己。"意思是不使营垒空虚而把兵力都集中于战阵，不偏重野战而轻视守备，不放松防御而急于进攻，不先料敌而后料己。

其次，战时要慎重对待初战，时常做好防备。作者提出："备之周密，己不败矣"。军队深入敌境，与敌旷日相持，须要防敌奇袭。所以敌人虽少，我也应全力对付，敌人虽弱，我也应严阵以待。打了胜仗，也要谨慎小心。所以歼灭敌人，要经常整顿军队；追击敌人，不要超过三十里，由此看来，不仅败了要防备敌人，就是胜了也要谨慎如初。作者认为，取胜没有什么奥秘，关键是要了解敌情，明辨虚实，乘敌之隙。比如齐魏马陵之战，魏国主帅庞涓之所以兵败自杀，就是因为他没有察明齐军的真实情况，结果遭到伏击。又如，吴王夫差击败越国后，因胜而骄，轻视邻国。于是不顾国内空虚，亲率全国精锐，北上黄池会盟，与晋争霸，致使越国乘机攻占了姑苏（今江苏苏州市），吴国从此一蹶不振。

最后，要做好充足的准备，让敌人无隙可乘。作者认为："故兵贵乘人，不贵人所乘也"，这与孙子"致人而不致于人"（《孙子兵法·虚实篇》）的观点一致。部署部队最好不要分散，分散了力量就薄弱。兵力配置最好不要相距过远，过远了态势就孤立。不仅我军弱小敌军强大是这样，就是我军强大，也应提防敌人乘我之隙。如能审时度势而行动，适应战机而变化，敌人又怎能乘我之隙呢？天下乘人之隙的事，不在于敌，就在于我；不在于我，就在于敌。所以当我可以乘敌之隙，敌也可乘我之隙时，不可不提防。当敌人有可能谋算我，而我也可以谋算敌人时，不可不了解。这在战争谋划上是最重要的，不可不认真研究。如周定王，晋大夫智伯胁迫韩、魏攻赵，后来，又引水灌晋阳城（今山西太原市）。赵襄子利用韩、魏与智伯的矛盾，拉拢韩、魏，约期共攻智伯，杀了智伯的守堤官吏，引水反灌智伯军。结果，智伯在赵、韩、魏联合夹击下，全军覆没。

3. 通权达变，权衡利害

保全自己的策略制定好之后，做好周密准备，便具备了立于不败之地的基本条件。但是要想战胜敌人，还需随机应变，做到"通权达变"而不可墨守成规。所以作者在《本谋第一》《家计第二》篇之后紧接着写《达权第三》篇，提出了做到通权达变的一系列要求。

首先，要灵活使用谋略战胜敌军。在正常情况下，要考虑可能的事变；在顺利环境下，要防备突发事故；军队扎营，务必谨慎稳重；临敌决策，最好集思广益；与敌接战，先要对敌显示假象；接受投降，必须提防敌人诈骗；袭击敌人，要照顾自己营垒的安全；伏击敌人，要选择有利地形；攻击兵力众多之敌，要瓦解它的军心；突破坚强防御，要使它处于孤立的态势；远征敌人，要提防它的援军；追击败退之敌，要提防它分兵进击；突击前进，要防备敌人矢石杀伤；军粮缺乏，要在还能吃饱的时候进攻；突然遭遇敌人，不可轻举妄动；敌军内部互相猜疑可以离间；敌军疲劳可以进攻，敌军粮草缺乏可以围困，敌军分散可以计取，敌军空虚可以惊扰，敌军混乱可以攻取。这些都是灵活处理敌情的方法。

在通权达变的基础上，还要"悉其利害"，不能盲目进攻，也不能消极防御。作者在《持衡第四》篇中提出，必须要察明情况，"持之以衡"，才能采取行动。作者从劳逸、分合的角度论述了攻与守的利弊问题："凡以守待敌者佚，以攻待敌者劳，劳佚之相乘，而利归于守也。攻则力合而难敌，守则势分而难救，分合之相乘，而利归于攻也。"从劳逸的角度比较，防御比进攻更有利。防御方可以以逸待劳，而进攻方因为长途袭远就会疲劳；从分合的角度比较，进攻则比防御更有利，进攻方能集中兵力而使敌人难于抗拒，防御方则因处处防御就会兵力分散而难于互相救援。从攻守的角度比较，胜负机会是不确定的。防御方顺利则进攻方面就不利，进攻方容易则防御方就困难，所以要想正确地运用攻守，必须仔细权衡轻重。进攻时将军队屯驻于坚城之下，暴师于郊野之外，久攻不下，士卒劳顿，这是攻城的灾难；防守时兵力不足，粮食供应不上，救援部队又不能到达，这是守城的灾难。造成这样的情况，都是因为不能权衡利弊。因此，善于用兵的将领，进攻时虚张声势以调动敌军，不断惊扰敌军使它发生混乱；防御时则沉着冷静应对敌军，能鼓舞己方士气而瓦解敌军士气。

作者在注解中举了很多例子，如公元前684年的齐鲁长勺之战，鲁庄公采用曹刿的建议，采用避其锐气的方针，待齐军"一鼓作气，再而衰，三而竭，彼竭我盈"的时候，乘机发动进攻，大败齐军。又如公元前512年，吴王阖闾准备攻楚，伍员建议把军队分作三部分，轮番出动，袭扰楚军，等它疲惫且放松戒备时，再全力发动进攻。吴王采用了这个建议，终于大破楚军。

4. 了解敌情，胜败之要

无论是进攻方还是防御方，要想战胜对方，首先要了解敌情，利用间谍侦察敌情。了解敌情则胜，不了解敌情则败。所以作者在《谍间》《敌情》篇论述了将领知晓敌情的重要性以及如何用间谍了解敌情的方法。作者不仅强调"谍知敌情"，更重视"乘间以人"。

作者在《谍间第五》讲："凡为将者，握三军之权，司万人之命，以与敌对，逐于原野，相持而不知其情，是木偶也，相制而不制以术，是猛兽也。"两军对垒而不了解敌情就如同"木偶"，两军相争而不讲究谋胜之法，就如同"猛兽"。所以，直接进攻敌国，不如用谋略使敌国君王自乱其政；直接攻击敌国臣子，不如用谋略使敌国臣子祸乱朝政；拆散敌国同盟，不如离间他们，使他们相互攻击。如越国大夫文种用重金贿赂伯嚭，从而使吴国灭亡；张仪为了破坏各国"合纵"，以"连横"来游说六国，使他们相互攻击，为秦国灭亡六国创造条件；陈平使用计谋让项羽怀疑范增，从而除掉了范增。然而，不侦察则无法知道敌国的情况，不离间则无法施展我军的计谋。可见，使用间谍了解敌情是非常重要的，直接关系我军的谋略能否实施。

至于如何使用间谍，作者认为，首先要知用间之妙，"乘间以人"。用嫌隙来离间敌国亲信，用佞臣来离间敌国忠臣，用利益离间敌国内部争斗，用猜忌来离间敌国忠良，混淆敌国言论，扰乱敌国行动，瓦解敌国内部，拆散敌国联盟。其次，要不吝重金。如果吝惜财物，就会失去间谍的忠心，这是必须要考虑清楚的问题。如楚汉相争时期，陈平向刘邦献计，利用反间瓦解楚国领导核心。刘邦赐予他大量金钱并令其自行支配，结果除掉了范增、钟离眛等人。而项羽为有功而应封爵位的人刻好了印信，但是他把印角磨光了，也不舍得把印信送给那些受封的人。再次，用间者必须是智慧的人。作者强调"间谍可用而不可恃"，间谍可以使用，但是不能完全依赖。作为君主或将领，使用间谍一定要有识别间谍所获取情报真伪的智慧，否则就可能导致判断失误，战争失败。

除了使用间谍获取情报外，作者还提出，根据敌人的动态变化来获知敌情。战争是双方实力与谋略的竞争，敌情千变万化，有的可以通过敌方的编制、阵形、行军速度等判断出来，有的则很难通过外形看出来，对这些敌情必须要侦查清楚。作者认为，敌人分合之变、设置伏兵、暗中偷袭以及虚实变化，一定要查明。如果得不到敌人的真实情况，就通过"示形之法"诱使敌人暴露真实意图。

5. 因形措胜，灵活机动

在实力上占有优势，还不能完全压制敌人，还要巧妙发挥军队的实力才能取胜。作者认为，在兵力使用和战法变换上，要因形而措胜，灵活机动，让敌人无法判断，这叫"兵机"，即用兵的机巧。

作者认为，运用隐匿和佯动等各种"示形"之法迷惑敌人，充分发挥我军之长，暴露敌军弱点，从而击败敌军。首先，要善于运用奇正之变。作者指出："我奇而示敌以正，我正而示敌以奇者，知胜者也。"我用奇兵而对敌人显示是正兵，我用正兵而对敌人显示是奇兵，我用奇兵而敌人不知道这是奇兵，用正兵而敌人不知道这是正兵，这就是懂得奇正之变的用法了。凡是军队与敌接触，两阵相对，在短时间内决定胜负，无非是运用奇正迷惑敌人的结果。

其次，要隐真示假，欺骗敌人。愚弄敌人使它信以为真，欺骗敌人使它产生怀疑，隐匿我军长处使它疏忽，暴露我军短处使它迷惑，假传号令使它分不清我军实情，变更旗章使它看不清我军虚实。隐藏实力使它防范松懈，迎合敌人心理使它意志昏乱，显示强大军力使它屈服，震慑敌人使它士气沮丧。

再次，要依据敌情变化，运用虚实。我军实而实之，为的是打击敌人；我军虚而虚之，为的是迷惑敌人。我军以弱示强，为的是使敌人产生错觉；我军以强示弱，为的是调动敌人。运用虚实的关键，在于根据敌人的情况而变化，其深奥精微妙处不可言传。

最后，还要正确地处理攻守关系，恰当掌握分合时机。既不要单纯地强调进攻，也不要片面地一味防守；既要有相对的分散，更要有必要的集中。二者不宜偏废，不宜偏重，要权衡轻重，正确处置。总之，只要牢牢掌握战争的主动权，就掌握了制胜权。

6. 天地万物，兵之助也

将帅不仅要善于运用各种作战方式、灵活变换战法，还要善于借用各种客观条件来取得胜利。作者在《物略》《地纪》《天经》篇就论述了将帅如何利用天时地利以争取优势，强调"以知兵之士，察物之理，究物之用，总括其利，不遗微小，则虽百万之众无所穷，千里之远无所困。"

作者认为，万物皆有其自身的属性，如圆的物体容易转动，方的物体容易稳定，斜的物体容易倾倒，直的物体容易竖立，空的物体容易漂浮，尖的物体容易刺穿，硬的物体容易折断，软的容易弯曲。火遇风就旺，水遇寒就结冰，诸如此类都是事物的基本属性。懂得用兵的人，要考察万物的特性，研究万物的特性，并总结它有利的一面，即使很小的用途也不要忽略。这样，即使统帅百万之众，也不会没有办法，进军千里之敌，也没有不能克服的困难。

地形也是战争取胜的重要客观条件，将帅必须了解各种地形的利害。地形大致有六种：一是战略要地，二是便于驻扎的地形，三是便于进攻的地形，四是便于防守的地形，五是便于埋伏的地形，六是便于截击的地形。这六种地形，都是将帅用兵作战应该利用的地形。如果得到有利地形，纵然敌强我弱，敌众我寡也可以取得胜利。

天时也是战争取胜的重要客观条件，将帅必须熟知天气变化规律。四季寒暑、日月星辰、风雨冰雪、雾气雷电等都有其运行的规律，将帅必须知晓它，但不能依赖它。我方可以利用天象预测吉凶，以此迷惑和欺骗敌人，但不可依赖它作为我方取胜的必要条件。

总之，《投笔肤谈》充满了浓郁的理论气息，蕴含着丰富的军事思想，对孙子的很多思想都进行了具体论述和深化。值得一提的是，作者特别论述了除"国乱"、去"民暴"，以达到"保民康国"的战争目的，这实际上发展了孙子的战争观，丰富了"以人为本"的正义战争观。该书尽管采用了孙子模式，接受了孙子的思想，但是又并非完全受限于孙子，有自己独到的见解。从根本上讲，该书对中国兵学理论的发展和丰富是不容忽略的，是一部颇有价值的兵书。

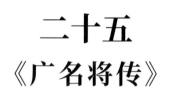

二十五
《广名将传》

【其书其人】

1. 汇辑历代名将传略的兵书

《广名将传》是明代的一部辑录点评历代名将传略的兵书,其特点为寓论于史,将学术性与通俗性相结合,以此扩大读者范围,增强兵书的传播力。该书对后世影响极大,历代学者对这部中国古代军事人物传略类兵书广为赞誉,如"穷历代兵家经验得失于一身,集诸将用兵得失于一体,汇中国兵家思想于一脉","于各名将立功成名之要,言之甚备,且均属韵语,尚便诵习。有志为将者,倘细讽之,必有所得也","实为营伍中必不可少之书"等。

2. "明末孤臣"黄道周

《广名将传》是以宋代张预《百将传》为底本,经过多次增补和删减,加上作者自己的点评注释而著成的,它的直接来源是明代陈元素所增补的《名将传》,因陈元素所增补图书收录的将领超过百人,作者将书名改为《广名将传》。后世流传的一些版本在篇首虽然仍注明是陈元素所著,但其实多是经过后人增补删减而成的兵书,而这部兵书的原本至今已经失传。《广名将传》将陈元素原本中的序言保留了下来,这其中有许多关于作者编纂此书的详细记载。

陈元素,字古白,一字孝平,明代常州人士。当时他受到一位出版界拥有很多人脉的客人的邀请,对武经进行校对勘定后发行，同时对《百将传》进行刊印发行。陈元素认为，从古至今，各路英雄在历史的风云际会中乘势而起，能称为将才者不仅只有百人。正当作者要翻出二十一史对历代名将事迹进行搜罗时，出版商因为过于着急不能等待，急欲按照旧书的标题出版新书，作者只能以急就章的方式编成《广名将传》，并从明代有关名将的传记中特别是李贽的著作中收录了一些资料，此即序言中所记载的："会须翻廿一史更搜之，而客不能待，仍以旧本请标目。而于我明，捃取李温陵江编稍退进之，总题之曰《名将传》，言不止于百也。"（《增补百将传序》）

陈元素之后的黄道周又对《广名将传》进行了修改。黄道周（公元1585-1646年），字幼平，又字螭若，号石斋，祖籍福建漳浦，曾担任右中允的官职，因崇祯年间上奏折指责大臣杨嗣昌等人而得罪权贵，被谪戍广西。过了一些年，他又官复原职，终因厌倦官场，以疾病为由辞官归乡。南明弘光帝曾任命他为礼部尚书，南京失守后，他与郑芝龙等人在福建将隆武帝拥立上位，自己则请命赶往江西召集旧部，在婺源与清兵发生遭遇战，虽然奋力作战，最终兵败被俘，在南京惨遭杀害，谥号忠烈。

黄道周学问博洽，善于思考和实践，他一生写下非常多的著作，有史可考的便有《洪范明义》《易象正义》《孝经集传》等多种书籍。黄道周生活的年代内忧外患，明朝国势日渐不堪，他试图从历代文籍中寻找治国强军的经验，以此来挽救明朝末年严重的国家危机。出于救亡图存的目的，他主张熟读《名将传》，但他又对老版《名将传》不太满意，认为如果编修兵书的人见识不够，只知道裁文断句，而对于兵学精要不加考察，那么纵使汇编的资料再多，也对疆场胜负没有裨益，这也是旧版本的《名将传》不受重视的原因所在。他决定靠自己的学识来对《名将传》进行改造，以旧本作为底本详加考察，删减其中繁冗的文字，提炼其中精要的思想，再用自己的评注对军事思想中的精髓进行详细阐发。这样一来，虽然《名将传》所载多是历史人物的事迹，但经过作者的挑选和编撰，通过点评得失，可以使将古人的经验用于指导现实。

【思想精要】

《广名将传》全书分为四大部分。一是名将传记。作者删除旧本中繁冗的文字，只留下精要的情节，留给后人以启示。二是作者批语。作者在《广名将传》字里行间加入自己的评论，如在《吴起说魏文侯》一章中，作者在"在德不在险，若君不修德，舟中之人尽为敌国也"这段话的旁边作者批注，认为这是军事家最重要的言论，吴起能够把它说出来，说明吴起的智略和抱负是非常宏大的。作者的批注中经常用到"危语""妙策""确论"等词句。三是对存疑的原本文字作出注释。例如针对《李牧传》中"百金之士五万人"的记载，作者在字里行间注解到：曾经战胜敌人而受到奖赏一百金的人。四是作者断赞。作者在《名将传》的后面常用断赞的形式写作四字韵文，对历史事件进行评断。这些断赞对于历史名将成功的要领论述得十分详细，并且字句押韵，非常便于读者学习和背诵。例如对田穰苴的断赞："穰苴庶族，人微权轻。燕晋压境，齐国殆倾。晏婴明识，荐苴用兵。法斩贵族，一军皆惊。再加恩驭，莫不奋兴。未经血战，势已雷轰。敌人潜遁，追奔扫清。尊为司马，兵法垂名"，作者认为穰苴虽然是平民出身，没有厚实的家庭背景，但当燕国和晋国大兵压境，齐国面临危险的时候，丞相晏婴靠着识人的名断，推荐穰苴作为领兵将领出战，穰苴不负众望，以严厉的法度整治军队，斩杀贵族，申明军纪，然后对立有战功的战士进行奖赏，于是兵不血刃，敌人便被他的治军之法所慑服。司马穰苴在战场上取得胜利，他的兵法也为后世所推崇。黄道周的韵文断赞，对各名将一生军事实践及用兵之法，进行了高度概括，言简意赅，而且便于诵习，后人甚至把它单独析出，独立成册，收入《武学丛抄》之中。

1. 兵凶战危，以德服人

作者从战略高度认识战争，认为"兵者凶器，战者逆德"（《范蠡》），用兵是国家治理的不祥之举，兴战是有违道德法则的，因此应当"修德用武"（《太公》），以仁德作为武力的根基，而不能穷兵黩武。一旦战争因为不得已的原因爆发，要以道德的正义性作为胜战的前提，以德义服人，而非以暴力的最大化服人。作者认为名将吴起所说的"在德不在险"是"兵家最贵之言"，对太公"修德用武"的原则大加赞赏，主张以厚实的仁义道德"延揽英雄"，以"仁义为心"，依靠对仁德的践行凝聚人心，威慑敌国。姜太公的"修德用武"原则，是作者军事思想中的重要部分。他认为，用兵作战与治国爱民是紧密相关的，没有以万民为基础的战争是不可能取得胜利的。因此，黄道周看重的军事谋略思想并非就兵论兵，就武论武，而是尚"文韬"、讲"文伐"，重"武略"、讲"武攻"，强调文伐、武伐并用，先文后武，文武兼备。

作者主张从政治、道德入手，教化万民，使万民与在上位者心同意合，共同协力。他强调国君要修德行仁，泽及百姓，不可暴民、害民，更不可为己利而剥民。只有如此，人民才能与国君同舟共济，拥戴国君。在黄道周看来，战争的胜利不仅仅依靠强大的武力，更需要对万民的利益、对道德和仁义的坚守。作者赞同太公的"非专任武力以征服天下"，而是要注重修德禁暴，以悦服万民。这种思想体现了黄道周对战争本质的深刻理解和对人民力量的重视。作者对战争与政治、道德与武力的深刻理解，为后世提供了重要的军事和政治智慧。

2. 出其不意，妙于有制

从作战层面来看，作者推崇"兵贵攻战，通守为庸"的作战指导思想，主张将帅在指挥作战时应当迅猛攻击，临机取决，慎重初战，首战必胜，给敌人在心理和军事上形成叠加的冲击，像唐代名将李光弼一样"要有机巧""出奇制胜"。作者对李光弼在军事上注重兵法，精心策划每场战役，常常能以少胜多，出奇制胜的做法极为赞赏。如在太原保卫战中，李光弼利用强弩和抛射装置等武器装备，打击了攻城的敌人。他还进行地道挖掘，使得叛军堆的土山坍塌无法发挥作用。另外，李光弼还遣使诈降，到了约定的日期，李光弼命副将带着几千人走出城外，表现出投降的样子，但实际上他们是李光弼精心策划的一场奇袭。最终，唐军取得了太原保卫战的全面胜利。同时，黄道周也强调要守攻两强，认为"剽轻难制，坚壁守之，以挫其气"（《周亚夫》）。周亚夫擅长在战争中采取坚守不出的战略，以挫败敌方的士气和斗志。在平定七王之乱时，周亚夫就成功地运用了这种谋略。在敌强我弱的情况下，周亚夫避免正面交锋，而是选择坚守阵地，让敌方无法攻破他的防线，同时消耗敌方的士气和斗志，等待敌方出现疲惫和斗志松懈的时候，他果断出击，取得了胜利。

黄道周还主张"出其不意"（《李牧》），像李牧那样先示弱诱敌，"不许浪战，战则斩焉"。李牧的示弱诱敌是一种以退为进、以守为攻的战术策略。他通过在边境采取守势,避免与匈奴正面交锋,以示弱的方式诱使匈奴主力深入。当匈奴主力进入预设的战场后,李牧再集中优势兵力突然出击围攻,大破匈奴联军,一战使匈奴遭受重创,十余年间不敢再犯赵国边境。黄道周认为战争并非简单的力量对抗,而是需要运用智慧和策略的较量。通过示弱诱敌的方式,能够有效地调动敌军,使其进入自己预设的战场,从而掌握战争的主动权。

3.恩威并用,法令为先

作者在治军问题上也颇为关注,对周亚夫"既严且锐"(《周亚夫》)的治军方法十分称道,对王僧辩"驭下无法"的涣散军纪严加批判,认为治军只有像孙武一样"法令为先",而后像司马穰苴一样"再加恩驭",才能做到令文齐武。作者强调在战争中以法令来约束士兵的行为,以实现高效、有序的军事行动。

首先,法令是维持军队秩序和实施指挥的基础。在军队中明确各项规章制度,制定明确的法令,并要求士兵严格遵守才能够确保士兵在战争中遵循指挥,实现高效的军事行动。其次,注重法令的执行力度,强调对违反法令的士兵进行严厉的惩罚,以此来维护军队的纪律和秩序。这种严格的惩罚措施能够确保士兵对法令的敬畏和遵守,提高军队的战斗力和凝聚力。同时,作者也意识到法令并非万能,如果过于严苛可能会引起士兵的不满和反感。因此,他主张在法令之外,对士兵进行道德教育,培养他们的忠诚、勇敢和纪律性。通过教育和培养,能够让士兵不仅在行动上遵守法令,而且在思想上认同法令的价值和意义。

在对待下属的态度上,作者认为"妄谏者死,善谏者容",

对于惑乱军心者严惩不贷，对于出计献策者善于采纳。同时，要像吴起一样与士卒"甘苦与同"，而不能如霍去病般"不惜士饥"，对士兵要如同对子弟一般关爱，这样才能上下一心，并力制敌。吴起担任西河郡守，负责指挥一支军队。在军队中，吴起与士卒同甘共苦，一起在野外露宿，用树叶遮体，用野菜充饥。士卒身上长了毒疮，吴起就亲自用嘴吸吮脓血，为士兵减轻痛苦。这种行为让士卒深受感动，他们感受到了吴起对士兵的关爱和尊重。在接下来的战斗中，士卒们奋勇杀敌，以报答吴起的关爱。黄道周十分推崇吴起与士卒之间的紧密联系和相互信任。吴起不仅关心士兵的战斗技能和军事素质，还关注他们的生活和情感。这种"甘苦与同"的精神，使吴起能够赢得士兵的信任和忠诚，提高军队的士气和战斗力。黄道周认为，一位优秀的军事将领不仅要关注士兵的军事表现，还要关注他们的生活和情感。通过与士兵建立紧密的联系和信任关系，将领能够更好地了解士兵的需求和问题，采取适当的措施来提高军队的士气和战斗力。

4. 才智兼备，以精为贵

作者认为在选将时，应当遵从于谨提出的"才智相兼"的标准，为将者须如赵奢所言"将智者则机巧横生"，"将勇者则胜势必至"，为提高带兵打仗的能力，为将者应当从身心各方面加强自身修养。为将者确实应该从身心各方面加强自身修养，以更好地履行职责并赢得士兵的信任和尊重。黄道周认为，为将者应该从道德品质、智慧才干、领导能力、身心素质和人际关系等方面加强自身修养，以更好地履行职责并赢得士兵的信任和尊重。这些素质和能力对于取得战争胜利、提高军队士气和战斗力具有至关重要的作用。

首先，为将者应该具备忠诚、正直、廉洁、仁爱等道德品质，这些品质不仅有助于树立威信，还能激发士兵的士气和忠诚度；其次，为将者需要具备广博的知识、高超的智慧和才干，以便在战争中做出正确的决策和指挥。同时，他们还应该具备学习和适应新情况的能力，不断提高自己的军事素养；再次，为将者需要具备卓越的领导能力，包括组织指挥、协调沟通、人员管理等方面的能力。他们应该能够有效地传达命令，确保士兵的行动协调一致，同时还应该关注士兵的需求和问题，与他们建立良好的关系；再次，为将者需要具备健康的身体和坚强的心理素质，以应对战争中的压力和挑战。他们应该注重锻炼身体，提高身体素质，同时培养坚韧、冷静的心理素质，以保持冷静和果断；最后，为将者需要与上下级、同事以及友军保持良好的人际关系，以便更好地协作和沟通。他们应该善于处理复杂的人际关系，以建立良好的工作关系和合作机制。在选兵时，应当坚持"用兵以精为贵"的原则，施行陶鲁的精选精练思想，选练精兵以形成战力，巧用精兵以发挥战力，以少胜多、以奇制胜、以弱胜强。作者强调在战争中，精兵的重要性超过了数量上的优势。在招募和训练士兵时，应注重士兵的素质和战斗力，而不是仅仅追求数量。通过精选士兵，提高士兵的战斗技能和身体素质，可以使得军队在战争中更具有优势。

《广名将传》所选人物自先秦吕尚始，至明代俞大猷止，共一百七十五人。传记详略有分别，最长者是岳飞传，全文五千余字，短者如卫青传仅数百字。黄道周在序言中说"若不窥前人已然之妙用，何以发吾心将然之机宜"，所以本传记述传主一生功业，作战成败得失，重点在于指明其智勇之所在。如赵充国传，较为详尽地展现了《上屯田便宜十二事奏》的主要内容,突出了赵充国在军事史上的独特性和历史地位。郭子仪传,则详述其单骑劝退回纥兵事迹,展现了郭子仪非凡的气魄与个人魅力。

　　通过这些记述,使读者能够比较准确地把握每一名将的个性特点,作战指挥的优长,对于了解战略谋划的过程、治军、作战、以及君与将之间的关系都有所帮助。正所谓:"由其可传以悟,其不可传,斯可以读是书矣。"

二十六

《纪效新书》
《练兵实纪》

【其书其人】

1. 抗倭时期练兵实战的经验总结

《纪效新书》《练兵实纪》是明代戚继光创作的军事著作，属于戚继光在东南沿海平倭战争期间练兵和治军经验的总结。

《纪效新书》成书之初只有十四卷和附卷，成书后又经过了修订和补充，于嘉靖四十五年之前形成了十八卷本流行于当时，最终于万历十二年由戚继光在广东总兵官任上再次校定为十四卷本。十四卷本《纪效新书》吸收了十八卷本的成果并结合了戚继光更多的实战经验，因而更加完备精良。十四卷本《纪效新书》正文由十四卷十二篇组成，十二篇分别为束伍、耳目、手足、比较、营阵、行营、野营、实战、胆气、舟师、守哨、练将。正文之前，有王世贞序和自序各一篇。《纪效新书·教习次第》对整书的编排次序和阅读使用方法进行了说明。从整体上看，《纪效新书》卷帙详尽，对治军训练乃至实战的各个环节进行了具体而微的操作指南，但戚继光认为即便如此，内容仍不嫌多，即所谓"欲成桓桓节制之师，十全而无隙漏，即此若干卷未见其多"。书中内容都是经过精心选裁提炼并且验之于实践有效的用兵条目，相对于当时兵卒多而不精和战事复杂繁重的现实情况，书中所述已经是简明扼要。

《练兵实纪》是戚继光兵学思想南北融合的产物，它是戚继光《纪效新书》军事思想在北方军事实践中的新发展。明隆庆二年（1568年），他被明廷任命为都督同知总理蓟州、昌平、保定三镇练兵事，上任后针对明代北方卫所军实战训练的特点，创新战法，撰成《练兵实纪》。清代纪昀在编修四库全书时曾对明代军事思想的一些内容评价到："明代谈兵之家，自戚继光诸书外，往往捃摭陈言，横生鄙论……凭虚理断，攘袂坐谈"。纪昀评语虽然尖刻，却从另一侧面折射出戚继光军事思想的独特光辉。戚继光身体力行，以实战为基础，为后世留下了独树一帜的思想利刃。

2. 抗倭名将戚继光

戚继光（公元1528-1587年），字元敬，号南塘、孟诸，祖籍山东蓬莱，军事家，明代抗倭名将。戚继光于嘉靖二十三年（公元1544年）十七岁时便嗣袭参军，任登州卫佥事，司职屯田事宜，每年负责率领所部更番戍守蓟镇。嘉靖二十九年（公元1550年）戚继光乡试中武举后赴京参加会试，正好遇到俺答进犯京城，戚继光受任旗牌官，协助官军防御九门，登上城墙参加卫戍京城的战斗。戚继光的军事才干得到了明朝军事官员的关注，兵部主事计士元曾评价戚继光"留心韬略，奋迹武闱。管屯而俗弊悉除，俸职而操持不苟。"俺答退兵后，戚继光继续带兵戍守蓟镇，"一年三百六十日，多是横戈马上行"。嘉靖三十二年（公元1553年），戚继光"因荐擢署都指挥佥事"，节制登州、文登、即墨三营二十五卫所，肩负起山东备倭抗倭的职责。嘉靖三十四年（公元1555年），由于东南沿海抗倭形势严峻，戚继光被调任浙江都司佥书，负责屯局事宜。嘉靖三十五年（公元1556年）秋七月，擢任宁绍台参将。经过与倭寇在龙山所的二次交战，戚继光深感卫所军战斗力衰弱，"兵无专统，谋佥不同"（《筹海图编》卷七），于是三次提出练兵建议：1555年冬，他提议练精兵三千时加操备，居常教练；由于建议未被采纳，第二年二月，戚继光再次提议练兵，十二月总督胡宗宪调兵备佥事曹天祐所部3000人参加训练；由于所拨士兵积习难除，战力不堪，嘉靖三十八年（公元1559年）戚继光第三次提议练兵，并从义乌矿工农民中招募新兵四千人组建戚家军，经过训练投入抗倭战场。戚继光东南抗倭主要战场在浙江和福建。嘉靖四十年（公元1561年），戚家军在浙江取得台州大捷；1562年横屿之战取胜；1563年平海卫大捷、仙游大捷；1565年取得南澳大捷。至此，戚继光东南抗倭全胜八十余战，戚家军名闻天下。

隆庆元年，为解北部边患，首辅张居正授意给事中吴时来调戚继光北上，于隆庆二年二月担任神机营副将，"会谭纶督师辽蓟"，在蓟、辽、保定总督谭纶主持下，"乃集步兵三万，征浙兵三千，请专属继光训练"（《明史列传·戚继光传》），在得到隆庆帝许可后，戚继光获任"以都督同知总理蓟门、昌平、保定三镇练兵事，总兵以下悉受节制"。戚继光到蓟镇上任后，上疏陈述了蓟兵虽多亦少之原七、士卒不练之失六、虽练无益之弊四，并针对蓟镇地形提出"寇入平原，利车战；在近边，利马战；在边外，利步战。三者迭用，乃可制胜"的策略。张居正、谭纶等当国大臣和督抚大臣全力支持戚继光，将蓟镇原总兵郭琥调离，"专任继光"为总兵官。戚继光在总兵官任上修长城、建敌台，北部边墙"精坚雄壮，二千里声势相联"；立车营、练精兵，蓟镇兵"节制精明，器械犀利""军容遂为诸边冠"，实现了他北上之初"驻重兵以当其长驱，而又乘边墙以防其出没"的战略设想。

【思想精要】

1. 注重胆气，敢战为能战之先

戚继光在《纪效新书》中专辟《胆气篇》论述胆气的重要。他直接引用孟子"我善养吾浩然之气"的章句，通过继承发挥儒家思想，讲述了如何通过心气的锻炼来提升胆量，进而增强军队的战斗力："胆具于身，理具于心，心统乎气，气当乎用""练胆气乃练之本也"。《胆气解》认为"人有此身，先有此心。气发于外，根之于心"，发自内心的气为真气，与物相格之气为客气，"练心则气自壮"。练习营阵、武艺、通信、指挥等技能只是"军中一事"，"三军之政，行伍、号令、旗鼓、技艺之数，少一件，固不足以为万全之师；少一件，亦未必不能为一战之胜"，决定胜败的"大势所系在气，而内属于心"，将领能够做到不怒而威、不言而信，让士卒视死如归、同仇敌忾的根本原因在于得士卒之心。

练心气的方法是遵从"身率之道"，以仁义为本，以诚感诚；同时以赏罚为用，行赏立威。戚继光认为"善练兵者，必使其气性活泼"，而"练手足号令易，练心胆气难"，因此练胆气应当收士卒之心，使之"有所秉畏兢业"，达士卒之情，使之"倖其生，而轻其死"。

练胆气的同时，还要在军队节制上下功夫，"束伍为始，号令次之，器械次之"，学习前代精华而又不泥于成法，这样胆气才能有所依托。在《胆气篇》的二级条目《原感召》《原立信》《思豢养》中，他论述了如何对士兵进行思想动员，使兵士自觉听命、自愿赴战。《遵节制》《信口耳》《申约束》《习正彀》则对军事训练的要点进行申述，要求做到组织严密、令行禁止、聚焦实战、权责明确。其后的《详责成》《守军礼》《正名法》《禁骛越》强调了军队中的连坐和等级制度,《稽功过》《禁二令》《原群艺》《申军纪》《公赏罚》讨论了部队管理过程中的严格执纪问题;《达士情》《循士欲》《戢滥差》《体初犯》《恤病伤》《分军饷》强调了将领要通达兵情、爱惜兵力;《立逃约》《补军限》《拟捕鞫》《明勾摄》条陈了军队员额进行管理的方法,《严途令》《劝涵忍》《禁窃盗》《禁博弈》《禁乖议》《戒居常》对战士的自我修养进行了申说;《原分数》则对治军各要素的比例权重进行了阐释。其要旨是通过军队训练各个环节,将胆气锤炼落到实处。

《练兵实纪》中也对胆气训练进行了强调,如在《储练通论》中指出"必须原是有胆之人,习得好艺,故胆益大。无胆之人,平日习得武艺十分精熟,临时手软身颤,举艺不起,任是如何教习,亦不得胆之大也",这是戚继光到北方领兵之后对胆气训练的进一步阐发。

2. 注重练将,将道为战道之要

戚继光十分重视练将,他将《练将篇》作为《纪效新书》全书的押卷之篇,专门论述将领的训练和修养。虽然位次居于篇末,但它的重要性却是十分突出的。如戚继光所言:"必练将为重,而练兵次之。夫有得縠之将,而后有入縠之兵。练将譬如治本,本乱而末治者,未之有也"。之所以将《练将》放在诸篇之末,是因为"特著为后篇,以重纲领,以明专尚,不宜混于场肆之习,盖已思之熟矣"。

《练将篇》按内容可分为四个部分:

一是关于将帅的品格修养,包括《正心术》,"善为将者,光明正大,以实心行实事,思思念念在于忠君、卫国、敬人、强兵、爱军、恶敌,任真任难做去,不以死生颠越易其念""此为将之根本";《立志向》,立志向上、奋迅而起;《明死生》,将生死置之度外;《辨利害》,"不可失己以徇人,亦不可恃己以凌人";《做好人》,"公论不弃好人";《坚操守》,清廉有节,不能贪利而忘义;《宽度量》,事无大小以量为主,"量能容一人,则一人之长也。一家之主,必量足以容一家之人";《尚谦虚》,"有功能忘,有劳不伐,谓之谦;取人为善,收服人心,谓之虚";《惜官箴》,"为将者三军司命,表率三军,须自爱惜官箴,恪守正道,身为众人之法程,行为众人之视效"。

二是关于将帅的治军之道。首先是《勤职业》,"兵中事须勤苦在先";《辨效法》,向前代的名将学习看齐;《精兵法》,对于古人兵法"师其意,不泥其迹",一方面要"有资可习",另一方面又要"有实履之地";《习武艺》,"为将之道,所谓身先士卒,非独临阵而言,一切苦处亦当以身先之",将领应精通武艺以为三军表率;《正名分》,守军礼,服从命令,"举手一挥,孰不从命,一怒而三军惧矣";《爱士卒》"爱行恩结,力齐气奋,万人一心,何敌不克";《教士卒》"苟不加教习之功,亦是以卒予敌耳";《饬恩威》申明赏罚以管理部队,"感心发则玩心消,畏心生则怨心弭";《严节制》,节节相制以"收万人一心之效",造就无敌之师。

三是关于将帅的处世法则。《辨职守》,辨明武将的职业操守,"为将者须视兵马为安国保民之具……一心从民社上起念,职业未有不尽者也";《惩声色》告诫将领不应系念于声色之娱,否则"百事无心,一片暮气",而三军恃将率为强弱,断不能"以暮气临之";《轻货利》劝诫将领"知止知足,以淡薄节俭为务,则心清神爽,智虑生焉";《忌刚愎》强调将领不能刚愎自用,"人患不刚,固然矣。刚而愎,不如不刚之为愈也";

《恶胜人》论说将领不应嫉贤妒能，否则树怨必多，灾眚立至；《戒逢迎》，将领不能唯唯诺诺，曲意逢迎，而应謇謇谔谔，据实以对；《忌委靡》提出为将者应刚直不屈，"刚不可吐，柔不可茹""和平之中而有必不可假借之力，持守之下而有可亲近之仁"；《薄功名》论说将领应使自身名实相副，不争功诿过。

四是关于为将的自身感受。《练将或问》采取设问作答的形式，结合戚继光自身练兵的实践申述练将的方法和要点，主要论述了"教心"、练胆气、宗法孙吴、实战锻炼、因材施教、大将的修养、兵法的变通、大兵团指挥、练兵的时弊、训练与实战的衔接、戚家军练兵的经验等问题。

在《练兵实纪》的《储练通论》中，戚继光进一步强调了练将的重要性，并提出了系统练将的思想："授以《武经总要》，孙吴兵法，《六壬》《百将》等书，俾各习读讲解其义。仍于骑射之外，如矛、盾、弋、铤、钩、弩、炮石、火攻、车战之法，各随所长，分门析类，各令精通，俟其稍熟，间一试之。或令之赴边，使习知山川之势，北敌之情。或暂随在营，使熟识旌麾金鼓之节，且教而且用之。用之不效，则复教之。如此，数年之后，必有真材"，这是对他在南方抗倭时练将思想的进一步发展。

3. 注重营阵，训战为用战之本

戚继光十分重视营阵研究，他在《纪效新书》中专辟《营阵篇》《行营篇》《劄野营篇》，按时间顺序和战斗进程论述军队安营、布阵、行军的步骤方法。

《营阵篇》是在练兵场上进行的行军布阵训练，"号令既著，刑赏咸知，方列于场而申之以坐作进退，为营阵之制。习于居常，庶几临敌不至匆勷，而有裨实用矣"。《营阵篇》中的《营阵解》《营垒解》分述阵法的运用和营垒的布置，《圆机解》则说明了以火器轮番攻击敌人的方法，同时强调奇正相生，"翼击以分其力，游伏以疑其专，出奇以乘其众，更番妙处，俱在临时制变，将所自出"。其下的《谨惊马》《治后期》《稽差避》《正等威》《谨营壁》《严营门》《慎启放》《稽出营》《查军器》《革抽差》为一组，是对营阵中战马管理、营门出入等方面军事纪律注意事项进行说明；《立表解》《附表解》条析了营阵时的立表排布，立表即以中军为准向四面八角确定营阵排列的坐标；《伏兵解》《操伏解》《饬伏兵》主要是讲解演练时伏兵的安插和使用；《分练解》《鸳鸯阵解》《营额解》论述了如何根据编制和人数变化对作战阵形进行变化；《夜营解》《操后解》《夜号解》《灯火解》《暗营解》《辨报事》《传夜箭》《下夜营》《明暗解》《出夜奇》《更筹解》是对夜间营阵时口令使用、军情通报、军令传达、营阵移动、奇兵预设和时间测定等的规定；《身甲解》《鞬带》《兜牟解》《臂手解》讲解了护甲的制作材质和方法；《安营拒马制》《蒺藜解》《鬼箭》对营阵防守的常用武器制作进行说明。

《行营篇》说明营阵在操练完毕启行赴敌时的各项规定和重要事项，因为是"征调赴敌"的"实境"，"不能以场操尽之"，故而在《营阵篇》基础上又设此篇，对营阵进发后的事宜按实战流程加以探讨。

《劄野营》则是对野外扎营的探讨，部队开出后在野外屯扎，"对垒列营，划地而守于前，樵苏以继于后，夜防警袭，昼结营阵，其役也劳，其事也险"。为使部队"士气常锐，战守兼举"，特设此篇详解野营的驻扎。

《练兵实纪》中《练营阵第五》指出布阵要灵活："各随地制宜，如地不容若干车为一城，大大小小，多多寡寡，长长短短,曲直偏弯,只以地为准,并不相拘"。对军队的有效节制使戚家军在南方抗倭和北方抗虏作战中高效协同,戚家军所采用的鸳鸯阵和车营成为攻守结合的作战单元。鸳鸯阵一队十二人,藤牌手、狼筅手负责防守,长枪手负责进攻,而短兵手又负责防护长枪手。这种武器上的长短相资起到了阵形上的攻守相协,由此而演变出的二仪阵、三才阵,也都是攻防一体的战斗队形。车营则是发挥步骑火综合威力的移动战斗堡垒,战车环结成为遏制敌方突骑、庇护我方步骑的城墙,而车墙之后的步骑则是守中之攻,在敌军的冲锋被火力压制打击后见机而作、迅即出动,给敌以沉重打击。

4. 道器并重,火器助战术之变

戚继光在《纪效新书》中多处论及了火器的使用及战术。

论述军队通信指挥的《耳目篇》中,他认为火铳的使用为通信添加了新的手段,可以将发放火铳的声响作为通讯信号,当时明军已经配备三眼铳,这种火铳在发放号炮时具有"一可兼三""轻于行李""装放速"三方面的优势。

《练号炮》中他论述了利用号炮"耳先于目"的优势发放号令,举凡升帐炮、升旗炮、肃静炮、呐喊炮、开营炮、分合炮、闭营炮、定更炮、变令炮皆可用此。

论述士卒的武器和武艺的《手足篇》中,第一卷即讲解长距离杀伤武器的应用,如长枪、弓箭、火铳等,其中的《神器解》论述火铳的有效使用方法,《授器解》论述配备武器时长短兼授、长短互补的原则。《鸟铳全制》《鸟铳分形》《火药制》《习法》《铳歌》专门讲述与火铳相关的武器形制、使用方法及简便操作口诀,武器讲解均按照制、解、习法、歌四目顺序进行讲解。

论述操练演习、比较武艺的程序、方法和标准的《比校篇》

中，专辟《校火器》讲解如何比试鸟铳、佛狼机、虎蹲炮、火箭、无敌神飞炮的操作技能，他不仅重视操练演习时的高下考评，还关注平时对武器装备的维护保养，对此进行督察考评，《收火器》《察遗失》《稽损费》从武器保养存放、耗损补充方面规定了各级的职责。

论述临阵对敌战斗条例的《实战篇》中，他编写《戒铳手》《惩虚铳》以规定火器与冷兵器相互配合的协同方法和各自职责，特别是使用冷兵器的杀手应充分保护鸟铳手，鸟铳手必须听到中军号令后轮番射击，以保证火器的杀伤效果。

分别论述舟船和城守规制战法的《舟师篇》《守哨篇》中，戚继光已经充分认识到了火器在水战中的重要性，在《火器总解》中说"水战，火为第一"。《授器解》以下列举了当时通用的水师火器如神飞炮、六合铳、佛狼机等的形制、优劣及习用方法。《守哨篇》在论述城守的装备设施时特别强调了火器在城池防守中的重要作用。此一时代，西方的荷兰统帅莫里斯对军队的队形进行战术改革，以2~3排的横队代替密集的长矛方阵，为火器的使用拉开空间，打败了西班牙。瑞典的古斯塔夫以莫里斯横队为基础，组建线式队形，运用步骑炮兵协同的战术增强军队机动防御能力，改进骑兵配合步兵作战的线式战术队形，进一步增强了部队的机动力、防御力和协同作战能力，赢得了三十年战争。而戚继光作为优秀的军事家，也敏锐地察觉到冷兵器向热兵器加速过渡的历史大潮即将到来，这充分体现了他重视军事技术、敏于军事变革的思想观念。

二十七

《草庐经略》

【其书其人】

1. 素有"中国兵学通论"美誉的兵书

《草庐经略》是一部条文式的军事实用读物,成书于明代,文字简练,查阅方便,史论结合,是一部以论带史的新型体例军事著作,民国时期曾被誉为中国兵学通论。全书共12卷,152篇,对古代治军之术和练兵等军事思想进行了精准提炼,形成了独具特色的兵学理论体系,内容广泛、见解深刻,为后世所重视,在当代仍有重要的指导意义。

2. 此草庐并非彼茅庐

《草庐经略》作者无可考,有的题明黄之瑞撰,可能据题黄之瑞纂辑的《草庐经略舆图总论》著录,还有的题黄启瑞撰。从书名上分析,作者将自己的兵书起名为《草庐经略》,无疑是以隐居茅庐的诸葛亮自命,所以,他当是一位隐士。根据书中内容来推断,大概成书于明万历年间(公元1573-1620年)。作者称明朝为"国朝";书中专有"御楼"一节,记述了嘉靖以来的抗倭战争,总结了戚继光所著《纪效新书》《练兵实纪》中的内容及用兵实例,由此推断,《草庐经略》成书应在隆庆以后,大约在万历初年,但至今仍未看到母本。该书先有抄本流传,现存较早的有清康熙抄本、乾隆抄本;清道光年间伍崇曜据曾冕士广文所藏抄本刊行,收入《粤雅堂丛书》。清光绪年间蓬莱宋氏、成都志古堂据粤雅堂丛书本重排和重刻。后来又被收入《申报馆丛书续集》《丛书集成初编》。民国年间，新建出版社将其改名为《中国兵学通论》印行。1988年解放军出版社将《草庐经略》一书编入《中国兵书知见录》。

【思想精要】

《草庐经略》采用先理论论述，后史例印证的方式，条分缕析，深入论述了治军、作战之术，提出了任将用贤、练兵从严、赏罚分明的治军思想和使谋用计、因利乘势、避实击虚、奇正结合的作战思想，并详细阐述了后勤保障、战术应用等方面的具体问题。

1. 治军非有奇术，重在选将练兵

《草庐经略》作者从古代大量战争战例的经验教训中认识，战争胜负固然取决于两军战场交战之时，更取决平时双方军队的教育训练和日常管理。然而，军队的教育训练和日常管理并没有什么"奇术"，更没有"捷径"，重在于平时精选将帅、教练士兵、完善装备、严格治军等具体"实务"。

（1）三军之事，选将为要。将领是军队的关键，选用将领要注重将领的品德和能力。作者主要从忠义、贤能、有谋、勇敢、勤劳、廉洁、守信、与士卒同甘共苦等方面论述了一个优秀将领的基本素养，如"将非忠义，何以为立功建业之本，而使三军感动兴起乎""此衷一定，断不回移"，意思是将领如果没有忠诚信义，就不能使三军用命，从而建功立业，如果怀忠义之心，必然会坚定不移，无论顺境逆境都能精忠报国。如"一贤可退千里之敌，一士强于十万之师，谁谓任贤而非军中之首务也"，强调任用贤能是军中的首务，突出了贤士的重要性，并进一步说明识别贤士和对待贤士的方法。再如"三军之

事，以多算胜少算，以有谋胜无谋"，贯彻了孙武"先胜而后求战"的思想，将出谋划策作为将领的重要能力，能打胜仗的将领只有具备了取胜的条件，制定了取胜的策略才会出兵作战，用兵如神。再如"非有奇术，总由将勤"，军中千万缕，为将一肩挑，将领不可贪图安逸，而应该勤勉军务，对重要的事亲自过问和处理，方能周密治军对敌。再如"将能心澄如水，则德胜而威自张，万众仰之惟谨，敌人闻风而畏服"，意在强调将领要廉洁自律，切不可贪婪，贪婪则对内向士卒搜刮而使士卒愤怒怨恨，对外容易被敌人利诱而落入圈套，败坏大事。再如"将者，三军之所仰也，一语之出，万人倾听"，强调了将领重要性，讲话要算数，树立了信用就树立了威望，而使士卒信服，就能统帅三军，令行禁止。此外，作者也指出，将领要有大勇，"能柔能刚，能弱能强"，要能听善谏不骄傲，要以身作则，能与士卒同甘共苦，以赢得士卒的尊重与拥护，方能胜任军国大事。

（2）练兵之法，精武强械。"从古国家巨弊，莫巨乎平时武备废弛"，作者开篇讲国家最大的弊端在于军备松弛，强调国家要注重军备，平时挑选和训练兵将，才能在战争来临时从容应对，不会被动，从而立于不败之地。练兵先练将，《训将》中强调了训练将帅的重要性，"所贵在无事之时，集世将之子及勇武出群之人，教之古名将用兵之术，务精求其义"，将帅要先学习兵法，得其精要，然后能灵活运用，不照搬照抄，泥古不化，要具备优秀的谋略和指挥打仗的能力。《操练》中着重讲了训练的方法，即：士兵、武器、教官齐备，严明纪律，严格训练标准，训练官兵的武艺技能、决心意志、胆略气概、士气精神，这样才是最好的训练。《精器械》中讲到了兵器的重要性，

"宜妙选良工，大开炉冶，极其精利，以物试之"，士兵装备了精良的兵器才能取胜。另外，有所侧重地论述了火器，指出火器发射容易装填难，必须以弓弩、石弹辅助，才能充分发挥火器的威力。《习技艺》《教部阵》则阐述了精练武艺，活用战阵之法，并制定了各项武艺的考核标准及奖惩办法，都比较详细。作者一再强调战阵不能泥古不化，要根据现今作战形式进行改进和创新，要适应作战特点，取其精华去其糟粕，练好基本的阵形，能灵活调度、灵活运用就可以了，切忌华而不实的"花架子"。作者在论述训练的同时，提出了平战结合的思想，并列举了一些可以借鉴的例子以指导当今实践。所有这些，都突出强调练为战的中心思想。

（3）治军之道，法令严明。纪律严明的军队，军容严整、进退有度、令行禁止，军威和气势令敌人畏惧。作者指出，军队首先要有严整的军容，"军之有容也，所以振扬威武，壮三军之魄而夺敌人之气者也"，官兵衣甲头盔光鲜亮丽，兵器精致优良，旗帜绚丽夺目，人马欢腾，生气勃发，才是一支有战斗力的军队。其次要号令严明，"大将有号令，是三军之所栗而奉者也""是令之出也，必明如日月，凛若雷霆，迅若风行"，将帅发布号令，应该清晰明确，雷厉风行，使全军将士严格执行，才能使军队秩序井然，步调一致。再次，要赏罚严明，有功必赏，有过必罚，作者甚至提出"杀一人而使三军震者，杀之"，以强调刑罚的重要性。刑罚严厉则士卒敬畏我而轻蔑敌人，刑罚不严厉则士卒轻蔑我而畏惧敌人，在作战时则不能奋勇杀敌。在奖赏方面，"不独贵溢而贵公，公则如天地，而人咸钦服；不独贵公而贵信，信则不负人，而人思尽力"，强调奖赏一定要公平公正，及时兑现，才能使人信服，从而尽心尽力，无论高低贵贱，无论亲疏远近，有功一定要按尺度奖赏，既不吝啬，也不滥赏，官兵才肯认真效力。最后，军队意志要统一，"所以万人一心，奋勇向前，人莫能御"，众心所向，众志成城，万人之心尽万人之力才能所向无敌。

2. 作战当知常规，遵行制胜之道

作战问题是《草庐经略》作者关注的重点，全书主要内容涉及战争战例研究，针对古代战争实践的经验教训提出了一系列的作战原则和作战方法，突出强调将领务必精通战争常规，高度关注作战指挥的若干关键环节，妥善处理作战过程中的几个主要矛盾，从而把握战争制胜之道。

（1）巧用谋略，严守机密。军队要能打胜仗，谋略是关键，量敌用兵，谋定而后动，方能百战百胜。作者指出，将帅要有长远的战略眼光，"务远略者，虽无一时可喜之功，而有制胜万全之道"，有远见才能洞察事务的利害关系，看清事件发展的始终，考虑事情全面细致，制定谋略科学周密。"兵者，谲之道也，以诈立，以利动者也"，则强调了兵不厌诈，无论阴谋阳谋，制胜才是关键，施用诡诈权谋，一定要透彻分析敌情，揣摩事局关键，通达事件转机，预料前因后果，巧妙利用敌人的空隙，方能取得实效。作者强调，作战要善于判断和决断，"参伍详审，料敌设计，得策辄行，岂容留滞"，在充分考虑，正确判断，得到周密的制胜之策的时候，就要迅速果断行动，不要贻误战机。另外，作者还专门论述了保守军事秘密的重要性，"兵者，机事也""务令幽深玄远，莫可端倪，则鬼神不能窥，智者不能谋，然后惟吾之所为无不如意"，军事秘密事关作战成败，尤其是军事行动的谋划和方案，一定要严格保密，控制知密范围，切不可随意泄露，被敌人掌握。

（2）众寡之用，量敌而动。军队数量有多有少，多要能驾驭，少要使之成为精兵。《用众》《用寡》详细论述了兵多兵少的用法。"用众之道，宜易地，宜整治，宜持重，宜分拆"，在兵多将广的情况下，一定要注重约束部队，号令一致，令行禁止，将部队放在适合发挥优势的开阔地形上，要根据情况，进行任务区分，合理编成兵力（如先锋部队、突击部队、左翼、右翼等），奇正相合，使其发挥不同作用；"用寡者，宜险隘，宜昏夜，宜短兵，宜致死，宜进退迅速，宜烦数变化，宜置阵坚固，宜撤备而不为自保之计"，在兵力较少的情况下，强调兵不在多而在精，要注重利用地形、天候等条件弥补兵力不足的缺陷，要使士卒抱定必死之心，奋勇向前，与敌相搏以求胜，要摸清敌人的情况，行动迅速，使敌人难以应付，才能以少胜多，以弱胜强。

（3）主客之兵，区分对待。要区分在敌境作战和本土作战，制定不同的策略。《客兵》《主兵》详细论述了两种不同的作战境况。"电扫飞星，深戒淹缓"，在敌境作战时，我军为客兵，这时要意志坚定，行动迅猛，速战速决，防止久拖，陷入巨大消耗，而使我军处于险境。此外，作者还强调了"因粮于敌"，设法从敌人那儿得到补给，以减轻我军后勤的压力；"盖敌之所欲惟速战，必坚守以避其锋，出奇以挠其谋"。在本土抵御敌人进攻时，我军为主兵，这时要坚壁清野，避其锋芒，消耗敌人，出奇兵袭扰敌人的后勤补给，使敌人陷入困境，最后，"击其惰归"以获胜。

（4）掌握敌情，避实击虚。敌人无论从数量上还是质量上都占据优势时，要坚忍，探明敌人的虚实，找准敌人的弱点，抓住战机，避实击虚，以获得胜利。《击众》《击强》讨论了敌人强大时我方的应对策略。"击众者,利险阻,利昏夜,兵家固已言之",面对敌人的大部队,要注重观察敌人用兵的方法,制定自己的应对策略,善于抓住有利战机,充分利用天候、地形等条件,以奇制胜。"盖持久以待其衰,多方以误其趋""既以守而待攻,复以战而乘敝",面对强大的敌人时,要严密防守,巧用奇兵,待敌人疲惫势衰时攻击,才有取胜的把握。《虚实》《避实》《击虚》强调了要掌握虚实,利用虚实,避实击虚。"虚实之势,兵家不免",任何一支军队都有强的地方和弱的地方,在作战中要运用各种办法进行虚实变换,以实现各种作战目的(或迷惑敌人、或诱敌、或攻击敌人等);"其权且避之者,正欲需其时,而不为退避之计者也",作战要懂得避敌锋芒,勿以弱迎强,创造或等待对我有利的形势时,再找准时机,打败敌人。同时,作者也提出了坚壁清野、精器积粮、厚养军士等"避实"的办法。"势虚易于至敌,故良将恒击人之虚焉",作战要充分掌握敌情,不落入敌人虚设的圈套,抓住敌人薄弱的地方和虚弱的时机(如守备松懈、士气低落、军队疲劳等)进行攻击,往往可以取得胜利。作者以"未必皆实而无虚也"强调凡军队都有虚弱的地方,将帅要耐心,认真研判敌情,找准这个弱点,才能抓住机会攻击而获胜。

3. 用兵无奇不胜,智将非奇不战

《草庐经略》作者既注重阐述一般作战原则和方法,又注重根据战争变幻无常的特点,研究出奇制胜的方法。提出"兵无奇不胜,故将非奇不战"的观点,突出强调遵循常规制胜之道的同时,务必根据战场具体情况奇正变化。

(1)奇正并用,进退有度。作战时要根据情况使用奇兵、正兵,注重奇正变化,进兵退兵要有章法,进忌草率,退忌慌

乱。《正兵》《奇兵》引用孙武"奇正之术"来论述用兵之法，强调了出奇制胜的重要性。"正兵之说，亦纷然矣"，作者列举了孙武、曹操、李靖等人的论述，指出"大抵善用兵之将，无不是正，无不是奇"，并侧重讨论了孙武的奇正相生，变化无穷，"以正合、以奇胜"的思想。"兵，险谋也""兵无奇不胜，故将非奇不战"，用奇兵，大多是充分了解敌情的基础上，愚弄迷惑敌人，找准时机，出其不意，攻其不备，从而取得胜利。《进兵》《退兵》强调了进退有度。"兵之进也，非可贸然也"，军队实施进攻，不能草率，应充分了解敌情和地形等客观条件，采取合适的方法，行动迅速，以我军之长攻敌军之短，方能所向披靡。"两军相持，贵进忌退""然亦势有不得不退者，则又安可不善其术也"，两军相持时，最忌讳退兵，在不得不退时，要退兵有术，否则将十分危险。作者强调，退兵时，要动作迅速，有序退兵，不能混乱，要做好士兵的思想工作，不致于士气低落，要善于迷惑敌人、巧设伏兵，防止敌人追击和截击。

（2）巧设伏兵，妙置疑兵。作战时要根据地形设置伏兵，可出其不意地发动攻击；为了迷惑敌人，可以多置疑兵，使敌人不知我虚实；为了消耗敌人、扰乱敌人的部署、袭扰敌人的补给，可以派遣游击部队。《伏兵》《防伏》论述了伏击与反伏击之法。"善伏者必胜，遇伏者必败"，设伏主要是出其不意，巧妙利用地形，找准时机，突然袭击，使敌人来不及反应，但要注意留有生路，使敌人不至于拼死顽抗，贯彻了孙武"围师必阙"的思想。"兵之伏也，敌欲击我不虞也"，防伏主要就是不能使敌人出其不意地攻击我，使我毫无防备。行军打仗，要分析敌人可能设伏的地方和设伏的情形，派遣部队侦察搜索，或者分兵专门应对伏兵，才能不陷于被动。《疑敌》《疑兵》《虚声》指出要虚张声势,迷惑敌人,使其疑惑,不知我方虚实,不知我攻守。"兵以善断而胜,以多疑而败",作战要设法使敌人疑惑,或"能而示之不能"、或"实而示之虚",使敌人犹疑不决,从而贻误战机,而我方则抓住机会,迅速行动,达到目的。"兵以疑胜也,全是虚张声势,使敌望而惮也",强调疑兵就是要隐真示假,设置一些假目标,使敌人迷惑畏惧而做出错误的行动,以达到我方的目的。"善兵者,诡张远逛,能以虚声悚敌之心,而乖其所向",作战时虚虚实实、真真假假,使敌人捉摸不透,犹豫不决,而我方则可见机而动,迅猛攻击,取得战争的胜利。《游兵》则论述了游击作战的方法,"游兵者,谓其兵无定在也",适当派出一支精锐的游击部队,来去迅速,进退自如,对敌实施袭扰,破坏敌人后勤补给和战略目标,不断消耗敌人,使敌人疲于应付,为我方创造战机或提供必要的辅助。

（3）欺敌误敌,掌握主动。作战要充分掌握敌情,了解敌方将帅,想办法左右敌人,以达到我方目的。《误敌》论述了使敌人出现失误的方法,"故良将之于敌,每多方以误之",优秀的将领总是利用激怒、利诱、迷惑等多种方法使敌人产生失误,从而一举击溃敌人。《怒敌》论述了激怒敌人的方法,"率由躁动无谋之将为敌所激怒,故盛气所招,曾不顾其后患也",认为激怒敌人首先要了解敌将心性,然后采取对应的方法激怒之,使其意气用事,不顾后果。《饵敌》着重论述了利诱敌人的方法和防止被敌人利诱,"夫见黄雀而忘背井,贪心所使也",孙武也强调"饵兵勿食",士兵贪心必不顾将帅的约束,因争抢财物而致队形混乱,被敌人乘乱攻击,将帅贪心必不思考后果,贪食敌人抛出的诱饵而落入敌人圈套。在作战中,我方要看穿敌人的利诱之计，不中敌人的圈套，也要充分利用敌人的贪利之心，以财物、饵兵等利益引诱敌人，使敌人中我圈套，从而消灭敌人，取得战争的胜利。《骄敌》论述了使敌人骄傲麻痹的方法，"兵骄者败，从古已然"，要做到使敌人骄傲自大，目空一切，就要卑恭示弱，让其产生我方好对付的想法，助长其骄气，使其松弛戒备，我方则趁机攻击，打败敌人。当然，对于高明的敌将，我方要防止其假装骄傲而诱我攻击。《懈敌》论述了使敌人松懈的方法，"战克之将，以严待懈"，两军相持，最忌懈怠，在自己严阵以待的同时，要想方设法使敌人懈怠，或以利诱，或以示弱，甚至假装退却，待敌人放松戒备，再把握时机，迅猛攻击，从而击败敌人。

（4）巧用地形，出奇制胜。地形、天候，是战场的客观条件，对战争的胜负有着极为重要的影响，作战要充分考虑地形、天候因素，善于利用地形天候，出奇制胜。《地形》论述了我方应该争取的有利地形。"大都屯营置阵，得地者强"，强调了地形在作战中的重要作用。在战场上，我方要根据自身特点，选择、争取适合作战的地形，将敌人驱至对其不利的地形上，有利的地形便于我方进退攻守、便于后勤补给，而敌人不敢轻易进犯。要根据作战需要选择地形，如选山林以埋伏，选险隘以固守，选广阔地形以展开大部队进行攻击等。同时，要想办法将敌人驱至对其不利的地形上，则使之无法发挥优长。要在敌人之前占据有利地形，以便以逸待劳，粉碎敌人企图。另外，作者也强调要会改造地形，尤其是敌人抢先占据有利地形的情况下，我方要筑险而守，不被敌人攻败。《山战》论述了山地、森林作战的方法，"故战于山者，必据高阳，利粮道，就水道"，即在山地作战要占据高处、向阳的地方，便于后勤补给，我方居高临下，势如破竹，俯冲优于仰攻，可以看清敌人虚实，也便于发射箭支、石弹攻击敌人，但要严密防守，不使敌人断我后勤补给，使我方陷入困境。森林作战要选广阔地带，多以分队作战，多设埋伏。《水战》论述了水上作战的方法，"联舟以战于水者，弓弩火器矣"，水战时尽量据上游，要多用弓弩、火器进行攻击，船只做好防护，大船小船配合使用（联络照应，相互救援，切忌联锁），挑选士卒，训练水军，而后才能战。

（5）活用战术，因敌制胜。作战的方式灵活多样，战术应用要"量敌而用"，灵活多变，以取得胜利。《邀击》论述了从敌人进兵途中发起攻击的方法。"敌之志前趋，我之兵从旁出，截彼不意，彼必惊溃"，敌人一心行进，我方可以选择险阻狭隘的地方，从侧方隐蔽路线迅速出击，攻击敌人的中部，使其首尾不能接应，从而击溃敌人。《横击》论述了以精兵横冲敌阵，切断敌人的方法。"盖敌之阵势虽整且坚，而我之将士既勇且奋，是以能横击于其中，断敌阵而为二也"，敌人阵势整齐且坚固的时候，我方要挑选精兵勇将，以必死的决心，奋力突入敌阵，猛烈攻击，杀开一条血路，将敌阵分割，我方可趁此有利时机，出兵迅速攻败敌人。《夹击》论述了多方攻击敌人的方法。"兵家夹击，欲分其势也"，用大部队夹击敌人，主要目的是分散敌人的势力，使其不能兼顾，我方进行夹击，兵势处处锋锐，敌人多处受到攻击，不能有效防御，只要关键几处被我攻破，便会阵脚混乱，我方趁机聚合兵力攻击敌方散兵，便可迅速击败敌人。《反击》论述了绕道敌弱处，从敌人薄弱的地方攻击取胜的方法。"盖敌势虽强，志在前御，我出其后，彼所不虞"，两军对垒，敌人的强点一般都在前军，弱点一般在后军，我方要善于观察，发现敌人的薄弱之处，正面以大军牵制敌军，派出精锐部队绕到敌人薄弱的地方，迅猛发动攻击，打开突破口，使敌精神震动，士气受挫，此时，大军迅速攻击，击溃敌人。

4. 内外用兵，安邦定国

边境防御是守卫国家的重中之重，平定盗贼是安定国家的重要任务。《备边》论述了边境防御的主要方法。"备边之策：坚城垒，浚沟堑，扼险要，谨斥堠，广侦探，多间谍，选将帅，练士卒，积粮饷，明赏罚，精器械，示恩信，开屯田，搜弊蠹，禁启衅"，要高度重视边境防御，选择防御的重点，加固城池壁垒，广积粮草，选择良将，训练士卒，安抚民众，外多派人加强侦察和情报搜集，内注重防范间谍，时刻保持警惕，做到有备无患。《平盗》则强调了平定盗贼要根据情况，多措并举，招剿并行，使其瓦解后，迅速剪除。《御戎》《平蛮》《御倭》《平羌》则根据作者所处的时代，针对外患的特点，制定具体的应对办法。作者在最后《居功》一篇中强调，身为将帅，要懂得功高不骄傲，位重不谋权，知进退，以保身名两全，虽有一定的局限性，但不失为那个时代将帅之道。

综上所述，该书在选将、治军、练兵、赏罚、用兵、作战等各个方面都有所论述，既有对古代优秀军事思想的继承和阐述，又将明代军事思想的新发展大胆写进书内，对中国军事思想的发展作出了历史贡献。

二十八
《兵垒》

【其书其人】

1. 专论古代战略战术精髓的兵法

《白毫子兵垒》是一部专论古代战略战术精髓的兵书。明代后期学者尹宾商撰,原书名为《兵垒》,又名《兵垒记》。"垒",音lěi,本义为捕鱼网,引申为囊括之意。"兵垒"就是概括古代兵法精髓的意思。全书共7卷,约5.8万字。

作者将作战指挥和治军管理原则概括成36个字:声、煦、整、先、迅、赢、佯、乘、静、集、因、突、捭、诳、肆、信、必、镇、异、持、诛、制、变、袭、合、待、独、谲、纾、果、分、扼、寡、疑、托、微。一字一篇,先以形象的语言,概括和说明某一军事原则的精髓,作为一篇的主题,再以若干个古代经典战例予以证明和阐释。如"合"字篇说:"虎至趫健也,熊罴至多力也。然而,人食其肉而席其革者,不能合其势而一其力也。故曰:五指之更弹,不如控拳之一挃。甚哉乎!兵革之贵合也。合则势张,合则力强,合则气旺,合则心坚。"接着举三国两晋和宋辽金时期战例7则,证明集中优势兵力的作战原则。这种聚焦精髓,紧密结合战例阐释其军事理论价值和实践意义的写作体例颇有新意。或许因为书中附有许多记述宋代军民抗金的战例,在清初推行民族歧视政策的政治气候下,该书写成后未能及时刊行。其抄本传至清光绪三十三年(公元1907年),始由湖北黄安刘誉菜、方以南、吴树芬、周树藩等人校勘出版。此后又有据刘校本的钞本流传。

2. "有隽才，喜谈兵"的白毫子

尹宾商，又名商，字亦庚（一作夷耕），又字于皇，别号白毫子，汉川（今湖北汉川）人，约生于明万历年间，卒于清顺治初年。其父尹应元系明朝进士，官居都察院右佥都御史、浙江和山东巡抚。万历十九年至二十五年抗倭援朝战争期间，他负责转饷调师，竭尽职守，受朝廷褒奖。尹宾商因此受父恩荫庇，获选入朝为官，授任山西屯留县知县，后调任祁县知县。因得罪上司，被罢官归家。

明朝末年朝政腐败，边防松弛，东南沿海倭寇为患，北部女真人兴起，1616年努尔哈赤建大金国后，开始了对明朝的掠夺战争。1627年，陕西爆发了白水农民王二领导的大规模暴动，又揭开了明末农民战争的序幕。在内忧外患面前，尹宾商认为只有强兵才能外御强敌，内安民心。于是在罢官归家之后，他断绝了升官的欲望，谢绝宾客，杜门不出，潜心研读兵书，致力于从兵书中寻找解决社会危局的良方。

他在自家宅西营造石室，按六书"近取诸身"之义，取名"掌阁"，作为自己静心读书的地方。在石室之中，他博览群书，掌推阴阳八卦，胸怀天下大事，推演奇门遁甲、六韬、八阵，兼采孔孟、孙吴、老庄各家学说，先后著有《兵垒记》七卷，《阃外春秋》三十二卷，《武书大全》三十一卷。清代史学家、思想家章学诚曾为《兵垒记》作传，称其"有隽才，喜谈兵"（《同治汉川县志》）。除喜谈兵之外，尹宾商还以术数、诗文见长，另著有《艾衲阿藏稿》《焦螟子》《造命纂要》《草书究原》等有关术数、书法、诗文的著作。

【思想精要】

《兵垒》虽出自文人之手,但作者长期身处战乱之中,又深谙兵法,故其书不同于一般文人之作,仅限于注释和图解兵书言语,而是"语必析精,事必徵实"(清·方以南《白毫子兵垒序》)。所谓"语必析精",即用最精炼的语言,概括最精辟的军事思想。全书以36个字为文眼,每一字体现了作战指挥和治军管理某一方面的原则。如"声"字篇讲的是声东击西;"羸"字篇讲的是示弱于敌;"佯"字篇讲的是佯动战术;"异"字篇和"托"字篇是讲利用异术奇技或假托鬼神来迷惑、震慑敌人;"肆""谲""诳"等篇也都是讲如何设奇用诈,欺骗敌人,使之失误,达到出其不意,攻其无备的目的。所谓"事必徵实",即用三百多则古代将领指挥作战和治军管理的案例诠释各种军事原理,叙述生动而又真实准确。既可用事实多角度阐述军事原理的深层内涵,又可为军事将领们在军事实践中灵活运用军事谋略提供可资借鉴的范例。

1. 恩威并重,练兵教将

尹宾商从古代治军用兵的众多案例中发现,用兵与治军具有相辅相成的关系,用兵打仗能否取胜,关键在于平时治军练兵的状态。因此,《兵垒》在练兵、统兵、用兵、教将等方面充分阐释了一系列治军教将的思想。

爱兵如子。尹宾商注意到战争中冲在最前面的是士卒,因此士卒是军队战斗力的主要因素,要想使士卒在战场上"舍生而赴死""捐身以犯难",就必须"爱其生""亲其身"。所谓"爱其生",就是要尊重和爱护士卒,做到孙子所说的"视卒如婴儿""视卒如爱子"。所谓"亲其身",就是要关心士卒的饥、寒、伤、亡,与士卒同甘共苦,做到"八个不",即不言渴、不言饥、不言寒、不言热、不操扇、不披裘、不张盖、不私己。在此基础上，还要重用贤者、奖赏勇者。战争历史一再证明，只有将领真正爱兵如子，既有利于取得官兵一致，加强军队内部团结，又有利于激发官兵的战斗士气，提高军队战斗力。

整以练兵。作者认为，军队作战靠的是合力，提出"善行师行军者必整"。所谓"整"，就是指军容严整、阵形完备，它能集中地反映一支部队的作风纪律养成情况和战术技术能力。一支军容严整、阵形完备的部队，可以一人之身举百万之众，做到"其众可合而不可离，可用而不可疲"（《兵垒·整》）。孙子只是提出作战中要"犯三军之众，若使一人"（《孙子兵法·九地》），具体办法是重赏重罚。尹宾商在此基础上别开生面，突出强调一个"整"字，并将其作为检验军队战斗力强弱的标准，训练部队的总要求，认为只有通过平时严格的训练和长期的养成，才能"整"齐划一，整成合力。这不失为作者的独到见解和创新观点。

重典治军。作者认为："强国必有重典"，强军更须重典。所谓重典，即严厉的刑律。军队是成千上万上人聚集的群体，治军带兵固然要爱兵如子，以凝聚军心，但是往往慈不掌兵。因此，他提出"古之名将伏钺临众，必诛杀以示威武"（《兵垒·诛》），意在说明要使官兵服从调动和指挥，做到令行禁止，勇猛冲杀，必须采取一些强制性的措施，即律之以军纪，绳之以军法。最严厉的强制措施就是诛。作者继承了《六韬》"杀贵大、赏贵小"的思想，主张对那些违反军纪军令的人要敢于"当杀勿赦"。有些人"虽甚贵幸而有可听之援"（有靠山之人），"虽甚亲昵而有可恋之情"（亲近之人），"虽甚勇敢而有可怜之才"（有战功之人），只要犯了军令，一律军法惩处。这样才能达到杀一人使三军受震动，惩一人使兵众毫无怨言的效果。这种杀一儆百的办法，看似缺乏人情味，实则是爱军从严，客观上有助于树立将威、提振军威，维护将帅和军纪的尊严，培养军队良好的日常习惯和战斗作风。

将兵有术。将兵，即指挥和统领部队官兵。尹宾商认为，将领乃一军之长，兵众之魂，在治军用兵中具有核心地位和统帅作用。统率千军万马绝不是单纯发号施令的事情，需要高超的艺术。所以他以大量的篇幅谈将帅的品德修养和指挥艺术问题。《兵垒》中信、煦、镇、整、诛等篇，对将帅智信仁勇严等品德修养问题，作了充分的发挥，其中贯穿着恩威并重的带兵思想。尤为可贵的是，作者用辩证的观点，突破前人仅仅注重驭众、将兵的思维模式，提出正确处理"将""众"的关系。书中指出："善为将者假人之长以补其短"，要集"众人之明""众人之勇""众人之力"（《兵垒·集》），即从基层官兵中汲取无穷的智慧和力量。但是，又不能人云己云，将领在关键时刻还应当有"独见"和"独断"。要能"果"，即果敢善断，当机立断，敢于担责任、冒风险，贯彻既定的作战决心；不要"疑"，即切忌优柔寡断。只有那些能做到"独见"和"独断"，"独立"和"独往"，果敢而坚定的将领才是智将、良将。

2. 多方用谋，出奇制胜

《兵垒》是一部侧重于探讨用兵方略的兵书，用兵的战略战术原则和方法是本书的主要内容，其中尤以战术为主，提出了一系列作战原则和方法。

谋定而后战。作者继承了前人重谋尚智的传统思想，以相当多的篇幅分析用兵的谋略。在《兵垒》中，属于谋略的篇目有诳、谲、肆、佯、赢、声、异、微等，从不同的角度分析了多种谋略思路和具体方法。如《赢》篇讲示弱于敌，属于战术欺骗；《佯》篇讲佯动的战术，也是一种战术欺骗；《异》篇专论利用异术奇技对敌人造成心理震慑作用，属于心理战战术；《肆》篇专论从多方造成敌人失误，是误敌疲敌的谋略；《谲》篇讲诡诈；《诳》篇讲欺骗，虽然具体方法与上述各篇有所不同，但都属于示假隐真的军事谋略。值得注意的是，作者认为，这些谋略不能临时抱佛脚，而应当事先谋划，谋定而后战，才能灵活运用。

设谋贵在出奇。中国人素来重谋，正如孙子所言："兵者，诡道也。"（《孙子兵法·计篇》）但凡用兵打仗，战争双方无不运用谋略。但是，谋略水平和效果却有高下之分。因此，尹宾商强调设谋必须十分精巧隐秘，不落俗套，贵在一个"奇"字，"每自运方略，其法皆不同"。只有出奇，才能"误人而不误于人"，调动敌人，掌握战争主动权；只有出奇，才能增强战术行动的突然性，达成攻其无备，出其不意的效果。《异》《讬》等篇就是用异术奇技甚至假托神鬼灵怪，出奇安众，设奇误敌，以奇制胜。

施谋重在灵活。谋略的生命力在灵活变化，再好的谋略，一旦僵死不变，便容易被对方识破机关，失去效益。正因为如此，尹宾商提出了一系列灵活用计用谋的观点。比如，就进攻而言，首先强调进攻作战的基本原则是"先"，即先发制人；"迅"，即速战速决，兵贵神速；"突"，即突发制人，达成战术上的突然性。其次，在进攻的时机上，主张"乘"，即乘敌之隙发起攻击；再次，在进攻的样式上，强调"袭"，即避实击虚、出奇制胜。就防御来说，首先指出防御的战略战术原则有"持"，即持满而不即发，后发制人；"待"，即等待时机，伺机破敌。其次，各种复杂情况下的防御原则有"扼"，即扼背扼吭，控制或打击敌人要害的原则；"制"，即以我之长，击敌之短的原则；"必"，即掌握战场主动权，调动敌人而不被敌人所调动的原则；"因"，即因敌变化、因敌制胜的原则。再次，在兵力的使用上"合"与"分"，即集中优势兵力，各个歼灭敌人的战略战术原则；有"寡"，强调运用少量精兵，灵活机动地打击敌人，争取以少胜多，以较小的代价换取重大胜利的作战思想。

3. 博取众长，多元思维

从《兵垒》和尹宾商的传记材料中可以看出，作者对《易经》《老子》和《庄子》作过一定的学习和研究，深受老、庄道家哲学思想的影响，其思维方法和思想观点体现出博取众长，多元思维的特点。

辩证分析战争矛盾运动。作者吸收《易经》辩证法思想，尤其效仿《孙子兵法》以矛盾范畴为关键点，辩证分析的方法，对同一个战略战术问题，注重从正、反两个方面分别加以探索，并分析其互相转化的规律。例如，作者在《必》篇强调了"必战"的思想，主张牢牢掌握战场主动权，要能够以我为主，调动和支配敌人，而不被敌人所左右；在《因》篇则强调了"兵贵因"的作战原则，主张一切从实际出发，提高自身的灵活反应能力，做到敌变我变，因敌制胜。在兵力的使用上，作者既注意到了"合"战，即集中优势兵力的作战原则，又注意到了"寡"战，即运用少量精兵打击敌人的作战方法。从篇目的设置上看，先与持、突与待、迅与纾、集与独、果与疑、煦与诛、信与谲等，均与《孙子兵法》中主与客、攻与守、虚与实、正与奇等矛盾范畴十分相似，显然，作者意在抓住这些战争中常见的矛盾，辩证地处理治军与作战中的各种问题，并提出相应的办法。

以静制动，柔弱胜刚强。尹宾商被罢官归家后，长期在自家石室埋头治学，这种谢绝人世、清静无为的隐居生活，使他自然而然与道家思想心灵相通，字里行间明显体现出道家的思想。这种思想，在《兵垒》中得到了充分的体现。在《静》篇，作者认为："兵，武事也，而以静为主。"把静和动，与无形和有形联系起来，主张"兵以静胜"，就是以无形胜有形，反对轻举妄动。《镇》篇中，他认为将领大智大勇，在关键时刻才能冷静沉着；将领遇事不慌、镇定自若，才能从容地运筹指挥、安众破敌。显然，与老子"万物并作，吾以观复"的静观思想神趣一致。在《制》篇中，作者更是直接继承了老子"道法自然""以柔弱胜刚强"的思想，认为"兵以静为主"，主张以静制动，强调只要发挥自己的优势，扬长避短，就可以小制大，以柔制刚。

兵如飞鸟，治心治气则宁。尹宾商注意到，战争既是力量的拼搏，更是意志的较量，官兵的心理意志对战争胜负有着至关重要的作用。因此，他十分关注战争中人的精神作用，针对如何激活作战中官兵的心理因素提出了一些观点。他认为，兵家要在战前使自己立于不败之地，就要"治气则先、治心则先，治力则先，治变则先"（《兵垒·先》）。"四治"之中，心理和士气为先。意在说明，为了赢得"先胜"，就得首先从"治气""治心"两方面入手，才能最大限度地发挥"力"的作用。基于"兵以静胜"的思想，尹宾商从人的心理特点出发，注意运用军事心理效应，使敌军心理意志出现混乱，以减杀其战斗意志和士气，同时设法保持自己官兵心理平静，以安定和鼓舞部属的战斗意志和士气，达成敌我对抗力量的强弱转化。至于具体方法，作者抓住"兵如飞鸟，莫有宁心"，"人情每安其所常见，诧其所不常见"的心理特点，要求将领以镇抚的办法安定和巩固部队，防止军心涣散、斗志瓦解。在《异》篇，作者甚至主张以异术奇技来稳定军心，激励士气。对敌人而言，则要力图通过假托鬼神和运用奇异手段，对敌造成心理上的恐惧，瓦解敌人的军心士气。虽然将假托鬼神和玩弄异技作为心理攻防的方法颇显原始，但是作者能注意到军人的心理作用，并想方设法激活心理因素，调动官兵的主观积极性，提高自身部队的士气，削弱对方的心理和意志，这一点在古代兵书中还是不多见的。

4. 事必徵实，史论结合

中国古代兵书大多习惯于重道轻器，尤其是唐宋以前的兵书，基本上都只是注重从道的层面研究战争和军事问题，侧重于揭示战争规律、作战原则、治军方法，对战争案例和军阵、兵器着墨很少。一直到宋末明初才陆续有人注意战例研究，以史注经。《兵垒》在这方面大大前进了一步，全书非常突出的一个特点就在于"语必析精，事必徵实"，用精辟的语言概括和阐释战略战术和治军管理的原理、方法，用大量的战争案例证实这些原理、方法的应用效果，这无疑是一种理论与实际相结合的方法。作者把一系列原则和方法概括为36个字，每字一篇，每篇都用若干个古代用兵治军的经典案例作为实证材料，全书共计337则战争案例和治军故事。如《煦》篇主要讲爱兵如子，以情带兵的问题，作者首先列出孙子名言："视卒如婴儿，故可与之赴深溪；视卒如爱子，故可与之俱死"（《孙子兵法·地形篇》），接着便列举两例：一则是秦穆公宽容原谅那些杀吃他骏马的人,结果在自己危难时受到报答;另一则是唐太宗亲自为自己的部下吸吮伤口瘀血,结果产生激励全军将士英勇作战的效果。这些案例真实可信,生动形象,对相关军事原理和方法做了深入浅出的说明,并为后人灵活运用这些原理和方法提供了鲜活的样板。

凡事有利必有弊。《兵垒》的作者力图以若干字或词来抽象概括治军和用兵打仗的原则和方法,虽然具有简单明了,易学易记的优点,但因为过于抽象概括,使得一些作战原则和方法的表述不够准确、恰当,比如把"误人而不误于人"概括为"肆",所附战例也有牵强附会。又如《声》篇主要讲避实击虚,却把声东击西、虚张声势中的"声"概括为篇名。这些显然都有失精准。此外,高度概括的36个字,有的讲作战原则和方法,有的讲治军原则和方法,交错排列,逻辑性、层次性都有所欠缺。尤其值得注意的是,不少篇章中选入了一些带有荒诞、迷信、神秘色彩的战例,甚至有些字里行间流露出对农民起义军的诋毁和诬蔑,对这些缺陷,我们应当运用正确的立场、观点和方法,加以识别和批判。

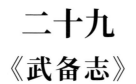

二十九
《武备志》

【其书其人】

1. 中国古代篇幅最长的军事类书

《武备志》是中国古代篇幅最长的综合性兵书,是明末军事家茅元仪广采历代兵书2000余种,花费15年写成,初刻于天启年间(一说为公元1621年,一说为1627年)。全书共有240卷,200余万字,738幅图,包含《兵诀评》18卷、《战略考》33卷、《阵练制》41卷、《军资乘》55卷,以及《占度载》93卷。这本书在乾隆年间曾经历过数次禁毁,但依然在民间多次翻刻,并且广泛流传到了今天,可见其影响深远。目前流传最广的版本有天启元年初刻本、莲溪草堂明原刻清修版、清初改刻版,以及日本宽文四年版等。

2. "下帷称学者,上马即将军"的茅元仪

茅元仪(公元1594-1640年),字止生(一说芷生),号石民,又曾署名东海波臣、梦阁主人、半石址山公等,归安(今浙江吴兴)人,明代杰出的军事家、文学家。祖父茅坤是明代散文家,"唐宋派"的代表人物,同时也是著名的藏书家。

茅元仪自幼饱读兵书,尤为喜欢研读"兵农之道",还四处搜讨传借各种秘图传本,治学严谨、务实、客观,富有批判精神。万历年间,北方的后金政权崛起,屡次进犯辽东,而"朝野之间莫或知兵",战事一开,"士大夫相顾惶骇,文士投袂而言者,武弁能介而驰者,以为可将"(《武备志·自序》)。茅元

仪积极从军入仕，曾以幕僚的身份追随兵部侍郎杨镐，后来又跟随兵部尚书孙承宗督师辽东以抗后金，几番浮沉后，因战功升任副总兵，戍守觉华岛（今辽宁兴城菊花岛）。他心忧国事却郁郁不得志，曾经几次上书朝廷阐述自己富国强兵的主张，痛陈当时武备废弛的乱象，力图发展经济，重整军备，可悲的是最终还是为权臣所忌，再加上受到了辽东兵哗事件的波及，以"贪横激变"的罪名被充军福建。充军后，茅元仪听闻辽东战事溃败，报国不成，纵酒自戕，郁愤而终。方以智曾经为茅元仪作诗一首，赞他"年少西吴出，名成北阙闻，下帷称学者，上马即将军"（《流寓草·酬茅将军》）。茅元仪一生著述极为丰富，除《武备志》外，还有《督师纪略》《复辽砭语》《野航史话》《石民四十集》《石民未出集》《石民赏心集》《西峰谈话》《寻山志》等60余种，可惜屡屡遭禁，多已失传。

【思想精要】

茅元仪在自序中点明了军事力量的重要性，主张富国强兵。"有文事者必有武备，有武事者必有文备"，外交手段和军事准备相辅相成，而军事力量是外交和政治的重要支撑，如果武备废弛，"文事遂不可保"。全书各部分框架合理，逻辑严密，序言还用医学比喻五部分之间的关系，《兵决评》"如医之探腑脏"，分析脉理；《战略考》"如医之举旧案"；《阵练制》如分辨药性；《军姿乘》是"分寒温，定丸散"；《占度载》像医生"考壮弱，断死生"（《武备志·郎文焕序》）。各部环环相扣，自成一体。

1. 点评历代兵学典籍

首篇《兵决评》是对历代经典兵书的辑录与评论，是全书的理论精要,全文收录《孙子》《吴子》《司马法》《六韬》《三略》《尉缭子》和《李卫公问对》,并摘录《太白阴经》和《虎钤经》的部分内容。其中,茅元仪对《孙子兵法》的评价,"先秦之言兵者六家,前孙子者,孙子不遗,后孙子者,不能遗孙子,谓五家为孙子注疏可也"(《武备志·兵诀评·序》),流传至广至久,常常被后世人节选引用。

强调战前准备。做好战前准备,应知敌情我情。正如孙子的"知彼知己,百战不殆","先胜而后求战",吴子的"兵贵先胜于此,则胜彼矣",并分析敌情,针对作战对象的特点制定计划,《三略·上略》中也主张"军国之要,察众心,施百务"。茅元仪把这些观点总结为"制胜自我则可胜敌",充分进行战争准备。孙子把"道、天、地、将、法"归为影响战争胜负的五个因素,茅元仪据此提出,战前的战略筹划应当"以五事为经常",考量敌我情况,决定是否开战,以及如何能战胜对方(《武备志·兵诀评·孙子》)。如茅元仪认为,孙子的"道者,令民与上同意也"已经抓住了关键,"兵诀尽此一语",所谓"上下同欲者胜"(同上)。战前应使全国上下保持思想上的统一,同仇敌忾。战争准备不足,没有切实考察敌情,没有胜利的把握,不宜贸然出兵。

重视士卒训练与百姓教戒。军队的战斗力不是简单的加法,就像吴子提出,兵以治为胜,不在多寡,如果没有严明的纪律和严格的训练,百万军队上战场也未必取胜,所以,"用兵之法,教戒为先"(《吴子兵法·治兵》)。《司马法·天子之义》中也说:"虽有明君,士不先教,不可用也。"茅元仪强调"必先教百姓而亲万民",即应当强化士卒的训练,并教育百姓,实现思想上和行动上的双重统一,才能做到上下一心。同时,教戒应讲究方法，做到合乎规律，赏罚得当，如《李卫公问对》主张："教得其道，则士乐为用。教不得法，虽朝督暮责，无益于事矣！"

推崇"农战"。古代曾经寓兵于农，平时务农，战时参战，这样一来，可以同时解决兵源不足和军费过耗的问题。《尉缭子》中多处强调"农战"，提出"务耕者民不饥，务守者地不危，务战者城不围"，因此，应当鼓励耕战，"使天下非农无所得食，非战无所得爵，使民扬臂争出农战，而天下无敌矣"（《尉缭子·战威第四》）。在《军资乘》中，"饷"类主要包括古今屯田法、水利海运、陆上运输（主要有车、马、人力三种）、米盐矿石，以及医药等等。茅元仪十分推崇这种农战合一的屯田制度，在他富国强兵的主张里，首推就是恢复屯田制度，增加财政收入，同时减轻民众负担，其次是重开海运，节约军饷的运输成本，如果做到军资齐备，保障充足，就算是历经苦战的疲惫之师也可以成为精锐和有生力量。

强调君主将帅对战争的作用。茅元仪曾在序中感叹，历代良将往往聚集在盛世之年，"时之所需在彼，则工者必多"，而明朝开国二百余年，承平日久，重文轻武，以至于在外敌侵略时，无将能战，无计可应。将帅对战争胜负关系重大，两军交战，权衡双方指挥者的才能，有利于推测出双方的胜败情况。同时，战争有自身的规律，军事行动有相对独立性，"国容不入军，军容不入国"，不能直接以治理军队的方式去治理国家，更不能让政治过多地干涉军事。"将能而君不御者胜"，将领有效发挥才能也需要有相对独立的战场决策和指挥权，君主应充分尊重和信任将领，对前线不应干涉过多。茅元仪认为，相对将领本身的能力，"君不御"对战争胜负的影响更为重要。

主张速战速决。战争是你死我亡的暴烈对抗,"凡兵战之场,立尸之地,必死则生,幸生则死","如坐漏船之中,伏烧屋之下",必当奋勇以抗敌。战场形势万变,战机稍纵即逝,实现速战速决同时需要指挥者明智果断的决策,以及作战者勇猛果决的行动。"用兵之害,犹豫最大;三军之灾,生于狐疑"(《吴子兵法·治兵》)。孙子亦言"兵贵胜,不贵久","善战者,其势险,其节短","势如扩弩,节如发机"。因此,"行兵之势,如总持木弩,发机迅速而不可御","如旋风直上而不可遏",应当抓住战机,乘势而战,不怯战,不疑虑,以不可阻挡的进攻气势"堂堂然决胜而往"。

2. 甄选古今奇谋妙略

古今的战事,可能条件和具体情形不同,古今作战的将领们,面对的战争形势也不同,但是获胜的规律基本相通,军事原则也相对稳定,因此过去的战例和战略对当下的战事具有一定的指导意义。《战略考》中,茅元仪选择历代战争战例的原则是,非战略方面的不录,所应用的战略不奇不录,必须足以"益人意志","虽言之竟日而弗倦,试之万变而不穷",意图选择那些历经千百次战争实践依然能得到验证,依然具有现实意义的经典战例和战略。据此原则,他辑录了从春秋到宋元的600多个经典战例,点评历代用兵得失,重点分析战略战法的运用。

提倡通过政治外交手段达到战略目的。茅元仪十分肯定政治外交手段在战略对抗中的作用。战国时,智伯向周边国家索要土地,各国诸侯没人理会他,而段规反而建议韩康子割地给智伯。段规的考量是,智伯性情贪图利益而刚愎自用,尝到甜头必然会向其他人索地,如此轻视诸侯,必定会引起众怒,"命必不长矣"，韩国就可以借机联合诸侯反击。最终，三家分晋，达成了对韩康子有利的结果。又如，相传南唐后主李煜酷信佛法，募养僧人，退朝后时常诵经礼佛，甚至对有罪的僧人也予以姑息。宋太祖听闻这些情况以后，选了能言善辩的少年去南唐，与后主辩说佛法，并得到了李煜的信重，使他更加沉迷佛学不思治国，"不复以治国守边为意"。书中评价，宋太祖的手段就和当年越国向吴国进献西施等美人一样，说明只要善用计谋，兵不血刃一样可以瓦解敌人的意志。

强调谋略的作用。"谋"为用兵之本，制胜的根本在于谋略。但我方想以谋略制敌，敌方也想以谋略来制我，如果我方为了贪图战功轻易冒进求战，可以算是有勇无谋，往往不能达成目的。只有更加周密地筹划，谨慎地用兵，这就要求军队谨言慎行，做到保密与安民，严守我方的军事机密。"谋莫大于不识"（《六韬·龙韬·军势》），真正高明的谋略在于不被人识破，善于作战的人者往往赢在开战之前，善除祸患的人总是把危险消灭在萌芽之中，所以"胜敌者胜于无形"。正如孙子所言，"善战者，无智名，无勇功"，百战百胜不如"不战而屈人之兵"。而以谋略制敌应当针对敌情因地、因时制宜，对强者可以虚张声势，先制造假象迷惑对方，再找机会突袭，例如刘邦攻打秦军，张良建议"益张旗帜为疑兵"，再"因其急而击之"，果然大破秦军。

3.阵法追求详实，训练务必简明

《阵练制》分为阵、练两个部分，前者又分94个子目，附阵图319幅，囊括了从西周到明朝流传的各类阵法，后者还吸收了很多戚继光在《纪效新书》《练兵实纪》中的观点。茅元仪尤其重视阵法和训练，认为"兵之有阵，天之垂象也，兵之有练，圣人之六艺也"（《武备志·阵练制·序》），"阵取其制，制则宁详；练取其实，实则宁俚"（《武备志·阵练制·阵》），指阵法务必规范详尽，训练则追求简明实用。

重视军事训练。茅元仪把军事训练放在十分重要的位置上，他认为训练是行军布阵、攻守作战的大前提，正所谓"言武备者，练为最要"，"士不练，则不可以阵，不可以攻，不可以守，不可营，不可战"（《武备志·阵练制·练》）。士兵疏于训练，即使有战马也难以驰骋疆场，粮饷充足也只是填饱肚子而已。军事训练需要规范程序，即选士、编伍、悬令、教旗、教艺，第一要务在于选拔士卒，根据士兵的身体条件和技能优势，分派到各自适合的兵种中去，分配相应的武器装备；然后，颁行"束伍之法""禁令之条"，再"教以进退之节"。其中，教艺主要包括教习各种弓弩、刀枪、棍术、拳法等单兵的格斗技能和器械使用方法，所谓"有所恃则神全，有所倚则力张，神全力张，稚子可以驱虎豹"（《武备志·军资乘·战·器械》），而将士们精通武艺，又有强兵利器在手，何愁不能抗敌呢？

主张以阵练兵。书中认为，阵法与兵农耕战密切相关，合理地组织和使用兵力就像分田地一样，分配区域不合理会导致权责不清，人们就会互相推诿；不考虑实际情况和能力的上限，"则一人势不给，虽不诿而自诿"（《武备志·阵练制·序》），应当根据地形制定阵法，根据不同的地形条件选择应用方、圆、曲、直等各种阵形。阵法的意义在于集合部队，并且提升整体的战斗力，人在阵中同心协力，勇者不得先，怯者不得后，这样单兵平日的武艺能发挥一半，整体的战力就可以算是成功，单兵发挥八成的阵仗就可以称得上天下无敌了。同时，阵法与训练地位并重，缺一不可，"阵而不练，则土偶之须眉耳；练而不阵，犹驱虎豹入市，徒以走众"。练在于锻炼单兵作战能力，阵在于有效组织并最大程度地形成军队整体的战斗力，因此，军事活动应当坚持阵练结合，阵法应以训练为基础，而训练只有通过阵法才能有效发挥战斗力。

4. 完善军事制度和后勤保障体系

《军资乘》包含营、战、攻、守、水、火、饷、马八类，详尽地记载了行营制度、攻守方略、武器装备、水陆运输、车马战船、粮饷医药等，主要论述作战必备的各种条件。内容完备，逻辑清晰且自成系统，因为"三军既聚，必先安其身，身安而后气可养，身安而后患可防"，所以先写营制，次写作战，再论攻守，再讲水、火，而后民以食为天，士以马为命。此外，本书仅火器一项就收录了180余种，还有一些独家记载的内容，也是同类兵书难以企及的。

营制。"止则为营，行则为阵"（《武备志·军资乘·序》），军队休整时成营，行军作战时成阵。对于设营方法和各种行营制度，书中主要收录了李靖、裴绪、李荃、许洞、戚继光等人的立营法，其中首推李靖，视其为"立营之本"。行营制度确立后，应综合考虑军队的体量，并充分利用有利的地形条件，合理部署人员和营地的位置，"地利不择，则失其大势"，其后，严格约束部队的行动，赏罚分明，"约束不明，则失其大权"（《武备志·军资乘·营》）。以上各项条件齐全之后，还要做好营地的防守，提防敌军夜间突袭，"营不难防于日而难防于夜"，"营不难于明守而难于暗移"。

攻守城的战法。书中细数了实际作战中可能遇到的各种问题，尤其是对敌情和战场环境的侦察。古时有"易守难攻"的说法，茅元仪则认为，攻守之难易应当具体情况具体分析，"攻者绰然于进退,守者尺寸之难施"(《武备志·军资乘·守》)。因此,攻城、守城都要讲究"权变之法",攻城注意运用强兵利器,守城必备坚固的城防工事和充足的后勤物资。战前以法令约束士卒,战时强调保持士气。同时,根据作战进度和效果,灵活机变,不死守不硬攻,否则旷日持久,后勤不济,都难以取得战果。

火器的种类和应用。明朝是我国传统火器发展的鼎盛阶段,因此本书中火器部分十分丰富,记录了各种火器的种类形制和火药火器的制作方法,如提黄法、提硝法、毒火药配方,以及"九龙喷水法"等,并且首次记载多种多发齐射火箭。例如,书中记载的"火龙出水",被视为二级火箭的雏形,主要用于水战,射程可达 1.5 公里,"腹内火箭飞出,人船俱焚"。毒龙神火是一种喷筒类火器,内置毒性火药,主要用于攻城。飞空砂筒则是将二级火箭技术和喷筒火器相结合,"照敌放去,刺彼蓬上,彼必齐救,信至爆裂,砂落伤目无救","向后起火发动,退回本营,敌人莫识",是最早的具有往返功能的二级火箭。本书还记载了"神火飞鸦",是一种多火药筒并联火箭,并附有想象图。

5. 占天时与地利,合三防于一体

《占度载》包括"占"和"度",指对自然的占卜与军事地理两部分,尤其记录了明代的山川地理、行政区划、兵力部署、边防海防、航海和周边形势等,在海防部分还记有"日本入犯图",对当时的海上威胁保持高度警惕性。

关注天时、地利。茅元仪主张,将帅应当知天、知地、知人,兵决、战略、阵练、军资都是人事,因此作《占度载》"以尽天地之事",把天、地、人三者统一方能战胜对手,而"天

地者，亦人而已矣"。因此，书中强调占天，是注意观察天象和气候的异常，探索自然变化的规律，"尽阴阳之变"，"料四海之行"，作战行军尤其要注意利用天时趋利避害，顺应天时、地利与人心向背。同时，本书反映了古人对自然现象的感性认识，把一些不常见的天文气象看作不吉利的征兆，把天时和人事牵强地联系起来，如"月中有神龙玉兔者，洪水滔天，人民饥散，千里荒凉，国乱连年不止"等。

"度者，度地也"，应熟悉内地、边疆、海防、江防、周边属国、航海等与国防和军事相关的情况。书中总结了明朝两京十三司的形势和区划及其军备详情，在配图中详细记载了各个郡邑及其所管辖各县的位置，各个卫所管辖的兵力详情，各地镇守官员的设置和变动情况等等。正如茅元仪所言，本部分的地理情况实际上都是围绕着"武备"这个核心的，之所以详细记述，旨在为供朝廷及将领参考，为当时的国防和战备服务。

主张边防、海防、江防三位一体。书中认为，明政权的主要威胁首在北方的游牧民族，所谓"天下之大患在于西北"(《武备志·占度载·度·镇戍》)，其次是女真各部，边防应注重随地设堡固防，并且选将练兵，使"人自为守"谨慎防备。海上威胁重点在东南方向的日本，"日本不患于古，而患于今"，海防应当利用海洋这个天然屏障，应做好充分的准备，谨慎提防日本越海来犯。同时，江防的重要性也不容忽视，"迫海而亘中区，外溃则为门户，内讧则为腹心"，故"江之要与边、海均"(《武备志·占度载·度·江防》)。据此，茅元仪主张边防、海防、江防三者并重，合成三位一体的国家防御战略体系。

《武备志》全书广博丰富、深奥精微、逻辑严密、体系宏大，可誉为中国古代军事百科全书。茅元仪在书中主张振兴军备、富国强兵，力图改变当时重文轻武、武备废弛的乱象。因此，他博采众长，遍寻自先秦至明代两千多年漫长历史中的军事思想和经典战例。同时，茅元仪对材料的取舍重在求实求新，资料要来源可靠，与武备的相关性强，尤其对同时代军事著述的收录最为详尽。本书辑录了大量珍贵史料，如《郑和航海图》《过洋牵星图》和杂家阵图阵法，以及一些兵器、火器和舰船的图谱等，许多图例几近失传，由本书记载才得以留存，可谓功利后人。当然，受时代与认识所限，本书在《占度载》中辑录了部分阴阳占卜、奇门六壬之说，依然保有一些迷信附会之言。

三十
《登坛必究》

【其书其人】

1. 分类繁多的兵学巨著

《登坛必究》,明嘉靖年间王鸣鹤著,是明代重要的军事类书著作。类书,指我国古代一种大型的资料性图书,其按门类、字韵等编排以备查检。《登坛必究》是宋明之际3部大型兵书之一,上承《武经总要》,下接《武备志》,全书图文并茂,共40卷,72类目,100余万字,附图560余幅,汇辑了天文、地理、选将、训练、赏罚、江河守备、步骑车战、阵法布列、河海运输、人马医护,以及近世名臣有关军事问题的奏疏等内容,可谓鸿篇巨著,是研究中国古代军事史和《明史》的百科全书。

2. 骠骑将军王鸣鹤

王鸣鹤,字羽卿,生卒不详,山阳(今江苏淮安)人,明代著名的戍边武将、杰出的军事理论家,被誉为"天下清官第一"的张朝瑞是他的舅舅。张朝瑞在《登坛必究·叙》中写道:"余甥男王羽卿出自将门,少负伟志,慷慨期勒燕然、封狼居胥之奇勋,以故弃青衿,袭千夫长"。从中我们可以了解到,王鸣鹤从小就有着远大的志向与抱负,后来投笔从戎,世袭了"千夫长",走上了仕途之路。"千夫长"是古代军队的一个官职,明朝时军官为世袭制,因此王鸣鹤是不折不扣的将门之后。此后,他历任广西总兵、广东总兵、骠骑将军、南京右府都督佥事等职务。

王鸣鹤戍守边关30余年，戎马征战不休，有着丰富的实战经验，而且每战必胜，可谓常胜将军。嘉庆《海州直隶州志》称其"身在诸边三十余年，征宁讨播、剿苗攻缅、定交平黎，大小经数十战，每战必胜未尝挫失"。其一生戎马，尽忠为国，为保卫国家统一、抵制外来侵略作出了重要贡献。

武能马上定乾坤，文能提笔安天下。王鸣鹤一生从戎，但"手未尝一日废书"，可谓一位笔耕不辍的常胜将军，著有《登坛必究》《帷间问答》《东粤私忧》《平黎纪事》《教操说》《训兵说》《行兵图》《火攻答》等军事著作。众多著作中，真正让王鸣鹤名垂青史的还是《登坛必究》。"登坛"就是指率兵打仗的将领。"必究"，即必须学习研究。合起来，"登坛必究"的意思就是率兵打仗的将领必须要随身携带并学习研究的兵法。曹于汴在《登坛必究·序》中对此书评价颇高，认为此书是将领不可不读的教科书："大都为将，欲上知天文，下知地理，中知人事，此书三者备矣。"

【思想精要】

《登坛必究》是王鸣鹤按照"止取别刻有关兵事者"和"专事汇集而鲜发挥"的原则以一己之力编纂的大型军事百科全书，其旁征博引、图文并茂，虽然内容多辑录自《武经总要》《大学衍义补》《筹海图编》《纪效新书》等前人著作，但亦不乏作者本人军事思想和观点。这些观点主要体现在王鸣鹤对所辑录材料的选取和文前"王鸣鹤曰"的按语上，特别是按语集中体现了其本人的军事思想与观点，内涵十分丰富。

1. 慎战备战，防患未然

受儒家思想影响，中国社会从古至今都将"以和为贵"奉为圭臬，明君良将都主张"慎战"，不主动进攻别国，不到万不得已不以武力还击别国的进攻，更反对在国内穷兵黩武。如《孙子兵法》就主张"非危不战"，"主不可以怒而兴师，将不可以愠而致战"。在这种思想影响下，崇文抑武、武备松弛的历史时期比肩继踵，尤以两宋、明清更为突出。

然而战争作为客观事物，并不以人的意志为转移，有时是不可避免的。于是，古代军事思想家从理论上寻找支持战争的合理性与正义性，比如《司马法》中指出："杀人安人，杀之可也；攻其国爱其民，攻之可也；以战止战，虽战可也。"

王鸣鹤的战争观继承了以上两方面的观点。一方面坚持"慎战"，主张"古昔盛王守在四夷，先于自治及边圉，窃发不得已而应之，此万全之策也"；另一方面坚持"备战"，主张积极防御的国防战略，指出"安不忘危，治不忘乱，无事常为有事之备"，"国家不可一日忘战，而诸将士不可一日忘韬钤"。"韬钤"是古代兵书《六韬》和《玉钤篇》的并称，这里泛指兵书，意思是只有积极备战，才能使国家立于不败之地。

明末时期，明王朝面对的威胁主要来源于东南倭寇、北方边患、内部叛乱三个方面，因此王鸣鹤也主要从筹海御倭、备边防虏、弭乱遏盗三个方面进行战略研究，并给出具体战法。

在筹海御倭上，王鸣鹤首先提出了加强海防、江防的理念，这在当时是难能可贵的。中国古代战争多在中原腹地进行，论陆战者多而谈海防者少。明代时期，东南倭寇频扰，出现大规模海战。王鸣鹤认为"方岛夷猖獗于东南，万一乘风鼓浪，瞬息千里，窥我边徼"，且倭寇多"散逸海上，其志不徒在侵掠"，应该加强海防建设。同时，由于倭寇多从长江入海口顺江而上深入内地进行抢掠，王鸣鹤提出沿江各地要明确职责，加强江防。其次,他还通过辑录前人兵书成果,列举了"造舟秣马,水陆兼防","一面清野练兵备之于陆,一面鸠工造舟御之于海"等防御措施。

在备边防虏上,王鸣鹤认为要屯田守边,守在战先。明朝时期,匈奴、突厥、契丹、蒙古、后金等力量持续威胁北方边界。因此王鸣鹤提出"域民不以封界,固国不以山溪",即巩固国防、抵御边患不能单靠山川险要,应该加强准备、积极防御。他提出各地要实行屯田制,即士兵和无地的百姓要垦种荒地以养育军队的制度,强调士卒"无事则负耒而耕,有事则荷戈而战",通过"广屯种""兴盐利""预收籴"等举措,提高军队备战水平。

在弭乱遏盗上,王鸣鹤主张要严厉镇压民变、维护政权稳定。明代流民及民变十分频繁,其中虽有奸险小人为利益而煽动的兵变,比如王鸣鹤参与平定的"郧阳兵变",但更多的是由于施政者怠政腐败所引起的,比如受苛捐杂税之累,各地出现"一亩官田七斗收,先将六斗送皇州""今日完租,明日乞贷"的现象。官有逼,民就有反,王鸣鹤认为叛乱问题频发,当权者也要自省。但是,对于弭乱之辈,要通过厚养间谍、迅速出击、严肃惩处等方法予以严厉镇压,"不可有轻之之心"。需要指出的是,由于时代和阶级的局限,书中列出的仇视农民起义的立场是应该被抛弃的。

2.任将以权,练兵练心

在参与战争的各种因素中,人无疑是最根本、最活跃、最具创造力的,决定战争胜负的最终因素是人而不是其他。中国古代兵法十分重视对将领和士卒的使用,如《孙子兵法》有言:"故知兵之将,民之司命,国家安危之主也",《登坛必究》

亦记载："善鼓琴者不能操不调之弦，善将兵者不能驭不习之士"，足见将帅和士卒对国家安危的重要性。在战场上，唯有将领运筹帷幄、统筹全局，士卒披坚执锐、冲锋陷阵，才能无往而不胜，这是显而易见的道理。

明代的基本军事制度是卫所制，为明太祖朱元璋所创立，其主要特点是士兵依附于土地，以求"无远征久戍之苦"。它的优点明显，正如朱元璋所说："吾养兵百万，不费百姓一粒米"。然而弊端也十分突出，正如上文提到的将领"世荫"，由于不担心仕途，许多世袭而来的将领不读兵书、不习武术，本领不强。士卒们也因为兼顾农事而不能将全部精力投入训练当中，再加上制度腐朽、贪污腐败、苛捐杂税，导致军队战斗力不强。因此，王鸣鹤才主张从将领和士卒两方面入手以提高军队备战打仗的素质和能力。

在将领方面，王鸣鹤特别重视选贤任能。他首先提出这样做的重要性："选将任贤，尤万世行军之要也。"意即，要选用贤能的将领，这是军队建设的核心要义。接着，他明确标准："择将之道，惟审其才，不以远遗，不以贱弃，不以诈疎，不以罪废"，要以才华作为选拔衡量将领的因素，而不能带着家庭出身、亲疏远近等有色眼镜。选定之后，还要知人善用，"天下有才将、有智将、有贤将"，要根据各自的特长任用将帅，即"将始于择，终于任。不择而遽任之，是犹责千里于款段也，过也。既择矣，而不终任之，是犹系骐骥之足，而责千里也，亦过也。"王鸣鹤还着重强调"任将以权"，"将在外，君命有所不受"，要给将帅临机指挥大权。他认为既然已经选择了好的将帅，"而不稍假以权，则将轻，将轻而令不伸，令不伸而三军不肃，三军不肃而边陲日益多事，积弱之势其渐溃然也。"如果不给将帅以权利,将领的地位就轻了,其命令就得不到执行,从而产生一系列问题,最终导致国无防、边境多事。所以他极力反对对将帅进行监视,认为这样就是拴住了千里马的脚,缚住了勇士的手,这样做的话,是不可能在战场上取得胜利的。

在士兵方面,王鸣鹤主张不问出身、随材授艺,认为兵在精而不在多。他提出要想提高部队的战斗力,"目今吃紧,至计不在增兵,而在练兵",如果疏于训练,"即有坚甲利刃,无所用之"。在训练问题上,强化练兵要先"练心",只有抓好思想教育和纪律教育,使部队"人心齐一,则百万之众即一人之身",这样才能使之保持长盛不衰的士气,达到"常胜在我"的效果。

王鸣鹤还强调国君要了解将帅,将帅要了解士兵,否则"君不知将,以将与敌;将不知兵,以卒与敌"。这其实是指从了解到信任的过程,先了解后信任,不盲目地信任,但一旦了解了就真信任,疑人不用、用人不疑。

3. 实事求是,活用战法

尽管每场战争的时间、地点、目的、战法等不尽相同,但指导战争的规律则是趋同的,因此学习前人战例、研究经典兵法、继承先辈军事思想对于指导当下军事斗争是十分必要的。《登坛必究》作为一部类书,它以"止取别刻有关兵事者""专事汇集而鲜发挥"为原则,博采众长以借古论今,这正是它独特的价值所在。

但是正如古希腊哲学家赫拉克利特所说:"人不能两次踏进同一条河流",影响战争的客观条件每时每刻都在发生变化,如果拘泥古法,是不能取得胜利的,《登坛必究》也体现了这种朴素的辩证法思想。作者继承了我国古代优秀的军事思想,认为"古今沿革不同，用一代之兵戎，则有一代之阵法"，意思是战争形态在发生变化，阵法也应该有所变化，如果"制阵而泥法"，那么就会"法存而阵愈离"。他还认为"战以隐微为胜，夫既谓之隐微，则其法不在行列，不在金鼓，不在赏罚之劝惩，而因敌制胜，变化无穷，故在为将者以心运之而已矣"，意即战争要"以正合、以奇胜"，既然都说是"奇"了，那么在既有的兵法中应该是找不到的，因此在战法选用上应该实事求是、不拘成法、随机应变。

王鸣鹤还用下棋的例子进行佐证。他形象地指出："尔若必欲循法而后战，何异按谱而对弈，谱不可以尽弈之变，法不可以尽战之奇。善出奇者，无穷如天地。"如果完全遵循古法去指挥战争，那与按照棋谱下棋有什么区别呢？这样做就领会不到战法的奇妙。王鸣鹤又以医药作喻，认为"善医者不按方以投剂，善将者不泥法而谈兵，何者？病有倏忽变迁之态，而兵有因敌制胜之机"，病情随时都在变化，所以善医者不能完全遵循既有的药方，战场形态瞬息万变，善将者要根据实际情况灵活实施战法。

如何活用战法？王鸣鹤认为应该结合战场当下的情况，善于抓住机会。这就要求：一方面部队要行动迅速、力争速战速决，"兵贵拙速，不尚巧迟"，不能错失良机；另一方面又不能操之过急，他引用《孙子兵法》认为"犹须以治待乱，以静待哗，以逸待劳，以近待远，以饱待饥"，要以逸待劳等待良机出现。总之就是要"见利宜疾，未利则止。趋利乘时，间不容息，先之一刻则大过，后之一刻则失时也"，军事行动快与慢，一切都要适战机而定，否则快和慢都是不正确的。

同时王鸣鹤还主张将领作战一定要熟悉地理环境，"凡与敌战,三军必要得其地利,则可以寡敌众,以弱胜强。所谓知敌之可击,知吾卒之可以击,而不知地利,胜之半也",只有占尽地利才能获得全胜,否则只能取得局部的胜利。

4. 慎用赏罚,善于赏罚

自古以来,赏罚就是社会各行各业激励先进、鞭策后进的重要手段,更是兵家严明行伍纪律、提高部队战斗力的重要抓手。各种学说关于如何赏罚的主张虽不尽相同,但无不强调赏罚对于治国和治军的重要作用。比如,唐太宗李世民认为"天下大事,唯赏与罚",他的大将李靖也认为"持军之急务,莫大于赏罚"。《登坛必究》则强调"国家驭世之大权,唯在赏罚",把赏罚摆到了治国理政的首要位置,足可见作者王鸣鹤对赏罚的重视程度。

正因为赏罚如此重要,王鸣鹤主张对待赏罚一定要"慎","赏功之典所以彰国恩,所以振士气,赐予之际不可以不慎也",因为赏功可以"彰国恩",可以"振士气",所以不能不谨慎。他还主张要善于赏罚,掌握实施赏罚的艺术,达到"赏一人而有功者劝;罚一人而有罪者惩"的效果。所以他极力反对"吝予",更反对奖赏没有功劳的人,惩罚没有罪责的人。

5. 注重后勤,加强保障

在古代,战争形态简单、武器装备单一,敌我双方作战方法也相对简单,再加上受制于不发达的道路和交通运输工具,粮秣成为决定战争胜负的重要因素之一,在整个后勤工作中占比重最大,因此要"兵马不动,粮草先行"。王鸣鹤在此基础上,进一步指出想打赢战争"不难于足兵而难于足食",即最大的困难不是军士数量的不足,而是粮草不能足够供应,因此要"综水土，理饷道"，打通运粮通道，保证军粮转运顺畅、足量供应。

随着科技进步和西方先进火器的传入，中国古代战争开始逐步由冷兵器向热兵器过渡。明代初期，火器已开始应用，明成祖朱棣甚至还建立过一支装备火铳、火炮的神机营军队"以驱群凶、涤腥秽"。火铳即金属管形射击武器，在当时属于"国之重器"，"不可轻易示人"。此时，武器装备成为后勤保障中另一重要元素。王鸣鹤认为"器械不利，以其卒予敌"，并在《登坛必究》中记录了自宋代以来的各种火器、炮车，比如灭虏炮车、轻车等。这些装备在战场上发挥了重要作用，王鸣鹤称其"初疑其重，今运以车，登高涉远、夷险皆宜"。

卫勤是后勤保障中另一个要素。王鸣鹤认为应该注意防范军中的各种疾病，这不仅是为了防止非战斗减员，更是激励官兵士气的有效方法。他列举了历史上名将与医药的故事，比如"穰苴医药必亲三军之羸弱者，争先以赴战；吴起为卒吮疽能得众志，韩秦不敢侧目西河之境，拊循之效验可概睹己"，意即司马穰苴亲自探问病号、安排医药，于是病弱的士卒争先恐后为他打仗；吴起用嘴为士兵吸脓疮，士兵们备受鼓舞，纷纷表示要以死效忠。《登坛必究》中还记录了明代军用《治疫气诸病捷说》《救五绝死》等所载的各种药方，可见王鸣鹤是十分关注人马医护保障的。

除此之外，王鸣鹤还着重对战前各项工作的筹备进行了论述。比如，十分重视在攻城、守城行动中装备的布设，共附70幅攻城器械图、59幅守城器械图，占比高达全书附图的五分之一。《登坛必究》中还对战前的战争祭祀礼仪、祭文等内容作了详细记录，今天看来这些奇门遁甲之类并无科学依据甚至滑稽可笑,但仍为我们研究古代战争提供了珍贵资料。

  《登坛必究》作为我国古代百科全书式的大型兵学类书,内容多辑录自《武经总要》等前人兵书,其军事观点大多也无出同时代军事家戚继光、郑若曾等之右,但作者王鸣鹤在戎马倥偬之中,凭一己之力编此巨著,其精神值得称道的,《登坛必究》这座了解和认识古代军事思想历史的宝库仍值得后人深入挖掘。

三十一
《三十六计》

【其书其人】

1. 以《易》演兵的平民兵书

现在有一种误会，一提到《三十六计》，不少人便将其与《孙子兵法》相提并论。殊不知，《孙子兵法》与《三十六计》是截然不同的两部兵书。对于《孙子兵法》的评价，世人早有公论，它是中国乃至世界"兵学之祖"；但是对《三十六计》，人们的认识却大相径庭：一种是将它与《孙子兵法》等量齐观；还有一种是认为它粗鄙不堪，根本不能登上兵学殿堂。事实上，《三十六计》是一部集历代兵家诡道之大成的兵书，总结了以往战争中施计用诈的实践经验，包含有朴素的军事辩证法思想，有较高的参考价值。时至今日，它已经突破了军事领域，广泛运用于政治、经济、外交、生活等各个领域，成为国内外家喻户晓的平民兵书。

2. 隐匿民间的兵法高手

据史籍记载，早在南北朝时期已经有"三十六计"的说法，最早见于《南齐书·王敬则传》：南齐大司马王敬则起兵造反。齐明帝父子在宫中听说叛军即将杀到，仓皇欲逃。敬则得报说道："檀公三十六策，走是上计，汝父子唯应急走耳。""檀公"即南朝刘宋的大将檀道济，此人以多智善谋而闻名，曾与北魏军作战，在粮草不继的困境中，以"唱筹量沙"之计迷惑对手，最后全军而退，因而"雄名大振"。

三十一、《三十六计》

据已知的材料,《三十六计》最早刊行于世的版本是 1941 年由成都瑞琴楼发行、兴华印刷厂印制的一个铅印本,小 32 开,土纸,旁注小字"秘本兵法",无作者和年代。它根据的是同年在陕西彬县(当时称邠州)发现的一个手抄本。1943 年叔和先生在成都的一个书摊上偶然得到了这个铅印本,由此引起了世人的关注。1962 年 8 月,叔和将此书赠给中国人民解放军政治学院。同年,姚炜对《三十六计》进行了译注工作,并在内部出过油印本。1979 年,吉林人民出版社公开出版。1973 年,武汉军区编印了《三十六计今译》,是综合几种版本整理而成,但并未说明这几个版本的来源和其他情况。对照《三十六计译注》和《三十六计今译》,原文的按语部分确有很多不同之处,说明《今译》的确另有所本,但它同样没有作者和年代的记载。

姚炜在译注过程中最早提出《三十六计》成书年代"当在晚明或清初"的推断,并认为"与历史上反清运动有关"。主要根据是近人朱琳所著《洪门志》载有"三十六着"的名称,与现行的《三十六计》除个别计名略有不同外,其余都一致。朱琳还在附注中说:"三十六着,又称三十六计,即三十六种计策,用兵处世,无往不利,所谓'神机妙算',故称之为洪门哲学。"姚炜先生的这一推断是有道理的。联系到《三十六计》在民国前一直以"秘本兵法"在民间传抄,历代兵志均无著录,也不见于私人藏书目录,当与明清之际的秘密反清组织有关联。洪门(即天地会)成立于康熙初年,是清代势力最大的地下反清会党。洪门的内部文献被称为会书,会内暗语称之为"海底""金不换",包括其起源、宗旨、誓言、门规、切口等多方面内容,是洪门发展组织、联系成员的基本依据,以手抄的方式在严格限制的范围内秘密传播，所谓"三十六着"也许是其中的一部分。但《洪门志》中的"三十六着"与目前流行的《三十六计》部分内容并不一致。此外，邓拓先生在1962年写过一篇名为《三十六计》的短文，其中谈到，他所见到的油印本《三十六计》（疑即姚炜译注本）与曾经有人向他讲解过的"三十六计"略有不同，"这里头没有增兵减灶、十面埋伏、虚张声势、诱敌深入、拖刀计、疑兵计等名目，而把打草惊蛇、无中生有、树上开花等都开列进去"。

《三十六计》的成书应该有一个过程，《南齐书》中的"檀公三十六策，走是上计"一语，在宋代惠洪的《冷斋夜话》中改作"三十六计，走为上计"。到了元代，这句话已成民间俗语。《元曲选·窦娥冤》中就有"常言说得好：'三十六计，走为上计'"。而以成语组成的《三十六计》中的计名在元明戏曲和明清小说中广泛应用，查《辞源》有13个计名可上溯到元明戏曲，有7个计名初见于明清小说。由此可见，大多数计名都在各种民间说唱艺术中出现过。民国年间现世的这本《三十六计》，应是某位喜好谋略又精通《易》理的文人在民间原始材料的基础上整理和加工而成，可视为《三十六计》的最终定型。综上所述，今本《三十六计》形成于一个较长的历史时期，其最后成书时间难以确考，但不会太早。鉴于第21计"金蝉脱壳"中引用了宋金战争的案例，据此可知，成书不会早于宋朝，很可能在清代的中后期，即中国封建社会的末期。

这时期的社会环境与《孙子兵法》诞生的春秋战国时代相去甚远。政治上的专制，思想上的禁锢，商品经济的发展，市民阶层和市井文化的崛起，使整个社会思想文化较之春秋战国少了些原创性，多了些功利性；少了些贵族的典雅，多了些市民的平易；少了些从容和质朴，多了些浮躁和机巧。就文风看，《三十六计》的解语和按语，当非同一人所写，如前者古雅厚重，后者理而近俗；前者多以《周易》阴阳变易之理进行推演，后者系用个别战例阐释计法；前者宏博精深，后者狭小浅露，等等，两部分内容见识高下，显而易辨，断非出自一人之手，甚至亦非同一时代的作品。《三十六计》具有舍整体而重局部、舍理论而重实用的特点。偏重于"恢诡奇谲"的所谓"对战之策"，即军事谋略的推演和运用，而将战争理论中其他重大问题置而不论，有"谋略决定论"的倾向。其对谋略的阐述不是建立在对战争规律整体揭示的基础上，而是删繁就简，就事论事，重在实用性和可操作性。在表现形式上，计名采用戏曲、小说中常见的成语、俗语，并用浅显和附有事例的按语对各计的奥妙加以解说，平民化的特点十分突出。如果说《孙子兵法》的适用对象是"明君""贤将"的话，《三十六计》的受众范围明显地扩大到了社会的各个阶层，这就为它的传播开拓了更加广阔的空间。

【思想精要】

《三十六计》原名《三十六计秘本兵法》，全书不分卷次，共包括六套计，分别为：胜战计、敌战计、攻战计、混战计、并战计、败战计。六套计又各自包含六计，共三十六计，每计由计名、解语、按语三个部分组成，解语均系依据《易经》中的阴阳变化之理及古代兵家刚柔、奇正、攻防、彼己、虚实、主客等对立关系相互转化的思想推演而成，含有朴素军事辩证法因素；按语多引证元代以前的战例和孙武、吴起、尉缭子等兵家的精辟语句。另外书前、书后各有一段说明性的文字，原无标题,在姚炜译本中题作《总论》和《跋》,而《跋》文已残缺不全。

1. 以《易》演兵,辩证对待谋略问题

从内容上看,作者将《易经》所包含的哲理作为思想依据和哲学基础。《三十六计》开篇即道:"六六三十六,数中有术,术中有数。阴阳燮理,机在其中。机不可设,设则不中。诡谋权术,原在事理之中,人情之内。"这里所说的"数",就是易理所包含的宇宙万物运动变化的规律和法则,亦即社会与自然中的人情、事理;"术"即指军事上的"诡谋权术"。

作者认为:任何计谋都是从天地间最根本的法则中推演出来的,都应该是这些规律和法则的合理运用,所以实际运用时必须合情合理,否则就达不到目的。如果说《孙子兵法》是通过对战争规律和原理的系统论述来解决军事谋略的具体运用问题,那么《三十六计》则是通过借用《易经》所揭示的自然、社会运动变化规律来解决这一问题的。《三十六计》中有29计"解语"的后半部分均引用了《易经》中的话,其余7计的"解语"也涉及"易理",所以弄通书中引用的《易经》原文的意义,正确理解其中的精理要妙,便成了阅读《三十六计》的难点所在。《周易》原为供统治者占卜预示吉凶祸福之用,但其中反映了上古人们的宇宙观和方法论,所以又是一部极为重要的哲学著作,对后世中国思想的发展影响很大,有人称它是中国文化之源,不无道理。《周易》的哲学思想具有很深的辩证色彩,强调对立统一是事物发展的动因。在《周易》的思想体系中,阴、阳是一对最基本的范畴,内涵极为丰富,代表各类事物、各种状态、各种性质。《周易》认为,这些对立的事物是互相依存,又互相斗争的,是可以互相转化,其界限不是一成不变的,

状态不是固定的,事物处在不停地变化之中,物极则必反。所以强调"君子以自强不息",要不断进取,才能立于不败之地。《三十六计》就是这种思想的具体体现。以《周易》阴阳对立、转化的哲理作为本书的指导思想,在注重阐明战术的同时,又不搞唯战术论,倡导理论与实践相结合,也就是说,战术固然重要,但更重要的是要在实践当中摸清战争的规律。"谋事在人,成事在天",这里的"天"并不指上帝,而是指实际情况和客观规律。

这些内容为深化对计谋要旨的理解、准确判断面临的形势和对手的意图,以及据此选择正确的应对策略,提供了符合事物运动一般规律的思想方法和思维方式。正如无谷先生所说,"以《易》演兵"也是其一大特色。《易经》揭示了自然与社会运动变化的法则,包含了朴素而丰富的辩证法思想。《三十六计》以《易经》为理论依据,探讨充满变数的军事谋略问题,提倡要用辩证的观点来看待军事谋略问题,为军事谋略的选择和运用确立了正确的指导思想,闪耀着辩证法思想的光芒。《三十六计》是集中论述兵家"诡道"思想的,它从历代兵家有关军事谋略的理论和实践中总结和概括出计谋,在思想内容上虽不及《孙子兵法》博大精深,却也有其独到之处,应该给予应有的重视和研究。

2. 创造性阐发前人谋略思想

《三十六计》是中国兵学史上第一部专门论述兵家"诡道"艺术的兵书,它不但对前代的兵家谋略进行了总结和提炼,而且结合易理给予哲理性、创造性的发挥,在兵学史上应该有它的一席之地。《三十六计》中有不少精彩的见解,发展了前代兵家的谋略思想。

如"围魏救赵"之计的按语说："治兵如治水：锐者避其锋，如导流；弱者塞其虚，如筑堰。"是对孙子避实击虚、因敌制胜思想的阐发。"以逸待劳"之计的按语说："兵书（指《孙子兵法》）论敌，此为论势。则其旨非择地以待敌，而在以简驭繁，以不变应变，以小变应大变，以不动应动，以小动应大动，以枢应环也。"是对孙子"致人而不致于人"思想的阐发。"美人计"解语说："兵强者，攻其将；将智者，伐其情。"按语说："兵强将智，不可以敌，势必事之。事之以土地，以增其势，如六国之事秦，策之最下者也；事之以布帛，以增其富，如宋之事辽、金，策之下者也；惟事之以美人，以佚其志，以弱其体，以增其下之怨，如勾践之事夫差，乃可转败为胜。""釜底抽薪"之计的解语说："不敌其力，而消其势。"发展了《六韬》不以实力相拼、采取各种手段以柔克刚的文伐思想。还有一些见解出自作者对谋略艺术的独到领悟。如"擒贼擒王"之计的按语说："攻胜则利不胜取。取小遗大，卒之利，将之累，帅之害，功之亏也。全胜而不摧坚擒王，是纵虎归山也。"认为即使取得全胜，也必须擒获对方首领、彻底消除对方的反抗能力，否则遗患无穷。"欲擒故纵"的按语说："武侯之七纵，其意在拓地，在借孟获以服诸蛮，非兵法也。若论战，则擒者不可复纵。"指出诸葛亮七擒七纵是为达到特定目的而采取的策略，不可作为一般的战法来因循。

3. 计名虽反经，内容却合义

《三十六计》分为六套战法，即胜战计、敌战计、攻战计、混战计、并战计和败战计，前三套是处于优势所用之计，后三套是处于劣势所用之计。而且"每套之中，皆有首尾、次第"，各套前后顺序也有精心安排，显示出作者试图为军事谋略理论构筑某种体系的设计和用心。当然，这一努力并不是很成功，有些分类不够"专业"，有些分类名不副实，但不失为一种尝试。

《三十六计》的计名大多采用民间成语，而非军事术语，有些计名在现代词语中寓有贬义，字面上看颇为阴毒、下作，但实际内容却是反经合义，与历代兵家的思想相契合，也与平民百姓的接受能力相吻合，应给予正面的评价。例如，"借刀杀人"意为利用矛盾，借其他势力之手除去劲敌。《兵法圆机·借》云："古之言借者，外援四裔，内约与国，乞师以求助耳。""趁火打劫"是指乘敌有内忧外患之机发起进攻；"混水摸鱼"指乘敌内部发生混乱之机战而胜之。《孙子兵法·计篇》云："乱而取之。"杜牧注："敌有昏乱，可以乘而取之。"《左传·宣公十二年》云："兼弱攻昧，取乱侮亡，武之善经也。""无中生有"是指奇变为正、虚变为实的策略。《孙子兵法·势篇》云："奇正相生，如环之无端。"《尉缭子·战权》云："战权在乎道之所极。有者无之，无者有之。""笑里藏刀"含义是刚中柔外，使敌麻痹，暗中积蓄力量，待机而动。《六韬·武韬·发启》云："鸷鸟将击，卑飞敛翼；猛兽将搏，弭耳俯伏；圣人将动，必有愚色。""上屋抽梯"意为以利诱敌，然后切断其退路，置之于死地。《孙子兵法·势篇》云："以利动之，以卒待之。"《百战奇法·利战》云："凡与敌战，其将愚而不知变，可诱之以利；彼贪利而不知害，可设伏而击之，其军可败。"可见这些计名用词虽不雅，但其内含却均为兵家题中应有之义，与平民百姓日常所见现象关系密切，易读易懂，便于运用。当然，《三十六计》中也有一些带有欺骗性质的计谋是针对友军和邻国的，如"偷梁换柱""反客为主""假途伐虢"等，这是需要批判性使用的。

4. 深入浅出，特色鲜明

《三十六计》的主要着眼点是战场应敌的计谋、对策，而非有关战争的基本理论问题。作者在书的《跋》中明确表示："夫战争之事，其道多端。强国、练兵、选将、择敌、战前、战后，一切施为，皆兵道也。惟比比者，大都有一定之规、有陈例可循。而其中变化万端、恢诡奇谲、光怪陆离、不可捉摸者，厥为对战之策。《三十六计》者，对战之策也，诚大将之要略也。"即认为军事领域的其他问题虽然也很重要，但都有成规、旧例可遵循，只有面对迷雾重重、瞬息万变的战场情势，如何迅速做出准确判断，采取正确对策以克敌制胜，无一定章法可依，是最为棘手难办的事。《三十六计》的目的，正是试图解开临敌"对战之策"无一定之规这道军事难题。

在数以千计的古代兵书中，《三十六计》极具特色。它之所以为广大民众所接受，除了它以《易》理为立论的理论基础，深得中国传统哲学思想的精髓，充分体现了中国古代军事思想的民族特点外，还有一个重要的原因：它的计名全用四字或三字的成语或常语为之，既可深入浅出地揭示每条计策的内容，又便于记忆传诵，利于在群众中普及。在形式上，作者从历代战争谋略中精选出三十六种计策，采用通俗易记的成语和俗语作计名，又将其归纳、分类，每计附上精练的文字解说，并列举历史上成功的战例，使有关理论变得形象、生动，有例可循。作者大概是想以这种形式为那些急于速成的将领们提供一本可供按图索骥、简便易用的"作战手册"。针对难点，着眼对策，分门别类，力求简明实用，可以说是本书编撰的指导思想，也是其一大特色。

三十一、《三十六计》

所以，其书虽然不受历代统治阶级所重视，却仍能流传至今，几至于尽人皆知，而且不仅用在军事方面，还广泛地用于社会生活的各个领域，成为中国古代军事著作中传播最广，雅俗共赏、文武皆宜的一部"奇书"，享誉海内外。

由于《三十六计》产生的时间晚，而且主要在民间流行，所以对中国兵学的影响可以说是微乎其微。《三十六计》开始产生广泛的社会影响是在"文化大革命"结束以后，尤其是市场经济推行以后。由于《三十六计》具有的重视谋略、讲求实用、通俗易懂、富于文学色彩等特点，迎合了新时代对知识文化的功利性、娱乐性、平民化、速成化的需求，所以迅速成为社会各阶层关注的热点，被誉为"大众兵法"，各种注本和应用型出版物应运而生，畅行于世。

从目前有关《三十六计》的著述来看，有几个特点：一是应用性研究远多于理论性研究，二是非军事领域的应用研究远多于军事领域的应用研究，三是对《三十六计》的应用已扩展到社会和生活的各个领域。冠以"三十六计"的各种出版物五花八门，如，"生意三十六计""交际三十六计""炒股三十六计"等等，但对《三十六计》本身的研究和用《三十六计》研究军事问题的著作却十分罕见，很有必要加强这方面的研究，真正挖掘它的内在价值。《三十六计》在其他领域运用的泛化问题，同样值得我们注意。

《三十六计》中的各种诡道奇谋、计策骗术，绝大多数是用于军事领域对敌斗争的，若不加鉴别地全盘移植到各个非军事领域，有可能会对我们的社会带来不良影响，损害人与人之间、企业之间最起码的诚信，侵蚀社会赖以维系的交往规则和道德底线，这一后果应引起社会的关注和防范。

三十二
《读史方舆纪要》

【其书其人】

1. 规模宏大的国防地理工具书

《读史方舆纪要》是我国古代一部规模浩大的军事地理著作，该书历来为兵家所重，亦颇受后世称道，被誉为"千古绝作""古今之龟鉴、治平之药石"，是研究中国军事史、历史地理的重要文献。从清顺治十六年（公元1659年）起，作者参考二十一史、100多种地方志和其他大量文献，并尽一切可能"览城廓，按山川，稽道里，问关津"，实地考核异同，历时30余年，编著成130卷、280万字的《读史方舆纪要》。前123卷叙述历代州域形势，以明末清初的行政区划，分述各省、府、州、县的疆域沿革、山川形势、城市集镇、关塞险隘、津梁道路等。后6卷叙述川渎异同，"昭九州之脉胳"。末1卷叙述分野，明"俯察仰视"之义。附"舆图要览"4卷，有当时全国总图、各省分图、边疆分图以及黄河、海运、漕运分图。《读史方舆纪要》着重考订古今郡、县的变迁，和推论山川关隘战守的利害，是中国沿革地理最具代表性的著作。

2. 通晓舆地、精于史学的顾祖禹

顾祖禹，字复初，一字瑞五，号景范，南直隶常州府无锡县（今江苏无锡）人，居常熟，顾柔谦之子。生于明思宗崇祯四年（公元1631年），卒于清圣祖康熙三十一年（公元1692年），

享年六十二岁，是中国清初沿革地理学家。顾祖禹的高祖顾大栋撰有《九边图说》，曾祖顾文耀、父亲顾柔谦都通晓舆地之学。在家庭的影响下，他毕生专攻史地，以沿革地理和军事地理的研究为精深。

自顺治十六年（公元1659年）始，秉承父亲遗命，边教私塾，边开始《读史方舆纪要》的著述，"盖将以为民族光复之用"。康熙十三年（公元1674年），三藩起兵，顾祖禹只身入闽，投靠耿精忠，欲借其力达到反清复明的目的。失败后，他重返故里，继续撰写《读史方舆纪要》。为写好《纪要》，顾祖禹广泛收集材料，力求竭泽而渔，不遗漏每一个可以获得的材料。他治学严谨，对收集到的材料，都进行严格辨析与考证，确定无误后才采用。除利用文献资料，顾祖禹还坚持实地考察，将纸上材料与亲身观察相结合。他广泛游历东南诸省，沿途考察城郭、山岳、河流、道路、关口，与商人、工匠、农民等深入交谈，访寻当地风土人情。康熙十八年（1679年），顾祖禹终于完成《纪要》撰写，此时他已年近五十，距离开始写作已过去二十年。此后岁月中，他一直从事《纪要》修订工作，直到去世前仍在修改，用三十余年的光阴写出了这部举世闻名的历史地理巨著。

【思想精要】

关于书名的由来，作者在《凡例》中有说明："是书以古今之方舆，衷之于史，即以古今之史，质之于方舆，史其方舆之向导乎，方舆其史之图籍乎！苟无当于史，史之所载不尽合于方舆者，不敢滥登也，故曰《读史方舆纪要》。"它不仅是历史地理研究者必读之书，也是历史研究者不可缺少的重要史籍。因其编写体例便于翻检，也可以作为一部历史地理方面的工具书使用。

《读史方舆纪要》正文共 130 卷，后附《舆地要览》4 卷，约 280 万字。前 123 卷叙述历代州域形势，以明末清初的行政区划，分述各省、府、州、县的疆域沿革、山川形势、城市集镇、关塞险隘、津梁道路等；后 6 卷叙述川渎异同，"昭九州之脉络"；最后 1 卷叙述分野，明"俯察仰视"之义。另附"舆图要览"4 卷，有当时全国总图、各省分图、边疆分图以及黄河、海运、漕运分图。

该书主要思想精髓体现在以下几个方面：

1. 朝代与地理经纬互持，纵横交用

与一般地志不同，《读史方舆纪要》着重记述并分析历代兴亡大事、战争胜负与地理形势的关系，而游观诗词则大多"汰而去之"。它按照明末行政区划分叙述历史地理沿革，详记史实，大体可以分作四个部分：

第一部分，《历代州域形势》九卷，按历史顺序编排，记唐虞三代、春秋战国、秦、两汉、三国、晋、南北朝、隋、唐、宋、元、明各朝之方国、州、郡、府、县等政治区划和沿革，使"学者一展玩而州域之分合，形势之重轻，了然于中，然后可以条分缕析，随处贯通"。

第二部分，以明代两京十三布政使司及所属府州县为纲，分省纪要一百一十四卷，分叙其四至八到（古代地理图书，用"四至"[东、西、南、北四正]或"八到"[合东南、西南、东北、西北四隅]表示州县方位距离，合称"四至八到"）、建置沿革、方位、古迹、山川、城镇、关隘、驿站等内容，与各地理实体有关的重要史实，附系于各类地名地物之下，并常在叙述中指出该地理实体得名的缘由。包括南北直隶十三省，记直

隶、江南、山东、山西、河南、陕西、四川、湖广、江西、浙江、福建、广东、广西、云南、贵州等省内的州、县、山、川、关、卫的位置和原委。每省卷首都冠以概论形势的总序一篇，论其在历史上最重要之点，务使全省形势了然。各卷论述，均自撰纲目，自作注释。每府亦仿此例，而所论更分析详密。每县则记辖境内主要山川、关隘、桥、驿及城镇等。

第三部分，《川渎》六卷，采录历代地理书中对于山川、江河、漕河、海运的记载，"以川渎异同，昭九州之脉络也"。

第四部分，天文《分野》一卷，列历代史志有关各地星宿分野之说。作天地对应，有"俯察仰观之义"，主要是采录历代关于各地星宿分野的说法。即：我国古代占星术认为，地上各周郡邦国和天上一定的区域相对应，在该天区发生的天象预兆着各对应地方的吉凶。例如，秦王李世民发动政变前，秦地出现了太白金星。

另外，还有附录《舆图要览》四卷，则自京师各省、边疆漕运以至海洋等，都有图表，"以显书之脉络"。

《纪要》对历代都邑形势、山川险要、战守事迹、河渠水利等等，皆能上下古今，详加论述，既便考证，又便使用。其编著体裁，也颇为新颖，前面历代州域形势以朝代为经，以地理为纬；后面分省则以政区为纲，朝代为目，全书经纬交错，纲目分明，且自作自注，叙述生动，结构严谨，读之趣味无穷。

2.分析历史兴衰与地理形势间关系

顾祖禹著述《读史方舆纪要》的主要目的之一既然是为反清复明之需，当然十分注重对于军事的记述。他鉴于明朝统治者不会利用山川形势险要，未能记取古今用兵失败的教训，最后遭致亡国的历史，在书中着重论述州域形势、山川险隘、关塞攻守，引证史事，推论成败得失，"以古今之史，质之以方舆"。《读史方舆纪要》综记"山川险易，古今用兵战守攻取之宜，兴亡成败得失之迹"，具有浓厚的历史军事地理学特色，其核心在于阐明地理形势在军事上的战略价值。其中详细记载历代兴亡成败与地理环境的关系，对名胜古迹的记载则相对简单得多。顾祖禹的好友魏禧曾一针见血地指出，"其书言山川险易，古今用兵战守攻取之宜，兴亡成败得失之迹所可见，而景物游览之胜不录焉。"不仅前面9卷专门论述历代州域形势，而且每省每府均以疆域、山川险要、形势得失开端。各省形势及其在军事上的重要性，皆有总序一篇进行论述。《历代州域形势》和各省山川险要总论，几乎每篇都是甚有价值的军事地理论文。

该书有关历代州域形势部分，综述明以前各代州郡位置、形势，及其与用兵进退之策和成败的关系。各省方舆部分，按明末清初的政区分述十五省的府、州、县形势与沿革、区划，以及各处历代所发生的重要战争。这两部分形成历代地理形势、沿革、区划与战史浑然一体的独特风格，构成全书的主体。舆图要览部分，实为明代最完备的兵要图籍，由概况说明、图、表组成。概况说明，总论天下大势，分论各省形势、山川险易、物产户口、边腹要地设防、兵员粮饷等情况；地图，除一省一图外，另有总图、京师图、九边图说、河海漕运图等；表，列有府州县、山川险要，卫、所、关城的沿革、方位、区划、财赋、丁差、民情。书中在论及地理形势的战略价值时，注意到"设险以得人为本"，不能只凭地利决定胜败。要求明白"险易无常处"之理，灵活运用地利。

而且每叙述某一地理实体时，必穷根究源备述其军事上的地位和价值。顾祖禹认为，地利是行军之本。地形对于兵家，有如人为了生存需要饮食,远行者需靠舟车一样重要。只有先知地利,才能行军,加上"乡导"的帮助,"夫然后可以动无不胜"。这正是他在《读史方舆纪要》中,对于地理环境与战争得失成败的关系着重记述的初衷。难怪张之洞《书目答问》将它列入兵家,评论说,"此书专为兵事而作,意不在地理考证"。梁启超也认为,"景范之书,实为极有别裁之军事地理"。

3. 既重地理形势,亦重人与地的关系

以研究天险地利为主的《读史方舆纪要》,始终贯穿着天险地利只是成败得失的从属条件。顾祖禹在强调地理重要的同时,还强调了"在德不在险",即天险地利对于军事行动的成败只具有一定的影响,决定性的因素是人正确的思想和当时的社会大环境。因为"阴阳无常位、寒暑无常时、险易无常处"。虽是"金城汤池"之故,若"不得其人以守之",连同"培塿之丘""泛滥之水"都不如。如若用人得当,纵使"枯木朽株皆可以为敌难"。也就是说,决定战争胜负的原因,地理形势固然重要,但带兵将领所起的作用更大。

在论述历代都城的变化和原因时,顾祖禹认为是由许多因素决定的,并非地势险固决定一切。首先,都城的选择与当时的形势有关,此时可以建都的地方,而到彼时则不一定适于建都。其次,是否适合建都不但要看地势是否险固,攻守是否有利,而且要看交通是否方便,生产是否发达,对敌斗争是否有利。由于建都的各种因素是在经常变化的,不能单纯考虑山川地势。他还指出,战守攻取应以分析地理形势为基础,无论"起事"之地,或"立本"之地,都须"审天下之大势"而后定,否则,不免于败亡。如"立本"之要在于择都,拱卫首都乃是军事建设的重心。以明代北京为例,主张多层设防:近畿

三辅；内三关；蓟州（今天津蓟县）、宣府（今河北宣化）、保定三点相互为援；九边（辽东、宣府、大同、延绥、宁夏、甘肃、蓟州、太原、固原）与三卫（今河北东北部、长城外及辽宁西部一带），以及三齐（今山东淄博、平度、泰安一带）、秦晋之地，皆需驻兵，构成多层藩篱。他的这种观点与历史唯物主义的观点基本上是符合的。

4. 痛恨"空谈心性"，呼吁关注国计民生

宋以后，专讲地理沿革的著作间有所出，特别是明末以降，学者有感于"空谈心性"的误国殃民，提倡实学之风大盛，但是其中堪称翘楚的就要数明末清初顾祖禹所编纂的《读史方舆纪要》。与以往追求考据的地理著作不同的是，《读史方舆纪要》最大的特点是经世致用。

《读史方舆纪要》详论"山川险易，古今用兵战守攻取之宜，兴亡成败得失之迹"。顾祖禹在一首诗中曾说："重瞳（项羽）帐下已知名，隆准（刘邦）军中亦漫行。半世行藏都是错，如何坛上会谈兵。"此诗的浅意是说，在项羽的军队中都很出名，在刘邦军中也可以随便走。可惜半辈子所做的都是错的，怎么能够纸上谈兵。这首诗正可谓是他一生追求的注脚。

顾祖禹认为，舆地之书不但要记载历代疆域的演变和政区的沿革，而且还要包括河渠、食货、屯田、马政、盐铁、职贡等历史自然地理和历史经济地理的内容。当他开始撰写时的确对此十分重视，但后来由于各种原因，原稿多有散佚，加上"病侵事扰"，顾不上补缀，但其大略亦能"错见于篇中"。不过他在论述各地的地理形势时，尽量做到以地理条件为印证，使历史成为地理的向导，地理成为历史的图籍，互相紧密融汇。全书对于有关国计民生的地理问题多写，无关的则少写，详人

之所略，略人之所详，这也是《读史方舆纪要》有别于其他地理著作之处。

由于黄河之患历来不止，直接对国计民生产生不良影响，因此，顾祖禹在《读史方舆纪要》中大量辑录前人治水的主张，以留给后人借鉴。他十分赏识潘季驯的治河方针。认为"以堤束水，借水攻沙，为以水治水之良法，切要而不可易也。"书中对潘季驯的主张颇多引证。此外，书中对漕运的记载也十分重视。顾祖禹认为漕运相当重要，因为"天下大命，实系于此"。但他反对为了漕运而置运河沿线百姓生命财产于不顾的观点。在《川渎异同》中，他以整整一卷的篇幅，论述漕运和海运，又在有关州县下，详细记载运河的闸、坝、堤防和济运诸泉。此外，对于明代农业经济发展较快的苏松地区，以及扬州、淮安等转漕城镇冲要地位，书中都一一作了记载。同时，《读史方舆纪要》于农田水利的兴废、交通路线的变迁、城邑镇市的盛衰，都详略得当地有所记载。

由此可见，不但对于军事地理、沿革地理方面《读史方舆纪要》有十分重要的记述，而且在经济地理方面亦有相当可观的内容，如为交通的变迁，城市的兴衰，漕运的增减以及经济中心的转移等提供了许多资料。书中对于各省区农业生产特点的扼要概述，使我们可以了解这些地区历史上农业发展的概况，例如他谈到四川省时说："志称蜀川土沃民殷，货贝充溢，自秦汉以来，迄于南宋，赋税皆为天下最。"至于河流的改道，湖泊的变迁，都直接影响着当地经济的各个方面，与人民的生活息息相关。书中对此不仅在各省区都有分论，还特别专列篇章，对几条重要的江河，穷源竟委地加以叙述。例如他在书中用了两卷篇幅对黄河的发源、流经、变迁、河患等详加叙述。他对明代统治者一贯消极治河、积极保运，只求南粮北运，而不顾黄河下游两岸人民死活的错误做法，给予无情的斥责。

《读史方舆纪要》治学谨严，考证精详。为了编撰这本巨型历史地理著作，顾祖禹先后查阅了《二十一史》和100多种地志，旁征博引，取材十分广泛。同时，他也比较注重实地考察，纠正了前人的一些重大错误。例如，汉代长安西南的昆明池本是模拟昆明国的洱海（在今云南大理）的形状开凿的，但自从晋代臣瓒在《汉书音义》中误把今昆明市的滇池当作洱海以来，迷惑学者达1300年之久，直到顾祖禹在《读史方舆纪要》里才把这一错误纠正过来，把汉代长安的昆明池和昆明国的关系弄清楚。当然，《读史方舆纪要》在史实和地理位置方面也有一些错误，前人和近人时有发现，书中之笔误以及传写和刻印过程中出现的错别字亦有不少，但瑕不掩瑜，不应以此而否认其学术价值。

《读史方舆纪要》确实是一部取材丰富、考订精详、结构严整的历史地理著作，不论在哪一方面都超过了诸如《元和郡县志》《太平寰宇记》《舆地纪胜》《方舆胜览》等前人的历史地理著作。而后来用官府之力，集众手而成的《大清一统志》修成后，《读史方舆纪要》不但不废，而且仍为学者所重视，也是证明。直到今天，它仍然是历史地理研究工作者的重要参考书。

三十三
《火龙神器阵法》

【其书其人】

1. 火药火器技术及实战运用的专著

《火龙神器阵法》又名《火龙神书》《最胜神机》。明代关于火器、火药制造及其实战运用的兵书，反映了冷兵器向热兵器转化初期军事技术的发展，以及火器大量装备军队并运用于战场以后的军事思想。堪称中国古代军事技术名著，在军事技术史上有着重要地位。由于抄录过程中的混乱，其作者难以详考，有青田先生遗书、焦玉撰、刘应瑞撰三种说法。

2. "一书三撰者"之谜

中国人很早就发明了火药，有的说秦朝，更多人则认为发明于唐朝人炼丹过程之中。到宋朝初期，火药进一步演化为火器，装备部队，并运用于战争之中。在冷兵器为主战武器的情况下，火药火器无疑杀伤力倍增，威力巨大。显然，在当时火药火器属于先进的军事技术，需要严格控制的军事机密。因此，《火龙神器阵法》一书未能公开刊印，只能靠抄本流传下来，以至于此书现在所能看到的只有抄本。

《火龙神器阵法》一卷，现存有三种抄本。第一种是题作"青田先生遗书"的明抄本，明末清初学者顾祖禹曾经收藏，现藏于中国科学院自然科学史图书馆。此抄本卷首有刘基《火龙神器阵法授受序》。序文详述了此书的来由。第二种是卷前题"东宁焦玉自序"的清抄本，清道光二十年（公元1840年）陕华吟馆翁心存抄本，后有清光绪帝师傅翁同龢的跋文，现藏于福建、北京、军事科学院图书馆。第三种是刘应瑞撰的清抄本，前有洪武十年（公元1377年）月序，现藏于北京大学图书馆。各抄本之间文字互有异同，书名也有改变。有的抄本将书名改为《火龙神书》，有的改为《最胜神机》。

一书三撰者，显系传抄之误。

"青田先生"，即元末明初军事家、政治家、文学家，明朝开国元勋刘基，字伯温。因其出生于处州青田（今浙江温州），故人称"青田先生"。他从小喜欢读书，对儒家经典、诸子百家之书，都非常熟悉；对天文、地理、兵法、术数之类颇有心得。曾辅佐朱元璋平天下，论天下安危，义形于色，遇急难，勇气奋发，计划立定，人莫能测。朱元璋多次称刘基为："吾之子房也。"在文学史上，刘基与宋濂、高启并称"明初诗文三大家"。中国民间广泛流传着"三分天下诸葛亮，一统江山刘伯温；前朝军师诸葛亮，后朝军师刘伯温"的说法。他一生著述颇丰，有《郁离子》《复瓿集》《写情集》《犁眉公集》《春秋明经》《卖柑者言》《活水源记》《时务十八策》等诗书文史著作，还著有兵书《百战奇略》，相传《火龙神器阵法》也是其作品。

"东宁焦玉"，即明太祖时任都督，掌管神机诸营，专习枪炮的焦玉，东宁（今安徽宁国）人。不知何故，其人其事在《明史》中没有传记，仅《海外火攻神器图说·跋》和明王士桢《进神器疏》中有零星事迹记载。"东宁焦玉自序"中称：焦玉"幼猎儒书，穷所将略，遨游四海，参访有道"，至正间（一说至正三年）遇止止道人于天台山，即以师礼事之，从游三年，于武夷山得止止道人所授火攻书。至正十五年（公元1355年），朱元璋起兵和州，焦玉按师授之法制火龙枪40支进献，太祖命大将军徐达演试,"势若龙飞,洞透层甲"。圣祖说,阅而喜,曰:"……成功之日,当拜汝为无敌大将军。"由是一征而取荆楚,再征而取浙江,三征而闽海率从,四征而席卷全齐,五征而定周及梁……如此赫赫功名《明史》中竟然没有记录,有人因此怀疑这段自序的真实性。按常理判断,担任都督,掌管神机营,专习枪炮的官员,应当有相当的业绩。何况作为军事秘籍,主要供朝廷或军队高官阅读,不宜过分虚构。所以,自序的内容大体应当有事实依据。

刘应瑞,字元龙。明朝正德年间人,任陕西静宁州判。政尚宽平,爱民如子。为官数十载,后致仕隐退,一生既无著述,也无军旅经历。

从本书内容看,所记制造火药、火器的方法详细具体,所绘图式形象逼真,所论战法实用,必出自有实践经验的火器专家之手。刘基、刘应瑞皆不具备这种条件。焦玉则是掌管火器部队(神机营),负责研究枪炮的官员,撰写此等专著应是情理之中的事情。

【思想精要】

《火龙神器阵法》不分卷(有的著录为一卷),约万字,附图47幅。全书分总论、火器、火药3部分。总论部分,阐述了火攻的一般原则和方法,反映了热兵器萌芽时期的军事思想。火器部分,记载多种火器的性能、制造及使用方法。火药部分,记载了多种火药的特点、配制及使用方法。概括起来看,该书反映的明代火器技术和作战思想,主要有以下三个方面:

1. 火攻"势莫能当""不可妄用"

书中所谓"火攻",不同于《孙子兵法》中的"火攻",专指采用火药、火器的作战行动,而非指干柴烈火之攻。作者认为,在冷兵器为主的战场上,火药、火器具有超乎寻常的威力,火药、火器用于作战"势莫能当"。因其势大,故"不可轻用,亦不可妄用"。"轻用"将滥杀无辜,"妄用"则减损其应有威力。所以,总论中提出了一系列使用火药、火器作战的原则和方法,反映了火器大量装备军队以后的作战思想。

其一,天候和地理条件在火攻中至关重要,一定要做到"上应天时,下因地利"。"知天之时而善用之,斯百战百胜矣。"反之,一旦不能因时、因地合理使用,则是"妄用",势必不能发挥火药、火器的应有威力,反而变成累赘,不得不放弃,被敌人所缴获。即所谓"苟不辨地利而用之,不得其宜,未有不舍器而走,徒资寇敌也"。

其二,发挥各类火器的长处,"用之合宜",如战器利于轻捷,攻器利于机巧,埋器利于爆击,守器利于远击等。尤其强调各类武器的相互配合,要求火器与冷兵器、远兵器与近兵器、长兵器与短兵器搭配部署,互相取长补短,"远、近、长、短相兼,分番叠出,各为阵号,闻某号而出,闻某号而入,则兵力不疲于战。火炮、火铳、火弹,此远器也,则与长枪、大刀相间;火枪、火刀、火牌、火棍,此近器、短器也,则与长弓、硬弩相间。"这种配合还要根据战场情况的变化而"随机应变"。

其三,要想充分发挥火药火器的巨大威力,还必须"选以精兵,练以阵法","利器、精兵、阵法三不可缺一,一有所缺,则非万全。"并强调"器贵利不贵重,兵贵精而不贵多,将贵谋而不贵勇。"

其四,鉴于火攻"势莫能当",作者提出六条使用原则:"以仁为心,以义为军声,以明为赏罚,以信为纪律,因时以制宜，设奇以料敌。"进一步强调了八戒："一戒扰民，二戒反烧本营，三戒玉石俱焚，四戒风候未定，五戒火攻欲求骁勇智将，六戒火攻降军，七戒火攻杂有民众的军队，八戒残害生灵。"

2. 因火器之长，扬火攻之威

自从宋初出现火器雏形以来，元末明初之际火器已得到大规模发展，种类繁多，性能各异。作者为避免人们"轻用""妄用"火器，分门别类地详细记载了40多种新火器的性能、特点和使用方法，并配以绘图，以便因火器之长，扬火攻之威。

首先，精确区分火器类型。

根据用途区分，有陆战、水战、埋伏、安营、偷袭、守城、攻击7大类：

（1）陆战火龙神器：木人火马天雷炮、火兽卷地飞车、钻风神火流星炮、八面旋风吐雾轰雷炮、九矢钻心神毒火雷炮、单飞神火箭、神行破阵猛火刀牌、冲天火葫芦、飞天神火毒龙枪、神机万胜火龙刀；

（2）水战火龙神器：神飞独角火龙船、拦火神行冲敌飞蓬、八面神行威风火炮、四十九矢飞廉箭、飞空滑水神油罐、水底龙王炮、翻江混海飞波神甲；

（3）埋伏火龙神器：无敌地雷炮、穿山破敌火雷炮、渡水神机炮、隔河神捷火龙炮；

（4）安营立寨火龙神器：神火万全铁围营、天兵拒敌神牌、百子连珠炮；

（5）偷劫火龙神器：烧天猛火无拦炮、神威烈火夜叉锐、飞雷霹雳炮；

（6）守城火龙神器：万胜神毒火屏风、烂骨火油神炮、万火飞砂磁炮、铁汁神车、神仙自发排叉锐；

（7）攻击火龙神器：轰天霹雳火雷、毒龙喷火神筒、神火飞鸦、毒雾神火烟炮。

此外，在卷末还附录了六种火器：埋药火筒、满天烟喷筒、火砖、火妖、飞天喷筒、火蜂窝。

根据性能区分，有燃料性、爆炸性和管形射击三类。这是对中国古代火器的第一次性能分类研究。燃料性火器具体包括落天烟喷筒、火妖、飞天喷筒、火蜂窝；爆炸性火器具体包括轰天霹雳火雷、无敌地雷炮、穿山破地火雷炮、渡水神机炮、水底龙王炮等；管形射击火器具体包括百子连珠炮、习雷霹雳炮、毒辣龙神火烟炮、飞天神火毒辣龙枪、八面神威风火炮等。

其次，详述各种火器的战术技术性能。

例如，作者在书中介绍"水底龙王炮"时，具体介绍了这种武器是"用熟铁打造，置于木牌之上，巧妙之处在于引爆方法，根据预定时间，将香点着，用石附入水中，顺流而下，得到火发，击碎敌船"。又如书中介绍的"斜面神威风火炮"，用精铜铸造，置于木架上，二人操作，可入而旋转，攻打不绝，射程可达二百步，为远击之利器。再如"地煞神机炮"，以生铁铸造，装药五升，选坚木堵塞，用竹通节引药信，理于敌必经之地，敌至炮发，威力巨大。

再次，介绍对当代火器改进成果。

该书所录火器大都是各兵书没有记载，当时世所罕传的先进火器。它在《兵戒》后附注"神枪、弹锐、发广、粮（狼）机四器已传于世，今不复录"。又在目录中声明："火龙神器诸件皆古韬略武经等书之所未载，乃异人秘授，用以辅佐天子，以戡祸乱，以宁邦国，功莫大焉，慎勿轻泄！"所以本书的史料价值较高。它记载的40多种新式火器，较之宋元有了很大进步，种类显著增多。

如书中介绍，将投击杀伤物由抛石机与人力发射改由火药推进发射后，提高了速度，增大了抛掷距离，提高了战场上的杀伤威力。根据不同配方，火器又分为烧夷、发烟、毒剂等类；形制也从简单的火禽、火兽、火球发展为筒、炮等类，增大了效率。其中，毒辣龙喷火神筒、九矢钻心神毒火雷炮等，掺入发烟、起雾齐和毒药，不仅可以烧敌设施，而且可以施放烟幕，制造障碍或喷洒毒剂，以迷盲、毒伤和惊扰敌人。它有多种炸弹、水雷，可分别布设于水陆要道，采用拉发、绊发、触发等，爆炸伤敌。管形射击火器，亦有较大的进步与发展。它有火枪、火炮，有的火炮可旋转发射，扩大了射界。如百子连珠炮，火炮、火箭由单发发展到多发，一次可以装铅弹一百枚，八面旋转连续发射；九矢钻心神毒火雷炮一次可以发射九支箭矢；四十九矢飞廉箭则可以同时发射49支箭簇，矢傅毒药，见血封喉，立时而毙，大大增加了杀伤力。再如飞天神火毒龙枪，集冷热兵器优长于一体。枪身用铜铸或铁打成管形，中藏铅弹，枪头两侧装制毒火药筒，枪锋傅毒药，敌远发铅弹击之，近则发毒火烧之，再近则举枪用刀锋刺之，一器可以三用。这些精巧的设计和科学的创新，表现了当时劳动人民的高度智慧，同时使中国的火器技术和火器性能在当时世界上处于先进地位。

3. 知药性之宜，得火攻之妙

本书第三部分专记火药，记载了当时比较先进和常用的20余种火药配方及其歌诀、炮制方法等。与《武经总要》的记载相比，该书所记载的火药成分已由复杂到简单，配制比例更加合理，提高了速燃性，增大了威力。

其一，阐述了火药配制的原则、种类和方法。《火攻法药》

指出了配制火药的基本原则和方法："火攻之药，硝硫为君，木灰为臣，诸毒药不佐，诸气药为使，必要知药性之宜，斯得火攻之妙。"把硝硫作为火药的主要成分，木炭及其他药物作为辅助成分，认为只有根据药性特点和作战的需要，才能制造出符合实战的各种军用火药。根据记载，当时对火药成分及其性能的认识，已比以往更加科学、更趋合理。例如，关于火药配方，《武经总要》记载由硝、硫、炭等14种药品合成，而《火龙神器阵法》则减少到4种，不仅配制起来更加简单，而且其性能也大大优于以往。这是古代化学研究的一个很大进步。

其二，记述各类火药。书中根据不同的作战样式和各种战场需要，记载了多种火药。有火龙万胜神药、火攻神药、火攻从药、毒火药、烈火药、火攻杂用等16种之多。按用途分，有专门作为火器动力的炮火药、鸟铳药，有专门用于引爆的火种药，有专门用于作战场火攻用的火攻从药、飞火药、逆风药，也有专门用于击伤敌人马匹用的各种毒药以及解毒药等。对于某些关键的配药技术，作者还将其编成了易记易行的歌谣和口诀。如神火配诀、毒火配诀、烈火配诀、飞火配诀、法药配诀、烂火配诀、逆火配诀等，易读易记，易操作。

其三，明确了配制火药的基本原则。书中提出"必要知药性之宜"，懂得药性的特点及何种条件下适宜用何种火药，才能"得火攻之妙"。硝、硫、炭是合成火药的三大必备要素和主要成分，作者指出："硝性主直（直发者以硝为主），硫性主横（横发者以硫为主），灰性主火（火各不同，以灰为主，有筜灰、柳灰、栎灰、葵根灰、茄楷灰之具）"。因此，要配制射程远火药，可采用"硝九而硫一"的比例；要配制横向爆炸的火药，可采取"硝七而硫三"的比例；要配制"性缓""性锐""性躁"的火药，则要采用不同的炭素。如配制远射程的火炮，含硝量由49%增到72%，硫由25%减至16%，木炭为11%；火铳的火药由硝、硫、炭配制，分别为77%、8%、15%，火药成分配制更趋合理，增大了火器的作战威力。作者还强调，为精准掌握药性，配制火药有严格的技术要求和操作规程，"凡制各药，须择洁净处，禁止杂，务依法配合，此系火成神器紧要，不可毫厘差谬，拣选能士，以专其职可也"。显然，此时人们对火药成分性能的研究和认识，以及对配制火药的程序和工艺，较前有了很大的革新，进入了新的理性阶段。

火药和火器虽早在宋代就有兵书记载，如《武经总要》中记有单梢炮、双梢炮、五梢炮、七梢炮、虎蹲炮、柱腹炮、旋风炮、合炮、卧车炮、车行炮、行炮车等十几种火炮，但《火龙神器阵法》则是中国古代最早专门记载火药和火器的兵书。除详细记载已经广泛使用的火药和火器之外，书中还记载了许多当时不能公开的先进火药、火器制造技术，反映了明代军事技术的进步，保留了重要的军事科技资料，提出了冷热兵器配合作战的一系列原则和方法。它的许多内容被后世兵书所选录，如《武备志》《火龙经二集》等兵书就选录了《火攻风侯》《火攻地利》《火攻器制》《火攻兵戒》，以及火药配方等内容。中国古代兵书历来重道轻器，数千卷兵书大多讲思想和原则，《火龙神器阵法》则专论火器制造技术和战场使用方法，具有很强的专业性和实用性，堪称奇花独放，在古代军事史和军事技术史上占有重要的地位。

三十四

《兵经》

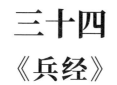

【其书其人】

1. 清代军事领域的"异书"

《兵经》,又称《兵经百言》《兵经百篇》或《揭子兵经》,为明末揭暄著。不同于一般的文人论兵,揭暄是明末抗清将领,带过兵、打过仗,又是著名的思想家、哲学家、天文数学家、物理学家,还是通晓西方军事学说和军事科技的西学家。《兵经》分"智""法""术"三篇,收录了"先、机、势、识、测"等100个字,继承并发展了上下古今的兵家思想精华,提倡朴素的军事辩证法思想,力主灵活用兵,既有战略方面的论述,更有战术方面的解析,相互贯通,互为表里,构成一个较为完整的体系,其中蕴含的哲理警句,也颇耐人寻味,被时任江西学政的吴炳称赞为"异人异书"。

2. 开启研究外国军事思想先河的揭暄

揭暄(公元1613-1695年),字子暄,号韦纶,别名半斋,明末清初江西广昌盱江镇人。他"少负奇气,喜论兵,慷慨自任"(清·盛大谟《揭暄父子传》),诸子、诗赋、数术、天文、军事、岐黄等无所不涉,时人以"才品兼优,德学并茂"称之。揭暄曾考取进士,当了诸生。清顺治二年(公元1645年),江南抗清义军纷起。在嘉定义军先后三次遭清兵镇压,死伤数万人(史称"嘉定三屠")后,更激起汉、满民族矛盾。揭暄举义兵,在闽、赣边境的建宁、广昌、长汀一带抗击清兵。三年,揭暄所部归明唐王朱聿键节制。他向唐王上言天时、地势、人事及攻守战御机要等策被采纳。一年后，调任为江西提学副使吴炳的副手。唐王于汀州被执后，吴炳也入广州，揭暄见匡扶明朝无望，便与其子匡闻一起隐居山林，过起了隐居的生活。

隐居期间，清康熙帝屡召他入仕，他以年迈推辞，讲学于豫章、青原书院，与易堂程山、宁化李世熊、桐城方以智等交游，致力于著述。为精察辨明宇宙的奥秘，揭暄博览群籍，日夜观察天象，精心考据，于康熙二十八年（公元1689年）著成了《璇玑遗述》（又名《写天新语》）巨著。

揭暄其著述还有：《揭子性书》《揭子昊书》《揭子二怀篇》《道书》《射书》《帝王纪年》《揭方问答》《周易得天解》《星图》《星书》《火书》《舆地》《水注》等，涉及天文、地理、历史、哲学、数学等各个领域。在军事领域，揭子不仅有战略类兵书《揭子兵经》，而且有战术类兵书《揭子战书》，还有兵法与战例结合类兵书《兵法纪略》传世，前两者可谓是"姊妹篇"，两者珠联璧合，奠定了揭子在中国近代军事史上的重要地位。

更值得一提的是，揭暄更是最早期的西学家，他的《揭子战书》开启了研究外国军事思想的先河，这比被称为"开眼看世界第一人"的清代魏源还要早180余年。《揭子战书》中的《岛移篇》《远邦篇》介绍了日本、英国等多个国家的地缘政治、军事技术、武器装备和民族风俗等情况，也难怪在由日本人编著的《数学大辞典》中，还载有"揭暄"条目。

【思想精要】

《兵经》继承和发展了中国古代优秀的军事思想，虽然短小精悍，却微言大意、字字珠玑、内涵丰富，涵盖了战争观、军事哲学、战略战术、国防与军队建设、选兵用将等多方面的内容，可以说是一座完整的古代军事思想宝库。其中关于将领、治军、谋略等许多观点不仅适用于古代军事，同样也适用于现代战争和国防现代化建设，不仅适用于军事领域，也同样适用于从政为官和商场竞争。正如从古至今，两军交战讲究"以正合，以奇胜"，《兵经》作为一本"异书"，非常值得竞争越来越激烈的当下人去仔细研究和品味。

1. 战争的最终目的"必度益国家"

有什么样的战争观，就会有什么样的军事思想和军事战略。揭暄十分明确地表达了自己对战争本质和战争动因的观点——"兵之动也，必度益国家，济苍生，重威能，苟得不偿失即非善利者矣"。（《兵经·利》）意即，军队的作战行动，必须首先考虑对国家是否有利，对老百姓有没有好处，能不能显示国家和军队的威严。如果得不偿失，这样的作战行动就不是有利的了。

司马迁说，"天下熙熙，皆为利来；天下攘攘，皆为利往"。（《史记·货殖列传》）战争也是一样，揭子正是推崇战争的功利主义，认为利益是战争的终极目的，如果无利可图，那么彼此何必消耗大量的人力物力财力。

所以，揭子认为在发动一场战争前一定要综合考虑得失，充分预想各种可能发生的问题，"行远保无虞乎？处险保无害乎？疾趋保无蹶乎？冲阵保无陷乎？战胜保无损乎？"（《兵经·利》）意思是，如果出兵远征作战还有没有忧患？如果军队处在一个危险的位置或状况下会不会受到危害？如果急行军的话会不会降低军队战斗力？如果冲锋陷阵进到敌阵地后会不会反被敌人包围？如果战胜了是不是能做到自己没有大的损失？这些问题都要在战争之前预想到，如果不能取得相关的利益，或者损失大于利益,则不应该发动战争。

在这种战争观的指导下,揭子进一步发展了《孙子兵法》中的"慎战"思想。"用兵如行螭宫蛟窟,有风波之险"(《兵经·谨》),意即率兵打仗就像在蛟龙的洞穴里行走,每时每刻都处在风险之中。"入军像有侦,出境俨临交,获验无害,遇阻必索奸细",到了军中就要时刻注意侦察;出了国境马上就要像面临战斗那样时刻保持战备状态;凡是缴获的敌人物资装备,首先要检验它是不是对我军有害,防止中敌人的奸计;如果行军途中遇到了阻碍,必须第一时间检查附近有没有敌人的伏兵、我军内部有没有敌人的奸细。

然而,"慎战"不等于"不战",揭子说"天德务生,兵事务杀",接着又说"顾体天德者,知杀以安民,非害民","兵以除残,非为残",(《兵经·全》)意即虽然上天尊重崇尚生命,而战争则是杀戮战争的行为,但是能够真正领悟了上天品德的话,就会明白战争的杀戮是为了安抚人民而不是危害人民,战争本身是为了铲除残暴的行为,而不是为了实施残暴的行为。

同样,在这种战争观的指导下,揭子不仅对"战与不战"提出了自己的看法,还对"战争应该打到什么程度"进行了阐释。最理想情况当然是不战而屈人之兵——"于是作不攻自拔以全城,致妄戮之戒以全民,奋不杀之武以全军",即攻城要力求不攻自破,军队不能滥杀无辜,只有这样才能"城陷不惊,郊市若故",攻城成功后城内的老百姓才不会受到惊吓,市场交易依然繁荣昌盛。如果确实要交战,应该克敌寡杀,不能为了求取战功而发动战争,更不能贪图私利、放纵欲望,以滥杀无辜来显示自己的威风。

"有限战争"是现代战争理论中最重要的概念之一,一般指只在一定的地区内，使用一定的武装力量进行的有限目的的战争，而避免发生大规模的战争甚至世界大战。揭子的观点与现代西方的"有限战争"理论有异曲同工之妙，但时间上早出四百多年。

2. 将领乃战争胜负之关键

俗话讲，"兵熊熊一个，将熊熊一窝"，这是对将领重要性的通俗解读。将领是军队的灵魂，在战争中他们往往担负着战局谋划、作战指挥、物资调度等事关战争全局的任务，再加上战场上的情况瞬息万变，有利的机会稍纵即逝，有许多紧急情况下不允许将领请示汇报后再行动，需要根据现实情况当机立断，即所谓"将在外，君命有所不受"，因此自古以来将领都是战争胜负的关键。

首先要善于"识将"。"有儒将，有勇将，有敢将，有巧将，有艺将。儒将智，勇将谋，敢将胆，巧将制，艺将能，兼无不神，备无不利。"（《兵经·将》）揭暄将良将分为儒将、勇将、敢将、巧将与艺将，儒将饱读诗书有智慧，勇将勇敢善战不退缩，敢将胆识过人能冲锋，巧将奇思妙想出奇兵，艺将多才多艺出经典，如果有将领能兼此五种长处于一身，那一定是一个不可多得的良将。俗话说，千里马常有，而伯乐不常有；又说，千军易得，一将难求。所以，善识良将是帝王首先要具备的素质。

其次善于"将将"。这里的"将将"，即使用将领的方法。揭暄认为"上御则掣，下抗则轻，故将以专制而成"（《兵经·任》），认为如果君主过度地干预将领的领导指挥行为，就会对将领的行为造成掣肘，从而错失战机；在这种情况下，如果将领违抗君主的命令，那么君主反而会丧失自己的尊严，所以要给战场一线将领全权处置的权利,做到用人不疑。因为"分制而异,三之则委,四之五之则扰而拂"(同上),权力一分为二就会发生意见分歧,一分为三就会互相推诿,分为四为五,就会互相干扰,达不成决定。揭暄更提出三点要求,一是"毋有监,监必相左也",不要派人监视将领,这样做只能使他们生出二心;二是"毋或观,观必妄闻也",不要时而派人去视察,实际上即使派人去视察看到的也一定不是最真实的情况;三是"毋听谗,谗非忌即间也",不要听信谗言,在耳边吹风的人不是嫉妒就是敌人的间谍。我们知道,自明朝永乐时期就形成了监军制度,参与监军的既有文臣还有宦官,这项制度本意是防止手握重兵的将领们尾大不掉威胁皇权,但实际上这些文臣和宦官拿着鸡毛当令箭,在地方上为非作歹,干扰军事,外行指挥内行,让作战行为一塌糊涂,揭暄正是由此现象得出结论,"善将将者,择人专厥任而已矣",善于驾驭将领的君主,在"识将"的基础上,关键是要充分信任他们,给他们全部的战场指挥权。

作为良将应该具体具备哪些素质呢?揭暄又从若干个方面进行了阐述。

一要灵活果断,掌握战场主动权。"故善用兵者,能变主客之形,移多寡之数,翻劳逸之机,迁厉害之势,换顺逆之状"(《兵经·转》),因此善于用兵的将领,能够改变主动与被动之局,能够改变交战双方兵力多寡,能够使我方以逸待劳,能够扭转战场态势,能够使我方转危为安,变不利为有利,牢牢把战场主动权掌握在自己手里。同时,还要有担当精神,根据战场情况临机决断,不能事事都向君主报告,"故大将在外,有不俟奏请,赠赏诛讨,相机以为进止",在紧急情况下,类似奖惩、进退等问题要果断决策。

二要智谋超群，胸怀战略战术。兵无谋不战，将领的智谋能力在战场上是十分重要的，就像揭暄所说"较器不如较艺，较艺不如较数，较数不如较形与势，较形与势不如较将之智能"，影响战争胜负固然有人员实力、武器装备、后勤补给等各种因素，但与这些因素比起来，智谋这个因素更为关键。

三要礼贤下士，善于用人驭人。打仗不能单靠将领，需要集体的力量。将领应该虚怀若谷、集思广益，"智不备于一人，谋必参诸群士"（《兵经·谋》），要充分发扬军事民主，吸取广大基层士卒的意见建议。还应该知人善用、人尽其才，"然属凡技能足给务理纷者，皆必精选厚别，俾得善其所司，而后事无不宜之人，军无不理之事"（《兵经·材》），一个人有什么样的才能就分配给他干什么工作，如此则军中所有的事都有人打理，只有懂得发挥集体的智慧和力量才是一名合格的将领。

3. 战略战术必在"活"字上下功夫

在作战指挥和战略战术方面，揭暄十分推崇"活"，强调要有灵活机动的战略战术。关于"活"字的表述是"活有数端，可以久，可以暂者，活以时也。可以进，可以退者，活于地也。可以来，可以往，则活于路。可以礴，可以转，则活于机"（《兵经·活》），意思是灵活的战略战术可以表现在时间、空间、道路、部队机动等方面。揭暄进一步提出，兵力部署首先要灵活，然后才可以进行，作战计划要充分预想可能发生的各种情况完善后再实施。除了"活"字，百字之中还有"先""左""变""巧""机"等字表达了类似的思想。综合起来，揭暄关于灵活作战的思想至少可以归结为以下几个方面。

要抓住先机，先发制人。百字之中，"先"排第一。"兵有先天、有先机、有先手、有先声。"(《兵经·先》)"先声"就是要"先声夺人",在声势上要比敌人强;"先手"就是作战时比敌人早下手,"先下手为强,后下手遭殃";"先机"就是要快一步掌握作战的时机;"先天"指不用交战就能够制止战争。无论是古代战争还是现代战争,战场情况瞬息万变的特点并没有改变,先发制人、后发制于人是不变的铁律。揭暄认为要想先发制人,就要抓住机会,"有目前即是机,转盼即非机者;有乘之即为机,失之即无机者"(《兵经·机》),机会稍纵即逝,只有抓住机会才能掌握战场上的主动权。

要知彼知己,刺探情报。情报是制胜战场的关键因素。揭暄指出,用兵作战最深奥、最微妙、最具艺术的莫过于对敌情的了解,要"听金鼓,观列阵而识才;以北诱,以利铒而识情;撼而惊之,扰而拂之而识度"(《兵经·识》),通过看敌人的列阵、佯攻、佯败等行为了解敌人的基本情况,还要通过"通""谍""侦""乡"四种方式,即通过与敌人有联系的人、间谍、侦察兵、老乡等人员打探情报。揭暄还将间谍分为"生间""死间""书间""文间"等十多种类型,说明其对用间谍的重视程度。

要因地制宜,筹措补充。兵马未动,粮草先行,粮草补给是军队赖以生存最基本的物资,《兵经》中亦有"粮"一字。"筹粮之法,大约岁计者宜屯,日计者宜流给"(《兵经·粮》),筹备粮食的方法,以年计算宜于屯田,按月计算的应该运输,按日计算的应该就地补充。当军情危急来不及吃饭的时候就吃干粮,如果连干粮都没有了,就要"因粮于敌"。揭子认为粮食是"民之天,兵之命",要采取任何办法保证粮食的供应。当然,除了粮食之外,还要注重兵员、武器装备,甚至是援兵的供应，揭暄特别指出要"与国勾之为声援，四裔勾之助攻击"(《兵经·勾》)，与四周的邻国搞好团结，使它们能出兵帮助我们打击敌人。

4. 治国治军要以"辑睦"为大较

中华民族传统的思想观念中，和谐一直受世人尊崇。老子说："人法地，地法天，法天道，道法自然。"(《道德经》)作为一部兵书，《兵经》虽传授兵法战术，却通篇蕴含着和谐的价值观念，在治国理政、建军治军等方面强调以和为贵，这是许多兵书所不能及的。

揭暄首先提出：和睦是国家安定的重要方面。"辑睦者，治安之大较，睦于国，兵鲜作；睦于境，燧无惊"(《兵经·辑》)，意即国家安宁，战事就鲜有发生；边境和睦，就没有战火的袭扰。具体到军事里，需要君臣和睦、将相和睦、将士和睦，这样才能相互信任、彼此谦让、推功揽过，共同建功立业。道理虽然好讲，做起来却不简单，连揭暄也说在治国治军当中能够做到和睦是不容易的，但又是极为重要的。

至于上下和睦的关键，主要看将领。为此，揭暄提出了在治军过程中要身先士卒、团结集体、恩威并重的原则。

在身先士卒方面，揭暄指出将领要想树立自己的威信，首先要做到"忘"："与士卒同衣服，而后忘夫边塞之风霜；与士卒同饮食，而后忘夫马上之饥渴；与士卒用登履，而后忘夫关隘之险阻；与士卒同起息，而后忘夫征战之劳苦；忧士卒之忧，伤士卒之伤，而后忘夫剑镞戟之瘢痍"(《兵经·忘》)，强调将领要与士卒同衣、同食、同战斗、同作息、同情感，而且要"事皆习而情与周"，做这些事都要出于习惯和感情，这样士卒就会与将领出生入死，"茹毒如饴也"，哪怕是喝了毒药也像吃糖一般。

在团结集体方面，揭暄指出将领要做到"结"："三军众矣，能使一人之于吾者，非徒威令之行，有以结之也"（《兵经·忘》），要想统帅三军如一人，不能只靠严厉的惩罚，还得团结他们，满足他们的要求，即"智者展之，勇者任之，有欲者遂之，不屈者植之，浅其愤悒，复其仇仇"（《兵经·结》），给智者平台，给勇者重任，满足有欲望者的欲望，帮受迫害者报仇等等，其主要思想是团结人的方法要因人而异、因事而异。

在恩威并重方面，揭暄指出将领要做到"勒"：驾驭马一定要用带嚼子的马笼头，治理军队一定要有强制性的法令。在这个前提下，只有对部下实施重赏，才能进行惩罚，这样的惩罚过后才能树立威严。他举例说，犯法了就不能宽容，止就要像山岳一样巍然不动，说动就要像山崩一样迅疾，这样一定能够战必胜、攻必克。揭暄还特别指出："决不以濡忍为恩，使士轻其法，致贻丧败也"（《兵经·勒》），将帅决不能以姑息迁就当作对下属的恩惠，从而使他们漠视法纪，以致留下失败的隐患。

除此之外，将领还要体恤士兵，关心士卒的冷暖疾苦，看到战士们身上的疮伤就像长在自己身上一样难受，对犯罪的人被处斩行刑而于心不忍，"诚若是岂惟三军之士，应麾而转，将天下皆望羽至矣"，如果这些都能做到，不仅全军将士都听令景从，而且天下所有人都愿意归顺。

《兵经》自问世以来就被称为"奇人异书"，却由于历史原因一直以来在古代兵学著作中声名不显，与《孙子兵法》不可同日而语。然而，历史的尘埃终究难掩其光辉，人们已经越来越注重对《兵经》及揭暄其他著作的研究，尘封 300 余年之久的兵学名篇将会逐渐放射出耀眼的思想光芒。

三十五
《洴澼百金方》

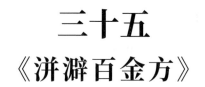

【其书其人】

1. 汇辑评论历代战略防御的兵书

《洴澼百金方》是清代军事著作,属于汇辑评论历代战略防御的兵书,14卷,约14万字,各种兵器、攻防器械、火炮战船等图175幅。该书旧题惠麓酒民编,实际上源于《金汤十二筹》,也吸收了其他城守兵书的内容,事例多取材于《左传》《周礼》《二十一史》中有关备御之策,针对时弊,分类辑述中国历代的战略防御思想和作战原则、作战方法。虽然不属于原创性兵书,但专门汇辑历代有关战略防御问题的思想观点和经验教训,集同类兵书之精华,在中国古代军事思想发展史上仍具有独特价值。

2. "幼好兵家者言"的隐士

《洴澼百金方》的作者扑朔迷离。旧题惠麓酒民编,一说无锡袁宫桂编,一说吴宫桂编。"惠麓"当为"惠山",即今无锡惠山。"酒民"为其自称。经查《广印人传·清朝书画家笔录》,袁宫桂,无锡人,乾隆年间的诸生,即曾经考取秀才入学的生员,精于小篆,尤工汉隶,能镌刻雕印,刀法苍劲,有诗钞及印谱传世。一生并无军旅之事,更无武学嗜好,以善于镌刻而留名于世。据此推断,他应当只是《洴澼百金方》的刻印者,而非饱读兵书的汇辑者。至于"吴宫桂",与"袁宫桂"仅一字之差,当为刻印之误,实为一人。"惠麓酒民",当为清初无锡的一位隐士。以"酒民"自称，而不署以真名，有专家推论"因喝酒成癖，所以自称惠麓酒民"。

仔细推敲，此推论欠妥。从《洴澼百金方·自序》中可知，此人虽生于山野，贫病交加，但是"幼好兵家者言"，对历代兵书有较深的研究，非常推崇《孙子》，"以为'七书'虽多，十三篇尽之矣。及读诸家之说，大抵夸多斗靡，而精蕴或寡，非揣摩之书也。后于友人处借得抄本'城守书'二种，至简至明，而可施诸实用者，乃略为删节，合而编之为一十四卷，名曰：《洴澼百金方》。"经查对，这里所说的"城守书"主要是指李盘的《金汤借箸十二筹》，《洴澼百金方》从篇目到内容，除稍有增删外，与之基本相同。在此基础上，还增收了另一种《城守书》的一些内容。因《金汤借箸十二筹》中有明显的反清倾向，在清代被列为禁书。清乾隆年间，大规模的查办禁书运动达到顶峰，从乾隆三十九年（公元1774年）发起，直至五十八年（公元1793年），共进行了20年。《洴澼百金方》既以《金汤借箸十二筹》为蓝本，又逢禁书高潮，编者自然不敢署真实姓名，故只得以"酒民"自称。

因《洴澼百金方》辑录了《金汤借箸十二筹》大部分内容，所以有人认为《洴澼百金方》其实是《金汤借箸十二筹》的翻版，实为同一本书。其实不然。两书相比之下，《洴澼百金方》编制体例更趋完备、系统，有较强的逻辑性。全书有"总序"，起提纲挈领的作用，阐述编辑宗旨和各篇功用。每篇前有小序，是各篇的题解，阐述本篇中心思想，如"预备"小序指出该篇的中心思想是"备预不虞"，"有备无患"。在一些子篇前还有"总论"和"总引"，总论是对某个问题进行理论阐述，"总引"则对某个专题进行归纳概括。在篇名、小序之后又分列数条标题，标题之下辑录有关历代战例、将帅事迹等历史资料，作为论据，以说明编者的观点和主张。

作者将这部兵书取名《洴澼百金方》颇有深意。"洴澼"典出《庄子·逍遥游》："宋人有善为不龟手之药者，世世以洴澼絖为事。"说的是某人偶见宋国有常年从事漂洗絖的人，手却从来没有过冻裂之伤，问后才知道是使用了一种药剂。于是此人以百金购得制作秘方，并献给了吴王。吴王把这种药剂，配备在了军队里，当军用品使用。因为有了这种防治冻裂的药，解决因冻裂无法战斗的问题提高了军队的整体战力。在一个寒冬之季，吴王一举打败了世仇越国。于是"洴澼"就有了和军事谋略有关的隐义。取名《洴澼百金方》，意味着这部兵书是国家进行军事防御的灵丹妙方。

【思想精要】

《洴澼百金方》最初为清乾隆年间由福大将军衙署内部印行兵书，书名页镌"仅印一百部"和"此书止传官常望得者万分珍藏勿泄"字样，存世量极为稀少，为清代的"高级内参"，此前仅以抄本流传，故存世甚少，经查国内各大图书馆均无藏。全书共分预备、积贮、选练、制器、清野、险要、方略等十四卷，汇集历代战略防御之法。该书虽是汇辑评论性兵书，但从总序、小序、总论、总引、评论及各个层次的标题中，仍可反映出编者的军事思想。

1. 安不忘危，盛必虑衰

编者所论战略防御的核心是防患于未然、以民为本。认为即使太平之世，也应做到"安不忘危，盛必虑衰""有备无患"；备战御敌应以"固结民心"为制胜根本之策。这些观点，多见之于对历史上防御战例得失的评论之中。

如第一卷《平时宜备》中辑录了《战国策·赵策》中智伯伐赵的案例。春秋末期晋国国君手下的六卿之一智伯欲振兴晋国，便替国君向韩赵魏三家各索要万户的土地，韩魏不敢不从，只有赵襄子拒绝了智伯，智伯便以国君的名义阴结韩、魏，将以讨伐赵襄子。赵襄子召见他的大臣张孟谈说："知伯为人，表面亲热，背后却疏远，他三次派人和韩、魏联系，而跟我毫不通气，看样子他转向我们进攻，是毫无问题的了。现在我可怎么对付呢？"张孟谈建议坚守晋阳，因为先王在世时曾命董安于治理晋阳，轻徭薄赋，政教犹存，人心最可依赖！于是，赵襄子选择晋阳作为自己抗击联军的根据地。到达晋阳之后，赵襄子巡视了城防，查验了府库，检查了粮仓，然后召见张孟谈，说："我们的城郭已很完善，府库也很充足，粮食也很富裕，就是没有箭，可怎么办呢？"张孟谈说："我听说董安于治理晋阳时，官署的垣墙都是用萩蒿、楛、牡荆加固了的，高达丈余，您可以把它们取出来用啊！"于是把它们都取了出来，真是很坚实，连最好的箭杆材料也超不过它们。赵襄子说："箭足够了，我还缺少铜，可怎么办？"张孟谈说："我听说董安于治理晋阳时，官署室内都用炼铜做柱子的基础，您就取出它们来用，用也用不完。"赵襄子说："好。"号令已经发出，防御的器具已经齐备，赵、韩、魏三家的大军已逼近晋阳城，于是和他们开战。三家联军攻了三个月，也没有攻下晋阳城。

针对这一战例，编者评论说："寓矢于墙，寓兵于柱，深心而托之于无心，实用而藏之于不用。"指出，晋阳防御之战的成功，关键在预先战备，寓军于民，平战结合。可贵的是，编者不仅强调物资准备，更看重思想准备。编者不仅在这一案例中突出了张孟谈之所建议坚守晋阳的理由,而且在其他章节中也强调政治上要施恩于民,得到民众的拥护。即使贯彻国家法令,也要"先体民情,后尽王法"。

2. 训兵六章,为练兵之首务

编者总结历史教训,认为军事安全防务重在于精心选拔将士和严格训练部队,建设和保持一支精干的常备军事力量。所以,第三卷专论"选练",并在篇首的"总引"中就明确提出:"训兵六章字字激切,当为练兵之首务。"所谓"训兵六章"就是对官兵能力和品德的六项要求:忠爱、敢战、守法、勤习、敦睦、信义。无论挑选官兵,还是训练官兵,都务必以这六章为标准,以其具体细则为基本教材。为便于操作,编者辑录了孙子、吴起等历代兵家在选兵练兵问题上的经典名言,主张建立土兵、乡兵、民壮等组织,实行兵民联防,提出选兵固然要精选身材伟岸、力大超凡、武艺高强、聪明伶俐的人,但"选兵者必以胆为主"。而练胆之术在于"信赏必罚,罚为尤重"。强调要收揽储存各种军事人才,诸如卧彪、捕盗、突将等。书中还分类辑录了多种射箭法、格斗法、校阅法等,其中不乏古代文武名人的训练方法。如"范仲淹大阅州兵",记载范仲淹走马上任延州后采取了一系列的恩信措施,怀来羌汉民众,尤其是改革边防旧制,严明赏罚。宋制规定:"总管领万人,钤辖领五千人,都监领三千"。若遇贼兵来寇略,则由官职低者先迎战。范仲淹认为这种旧制不分贼兵众寡,"将不择人,以官为先后,取败之道也",极不合理。于是"大阅州兵,得万八千人,分为六,各将三千人,分部教之,量贼众寡,使更出御贼。"即改革军队编制和作战方案,实行"将兵法",将州兵分为六将,每将率领三千人,视贼寇多寡轮番御敌,由此改变了北宋"将不知兵，兵不知将"的局面，既可提高官兵作战的积极性，也可降低不必要的牺牲。

3. 以战代守，以击解围

《洴澼百金方》各卷的评论中都或多或少反映了编者在防御战略战术上的思想为主张，尤以第七卷《方略》和第十四卷《制胜》较为丰富。编者认为，"制胜之策以固结民心为首"。为支撑这一观点，他辑录了一系列古代案例，诸如赵简子守晋阳、李光弼抚常山、张巡誓死、李政散财、杨烈妇重赏等，从不同角度说明如何团结民心。在战略战术上，既反对废除古法，又反对拘泥古法，认为"人无同病，病无同方"，要根据实际情况决定战法，"因形用权"，灵活用兵；阐述了攻守"三道"即正道、奇道、伏道，认为兵出于正道，胜败未可知，出于奇道，十出而五胜，出于伏道，十出而十胜，奇、正、伏三者要配合运用。还提出了"天降"（下云梯出击）"地出"（从地道出击）"近冲""远击"四种具体战法。提出南北地理环境不同，用兵方法有别，东南之地，守江重于守城，水战急于陆战，当以防江为战守之要策，强调"扼险者胜，恃险者亡"；反对消极防御，提出"以战为守"，"以战代守，以击解围"，"善守如环，使敌无间可入"的作战原则，体现了积极防御的思想元素。

4. 积贮为天下之大命，利兵为攻守之至要

孙子曰："军无辎重则亡，无粮食则亡，无委积则亡。"编者继承了孙子这一思想，第二卷名为"积贮"，专门辑录有关后勤保障方面的战史案例和思想言论，从多方面提出了军事后勤保障的思想主张。

首先，他认为，"城守莫要于积粮，积粮莫便于自积"，指出"积贮为天下之大命"，金城汤池，带甲百万，无粟不可守。

非常重视粮食储备，尤其是平时自身储备，才能在城防作战中避免对敌方切断粮道，而"自积"并非花钱采购粮食，而是来自于平时的农业生产。因此，他主张屯田生产，奖励农耕，"官督私藏""藏富于民"。

其次，重视积贮的同时，编者还高度重视武器装备建设。卷四"制器"专门辑录各种兵器制造、性能和使用方法。他指出："兵不完利，与空手同。甲不坚密，与袒裼同。弩不可以及远，与短兵同。射不能中，与亡矢同。中不能入，与亡镞同。"认为器械不锋利，等于让士卒空手去作战；盔甲不坚固，等于让士卒面向敌人袒露胸膛；弓弩射程不远，与短兵器差不多，让士卒拿着这样的兵器去作战是白白送死，等于"以卒与敌"。因此，必须掌握各种冷热兵器、火药的构造、用料和制造方法，做到兵精器良。

再次，编者还关注战场建设，重视各种攻防工事的建设和地形地物的利用，编者提出"坚壁清野"以困敌，在预设战场内不给敌人留下任何吃喝住用之物，以逼敌不战自退。提出对战场内的险要地形，只可充分利用它，不可完全依赖它。另外，还总结归纳了一些防御中带有规律性的东西，如火攻"七戒"、攻城"七乘"、设"四备"和"十三忌"等。

《洴澼百金方》尽管是由增删前人兵书而成，但它篇幅较大，尤其是对大量史料进行分类排纂后，加以评述，总结了历史教训，具有一定的史料价值和学术价值。

三十六
《海国图志》

【其书其人】

1. 中国认知海外世界的第一书

《海国图志》是魏源以英译著作《四州志》为底本而编著的世界史地著作。在《四州志》的已有基础上，作者经过数次增补和编修，最终形成《海国图志》的蓝本。《海国图志》内容厚重、思想丰富，图书出版后，对洋务派、维新派，以及当时国内及后世史学家产生了长远影响，推进了世界地理历史、西北地理、元史和中国海防的研究，特别是它对清末的改良维新派进行了初步思想启蒙，深刻影响了中国近代思想史和史学史的进程。

在国际上，它也具有相当的影响力和历史地位。日本人数次对此书进行辗转翻刻，促进了它的广泛传播；英国人威妥玛曾将其日本部分译成英文，刊发于《中国丛报》，向西方介绍东方世界；德国传教士郭士立也对该书作了选译，为西方研究者提供了参考。中外学者对这部图书给予了高度评价，清代张之洞评价："《海国图志》是为中国知西政之始"，日本盐谷世弘称赞："(《海国图志》) 名为地志，其实武备大典"（《翻刻海国图志序》）。

2. 首倡"师夷长技以制夷"之人

魏源，字默深，祖籍湖南邵阳，清朝道光年间进士，累官至高邮知州。魏源和龚自珍一样，是今文学派的代表，主张"通经致用"，学习经典、服务现实。1840年，鸦片战争爆发，中国历史开启近代篇章，魏源时任两江总督裕谦幕僚，参加了浙东一系列抗击英国殖民者的战役。鸦片战争后，林则徐遭到革职贬谪，为继续坚持抗英斗争，让世人了解对手，将亲自对译文进行过修改润色的《四州志》书稿以及世界各主要军事强国的文献资料交付魏源，嘱托其对《四州志》进行充实修改，编撰《海国图志》。《四州志》全书九万余字，主要内容是对世界各国历史、地理和政治情况进行概要综述。魏源接受嘱托后，以《四州志》书稿及林则徐所交付材料为基础，又广泛搜罗中国及外国的相关著作，经过增补整理等一系列努力，在道光二十二年（公元1842年）十二月将《海国图志》编撰成书，全书50卷。

魏源在《海国图志》一书的序中明确提出："师夷长技以制夷"。由此可知，魏源在中国近代史上第一次明确提出了向西方学习的思想和口号，给闭塞已久的中国人以全新的近代世界概念。因而，《海国图志》也被誉为"中国人认知海外的第一书"。公元1847年，魏源又将《海国图志》增补为60卷本，刊于扬州；到1852年又扩充为百卷本。

魏源不仅是清代的军事思想家，还是著名史学家、文学家，他一生著作等身，在鸦片战争便著有《书古微》《诗古微》《默觚》《老子本义》等，鸦片战争后又著有《圣武记》《道光洋艘征抚记》《元史新编》等。此外，他还与江苏布政使贺长龄一起编纂了《皇朝经世文编》。

【思想精要】

1. 广征博引，囊括中外的理论构建思路

为编纂《海国图志》，魏源广泛参考征引古今中外文献资

料，涉及范围广、数量多，除《四州志》以外，还有《汉书》《隋书》《元史》《明史》等历代史志，以及明代以来的海岛志如《海岛逸志》《岛夷志略》等，外国人著作如英国人马礼逊《外国史略》，葡萄牙人马吉斯《地理备考》，美国人高理文《美理哥国志略》等，作者还亲自提审英国俘虏，向其询问英国地理历史、军事政治情况，将审问笔录写成如《英吉利小记》等文章，汇入《海国图志》。

《海国图志》虽然以《四州志》为底本，但内容较后者大为增加，共五十卷，五十七万字，是《四州志》内容的五倍多，思想容量更为厚重。除文字外，书中还收录地图二十三幅，洋炮图式八页。在第一版五十卷本发行后，魏源又对书稿加以增补，扩展为六十卷本，于公元 1847 年重新在扬州刊行。新刊行的版本增加了西南洋、希腊等四个国家，五印度沿革总考，欧洲总沿革，中国西洋历法异同表，中国西洋纪年通表等内容。

在五十卷本西洋技艺附录一卷的基础上，新刊行的六十卷本增加为八卷，内容也由原来的只介绍洋炮，而变为增加了火轮船、地雷、水雷、望远镜等西洋器艺制造使用方法。以六十卷本为基础，作者又在此后数十年中继续对书稿进行补充增加，还亲赴澳门、香港等地现地游历访学，终于竭毕生之力，编成一百卷本《海国图志》，于公元 1852 年刊行。

一百卷本《海国图志》约八十八万字，另有各式地图七十五幅，西洋船炮器艺图式七十五页，并增加补录了地球天文合论、国地总论等九卷内容，各卷中新增了许多文献资料，如地志部分扩展为六十六卷，西洋技艺部分扩展为十二卷。

2. 师夷长技，以夷制夷的战略指导思想

《海国图志》表面上看，是对世界各国地理，历史，经济，

政治军事科技，宗教文化等进行记述的。世界史地著作，其实则是一部有关军事地理的军事政治著作，具有较强的政治性，创作目的是"为以夷攻夷而作，为以夷款夷而作，为师夷长技以制夷而作"，旨在解决现实问题，挽救清王朝的政治军事危机。对于历史地理知识和西方科学技术的介绍，只是图书的外在形式和叙事手段。抵御外物发愤图强，才是这本书创作的真实目的。介绍史地知识、科学技术只是手段，御侮图强才是目的。"师夷长技以制夷"，是贯穿全书的最主要思想。从选材到内容安排，都紧紧围绕这一思想展开，其间充满了强烈的反对外敌侵略的自觉意识。魏源以介绍夷情为切入点展开全书的论述，以"师夷"为手段，以"制夷"为目的，提出"欲制外夷者，必先悉夷情始"，"同一御敌，而知其形与不知其形，利害相百焉；同一款敌，而知其情与不知其情，利害相百焉"。通过对鸦片战争的分析回顾，作者对中国与西方各自的优势与劣势进行了比较分析。得出要抵制西方的侵略，必须要首先向西方学习先进的军事技术。魏源提出，对于以"洋艘洋炮"为"长技"的西方侵略者，我方既不能畏敌如虎，也不能轻敌冒进，而应当对西方侵略者展开有理有利的斗争，"力持鸦片之禁，关其口，夺其气"，阻止清政府的白银外流，将结余的财政收入用来"购洋炮洋艘，练水战火战之用，尽收外国之羽翼为中国之羽翼，尽转外国之长技为中国之长技"。

3. 筹海为先，固内御外的海防建设思想

《海国图志》可谓是一部海防大全。清朝一向重视"骑射军事"，忽视海防，重内轻外、重陆轻海的思想在清朝统治者的头脑中长期占据主导地位。鸦片战争的失利，使有识之士对于海防的重要性开始有了明确认识，魏源更是明确提出："海防切

肤之灾也，乌得不议，而乌得不急？"《海国图志》中，《筹海篇》被置于全书之首，由此可见作者对于海防建设的重视。

《海国图志》的海防思想主要包括"固内守"和"御外敌"两个方面的内容。"固内守"即在防守中"守外洋不如守海口，守海口不如守内河"，作者认为对付西方侵略者的关键是利用军事地形使敌人暴露弱点，失其所长。西方侵略者的优势在于外海，而劣势在于内河，守内河是发扬我方之优长，克服敌方之优势的有效手段。在内河，我方地形熟悉，人力充足，群众的土枪土炮也可以发挥作战威力，官方的水师和陆师更是便于互相支援作战。在内河交战，我方既可诱敌深入，坚壁清野以待敌人困弊，又可采取四面埋伏、水陆加击的战法主动歼敌。魏源还提出了"守远不若守近，守多不若守约，守正不若守奇，守阔不若守狭，守深不若守浅"的作战原则。"御外敌"即在进攻中建立"可以驶楼船海外，可以战洋夷于海中"的强大水师，实施战略进攻。作者认为，西方列强由于船坚炮利，拥有强大的海上力量，"即使歼其内河诸艇，而其功不可屡邀，狡夷亦不肯更误。且夷贪恋中国市埠之利，亦断不肯即如安南、日本之绝交不往，此后则非海战不可"。作者认为中国的水军必须具备与西方列强相互抗衡的实力。应当说，魏源这种建立强大海军的构想是具有远见卓识的，它反映了中国军队迈向近代化的必然趋势。

4. 军民团结，一体战斗的全民作战思想

依靠人民抵御外侮，是《海国图志》的又一重要军事思想。通过沿海人民反抗外国侵略者的事实，作者看到了人民群众的巨大力量，提出利用群众力量打击侵略者的主张。作者指出，"调客兵不如练土兵，调水师不如练水勇""挑选土著之利有三：

一曰服水土；二曰熟道路；三曰顾身家"，并进一步指出"广东岸上力作之人与水中渔贩之人，其技勇皆欧罗巴人所不及，若挑练此等人为兵卒可谓一等勇壮之兵"。魏源还提出裁减水师员额，由本地人充任，"取诸沿海渔户枭徒者十之八，取诸水师旧营者十之二，尽裁并水师之虚粮冗粮，以为募养精兵之费"。作者将参加抵抗外国侵略者的群众称为"义民""义兵"，对这些群众大加赞赏；对于那些仇视、害怕人民力量，污蔑人民为汉奸的投降派无耻言论，作者予以坚决反驳："若谓闽粤民兵虽可用，而多通外夷"，则"何以广东之斩夷酋、捐战船者皆义民？两禽夷舶于台湾、火攻夷船于南澳者亦义民"。魏源以三元里人民抗英斗争为具体事例，说明了群众战争的伟力："三元里之战，以区区义兵，围夷酋，斩夷帅，歼夷兵，以款后开网纵之而逸，孰谓我兵陆战之不如夷者？"《海国图志》还提出在海防斗争中发动群众作战的思想。魏源认为，清朝所面临的海上敌手和明代倭寇大不相同，因此他提出与明代郑若曾等人不同的群众海防思想，认为西方侵略者具有海上作战的装备和战法优势，清军必须避实击虚，才能战胜敌人。作者提出要采取类似游击战的战术，选择有利地形，坚壁清野，扼守内河，选练精兵，备好火攻，诱敌深入，埋伏奇兵，而后利用"兵炮地雷，水陆埋伏"，对侵略者进行打击，"如设阱以待虎，设罾以待鱼"，必能制敌于死地。

5. 心灵胆壮，技精械利的治军训练思想

作者认为兵员数量不在于多，而在于精，清朝的八旗精兵，在长期养尊处优的生活中丧失了战斗意志和战斗力，因而在对外作战中屡战屡败，无力保卫国家。基于此，应当建立一支强大的常备军，使兵众"心灵，胆壮，技精，械利，且将士一心，臂指呼应，临时方足以出奇制胜"。"心灵"即要求兵士思想素质过硬，上下同心同德。作者通过鸦片战争的战场总结得出结论：单纯依靠武器而不对部队进行思想上的教育，必然无法在战场上取胜。"胆壮"是对士兵心理素质提出的要求，"胆"是指战斗中英勇无畏的精神，培养军队的胆量必须选择身体强壮、武艺超群的士兵。"技精"是对兵士战术技术素养的要求。一是在具体战斗中要有灵活多样的战术战法，二是要有出色的单兵个人技术。"械利"是对军队武器装备提出的要求。要学习西方的战舰、火炮等先进武器装备制造技术，用先进武器武装部队。在《海国图志》中，作者图文并茂地对西方各种战舰、枪支、炮弹、火药、水雷等武器的结构和制作工艺进行了介绍，希望将这些先进武器拿来为我方所用，在战场上取得胜利。

《海国图志》在中国思想史和历史学中具有重要地位，其出版对洋务运动、维新变法起到了思想先导作用。诚然，此书也存在着自身的历史局限性，如书中内容多为编集他人著述而来，对于原文中的错讹之处少有补证。在学习外国先进军事制度方面有所不足，只注重学习外国的先进装备和操练之法。书中还残留着封建思想，缺少改变旧制度的自觉意识。

三十七
《乾坤大略》

【其书其人】

1. 推求古今帝王得失之机的战略著作

《乾坤大略》是清代一部论述从起兵作战到夺取天下战略问题的军事思想著作,其中不乏先进的军事观念。全书共十卷(另有补遗一卷)约5万字,重点论述了从起兵发难到胜战立国全过程的十大战略问题,即:"兵起先知所向""兵进必有其奇道""初起之兵遇敌以决战为上"等等。在说理的同时,作者还择取了明代之前180余条典型案例对所论之理加以说明,使著作史论结合、有理有据。作者在援引案例时绝非简单罗列,而是注重案例与主题的内在关联,紧紧围绕主题以事明理、含理于事。总之,这部吸收了古代优秀的军事思想,注重规律阐发和理论应用,分析总结了军事学中带有普遍意义的一些重大问题,其中有些思想至今尚有借鉴价值。

2. 专论"王霸大略"的王余佑

王余佑,字介祺,一字申之,号五公山人,《乾坤大略自序》自称献县人(今河北献县),一说为直隶新城(今河北新城)人。年少时师从孙奇逢学习军事知识,并从师征战,于明崇祯十七年(公元1644年)起兵与李自成农民军作战。清军入关、明朝灭亡后,他又追随孙奇逢隐居易州(今河北易县),在五公山聚众讲授性命之学,其自号五公山人即源于此。虽然远离世事,隐居一隅,但他"性不平,好武健,雅不欲以腐木烂草掷此生平,虽巢栖薇茹,时一室叫跳,辄觉须眉如刀槊。故独慕陈同甫之好谈霸王大略"(《乾坤大略总序》)。除《乾坤大略》外,还著有《居诸编》《兵民经略图》《八阵图》《万胜车图说》等。

【思想精要】

有清一代内忧外患不断,当时的军队一方面要抵御外敌入侵,另一方面要镇压农民起义战争,战争规模不断扩大,军事实践对军事理论提出了迫切的现实需求。在这样的历史背景下,中国古代兵学研究进入了又一个繁盛期。同时,武器装备的改进也直接推动了这一时期军事思想的发展,这一时期冷热兵器开始并用,一些从国外引进的先进武器开始用于作战,军队的装备不断更新改进,军种间的分工越来越细,出现了炮兵、工兵等专业兵种。《乾坤大略》正是在这样的背景下产生的,其书专论战略而不及战术,诚如作者王余佑在《乾坤大略跋》中所言,此书"非谈兵也,谈略也",主要目的是"熟览天下大势,推求古今帝王得失之机"。作者并未跟随当时学界研究具体战术的潮流,而是独辟蹊径,从战略的高度来思考军事问题,将战略作为研究的重点和重心。

1. 审时度势,先知所向

作者十分重视"兵起先知所向",即起兵时战略方向的选定。是否能够确定正确的战略方向,是兵马初起时成功与否的决定因素。作者认为战争的发展瞬息万变,成败系于一念之间,战略方向上的犹豫和模糊,是任何战术优势都无法弥补的。作者进一步强调"霸王大业,此为首矣",也就是说战略方向的正确性是成就雄图霸业的首要问题。在具体的选择方法方面,作者指出"所向又以敌之强弱为准","敌人弱小,有时可直冲其腹心;敌人强大,则必须首先剪除其枝叶"。一旦方向明确了,则首先要"进取""疾速",因为"兵贵进取,贵疾速。进取则势张,疾速则机得",以快速行动不断进攻敌人,使敌人猝不及防,受到震慑。其次要向敌虚处用兵,"乘势而趋利",乘敌"营阵未立"先发制人,以凌厉的攻击赢得战场主动权。初起之兵最宜在与敌人的关键战斗中进行决战,"不得已而与敌遇,非战无以却之。盖兵即深入,则敌必并力倾国以图蹂荡我,恐我声势之成,此而不猛战疾斗,一为所乘,鱼散鸟惊,无可救矣。诚能出其不意,一战以挫其锐,则敌众丧胆,我军气倍,志定威立,而后可攻取以图敌"。如果战斗行动不果断,则易为敌所乘,造成军队锐气受挫,士兵涣散失律,此即古人所谓"一战而定天下"。

2. 奇正兼用,奇道制胜

作者认为刚刚兴起的兵众因为缺少训练和实战经验,加之兵力相对弱小,因而不能与敌人进行正面的堂堂之阵的较量,而应当出奇制胜,以伏击、游击为主要作战方式,并在作战中不断总结经验,通过实战锻炼官兵素质,强化部队战斗力,将小胜积为大胜,从而达到"用寡以覆众,因弱而为强"的目标。作者指出,战场形势复杂多变,古人所讲的百战不殆、百战奇法,只是总言战场态势变化之多,而真实战场态势变化远不止此。然而,无论哪一处战争,善于出奇都是取胜的关键一招。作者进一步认为,作战时"不得奇道以佐之则不能取胜","一阵有一阵之奇道,天下有天下之奇道,即有时正可以为奇,奇亦可为正","夫兵进而不识奇道者,愚主也,黯将也"。

3. 积极攻防，蓄力俟战

作者指出，要善于攻击敌人的要害，为部队前进打开通道。"要害之地，我不得此，则进退不能如意，而形相制，势相禁"。如果重要地先被敌人占领，则我方必然处于劣势，敌人恃险出击，"霍然如探喉骨而拨胸块也"（《卷六自序》）。在古代的战争中不乏"军既全胜，而一城扼险，制吾首尾，几覆大业者"。在防守时，要坚固对战争成败具有最终决定作用的要地的防守。"能取非难，取而能守之为难"，作者列举了项羽放弃敖仓防守和关中要地，最终使汉军得以据要取胜的战例，以及陈豨未能据守邯郸而是防守漳水，董卓不能据守长安而是防守洛阳，最后都导致失败的例子。攻守既定，就要积极备战，多方综合入手，持续增强军队力量，在敌我双方力量发生质变之前，避免贸然与敌决战。因为盲目决战，取胜的机会很少，指望侥幸取胜，往往是自取灭亡，与强敌正面冲突，更是愚不可及的战法。

4. 胜敌益强，强基固本

作者认为，一旦战场上取胜，便要及时扩大战果，乘胜略地，招降敌方军民，而无需继续劳师远征。招降必须以军事上的胜利作为基础，在对敌人形成了强大威慑力的前提下方可运用，否则敌人是不会甘心投降归顺的，此即作者所谓"胜则人慑吾威，而庇吾势，利害迫于前，祸福怵其心，故说易行而从者顺"。

在国防建设的总体设计上，作者提出一系列主张。一是强调要有正确的战略和长远的规划，善于创造新的制度、改良旧的方法。二是要屯田养兵，减轻人民的负担，解决军队的粮饷供应。三是注重军官在军队建设中的突出地位和重要作用，因为战争胜负并不取决武器装备的强弱，人的作用才是决定战争胜负的最终因素，特别是军队指挥官的综合素质和能力对于战争胜负拥有不可小视的影响力，一支军队的硬件条件再好，最终也要靠人去发挥。

《乾坤大略》为评价历代兵家用兵得失之作，其体例纲目明晰，前后贯通。作为论述兵略的类书，它区分不同的主题，辑录大量的军事史料，在行文中目的明确，即舍弃军事上的具体问题，重点探求具有战略意义的军事方略，此其所以冠以"乾坤大略"之名。作为研究扭转乾坤的战略问题的兵家通鉴，该书对后世产生了重要而深远的影响。

三十八
《今兵利弊》

【其书其人】

1. 分析当世军事利弊得失的专著

《今兵利弊》,清代郑曰敬著,顾名思义,是一部分析当世军事利弊得失的兵书。该书分上下篇,约6000字。作者以兵法理论为指导,紧密结合外国侵略者和清朝军队的实际,分析了敌我双方的利弊,最后提出了"利在我,而不在彼"的重要论断,这在当时对于鼓舞全国人民抗击帝国主义侵略的信心,有着积极的进步作用。针对清朝军队存在的弊端,作者提出"痛除积弊"的主张,希望加强改革,建设强大的军队以驱除外国侵略者。

2. 反对列强侵略的先驱

郑曰敬,字德舆,号蕉园,湖南长沙人,生卒年月不详,大致生活在光绪年间,是一位有着爱国之心的文人,具有反侵略的思想,著作有《九溪文集》。1900年,八国联军入侵中国,国难当头,朝臣误国,郑曰敬痛心疾首,愤而研读古今兵法,探讨天下大势,遂作《今兵利弊》以谋求救国存亡之道。他写道:"慨彼族之披狂,痛我军之废弛,发愤感激,著为此编",希望能因利革弊,复振中国兵威,赶走帝国主义列强。《今兵利弊》现存有清刊本。

【思想精要】

《今兵利弊》虽然是分析当时军事利弊得失的兵书,但其所列出的 12 条"利"及 10 条"弊"则蕴含了战争观、战略战术、军事训练、军队建设、军事外交、内部关系、后勤保障等方面的军事思想,其中许多观点仍然适用于新形势下军事斗争格局。此外,采取列清单的方式方法分析形势、辅助决策,这种科学方法本身亦值得管理者和决策者学习借鉴。

1. 切莫只看彼长,不见彼短

作者在上篇从 12 个方面分析了当时军事对我有利的条件:①敌人为不义之师,正义在我方,人心在我方;②我为主,敌为客;③我众敌寡;④敌人远离本土,供应困难,而我供应方便;⑤敌人劳师袭远,疲惫不堪,而我以逸待劳,以饱待饥;⑥敌国之间素有矛盾,我们属一国,万众一心,还可以利用敌国矛盾,以夷制夷;⑦敌人虽然武器装备好,但我们更熟悉地形,可充分利用沟壑制敌;⑧敌人长于枪炮,短于击技,我则长于击技,闯入敌营,短兵相接;⑨敌人图我,鞭长莫及,只能依据沿海几个"近窝";⑩敌人老巢越南、缅甸等是我旧属,苦于敌人苛法,我可一举攻下;⑪敌人运兵转饷全凭几条运道,我则可以断敌运路,敌便不战自溃;⑫我可采用坚壁清野之法,使敌饥无所食,渴无水,烧无煤,使其困死。

在的分析 12 条有利条件的字里行间至少包含以下三种观点:

一是正义战争必胜。战争是为了一定政治、经济目的而发动的武装斗争,人们一般将带有自卫性质或民族解放性质的战争称为正义战争,把带有侵略性质的战争称为非正义战争。清末时期,西方列强入侵我国,烧杀抢掠、无恶不作,极大地损害了我国主权,以致"普天共愤,率土同仇",这样的战争无疑是非正义战争。因此正义在我方,人心在我方,正义一定胜利,敌人一定失败。

二是重视军事外交。中国古代兵法对军事外交的重要性已有诸多论述,比如《孙子兵法》认为"上兵伐谋,其次伐交,其次伐兵,其下攻城",又如"自古论兵贵伐交,出奇左掖捣奴巢"。历史上苏秦张仪连横合纵、诸葛亮舌战群儒等家喻户晓的故事正是军事外交家纵横捭阖的典范。所谓"伐交",就是指破坏敌方与其他方面的联合。《今兵利弊》中第6、第10条"利"处都蕴含了这种思想,指出敌国"外修和好,内怀猜疑",可以离间他们,以夷制夷。

三是要有灵活机动的战略战术。掌握战争主动权是克敌制胜的法宝,其实现途径是在战场上发扬实事求是精神,以灵活机动的战略战术"致人而不致于人"。郑曰敬在分析清朝军队面临的12条"利"时,其中第5条提出我"以逸待劳"应对敌"劳师袭远",第8条提出用"短兵相接"应对敌"长于枪炮,短于击技",第12条提出用"坚壁清野"的方法使敌"饥无所食、渴无所得水"等等,这些都是根据实际情况而应该采取的灵活机动的战略战术。

面对外敌侵略,清末一些人只见外敌长处,不见外敌短处,认为己方处处不如人。郑曰敬认为这样只会导致"兵未交而气先阻",并通过12条"利"得出"利在我而不在彼"的结论,这在当时具有相当的进步性,在历代兵法著作中也可谓独树一帜。

2. 有弊不改,则其利尽失

郑曰敬既鼓士气,也不忘敲警钟。他在下篇又客观分析了当时军事我方存在的 10 个弊端：

① 无军政之弊，"今日统兵之官，习于玩愒（kai，四声），法令等于具文，操演成为故事"；② 无兵权之弊，"事权不一，意见各殊，营官更迷所趋向，固不待遇敌已先有自败矣"；③ 无将才之弊，"今日选将之道不讲，故将多非其任"，"多年老衰迈之人"；④ 无训练之弊，"今日之兵，无事则裁撤，有事则招募，往往不经训练，即赴沙场"；⑤ 无恩义之弊，克扣军饷，不恤兵情；⑥ 无赏罚之弊；⑦ 无谋略之弊，不重视侦察，不勤于咨询，敌人来了束手无策；⑧ 无胆气之弊，贪生怕死，临阵退缩；⑨ 无侦探之弊，敌情不明就仓促迎敌，导致惊慌失措；⑩ 无防备之弊，所以要吃败仗。

从这 10 个弊端中，可以看出郑曰敬对清末政治腐败、军备松弛等问题的失望和愤慨，还可以从中领悟到他对于一些军事问题的观点：

一是积极备战，加强训练。在军事战略方面，郑曰敬认为国家应该加强备战工作，以防患未然。他指出外夷来侵略我们还要筹备数年或数十年，而我毫无准备，无训练，无粮饷，无枪炮，所以要吃败仗。军事训练是未来战争的预演，加强备战最主要的途径就是加强训练。士卒们不能等到战争来临才临时招募而不经训练投入战场。即使在平时，也要加强军事训练，不能让操演成为儿戏。

二是兵权贵一，任将唯贤。国家大柄，莫重于兵。历代兵法都强调"兵权贵一，兵权归一"。郑曰敬批判了当时"统兵者不一其人""各营皆可任意调度""意见各殊"等问题，认为这样做只能"不待遇敌已先有自败"。在将领的选拔任用方面，郑曰敬认为优秀的将领应该具备"有勇""有谋""能仁""能廉""读书"等优点,但当时多"年老衰迈之人""昏庸寡识之辈""不恤士卒之子""贪冒不职之流""不识丁之武夫",严重影响了军队的战斗力。

三是恩法并施,从严治军。一支军队,既需要和谐密切的内部关系保证其凝聚力,又需要严格的纪律和条令保证其执行力。郑曰敬认为这两点清朝的军队都没有做到。在"恩"方面,军官克扣军饷,很难使士卒效力;在"法"方面,治军失之于松、失之于宽、失之于软,各种法令成了空文和摆设,最终导致部队毫无胆性血气战斗力,士卒则贪生怕死、闻寇而逃,这样的军队当然打不了胜仗。正是因为这 10 条"弊",郑曰敬认为清朝军队"虽有可胜之机,使将不力,兵不强,恐其利尽失,反为敌制"。针对这些问题,他提出了一些改进措施,比如选将要选拔有胆识、有威望之人,在训练上要"训之以忠义""练其武艺"等等。

世间万物之间,"利"和"弊"作为一对矛盾体总是相伴相生、相辅相成。如果只见彼长不见彼短,就会"长了别人的威风,灭了自己的士气",最终不战自败;而自以为是、夜郎自大,结果也只能是骄兵必败。不言而喻,《今兵利弊》的这些观点即使在当今时代也可以给人们很多启迪。

三十九
《曾胡治兵语录》

【其书其人】

1. 中国近代语录体军事著作

《曾胡治兵语录》是中国近代语录体军事著作。全书约 1.4 万字,由蔡锷通过整理曾国藩、胡林翼的奏章、函牍、日记,辑录两人关于军事管理与战略战术的观点,并在各章结尾附上蔡锷自己的评论和解释组合而成。1917 年,《曾胡治兵语录》由上海振武书局首次公开印行,由蔡锷的恩师梁启超先生为之作序。1924 年,蒋介石把此书指定为黄埔军校的教科书,并增加了一章内容,名为"治心"。

2. 湖湘军事文化三杰

曾国藩(1811.11.26-1872.3.12),原名曾子城,字伯涵,号涤生,谥号文正,湖南湘乡人,曾创立"湘军",著有《曾文正公全集》。

胡林翼(1812.7.14-1861.9.30),字贶生,号润之,谥号文忠,湖南益阳人,著有《胡文忠公遗集》和《读史兵略》。

蔡锷(公元 1882.12-1916.11),字松坡,原名蔡艮寅,湖南邵阳人,中国近代史上著名的军事家、爱国将领和民主革命家。蔡锷出身贫寒,祖上世代务农。他在五兄妹中排行第二,从小身体孱弱多病,但勤奋好学,聪颖异常,被称为"神童"。13 岁的时候考中秀才,15 岁时考入长沙时务学堂,师从梁启超、谭嗣同等维新派。戊戌变法失败后,谭嗣同就义,梁启超流亡日本，蔡锷深受维新思想的影响，追随恩师梁启超，两度求学日本。1900年秋，汉口起义失败，他深刻意识到军事人才对革命事业的重要性，决心改名为蔡锷，取意"砥砺锋锷"。从此，蔡锷弃文从武，先后考入日本成城军校和东京陆军士官学校，并与蒋百里、张孝准一同被称为"中国士官三杰"。

1904年，蔡锷学成归国，在江西、湖南、广西等地训练新军，创办了陆军小学堂和讲武堂，还完成著作《军事计划》。1911年初，应云贵总督李经羲的邀请，蔡锷赴云南就任新军协统。但是，这时的新军纪律废弛、风气败坏，蔡锷有心改变现状，恰好钟麟同委托他编写军人的"精神讲话"，《曾胡治兵语录》应运而生。武昌起义爆发后，蔡锷在昆明起义响应。1913年，蔡锷被袁世凯调入京中委以要职。1915年，袁世凯称帝野心暴露，蔡锷潜回云南组织护国军，抱病出征讨伐袁世凯。1916年，蔡锷积劳成疾，赴日治疗，于11月病逝于福冈大学医院，享年34岁。

【思想精要】

全书分为十二章，前十章主讲如何治军，包括将材、用人、尚志、诚实、勇毅、严明、公正、仁爱、勤劳、和辑，主张选将用人不拘一格，知人善任，在军中树立诚实淳朴的风气，后两章重点讨论战略战术，包括兵机和战守，注重战法的奇正相依。

1. 从军应为救国救民，选贤任能不拘一格

以救国救民为建军宗旨。全书立足于乱世之中，能人志士救国救民的崇高志向。胡林翼认为，不是只有常打胜仗才算奇功伟业，军人"惟心念国家艰难，生民涂炭"，尽心竭力只为

补救万一。蔡锷在书中"悲人心之陷溺，而志节之不振"，他认为，国家正处于危难之际，同胞正处于苦海之中，军人应当"厉兵秣马、赴机待死"，如果将领们只追求高官厚禄，兵士们只争夺虚誉饷糈，"曾、胡两公必痛哭于九原"。

欲建军先求将。全书第一篇就是"将才"，兵士易得，而将才难得，应当"先求将而后选兵"。胡林翼有言，"天下强兵在将"，选择将领应当注重智略深远、号令严明、能耐辛苦等方面，如果兼具这三种品质，当然是最佳的选择。对于曾胡二人"以良心血性为前提"的选将思想，蔡锷十分推崇，认为这是"扼要探本之论"。

不拘一格选拔人才。书中有言，"衡材不拘一格，论事不求苛细"。曾国藩指出了一个选人的误区：古人常把将才说得神乎其神，恨不能把天下才华都放在一人身上，对一点点短处都不能容忍，难免有追捧溢美的嫌疑。因此，选人不可眼光太高，动辄就说没有可用的人才。不要因为一小块朽木放弃参天合抱的大树，不要把网眼织得太细以至于捕不到大鱼，过于苛求往往只剩下庸常之辈。

人无完人，且非大贤。人材是陶冶出来的，有"转移之道""培养之力""考察之法"。蔡锷认为，熏陶裁成之术，尤在用人者运之以精心，使人人各得显其所长，去其所短而已。人才随风气为转移，身居上位的人，都有转移风气的责任，只要因势利导，对症下药，风气败劣也有挽回的一天。

曾国藩认为，天下人才，大抵逃不出两种倾向，要么"官气"较多，要么"乡气"较多。"官气"较多的人，好讲资格，好问样子，办事平庸，缺少生气，更不体察实情；"乡气"多的人，又"好逞才能，好出新样，行事则知己不知人，言语则顾前不顾后"。因此，用人应以"劳、苦、忍、辱"四个方面来教育，使人戒官气，慎乡气。

做到知人善任，首先要善于观察人才，"观人之道，以朴实廉介为质"，人品是第一位的，能力是第二位的，"有其质而傅以他长"当然可贵，"无其质而长处亦不足恃"，所谓无本不立，就在于此。至于"攘利不先，赴义恐后，忠愤耿耿"之人当属可遇而不可求。

什么样的人才可以委以重任？平日里，懂得察言观色，能做到身到、心到、口到、眼到的人可用；危难之际，依然朴实无华、踏实肯干，这种"朴拙"之人可用；至勇至廉，提倡士气，足以服众的人可以选为哨官、什长。

什么样的人不可重用？虽说选人不能过于苛刻，但软熟、诏谀、胸无实际、大言欺人、贪利冒功的人，依然不可以重用，因为丰富的战争经验已经多次印证，今天争先恐后求乞差使的，往往就是日后最先溃散的。

如何考察和发掘人才？胡林翼借用诸葛亮的"识人七法"说："咨之以谋，而观其识；告之以祸，而观其勇；临之以利，而观其廉；期之以事，而观其信。知人任人，不外是矣"。蔡锷进一步总结，是否"知人""晓事"是判断人才能力的标准，"用人之当否，视乎知人之明昧；办事之才不才，视乎晓事之透不透。不知人，则不能用人；不晓事，何能办事"？能否"利人济物"则是判断人才品质的标准，贤者用人，"内举不避亲，外举不避仇"，昔日曾国藩推荐左宗棠，正是不以个人恩怨影响用人，确实具有宽广的胸襟。

2. 以诚实仁爱为本，以军纪严明为要，以忍苦耐劳为先

以诚实为本。《礼记·中庸》有言："诚者，物之终始，不

诚无物。是故君子诚之为贵。"曾国藩以此教诫,"天地之所以不息,国之所以立,圣贤之德业所以可大可久,皆诚为之也"。诚实,在于不欺骗他人,心无旁骛,没有私心杂念,虚怀若谷。书中以诚实为本,传达了三个层面的涵义:以诚心对自己,以诚心待他人,以诚心对事物。

首先,应当以诚心对自己。曾国藩认为,知道并承认自己的过失是最难的事,"豪杰之所以为豪杰,圣贤之所以为圣贤,便是此等处磊落过人"。胡林翼也认同,做人不必太世故,世故太深误国事,对上级揣摩迎合,对同级吃醋捣鬼,都是世故太深的恶习。不通世故,不精于算计的人,往往不计较个人得失,专注自己的志向,正是"人贵专一",精诚所至,金石为开。

其次,应以诚心待他人,而不必欺骗,如胡林翼所言,"欺一事不能欺诸事,欺一时不能欺之后时","挟智术以用世,殊不知世间并无愚人"。在曾国藩看来,文臣与武将打交道,贵在一个"直"字,"文员之心,多曲多歪,多不坦白,往往与武员不相水乳","必尽去歪曲私衷,事事推心置腹,使武人粗人,坦然无疑,此接物之诚也";上级管下级,贵在推诚置腹,而不是以权术凌人。据胡林翼之言,"以权术凌人,可驭不肖之将,而亦仅可取快于一时","本性忠良之人,则并不烦督责而自奋也";下级尊上级,在于"以诚意感之,实心待之",一味阿谀奉承、随声附和,自然不算尊敬。

最后,应以诚对事物,尤其是行军打仗,更应当实事求是。曾国藩曾经批评古人对战争史实描述不实,他认为"军事是极质之事,二十三史,除班马而外,皆文人以意为之",这些文人"不知甲仗为何物,战阵为何事",却"浮词伪语,随意编造"。胡林翼认为,行军打仗,胜败无常,应当"贵确实而戒虚捏",情报确实,才能准备周全,虚伪矫饰,会延误调度,失去良机,他认为太平天国"匪患"蔓延猖獗,"实由广西文武欺饰捏报,冒功幸赏"。

蔡锷对当时混乱颓败的世情深表痛心,认为中国的人心都断送在了一个"伪"字上,"上以伪驱下,下以伪事上,同辈以伪交,驯至习惯于伪","吾国人心之伪,足以断送国家及其种族而有余"。他承继了曾胡二人的思想,认为诚实是正本清源的关键,"惟诚可以破天下之伪,惟实可以破天下之虚"。军队更要万众一心,以"诚"字贯穿始终,维系同袍之心。

爱兵爱民。爱兵爱民来自于儒家"仁者爱人"的思想。曾国藩认为,带兵应当像父兄待儿子兄弟一样,"切不可使之因扰民而坏品行,因嫖赌、洋烟而坏身体","个个学好,人人成材,则兵勇感恩,兵勇之父母亦感恩矣"。"爱民为治兵第一要义",应当"日日三令五申,视为性命根本之事"。胡林翼主张严格约束军士的行为,"爱人之道,以严为主","军行之处,必须秋毫无犯,固结民心","并随时访查,随时董戒,使营团皆行所无事,不扰不惊,戢暴安良"。

蔡锷十分推崇曾国藩"带兵如父兄之带子弟"的比喻,认为"能以此存心,则古今带兵格言,千言万语,皆可付之一炬"。蔡锷有言,"父兄之待子弟,虑其愚蒙无知也,则教之诲之;虑其饥寒苦痛也,则爱之护之;虑其放荡无行也,则惩戒之;虑其不克发达也,则培养之","无论为宽为严,为爱为憎,为好为恶,为赏为罚,均出之以至诚无伪,行之以至公无私"。蔡锷进一步把军营比作军人的"第二家庭",而且比原有的家庭更关系密切。上级教育管理部下,好比师长、友人、父亲兄弟，应当"约束督责爱护之"；部下对上级，应"恪恭将事"，就像"子弟对师友父兄"一样；至于常年一同征战，更是同生共死、休戚相关、利害与共。因此，"国为家之集合体，卫国亦所以卫家，军人为卫国团体之中坚，则应视此第二家庭为重"。

同样，"古今名将用兵，莫不以安民、爱民为本"。据蔡锷之言，用兵的本意在于安民，扰民害民背离了用兵的宗旨。军人出自人民，军饷也出自于人民，"索本探源，何忍加以扰害"？至于"休养军队，采办粮秣，征发夫役，探访敌情，带引道路"等等，无一不需要民众，如果与民结怨而引发反抗，"是自困也"。在国境外作战，也不能引发无端的祸乱加害无辜的民众，仁义之师，决不能如此。

赏罚分明。"古人用兵，先明功罪赏罚"，"煦煦为仁"足以毁军纪、误国事。曾国藩主张"为将之道，亦法立令行、整齐严肃为先"，而不是先去温抚关爱，而制定法令不难，执行法令才更困难，"凡立一法，总须实实行之，且常常行之"。胡林翼以司马穰苴斩庄贾，孙武斩美人等例说明，"自来带兵之将，未有不专杀立威者"，如果先宽后严，终生怨尤，军政必然更难整饬。

蔡锷有感于新军纲纪松弛，赏罚的宽严往往并不合乎标准，要么姑息纵容图一个下属爱戴的虚名，要么故作严刑酷罚向下属示威，更有甚者，以个人的好恶和喜怒决定赏罚，以至于下属"赏不知感，罚不知畏"。因此，赏罚分明，当"以菩萨心肠，行霹雳手段""与其失之宽，不如失之严"。在这种萎靡不振的散漫风气之下，"非振之以猛，不足以挽回颓风"。

勤于训练。"天下事，未由不由艰苦中得来，而可大可久者也。""百种弊端，皆由懒生。懒则弛缓，弛缓则治人不严，而趋功不敏。一处弛，则百处懒矣。"曾国藩主张，"治军之道，以勤字为先""身勤则强，逸则病……军勤则胜，惰则败。"平时不早起，一遇战事忽然就能早起了，平常忍不了饿，受不了冻，一作战突然就能忍饥耐寒了，这都是天下间闻所未闻的事。胡林翼把军事比作学生功课，"不进则退，不战则并不能守"。军队士气"不见仗则弱，常见仗则强""劳则思，逸则淫""久逸则筋脉皆弛，心胆亦怯，不仅难战，亦必难守"。"夫兵犹火也，不战则焚；兵犹水也，不流则腐。治军之道，必以苦其心志、劳其筋骨为典法。"

蔡锷有言，"战争之事，或跋涉冰天雪窟之间，或驰驱酷暑恶瘴之乡，或趁雨雪露营，或昼夜趱程行军；寒不得衣，饥不得食，渴不得水"，"枪林弹雨之中，血肉横飞，极人世所不见之惨，受恒人所不经之苦"。以上实言战争之残酷，更能使人明白，"平时竭尽手段以修养其精神，锻炼其体魄，娴熟其技艺，临事之际，乃能有恃以不恐"，因此，"习劳忍苦，为治军之第一要义。"

教育军士尚志勇毅。天下大乱，不在强敌，而在人心。胡林翼有言，"兵事以人才为根本，人才以志气为根本；兵可挫而气不可挫，气可偶挫而志不可挫"。《尚志》一篇主论军人的理想信念，教育各级军士树立崇高的志向，既勇、且毅。曾国藩评人才的高下是以志趣为标准的，"卑者安流俗庸陋之规，而日趋污下""高者慕往哲隆盛之轨，而日即高明""做好人，做好官，做名将，俱要好师、好友、好榜样"。有志之人不会甘为下流，有识之士学问无尽，不会满足于小得。有志者想成大事需要守住一个"恒"字，如胡林翼所言，"侥幸以图难成之功，不如坚忍而规远大之策"。

蔡锷认为军人的"勇"和"毅"要有所侧重。身居高位者，不仅能"勇"，更要在"毅"字上痛下功夫，应当"挟一往无前之志，具百折不回之气""惟求吾良知之所安"，无需计较个人的"毁誉、荣辱、死生"，以这种"大勇"表率无数"小勇"。位居下级的人，从将校到士兵，应当把"勇"当作唯一的天性，尽到自己的职责本分，"不独勇于战阵也，即平日一切职务，不宜稍示怯弱，以贻军人之羞"。

3. 谨慎出战，合力歼敌，因时制宜

慎战思想。书中对战争的态度是"简练慎出"，慎重对待战争，不打无准备之仗。曾国藩把战争和军事看作"阴事""宜惨戚，不宜欢欣""哀戚之意，如临亲丧；肃敬之心，如承大祭"。对于战争的准备必须充分，不可"儿戏成军，仓卒成行"，可"选百炼之卒""备精坚之械，舟师则船炮并富""陆路则将卒并愤，作三年不归之想，为百战艰难之行"。胡林翼有言，"古人行师，先审己之强弱，不问敌之强弱""不轻敌而慎思，不怯战而稳打"。蔡锷同样主张周全的战前准备，认为"一械不精，不可轻出；势力不厚，不可成行"。

集中优势兵力与歼灭战思想。书中主张集中兵力，忌分兵，胡林翼认为，"兵分则力单，穷进则气散，大胜则变成大挫"，并提出三种取胜之机，"敬则胜，整则胜，和则胜"。如果出于攻击敌人，或防止敌人攻击等需要，一定要分散兵力时，也应在秘密的情况下进行，"临阵分枝，不嫌其散，先期合力，必求其厚""夹击原是上策，但可密计，不可宣露，须并力而不宜单弱"。分击行动应"相机斟酌"并计划周全，"熟审地势、敌情""或伺敌之缺点，蹈瑕而入；或挈敌之重处，

并力而前"。

集中优势兵力还要注意在时机上的选择，于我有利的时机自然是我方士气上升，而对方士气将衰的时间段，恰似"花未全开月未圆"。曾国藩主张"善于用气"，以自身的战争经验为例，一般不知道能不能打胜，全军上下都心存惊惧的常会大胜，而自以为胜券在握，志得意满，往往会意外失利。

书中倾向于歼灭有生力量，而不以占领土地、城池为标准，如胡林翼所言，"用兵之道，全军为上策，得土地次之；破敌为上策，得城池次之""一年不得一城，只要大局无碍，并不为过；一月而得数城，敌来转不能战，则不可为功"，而战胜时尤其应当"整饬队伍，多求痛杀"，扩大战果。蔡锷明言，"全军、破敌为上，不以得土地、城池为意"。

攻守等作战原则和方法。曾胡论兵极力主张"主客之说"，以防守一方为主，进攻一方为客，"主逸而客劳，主胜而客败"，尤戒攻坚围城。胡林翼主张"交战宜持重，进兵宜迅速"，应"稳扎猛打，合力分枝"。蔡锷十分反对当时国际上流行的极端主张攻击的倾向，认为战略战术必须因时制宜，审势求当，如果不从实际本身出发，徒劳仿效他人，"势将如跛者之竞走，鲜不蹶矣"。蔡锷主张基本条件完备前，不要贸然采取攻势，其中包括"兵力雄厚，士马精练，军资完善，交通利便"四个条件。如普法战争中，法国缺失兵力和军备，日俄战争中，俄罗斯缺乏必要的交通条件，运输不继，屡次被日军牵制。

作为晚清著名的军事家，曾国藩、胡林翼的军事思想根植于中国传统兵学，因此《曾胡治兵语录》一书中多有修身立德之说，保留了鲜明的儒家思想印记。曾胡为维护清王朝的封建统治，在太平天国战争实践中，通过领导湘军作战形成了建军治军思想，对中国近代军事学术的发展产生了积极影响。蔡锷辑录曾胡治兵观点，并根据新的时局特点对其加以修正或延伸，颇具参考价值。蔡锷本人英年早逝、报国壮志难酬，但本书在革命潮流中受到了重视，在黄埔军校中列为教材。

四十
《国防论》

【其书其人】

1. 中国近代国防理论的奠基之作

蒋百里的《国防论》被公认为中国近代国防理论的奠基之作。该著作首创中国自己的国防经济学,最早提出持久抗日的战略,特别是根据现代战争的总体性特点,融贯古今中外军事思想与各种学术,创立"全体性国防"理论,为中国近代国防建设和抗日战争作出重要贡献。

2. 中国近代国防理论的奠基人

蒋百里(公元1882-1938年),名方震,字百里,号澹宁,笔名飞生、余一,晚清浙江杭州府海宁州硖石镇(今嘉兴市海宁市硖石镇)人。1899年考入求是书院(浙江大学前身)。1903年主编《浙江潮》杂志,宣传革命。1905年毕业于日本士官学校步兵科,名列第一,与蔡锷、张孝准被视为"中国三杰"。蒋百里参与了新文化运动、"基尔特社会主义"运动、"废督裁兵""联省自治"运动、"省宪运动"等资产阶级的政治改良运动。他还先后几次主持军官学校,都积极革除弊端,醉心军事教育。晚年从旁佐助当局发展国防和开展外交,负责向当局提供军事、外交咨询,后又受任为陆军大学代校长。

蒋百里文武兼备,著述宏富,尤精研兵法。他是把近代西方先进军事理论系统介绍到中国的先驱之一,所创立的国防经济学成为中国近代军事思想上的重要篇章。他还是国民政府对日作战计划的主要设计者。其《军事常识》是中国近代军事理论的开山之作,其他著作有《欧洲文艺复兴》《东方文化史及哲学》等,后又辑为《蒋百里全集》。

【思想精要】

1931年"九·一八"事变后,蒋百里发表一系列国防理论研究文章,并在杭州中央航空学校、庐山军官训练团作讲演。1937年夏,他将有关文章、讲演稿以及早年著作中的部分为内容重新整理编排成书,命名为《国防论》。全书共7篇,约10万字。第一篇《国防经济学》,强调要根据中国经济实力较弱的实际,建立一种既可以吃饭,又可以打仗的国防制度的重要性;第二篇《最近世界之国防趋势》,介绍了杜黑的制空权思想和鲁登道夫的总体战思想;第三篇《从历史上解释国防经济学之基本原则》,极力推崇"生活条件与战斗条件相一致"的国防原则;第四篇《二十年前之国防论》,介绍了政略与军略,国力、武力和兵力的关系,义务征兵制的内容等;第五篇《十五年前之国防论》,说明了裁兵、军民防御的意义,对义务民兵制作了详细说明;第六篇《中国国防论之始祖》,通过解说《孙子兵法·计篇》,阐明现代国防理论;第七篇《现代文化之由来与新人生观之成立》,是关于蒋百里罗马之游的随笔。

作者汲取中国古代的军事思想和西方现代军事理论,其思想主要体现在以下四个方面。

1."兵民结合"的国防观

在国防观方面,蒋百里从资产阶级军事理论出发,认识到战争是交战双方政略冲突的结果,政略是由国家根本利益、基本国策决定的,"故政略定而战略生焉,战略定而军队生焉"。

他指出：国防的基本力量是由兵力、武力、国力三个层次构成的。从根本上说兵力之源在武力，武力之源在国力。武力是加以军事的组织、锻炼的国力，包括国民的体力、智力和道德力，以及农业、工业、矿业、畜牧和经济等各要素。国力则是人力、地理、物质生产力、机械运动力和政治力五者的综合体。在国力综合体中，政体和制度堪称"原动力"，而要增强中国的国防力量，则应改革政治、实行民主宪政和义务兵役制。使人民有参与政治之权利，也有保卫国家之义务。

作者强调指出，"战争力与经济力是不可分的""生活条件与战斗条件一致则强，相离则弱，相反则亡""强兵必先理财"。他认为，中华民族的国防传统精神，最主要的就是所谓的"寓兵于农"。义务征兵制保留着古代平时为农，战时为兵的民族军事传统，具有平时养兵少，战时用兵多的优点。他把这种生产、生活和作战相结合的国防体制称作"生产国防"。

2. "自力更生"的国防建设

在国防建设方面，蒋百里主张在国防建设中贯彻"生活条件和战斗条件一致"的原则，建立"既能吃饭，又能打仗"的国防制度。具体来说，就是使国防经费的投入向有利于国民产业的方向发展，把军用和民用结合起来，国营与民营并举，以长期持久的努力来建设、发展国防。他虽然不反对举借外债以加快重工业建设，但强调必须立足于本国，主要依靠自己的人力、物力、财力。也就是我们现在所说的"以争取外援为辅，以自力更生为主"的建设方针。

同时，他还强调要掌握先进的军事技术，重视新式武器的研制，争取站在世界的先进行列。从中国经济落后的状况出发，他强调平时应把武器的研究与大量生产区别开来，提出了"研究唯恐落后,制造唯恐争先"的军事工业发展原则。强调在农业方面也必须追求自给自足,军事工业和国防交通的布局要合理。这样,才能保证战时有效地抗击敌国入侵。蒋百里强调建军的目的在于抵抗外侮,提出军队是进行战争、实施政略、维持国家生存的工具,"无兵而求战是为至危,不求战而治兵其祸尤为不可收拾"。鉴于清末编练新军以来,兵为将有,长于内争、怯于御外的弊端,强调要加强中央集权对将帅的制约力度,不能给地方军队和将帅以过分的权力,并在兵员和兵饷上对地方军队进行控制,使军队的将领不能成为"占山为王"的军阀。

3. "文武合一"的国防教育

在国防教育方面,他强调要养成军队新的自觉的纪律,以整整一章的篇幅论述"兵学革命与纪律的进步",认为由于现代军事技术和军事学术的发展,军队比以往更需要有新的自觉的纪律;有了真正自觉的纪律,达到精神上的团结一致,这就是最好的军队。认为纪律的真正意义就是"一致",军事教育要旨就在于求得人与器一致。他还强调,除了对军人进行军纪教育和军事知识教育外,还要特别提倡爱国主义教育,树立全军一贯的爱国心,这是精神教育的根本。同时,还要通过"文武合一"的办法提高国民与军队的素质。建议每个高中学生要接受两个月的军事训练,只有专门学校以上的毕业生才有资格担任军官的资格。从而达到兵民相通,寓兵于民的目的。

在治兵问题上,他主张治兵首在择敌,即认准自己的对手,然后以敌为师,以实战为背景训练部队,为国"立必胜之志,策必胜之道"。强调研究军事理论必须留心世界的新趋势。他认为世界"新军事的主流是所谓全体战争",因此,极力主张以义务兵役制代替募兵制,充分做好人力、物力的动员和组织,全面地建设陆海空三军，以适应战争的需要。

4. "持久胜敌"的国防战略

在国防战略方面，他认为中国国防应以自卫为根本原则，绝对排斥侵略主义。但自卫的战争并不意味着战场上以防御为唯一方针，仍要发扬战役、战斗的攻击精神。面对日本等帝国主义强国的侵略，应发挥自身地大、人众的优势条件，坚持战略上的持久与战术上的速决，恰好是国家实行持久作战的必要条件。主张从敌我双方情况出发，制定正确的战略方针。此书从当时中国国情出发，提出了持久战的思想，认为唯有长期抗战，才能把日本拖垮。强调面对强敌的侵略，应避免过早的决战，逐步积聚力量，疲惫敌人，这才是最终战胜敌人的唯一正确方法。

《国防论》一书提出了一些有价值的军事见解，内容翔实，文字通俗易懂，集中反映了中国近代军事理论界的基本观点和态度。此书出版后，在国内引起较大反响。但因该书是辑录而成，不免新旧杂糅，缺乏严密的系统性。此外，还有对墨索里尼和德国法西斯军队的美化，需要读者辩证地对待。由于作者时代局限性，对时局的看法，尤其是一些观念略显过时，但总体看，作品仍不失为一部中国军事史上的经典军事理论著作。

[后记]

《中国历代兵书精要通览》可谓生逢其时，正值习近平总书记在文化传承发展座谈会上强调："马克思主义基本原理同中国具体实际、同中华优秀传统文化相结合"之际，本书基本完稿，即将面世，可以说是落实"同中华优秀传统文化相结合"的最新成果。

为了充分反映中国优秀军事文化，尤其是经典兵书的思想精华，五年来，每位作者殚精竭力地搜寻兵书，查阅史料，研读经典，从浩瀚的论兵著述中辨伪存真，去糟取精，对精选的40部兵书的精髓要义进行了分析评说，力求融思想性、学术性、权威性、知识性、通俗性于一体。

本书的作者全部来自于曾经就职或就读于中国人民解放军国防大学的军人。主编：薛国安，原国防大学战略教研部副主任，军事学博士、教授、博导、少将。副主编：赵已阳，国防大学联合战役学院副教授，军事学博士后，大校。作者：栗瑞义，原军事博物馆正团职干部，军事学硕士。张海华，武警报社副社长，军事学博士，大校。刘常，国防大学军事文化学院军事文化教研室主任、副教授，军事学博士，上校。张有凤，原陆军装甲兵学院副教授，军事学博士。主编负责精选兵书，设计编写提纲框架，反复审读修改各个篇章，统一完善全部书稿。副主编协助主编修改各篇文稿。各位作者分头撰稿，分析评论经典兵书思想精要。

写作是一门遗憾的艺术。尽管由于水平所限，有些分析评论或许有失精准，或稍显肤浅，我们仍需不断努力学习和研究，但就整部书而言，仍不失为人们了解中国优秀军事文化传统、研究中国兵书发展历程，掌握历代兵家战将谋略智慧不可或缺的重要读物。

薛国安

2023年9月6日于红山口